档案文献·甲

重庆大轰炸档案文献

财产损失

（私物部分）（一）

主任委员：李华强

副主任委员：郑永明　潘　樱

委　　　员：李华强　李旭东　李玳明　郑永明
　　　　　　潘　樱　唐润明　胡　懿

主　　　审：李华强　郑永明

主　　　编：唐润明

副　主　编：胡　懿

编　　　辑：唐润明　胡　懿　罗永华
　　　　　　高　阳　温长松　姚　旭

重庆出版集团　重庆出版社

图书在版编目(CIP)数据

重庆大轰炸档案文献·财产损失(私物部分)(四卷) / 唐润明主编. —重庆:重庆出版社,2015.5
ISBN 978-7-229-09850-6

Ⅰ.①重… Ⅱ.①唐… Ⅲ.①侵华事件—档案资料—日本②抗日事件—档案资料—重庆市 Ⅳ.①K265.606.3

中国版本图书馆CIP数据核字(2015)第100492号

重庆大轰炸档案文献·财产损失(私物部分)(四卷)
CHONGQING DAHONGZHA DANG'AN WENXIAN·CAICHAN SUNSHI(SIWU BUFEN)

主编 唐润明 副主编 胡懿

出版人:罗小卫
责任编辑:苏晓岚
责任校对:何建云
装帧设计:重庆出版集团艺术设计有限公司·吴庆渝 陈永

重庆出版集团
重庆出版社 出版

重庆市南岸区南滨路162号1幢 邮政编码:400061 http://www.cqph.com
重庆出版集团艺术设计有限公司制版
自贡兴华印务有限公司印刷
重庆出版集团图书发行有限公司发行
E-MAIL:fxchu@cqph.com 邮购电话:023-61520646
全国新华书店经销

开本:740mm×1030mm 1/16 印张:129 字数:1500千
2015年8月第1版 2015年8月第1次印刷
ISBN 978-7-229-09850-6
定价:258.00元

如有印装质量问题,请向本集团图书发行公司调换:023-61520678

版权所有 侵权必究

《中国抗战大后方历史文化丛书》

编纂委员会

总 主 编：章开沅
副总主编：周　勇

编　　委：（以姓氏笔画为序）
山田辰雄　日本庆应义塾大学教授
马振犊　　中国第二历史档案馆副馆长、研究馆员
王川平　　重庆中国三峡博物馆名誉馆长、研究员
王建朗　　中国社科院近代史研究所副所长、研究员
方德万　　英国剑桥大学东亚研究中心主任、教授
巴斯蒂　　法国国家科学研究中心教授
西村成雄　日本放送大学教授
朱汉国　　北京师范大学历史学院教授
任　竞　　重庆图书馆馆长、研究馆员
任贵祥　　中共中央党史研究室研究员、《中共党史研究》主编
齐世荣　　首都师范大学历史学院教授
刘庭华　　中国人民解放军军事科学院研究员
汤重南　　中国社科院世界历史研究所研究员
步　平　　中国社科院近代史研究所所长、研究员
何　理　　中国抗日战争史学会会长、国防大学教授
麦金农　　美国亚利桑那州立大学教授
玛玛耶娃　俄罗斯科学院东方研究所教授

陆大钺	重庆市档案馆原馆长、中国档案学会常务理事
李红岩	中国社会科学杂志社研究员、《历史研究》副主编
李忠杰	中共中央党史研究室副主任、研究员
李学通	中国社会科学院近代史研究所研究员、《近代史资料》主编
杨天石	中国社科院学部委员、近代史研究所研究员
杨天宏	四川大学历史文化学院教授
杨奎松	华东师范大学历史系教授
杨瑞广	中共中央文献研究室研究员
吴景平	复旦大学历史系教授
汪朝光	中国社科院近代史研究所副所长、研究员
张国祚	国家社科基金规划办公室原主任、教授
张宪文	南京大学中华民国史研究中心主任、教授
张海鹏	中国史学会会长,中国社科院学部委员、近代史研究所研究员
陈　晋	中共中央文献研究室副主任、研究员
陈廷湘	四川大学历史文化学院教授
陈兴芜	重庆出版集团总编辑、编审
陈谦平	南京大学中华民国史研究中心副主任、教授
陈鹏仁	台湾中正文教基金会董事长、中国文化大学教授
邵铭煌	中国国民党文化传播委员会党史馆主任
罗小卫	重庆出版集团董事长、编审
周永林	重庆市政协原副秘书长、重庆市地方史研究会名誉会长
金冲及	中共中央文献研究室原常务副主任、研究员
荣维木	《抗日战争研究》主编、中国社科院近代史研究所研究员
徐　勇	北京大学历史系教授
徐秀丽	《近代史研究》主编、中国社科院近代史研究所研究员
郭德宏	中国现代史学会会长、中共中央党校教授
章百家	中共中央党史研究室副主任、研究员
彭南生	华中师范大学历史文化学院教授
傅高义	美国哈佛大学费正清东亚研究中心前主任、教授

温贤美　四川省社科院研究员
谢本书　云南民族大学人文学院教授
简笙簧　台湾国史馆纂修
廖心文　中共中央文献研究室研究员
熊宗仁　贵州省社科院研究员
潘　洵　西南大学历史文化学院教授
魏宏运　南开大学历史学院教授

编辑部成员（按姓氏笔画为序）

朱高建　刘志平　吴　畏　别必亮　何　林　黄晓东　曾海龙　曾维伦

总　序

章开沅

我对四川、对重庆常怀感恩之心，那里是我的第二故乡。因为从1937年冬到1946年夏前后将近9年的时间里，我在重庆江津国立九中学习5年，在铜梁201师603团当兵一年半，其间曾在川江木船上打工，最远到过今天四川的泸州，而起程与陆上栖息地则是重庆的朝天门码头。

回想在那国破家亡之际，是当地老百姓满腔热情接纳了我们这批流离失所的小难民，他们把最尊贵的宗祠建筑提供给我们作为校舍，他们从来没有与沦陷区学生争夺升学机会，并且把最优秀的教学骨干稳定在国立中学。这是多么宽阔的胸怀，多么真挚的爱心！2006年暮春，我在57年后重访江津德感坝国立九中旧址，附近居民闻风聚集，纷纷前来看望我这个"安徽学生"（当年民间昵称），执手畅叙半个世纪以前往事情缘。我也是在川江的水，巴蜀的粮和四川、重庆老百姓大爱的哺育下长大的啊！这是我终生难忘的回忆。

当然，这八九年更为重要的回忆是抗战，抗战是这个历史时期出现频率最高的词语。抗战涵盖一切，渗透到社会生活的各个层面。记得在重庆大轰炸最频繁的那些岁月，连许多餐馆都不失"川味幽默"，推出一道"炸弹汤"，即榨菜鸡蛋汤。……历史是记忆组成的，个人的记忆会聚成为群体的记忆，群体的记忆会聚成为民族的乃至人类的记忆。记忆不仅由文字语言承载，也保存于各种有形的与无形的、物质的与非物质的文化遗产之中。历史学者应该是文化遗产的守望者，但这绝非是历史学者单独承担的责任，而应是全社会的共同责任。因此，我对《中国抗战大后方历史文化丛书》编纂出版寄予厚望。

抗日战争是整个中华民族(包括海外侨胞与华人)反抗日本侵略的正义战争。自从19世纪30年代以来,中国历次反侵略战争都是政府主导的片面战争,由于反动统治者的软弱媚外,不敢也不能充分发动广大人民群众,所以每次都惨遭失败的结局。只有1937年到1945年的抗日战争,由于在抗日民族统一战线的旗帜下,长期内战的国共两大政党终于经由反复协商达成第二次合作,这才能够实现史无前例的全民抗战,既有正面战场的坚守严拒,又有敌后抗日根据地的英勇杀敌,经过长达8年艰苦卓绝的壮烈抗争,终于赢得近代中国第一次胜利的民族解放战争。我完全同意《中国抗战大后方历史文化丛书》的评价:"抗日战争的胜利成为了中华民族由衰败走向振兴的重大转折点,为国家的独立、民族的解放奠定了基础。"

中国的抗战,不仅是反抗日本侵华战争,而且还是世界反法西斯战争的重要组成部分。

日本明治维新以后,在"脱亚入欧"方针的误导下,逐步走上军国主义侵略道路,而首当其冲的便是中国。经过甲午战争,日本首先占领中国的台湾省,随后又于1931年根据其既定国策,侵占中国东北三省,野心勃勃地以"满蒙"为政治军事基地妄图灭亡中国,独霸亚洲,并且与德、意法西斯共同征服世界。日本是法西斯国家中最早在亚洲发起大规模侵略战争的国家,而中国则是最早投入反法西斯战争的先驱。及至1935年日本军国主义者通过政变使日本正式成为法西斯国家,两年以后更疯狂发动全面侵华战争。由于日本已经与德、意法西斯建立"柏林—罗马—东京"轴心,所以中国的全面抗战实际上揭开了世界反法西斯战争(第二次世界大战)的序幕,并且曾经是亚洲主战场的唯一主力军。正如1938年7月中共中央《致西班牙人民电》所说:"我们与你们都是站在全世界反法西斯的最前线上。"即使在"二战"全面爆发以后,反法西斯战争延展形成东西两大战场,中国依然是亚洲的主要战场,依然是长期有效抗击日本侵略的主力军之一,并且为世界反法西斯战争的胜利作出了极其重要的贡献。2002年夏天,我在巴黎凯旋门正好碰见"二战"老兵举行盛大游行庆祝法国光复。经过接待人员介绍,他们知道我也曾在1944年志愿从军,便热情邀请我与他们合影,因为大家都曾是反法西斯的战士。我虽感光荣,但却受之有愧，因为作为现役军人，未能决胜于疆场，日本就宣布投降了。但是法国老兵非常尊重中国，这是由于他们曾经投降并且亡国，而中国则始终坚持英勇抗战，并主要依靠自己的力量赢得最后胜利。尽管都是"二战"的主要战胜国，毕竟分量与地位有所区别，我们千万不可低估自己的抗战。

重庆在抗战期间是中国的战时首都，也是中共中央南方局与第二次国共合作的所在地，"二战"全面爆发以后更成为世界反法西斯战争远东指挥中心，因而具有多方面的重要贡献与历史地位。然而由于大家都能理解的原因，对于抗战期间重庆与大后方的历史研究长期存在许多不足之处，至少是难以客观公正地反映当时完整的社会历史原貌。现在经由重庆学术界倡议，全国各地学者密切合作，同时还有日本、美国、英国、法国、俄罗斯等外国学者的关怀与支持，共同编辑出版《中国抗战大后方历史文化丛书》，这堪称学术研究与图书出版的盛事壮举。我为此感到极大欣慰，并且期望有更多中外学者投入此项大型文化工程，以求无愧于当年的历史辉煌，也无愧于后世对于我们这代人的期盼。

在民族自卫战争期间，作为现役军人而未能亲赴战场，是我的终生遗憾，因此一直不好意思说曾经是抗战老兵。然而，我毕竟是这段历史的参与者、亲历者、见证者，仍愿追随众多中外才俊之士，为《中国抗战大后方历史文化丛书》的编纂略尽绵薄并乐观其成。如果说当年守土有责未能如愿，而晚年却能躬逢抗战修史大成，岂非塞翁失马，未必非福？

2010年已经是抗战胜利65周年，我仍然难忘1945年8月15日山城狂欢之夜，数十万人涌上街头，那鞭炮焰火，那欢声笑语，还有许多人心头默诵的杜老夫子那首著名的诗："剑外忽传收蓟北，初闻涕泪满衣裳！却看妻子愁何在？漫卷诗书喜欲狂。白日放歌须纵酒，青春作伴好还乡。即从巴峡穿巫峡，便下襄阳向洛阳。"

即以此为序。

庚寅盛暑于实斋

（章开沅，著名历史学家、教育家，现任华中师范大学东西方文化交流研究中心主任）

序

中国的抗日战争,是中国人民反对日本帝国主义侵略、争取民族独立和解放所进行的正义战争。抗日战争时期,重庆是中国国民政府的战时首都,是世界反法西斯战争在远东战场的指挥中心。重庆在中国人民抗日战争和世界反法西斯战争中建立了巨大的历史功绩,具有重要的历史地位。

抗战爆发后,特别是抗战进入相持阶段以后,日军集中其陆军和海军的主要航空兵力,从1938年2月至1944年12月,对重庆进行长达7年的战略轰炸,妄图以此彻底"摧毁中国的抗战意志",达到"迅速结束中国事变"的目的。

近年来,随着国际形势的变化,在中国人民抗日战争和世界反法西斯战争历史的研究和评价方面,国内外出现了一些值得注意的动向。这就要求中国学术界进一步挖掘史料,拿出成果,澄清疑虑,更好地为推动人类进步事业和祖国统一大业服务。这就要求我们既要加强对近代以来中华民族遭受侵略和奴役历史的研究,以进一步增强忧患意识和加快发展的紧迫感,又要深入研究日本侵略中国和亚太各国的历史,揭露日本军国主义的残暴罪行,戳穿日本右翼势力歪曲历史、美化侵略的谎言。

"重庆大轰炸"历时之长,范围之广,所造成的灾难之深重,在二战期间和整个人类战争史上创下了新纪录。重庆大轰炸与七七卢沟桥事变、南京大屠杀、旅顺大屠杀、七三一部队细菌战等一样,给中华民族造成了惨痛的牺牲和巨大损失。这是日本军国主义发动侵华战争对中华民族犯下的滔天罪行和不容抵赖的铁证。但是时至今日,日军轰炸重庆的罪行并未受到法律的清算,这对深受战争侵害的重庆人民来说是极不公正的。随着时间的推移,文物资料的散失,幸存者和见证人的辞世将不可避免,特别是当前日本政府对其战争罪行的恶劣态度,因此,抢救文物资料,清算日本军国主义罪行,已经时不我待。否则,造成的损失将难以弥补。

抗日战争爆发70多年来,中外学者一直在对重庆大轰炸进行艰苦的研究。但是与对南京大屠杀、旅顺大屠杀、七三一细菌部队等日军罪行的研究相比,中外学术界对重庆大轰炸的研究相当滞后,研究基础薄弱,研究成果不多,基本上还处于分散自发研究、民间自发索赔的阶段。因此,日军轰炸重庆的情况不清,重庆人民伤亡和财产损失的数字不准,与"重庆大轰炸"的历史影响相比,我们的研究成果影响不大,特别是未能进入西方主流社会。为此,中外学术界都希望重庆学界对此高度重视,拿出一批研究成果,加入到揭露日军侵华暴行的行列之中。

正是基于这样的认识,我们重庆历史学界、档案学界的同仁,秉承"中国立场,国际视野,学术标准"的基本原则,从基础的档案文献史料的搜集整理入手,开始了重庆大轰炸的深入研究。经过几年的努力,我们从大陆中国第二历史档案馆、重庆市档案馆、重庆市图书馆、四川省档案馆和台湾"国史"馆、中央研究院近代史研究所、国民党党史馆等单位搜集到一大批档案文献史料,采访并搜集了几百位受害者的证人证言,整理编辑成《重庆大轰炸档案文献史料丛书》出版。

《重庆大轰炸档案文献史料丛书》,主要分为馆藏的档案文献、日志和证人证言三类。

馆藏的档案文献主要内容包括:重庆市档案馆、四川省档案馆、中国第二历史档案馆等和台湾"国史"馆、中央研究院近代史研究所、国民党党史馆等单位收藏的有关抗战时期日机轰炸重庆经过、人口伤亡、财产损失以及反空袭的档案史料,抗战时期有关区县档案馆所藏的日机轰炸档案史料。

证人证言主要内容包括:经调查采访征集到的有关重庆大轰炸受害者、见证人的证言证词等文字和图片资料等。

重庆大轰炸日志主要内容来自国内外公开出版发行和内部发行的有关重庆大轰炸历史的报、刊、图书文献资料。

我们希望以此为重庆大轰炸的研究提供最基础的史料,做出最实在的贡献。

我们相信,开展"重庆大轰炸"调查与研究工作,具有重大历史和现实意义,有助于揭露日本军国主义的残暴罪行,戳穿日本右翼势力歪曲历史、美化侵略的谎言,防止历史悲剧重演;有助于弘扬以爱国主义为核心的伟大民族精神,增强爱国主义情感;有助于深化中国抗战及世界反法西斯战争的研究,充分发挥历史研究"资政育人"的作用。

周　勇

2010年9月3日

抗日战争胜利纪念日

编 辑 说 明

1. 所辑档案资料,一般以一件为一题,其标题以"1.×××(题名+时间)"表示之,且其标题为编者重新拟定;同属一事,且彼此间有紧密联系者,以一事为一题,下属各单项内容,以"1)×××"表示之,且一般用原标题和时间。换言之,本档案资料的标题级数为三级:"一、";"1.";"1)"。

2. 所辑档案资料,不论其原档案文本有无标点,均由编者另行标点;如沿用原有标点者,均加注说明。说明统一采用脚注形式,其形式如后所示。

3. 所有文稿中,编者如遇有其他问题或需要向作者解释和说明的地方,也一律采用脚注方式。

4. 所有文稿中,年份的使用遵重原文,如原文中为公元纪年的,采用公元纪年并用阿拉伯数字表示(如1939年5月3日);原文中为民国纪年的,采用民国纪年并用汉字表示(如民国二十八年五月三日);表格中的年份,虽原文为民国纪年且为汉字,但为排版方便计,一律改为其对应的公元纪年且改用阿拉伯数字。

5. 所有文稿中的数字(无论其原文中为阿拉伯数字"12345"或为汉字数字"一二三四五"),按照出版物的有关规定,均一律改为阿拉伯数字(12345);多位数字(如123456789)之间,不用分隔符。

6. 所辑档案资料,凡遇残缺、脱落、污损的字,经考证确认者,加□并在□内填写确认的字;无法确认者,则以□代之。错别字的校勘用〔〕标明之。增补漏字用[ ]标明之。修正衍文用( )标明,内注明是衍文。改正颠倒字句用( )标明,内注明是颠倒。整段删节者,以〈上略〉、〈中略〉、〈下略〉标明之;段内部分内容删节者,以〈……〉标明之;文件附件删略者,以

〈略〉标明之。

7.原稿中的如左如右,在左、右后面一律加〈〉,并在〈〉内加上"下、上"字,如原稿中的"如左",改为"如左〈下〉","如右"改为"如右〈上〉"。

8.鉴于种种原因,原稿中的一些统计数字,其各分项之和与总数并不相符,为保持档案的原貌,未作改动。

9.本册档案文献主要系战时重庆各机关部门因日机轰炸所造成的公物方面的损失,其档案全部来自重庆市档案馆馆藏各相关全宗。为了读者更好地利用档案,每件档案均注明了出处。

编　者

2014年2月

目 录

总序 ·· 章开沅 1
序 ·· 周　勇 1
编辑说明 ··· 1

一、警察局部分

1. 重庆市警察局为调查朱传钧1939年5月3日空袭损失给第三分局的训令稿(1939年11月3日) ··· 1

2. 袁复本为报1939年5月4日空袭损失请予救济给市警察局的签呈(1939年12月16日) ·· 2

3. 重庆市警察局第三分局为报1939年7月31日员警空袭损失呈市警察局文(1939年8月12日) ··· 3

4. 重庆市警察局为报员警遭受空袭私人财物损失清册呈重庆市政府的文稿(1939年11月29日) ··· 4

5. 重庆市警察局为报陈泽厚、田益善空袭损失请予救济呈重庆市政府文稿(1940年4月12日) ··· 5

6. 重庆市警察局第六区署为报王银山、李国藩空袭损失请予救济呈重庆市警察局文(1940年6月21日) ··· 7

7. 重庆市警察局为报第二区桂花街镇保甲长徐海山等空袭损失请予救济呈重庆市政府文(1940年7月13日) ··· 8

8. 重庆市警察局为报第二区大阳沟镇保甲长米玉澄等空袭损失请予救济呈重庆市政府文(1940年7月18日) ·· 11

9. 重庆市警察局为报第六区大溪沟镇保长周正刚空袭损失请予救济呈重庆市政府文(1940年7月26日) ·· 12

10. 重庆市警察局李世辉关于两次空袭损失财物请求救济的呈文(1940年8月11日) ··· 13

11. 重庆市警察局第五分局为报1940年6月、7月员役空袭损失请予救济呈市警察局文(1940年9月6日) ……………………………… 14

12. 重庆市警察局第十二分局为报1940年8月9日海棠溪派出所员警损失呈市警察局文(1940年8月12日) ……………………………… 15

13. 张九皋为第二次被炸请求救济给重庆市警察局的签呈(1940年8月16日) ……………………………………………………………………… 16

14. 重庆市警察局第一分局为应立行空袭损失请予救济呈市警察局文(1940年8月24日) ……………………………………………… 17

15. 重庆市警察局督察程维桢为调查市警察局特务队员警1940年8月19日、20日空袭损失的报告(1940年8月31日) …………… 18

16. 重庆市警察局为报第二区桂花街镇公所员役空袭损失请予救济呈重庆市政府文(1940年9月11日) ……………………………… 21

17. 重庆市警察局为报第三区东升楼镇公所员役空袭损失请予救济给市政府的呈(1940年9月28日) ……………………………… 23

18. 重庆市警察局员役董朗钦等为报1941年5月3日空袭损失请予救济给重庆市警察局的签呈(1941年5月) ……………………… 24

19. 重庆市警察局第十分局为报1941年5月3日员役空袭损失呈市警察局文(1941年5月6日) ……………………………………… 42

20. 重庆市警察局保安五中队员警差役1941年5月3日空袭损失报告表(1941年5月) ……………………………………………… 44

21. 重庆市警察局1941年5月3日空袭损失报告表(1941年6月) …… 60

22. 重庆市警察局第八分局为报1941年5月9日员役空袭损失呈市警察局文(1941年5月11日) ……………………………………… 87

23. 姜若蘅为报1941年5月9日空袭损失给重庆市警察局的签呈(1941年5月17日) ……………………………………………………… 96

24. 重庆市警察局第十分局为报1941年5月10日员役空袭损失请予救济呈市警察局文(1941年5月12日) ……………………………… 97

25. 重庆市警察局第六分局为报1941年5月16日员役空袭损失请予救济给市警察局的呈(1941年5月16日) ……………………… 98

26. 重庆市警察局第七分局为报1941年5月16日员役空袭损失请予救济

目录　3

　　给市警察局的呈(1941年5月18日)…………………………………101

27. 重庆市警察局第一分局为报镇江寺所员役1941年5月16日空袭损失
　　请予救济给重庆市警察局的呈(1941年5月18日)………………143

28. 重庆市警察局保安第一大队为报1941年5月16日第三中队员警空袭
　　损失请予救济呈市警察局保安总队文(1941年5月31日)………156

29. 重庆市警察局第十区署为报廖用尊1941年6月1日空袭损失请予救
　　济呈市警察局文(1941年6月7日)…………………………………161

30. 重庆市警察局会计室为报1941年6月2日员警空袭损失请予救济给
　　市警察局的签呈(1941年6月5日)…………………………………163

31. 重庆市警察局为报告第四分局观音岩所员警1941年6月2日空袭损
　　失请予救济呈市政府文(1941年6月16日)………………………171

32. 重庆市警察局第五分局为报陈卿1941年6月1日、2日空袭损失请予
　　救济呈市警察局文(1941年6月17日)……………………………196

33. 重庆市警察局为报1941年6月2日第九分局员警空袭损失请予救济
　　呈市政府文稿(1941年7月3日)……………………………………198

34. 重庆市警察局习艺所陈藩为报1941年6月3日空袭损失表呈市警察
　　局文(1941年7月26日)……………………………………………204

35. 贺抚民为报1941年6月5日空袭损失请予救济的签呈(1941年6月6
　　日)……………………………………………………………………206

36. 重庆市警察局保安第一大队为报1941年6月5日赵茂彬空袭损失请
　　予救济呈市警察局保安总队文(1941年6月6日)………………207

37. 胡锡俊为报1941年6月5日空袭损失请予救济给市警察局的签呈
　　(1941年6月6日)……………………………………………………208

38. 龚焕群为报鄢曾佑1941年6月5日空袭损失给重庆市警察局的签呈
　　(1941年6月7日)……………………………………………………210

39. 重庆市警察局保安第一大队为报1941年6月5日员役空袭损失呈保
　　安总队文(1941年6月11日)………………………………………211

40. 重庆市警察局第四分局为报赵仲贤1941年6月5日空袭损失请予救
　　济给市警察局的签呈(1941年6月10日)…………………………211

41. 重庆市警察局第二分局大阳沟所员役1941年6月7日空袭损失报告

表(1941年6月19日) ……………………………………………213

42. 重庆市警察局第二分局员役1941年6月7日空袭损失报告表(1941年6月) ……………………………………………………237

43. 重庆市警察局保安二大队五中队员役1941年6月7日空袭损失报告表(1941年6月) ………………………………………………258

44. 重庆市警察局张寿新为报1941年6月7日空袭损失请予救济给市警察局的报告(1941年6月7日) ………………………………289

45. 重庆市警察局刘洪清为报1941年6月7日空袭损失请予救济给市警察局的签呈(1941年6月7日) ……………………………291

46. 重庆市警察局消防警察总队谯楷1941年6月7日空袭损失报告表(1941年6月8日) …………………………………………………291

47. 重庆市警察局刘锦麟为报1941年6月7日空袭损失请予救济给市警察局的签呈(1941年6月8日) ……………………………292

48. 重庆市政府警察局督察处罗仁杰为报1941年6月7日空袭损失请予救济给市警察局的报告(1941年6月8日) ………………293

49. 重庆市警察局督察处罗文宾为报1941年6月7日空袭损失请予救济给市警察局的报告(1941年6月10日) …………………294

50. 重庆市警察局总务科段则鸣等为报1941年6月2日、6月7日空袭损失给市警察局的签呈(1941年6月8日) …………………295

51. 重庆市警察局杨元辉为报1941年6月7日空袭损失给市警察局的报告(1941年6月8日) …………………………………………296

52. 重庆市警察局王柏清为报1941年6月7日空袭损失给市警察局的报告(1941年6月8日) …………………………………………297

53. 重庆市警察局统计股程汝玉为报1941年6月7日空袭损失请予救济给市警察局的签呈(1941年6月8日) ……………………297

54. 重庆市警察局行政科伍煌为报1941年6月7日空袭损失请予救济给市警察局的签呈(1941年6月8日) ……………………297

55. 重庆市警察局行政科宋安民为报1941年6月7日空袭损失请予救济给市警察局的签呈(1941年6月8日) ……………………299

56. 重庆市警察局督察处邵元彬为报1941年6月7日空袭损失请予救济

57. 重庆市警察局秘书室刘敬之为报1941年6月7日空袭损失请予救济给市警察局的签呈(1941年6月8日) ……300

57. 重庆市警察局秘书室刘敬之为报1941年6月7日空袭损失请予救济给市警察局的签呈(1941年6月9日) ……301

58. 重庆市警察局警察训练所为报韩一苏1941年6月7日空袭损失请予救济呈市警察局文(1941年6月9日) ……302

59. 重庆市警察局督察处张九皋为报1941年6月7日空袭损失请予救济给市警察局的签呈(1941年6月9日) ……304

60. 重庆市警察局行政科李泽民为报1941年6月7日空袭损失请予救济给市警察局的签呈(1941年6月9日) ……305

61. 重庆市警察局行政科苟成俊为报1941年6月7日空袭损失请予救济给市警察局的签呈(1941年6月9日) ……306

62. 重庆市警察局行政科夏先程、蔡泽河、王荫笙、彭玉莲等为报1941年6月7日空袭损失请予救济给市警察局的签呈(1941年6月9日) ……308

63. 重庆市警察局局长室丁国光为报1941年6月7日空袭损失请予救济给市警察局的报告(1941年6月9日) ……311

64. 重庆市警察局秘书室王光祖为报1941年6月7日空袭损失请予救济给市警察局的报告(1941年6月9日) ……312

65. 重庆市警察局军事科王伟儒为报1941年6月7日空袭损失请予救济给市警察局的签呈(1941年6月9日) ……313

66. 重庆市警察局为报消费合作社员役1941年6月7日空袭损失请予救济给市政府的呈稿(1941年6月9日) ……315

67. 重庆市警察局第二分局桂花街分所员警1941年6月7日空袭损失私物报告表(1941年6月9日) ……324

68. 重庆市警察局总务科装械股为报1941年6月7日员役空袭损失请予救济给市警察局的签呈(1941年6月10日) ……334

69. 重庆市警察局司法科赵宗道为报1941年6月7日空袭损失请予救济给市警察局的签呈(1941年6月10日) ……339

70. 重庆市警察局总务科李定荣为报1941年6月7日空袭损失请予救济给市警察局的签呈(1941年6月10日) ……340

71. 重庆市警察局总务科蓝伯夷为报1941年6月7日空袭损失请予救济

给市警察局的签呈(1941年6月10日)……………………341

72. 重庆市警察局军事科焦代发为报1941年6月7日空袭损失请予救济给市警察局的签呈(1941年6月10日)……………………343

73. 重庆市警察局督察处王成周、朱耀遴、杜显达为报1941年6月7日空袭损失请予救济给市警察局的签呈(1941年6月10日)……………………344

74. 重庆市警察局为报1941年6月7日员警空袭损失请予救济呈市政府文稿(1941年6月13日)……………………346

75. 重庆市警察局行政科张烈光为报1941年6月7日空袭损失请予救济给市警察局的签呈(1941年6月13日)……………………393

76. 重庆市警察局司法科赵默雅为报1941年6月7日空袭损失请予救济给市警察局的报告(1941年6月13日)……………………394

77. 重庆市警察局行政科梁尔恭为报1941年6月7日空袭损失请予救济给市警察局的签呈(1941年6月13日)……………………396

78. 重庆市警察局行政科林树文为报1941年6月7日空袭损失请予救济给市警察局的报告(1941年6月13日)……………………398

79. 重庆市警察局行政科张柱堂为报1941年6月5日、6月7日空袭损失请予救济给市警察局的报告(1941年6月13日)……………………399

80. 重庆市警察局行政科周云蒸为报1941年6月7日空袭损失请予救济给市警察局的签呈(1941年6月13日)……………………401

81. 重庆市警察局行政科户籍股崔震权为报1941年6月7日空袭损失请予救济给市警察局的报告(1941年6月14日)……………………402

82. 重庆市警察局第四分局为报贾玉印1941年6月7日空袭损失请予救济呈市警察局文(1941年6月17日)……………………404

83. 重庆市警察局保安五中队1941年5月3日、6月7日空袭损失报告表(1941年6月)……………………406

84. 重庆市警察局第六分局为报胡文明1941年6月14日空袭损失请予救济给市警察局的签呈(1941年6月14日)……………………419

85. 重庆市警察局第三分局为报1941年6月14日员役空袭损失请予救济给市警察局的呈(1941年6月17日)……………………420

86. 重庆市警察局第三区署为报凌整1941年6月14日空袭损失请予救济

呈市警察局文(1941年6月18日) ·················· 447

87. 重庆市警察局消防总队为报李席儒1941年6月14日空袭损失请予救济呈市警察局文(1941年6月20日) ·················· 448

88. 重庆市警察局为报员警1941年6月5日、7日、14日空袭损失请予救济呈市政府文稿(1941年6月19日) ·················· 449

89. 重庆市警察局为报1941年6月14日第三分局员役空袭损失请予救济呈市政府文稿(1941年7月9日) ·················· 454

90. 重庆市警察局为报1941年6月14日第三区署员役空袭损失请予救济呈市政府文稿(1941年7月18日) ·················· 470

91. 重庆市警察局第三分局为报东升楼、王爷庙两所员警1941年6月15日空袭损失请予救济呈市警察局文(1941年6月18日) ·················· 473

92. 重庆市警察局第三分局为报钟肇卿1941年6月15日空袭损失请予救济呈市警察局文(1941年6月18日) ·················· 483

93. 重庆市警察局员役为报1941年6月29日空袭损失请予救济的签呈(1941年6月30日—7月3日) ·················· 484

94. 重庆市警察局第二分局北坛庙派出所员役1941年6月29日空袭损失报告表(1941年7月3日) ·················· 509

95. 重庆市警察局装械股吴家珍1941年6月29日空袭损失报告表(1941年) ·················· 521

96. 重庆市警察局军事科赵锡成为报1941年6月29日空袭损失请予救济的签呈(1941年7月5日) ·················· 522

97. 重庆市警察局为报1941年6月29日员警空袭损失请予救济呈市政府文稿(1941年7月18日) ·················· 523

98. 重庆市警察局为报1941年6月29日员役空袭损失请予救济呈市政府文稿(1941年8月4日) ·················· 527

99. 重庆市警察局为报1941年6月29日员役空袭损失请予救济呈市政府文稿(1941年8月4日) ·················· 530

100. 重庆市警察局第六分局1941年6月30日员警空袭损失私物报告表(1941年6月30日) ·················· 531

101. 重庆市警察局第九分局为报1941年6月30日员警空袭损失请予救

济呈市警察局文(1941年7月2日) ……………………………546

102. 重庆市警察局火葬场管理员吴文清1941年6月30日空袭损失私物报告表(1941年7月2日) ……………………………576

103. 重庆市警察局第六区署为报1941年6月30日员役空袭损失请予救济呈市警察局文(1941年7月13日) ……………………………577

104. 重庆市警察局行政科员役为报1941年6月初空袭损失请予救济给市警察局的报告(1941年6月13日) ……………………………579

105. 重庆市警察局员警1941年6月空袭损失私物报告表(1941年6月) ……………………………584

106. 重庆市警察局第五分局熊道志1941年7月5日空袭损失报告表(1941年7月9日) ……………………………596

107. 重庆市警察局为报1941年7月18日消防总队员警空袭损失请予救济呈市政府文稿(1941年7月25日) ……………………………597

108. 重庆市警察局消防总队为报1941年7月29日员警空袭损失请予救济呈市警察局文(1941年8月2日) ……………………………598

109. 重庆市警察局第六分局为报1941年7月29日、30日员警空袭损失请予救济呈市警察局文(1941年7月31日) ……………………………601

110. 重庆市警察局警察训练所为报1941年7月30日员警空袭损失请予救济呈市警察局文(1941年8月1日) ……………………………604

111. 重庆市警察局第五区署为报郑世臣1941年7月30日空袭损失请予救济呈市警察局文(1941年8月2日) ……………………………607

112. 重庆市警察局警察训练所为1941年员役空袭损失救济费变通发放办法的签呈(1942年1月22日) ……………………………608

二、财政局部分

1. 重庆市财政局为1939年员役家宅被炸据情转呈请分别核发恤金给重庆市政府的呈文稿(1939年11月10日) ……………………………611

2. 重庆市财政局职员何国富为报1940年6月12日空袭损失私物报告表给上级的呈(1940年6月20日) ……………………………631

3. 重庆市财政局职员陈家樑为报1940年6月12日空袭损失私物报告表

给上级的呈(1940年7月13日) …………………………………………631

4. 重庆市财政局职员郭超为报1940年6月16日空袭损失私物报告表给上级的呈(1940年8月2日) ………………………………………633

5. 重庆市财政局为报1940年6月24日该局第三宿舍被炸情形给重庆市市长的签呈稿(1940年6月26日) …………………………………635

6. 重庆市财政局为报1940年6月24日该局第三职员宿舍被炸转请准予核发救济费给重庆市政府的呈文稿(1940年7月6日) …………635

7. 重庆市财政局为报1940年6月该局第二职员宿舍被炸情形给重庆市政府的呈文稿(1940年6月27日) ………………………………………653

8. 重庆市财政局为1940年6月该局各警察住宅被炸转请准予核发救济费给重庆市政府的呈(1940年7月3日) ………………………700

9. 重庆市财政局为报1940年6月该局各员警被炸转请核发救济费给重庆市政府的呈文稿(1940年7月7日) …………………………………727

10. 重庆市财政局职员徐治中为报1940年7月8日空袭损失私物报告表给上级的呈(1940年7月9日) …………………………………………736

11. 重庆市财政局职员田绍周为报1940年7月16日空袭损失私物报告表给上级的呈(1940年7月17日) ………………………………………737

12. 重庆市财政局职员戴彭龄为报1940年7月16日空袭损失私物报告表给上级的呈(1940年7月18日) ………………………………………738

13. 重庆市财政局职员熊质武为报1940年7月20日空袭损失私物报告表给上级的呈(1940年7月23日) ………………………………………740

14. 重庆市财政局职员张扇巍为报1940年8月9日空袭损失私物报告表给上级的呈(1940年8月9日) …………………………………………741

15. 重庆市财政局职员阮承汉为报1940年8月9日空袭损失私物报告表给上级的呈(1940年8月9日) …………………………………………742

16. 重庆市财政局职员罗志才为报1940年8月9日空袭损失私物报告表给上级的呈(1940年8月9日) …………………………………………742

17. 重庆市财政局职员汤季尧为报1940年8月9日空袭损失私物报告表给上级的呈(1940年8月9日) …………………………………………743

18. 重庆市财政局职员屠元镇为报1940年8月9日空袭损失私物报告表

给上级的呈(1940年8月9日) ……………………………………… 744

19. 重庆市财政局职员胡圣潮为报1940年8月9日空袭损失私物报告表给上级的呈(1940年8月9日) ……………………………………… 745

20. 重庆市财政局职员史宝楚为报1940年8月9日空袭损失私物报告表给上级的呈(1940年8月9日) ……………………………………… 746

21. 重庆市财政局职员程贤万为报1940年8月9日空袭损失私物报告表给上级的呈(1940年8月9日) ……………………………………… 747

22. 重庆市财政局职员王子敬为报1940年8月9日空袭损失私物报告表给上级的呈(1940年8月10日) ……………………………………… 748

23. 重庆市财政局职员许德寿为报1940年8月9日空袭损失私物报告表给上级的呈(1940年8月10日) ……………………………………… 750

24. 重庆市财政局职员王俊康为报1940年8月9日空袭损失私物报告表给上级的呈(1940年8月10日) ……………………………………… 751

25. 重庆市财政局职员汤盎为报1940年8月9日空袭损失私物报告表给上级的呈(1940年8月10日) ……………………………………… 751

26. 重庆市财政局职员王光春为报1940年8月9日空袭损失私物报告表给上级的呈(1940年8月10日) ……………………………………… 752

27. 重庆市财政局职员李祖玉为1940年8月9日报空袭损失私物报告表给上级的呈(1940年8月10日) ……………………………………… 753

28. 重庆市财政局职员张德焴为报1940年8月9日空袭损失私物报告表给上级的呈(1940年8月10日) ……………………………………… 754

29. 重庆市财政局职员熊乾松为报1940年8月9日空袭损失私物报告表给上级的呈(1940年8月10日) ……………………………………… 755

30. 重庆市财政局职员明安义为报1940年8月9日空袭损失私物报告表给上级的呈(1940年8月10日) ……………………………………… 756

31. 重庆市财政局职员熊质武为报1940年8月9日空袭损失私物报告表给上级的呈(1940年8月10日) ……………………………………… 757

32. 重庆市财政局职员宗超为报1940年8月9日空袭损失私物报告表给上级的呈(1940年8月10日) ……………………………………… 758

33. 重庆市财政局职员钱竹朋为报1940年8月9日空袭损失私物报告表

给上级的呈(1940年8月10日) ……………………………………759

34. 重庆市财政局职员魏安辉为报1940年8月9日空袭损失私物报告表给上级的呈(1940年8月10日) ……………………………………760

35. 重庆市财政局职员陈新海为报1940年8月9日空袭损失私物报告表给上级的呈(1940年8月10日) ……………………………………762

36. 重庆市财政局职员宋钧儒为报1940年8月9日空袭损失私物报告表给上级的呈(1940年8月10日) ……………………………………763

37. 重庆市财政局职员刘东如为报1940年8月9日空袭损失私物报告表给上级的呈(1940年8月11日) ……………………………………764

38. 重庆市财政局职员林家麟为报1940年8月9日空袭损失私物报告表给上级的呈(1940年8月11日) ……………………………………765

39. 重庆市财政局职员刘举才为报1940年8月9日空袭损失私物报告表给上级的呈(1940年8月11日) ……………………………………765

40. 重庆市财政局为报职员刁知惑1940年8月9日空袭损失私物报告表给市政府秘书处的呈(1940年8月12日) ……………………………………766

41. 重庆市财政局职员李竹修为报1940年8月9日空袭损失私物报告表给上级的呈(1940年8月12日) ……………………………………767

42. 重庆市财政局职员陈万洲为报1940年8月17日空袭损失私物报告表给上级的呈(1940年8月23日) ……………………………………768

43. 重庆市财政局职员聂鸿璋为报1940年8月17日空袭损失私物报告表给上级的呈(1940年8月) ……………………………………769

44. 重庆市财政局职员傅东为报1940年8月19日空袭损失私物报告表给上级的呈(1940年8月20日) ……………………………………771

45. 重庆市财政局职员童明轩为报1940年8月19日空袭损失私物报告表给上级的呈(1940年8月21日) ……………………………………772

46. 重庆市财政局职员李鱼安为报1940年8月19日空袭损失私物报告表给上级的呈(1940年8月21日) ……………………………………773

47. 重庆市财政局职员夏绍奎为报1940年8月19日空袭损失私物报告表给上级的呈(1940年8月21日) ……………………………………774

48. 重庆市财政局职员陈及奎等三人为报1940年8月19日空袭损失私物

报告表给上级的呈(1940年8月22日) ………………………… 776

49. 重庆市财政局职员李培基为报1940年8月19日空袭损失私物报告表给上级的呈(1940年8月22日) ………………………… 779

50. 重庆市财政局职员兰凤起为报1940年8月19日空袭损失私物报告表给上级的呈(1940年8月23日) ………………………… 780

51. 重庆市财政局职员杨青山为报1940年8月19日空袭损失私物报告表给上级的呈(1940年8月31日) ………………………… 782

52. 重庆市财政局职员李怀德为报1940年8月19日空袭损失私物报告表给上级的呈(1940年9月2日) …………………………… 783

53. 重庆市财政局职员曾忠孝为报1940年8月20日空袭损失私物报告表给上级的呈(1940年8月20日) ………………………… 784

54. 重庆市财政局职员王国钧为报1940年8月20日空袭损失私物报告表给上级的呈(1940年8月20日) ………………………… 784

55. 重庆市财政局职员张吉祥为报1940年8月20日空袭损失私物报告表给上级的呈(1940年8月21日) ………………………… 785

56. 重庆市财政局职员李学渊为报1940年8月20日空袭损失私物报告表给上级的呈(1940年8月21日) ………………………… 788

57. 重庆市财政局职员熊杰为报1940年8月20日空袭损失私物报告表给上级的呈(1940年8月21日) …………………………… 789

58. 重庆市财政局职员俞俊为报1940年8月20日空袭损失私物报告表给上级的呈(1940年8月21日) …………………………… 790

59. 重庆市财政局职员刘举才为报1940年8月20日空袭损失私物报告表给上级的呈(1940年8月22日) ………………………… 791

60. 重庆市财政局职员魏登云为报1940年8月20日空袭损失私物报告表给上级的呈(1940年8月22日) ………………………… 792

61. 重庆市财政局职员刘必昌为报1940年8月20日空袭损失私物报告表给上级的呈(1940年8月22日) ………………………… 793

62. 重庆市财政局职员何柄荣为报1940年8月20日空袭损失私物报告表给上级的呈(1940年8月22日) ………………………… 794

63. 重庆市财政局职员张炳高为报1940年8月20日空袭损失私物报告表

给上级的呈(1940年8月22日) ……………………………………795
64. 重庆市财政局职员王经舆为报1940年8月20日空袭损失私物报告表
　　给上级的呈(1940年8月22日) ……………………………………796
65. 重庆市财政局职员赵育斋为报1940年8月20日空袭损失私物报告表
　　给上级的呈(1940年8月23日) ……………………………………798
66. 重庆市财政局职员王辉宇为报1940年8月20日空袭损失私物报告表
　　给上级的呈(1940年8月24日) ……………………………………799
67. 重庆市财政局职员向森荣为报1940年8月20日空袭损失私物报告表
　　给上级的呈(1940年8月26日) ……………………………………800
68. 重庆市财政局职员田永昌为报1940年9月12日空袭损失私物报告表
　　给上级的呈(1940年9月14日) ……………………………………801
69. 重庆市财政局职员何敦实为报1940年9月12日空袭损失私物报告表
　　给上级的呈(1940年9月14日) ……………………………………803
70. 重庆市财政局职员喻永健为报1940年9月13日空袭损失私物报告表
　　给上级的呈(1940年9月16日) ……………………………………803
71. 重庆市财政局职员卓子元为报1940年9月15日空袭损失私物报告表
　　给上级的呈(1940年9月17日) ……………………………………806
72. 重庆市财政局职员李君明为报1940年10月6日空袭损失私物报告表
　　给上级的呈(1940年10月7日) ……………………………………806
73. 重庆市财政局职员杨云帆为报1940年10月6日空袭损失私物报告表
　　给上级的呈(1940年10月7日) ……………………………………808
74. 重庆市财政局职员江厚祥为报1940年10月6日空袭损失私物报告表
　　给上级的呈(1940年10月8日) ……………………………………809
75. 重庆市财政局为团员周龙1940年10月6日受空袭损害据情转请核发
　　救济费给重庆市政府的呈文稿(1940年10月22日) ………………810
76. 重庆市财政局职员杨树成等六人为报1940年10月25日空袭损失私
　　物报告表给上级的呈(1940年10月25日) ………………………815
77. 重庆市财政局职员徐泮林为报1940年10月25日空袭损失私物报告
　　表给上级的呈(1940年10月26日) ………………………………819
78. 重庆市财政局职员张吉祥为报1940年10月25日空袭损失私物报告

79. 重庆市财政局职员张德邻为报1940年10月25日空袭损失私物报告表给上级的呈(1940年10月28日) ……………………………822

80. 重庆市财政局职员丁慕韩为报1940年10月25日空袭损失私物报告表给上级的呈(1940年10月28日) ……………………………823

81. 重庆市财政局职员徐治中为报1940年10月25日空袭损失私物报告表给上级的呈(1940年10月28日) ……………………………824

82. 重庆市财政局职员丁相灵为报1940年10月25日空袭损失私物报告表给上级的呈(1940年10月28日) ……………………………825

83. 重庆市财政局职员贺含春为报1940年10月25日空袭损失私物报告表给上级的呈(1940年10月28日) ……………………………826

84. 重庆市财政局职员田维新为报1940年10月25日空袭损失私物报告表给上级的呈(1940年10月28日) ……………………………827

85. 重庆市财政局职员姚伯年为报1940年10月25日空袭损失私物报告表给上级的呈(1940年10月28日) ……………………………828

86. 重庆市财政局职员周之华为报1940年10月25日空袭损失私物报告表给上级的呈(1940年10月28日) ……………………………829

87. 重庆市财政局职员杨训浩为报1940年10月25日空袭损失私物报告表给上级的呈(1940年10月28日) ……………………………830

88. 重庆市财政局职员戴彭龄为报1940年10月25日空袭损失私物报告表给上级的呈(1940年10月28日) ……………………………832

89. 重庆市财政局职员刘庆源为报1940年10月25日空袭损失私物报告表给上级的呈(1940年10月28日) ……………………………833

90. 重庆市财政局职员刘曙村为报1940年10月25日空袭损失私物报告表给上级的呈(1940年10月28日) ……………………………834

91. 重庆市财政局职员苟德均为报1940年10月25日空袭损失私物报告表给上级的呈(1940年10月29日) ……………………………835

92. 重庆市财政局职员蔡沅为报1940年10月25日空袭损失私物报告表给上级的呈(1940年10月29日) ……………………………837

93. 重庆市财政局职员何北星为报1940年10月25日空袭损失私物报告

表给上级的呈(1940年10月29日)……………………………838

94. 重庆市财政局职员刘曾明为报1940年10月25日空袭损失私物报告表给上级的呈(1940年10月29日)……………………………839

95. 重庆市财政局职员曾明辉为报1940年10月25日空袭损失私物报告表给上级的呈(1940年10月29日)……………………………839

96. 重庆市财政局职员黄永锡为报1940年10月25日空袭损失私物报告表给上级的呈(1940年10月29日)……………………………840

97. 重庆市财政局职员刘守义为报1940年10月25日空袭损失私物报告表给上级的呈(1940年10月30日)……………………………841

98. 重庆市财政局职员杨继先为报1940年10月25日空袭损失私物报告表给上级的呈(1940年10月)……………………………842

99. 重庆市财政局职员何伯符为报1940年10月25日空袭损失私物报告表给上级的呈(1940年11月1日)……………………………844

100. 重庆市财政局职员宋瑞明为报1940年10月25日空袭损失私物报告表给上级的呈文稿(1940年11月1日)……………………………845

101. 重庆市财政局职员□德为报1940年10月25日空袭损失私物报告表给上级的呈(1940年11月4日)……………………………847

102. 重庆市财政局职员谭雪鸿为报1940年10月25日空袭损失私物报告表给上级的呈(1940年11月9日)……………………………848

103. 重庆市财政局职员洪文瑞为报1940年10月25日空袭损失私物报告表给上级的呈(1940年11月9日)……………………………849

104. 重庆市财政局职员徐文达为报1940年10月25日空袭损失私物报告表给上级的呈(1940年11月9日)……………………………849

105. 重庆市财政局职员刘声振为报1940年10月25日空袭损失私物报告表给上级的呈(1940年11月19日)……………………………850

106. 重庆市财政局职员叶倍振为报1941年5月3日空袭损失私物报告表给上级的呈(1941年5月4日)……………………………852

107. 重庆市财政局职员李友仁为报1941年5月10日空袭损失私物报告表给上级的呈文稿(1941年5月12日)……………………………855

108. 重庆市财政局职员杨正谊为报1941年5月10日空袭损失私物报告

表给上级的呈（1941年5月19日）..................857

109. 重庆市财政局职员丁泽钟为报1941年5月16日空袭损失私物报告表给上级的呈（1941年6月11日）..................860

110. 重庆市财政局职员张伯砚为报1940年5月、1941年5月空袭损失私物报告表给上级的呈（1941年6月3日）..................861

111. 重庆市财政局职员李鱼安为报1941年6月1日空袭损失私物报告表给上级的呈（1941年6月1日）..................863

112. 重庆市财政局职员李耀枢为报1941年6月1日空袭损失私物报告表给上级的呈（1941年6月2日）..................864

113. 重庆市财政局职员刁文俊为报1941年6月1日空袭损失私物报告表给上级的呈（1941年6月2日）..................866

114. 重庆市财政局职员蔡永禄为报1941年6月1日空袭损失私物报告表给上级的呈（1941年6月2日）..................868

115. 重庆市财政局职员彭克民为报1941年6月1日空袭损失私物报告表给上级的呈（1941年6月3日）..................870

116. 重庆市财政局职员徐永章为报1941年6月1日空袭损失私物报告表给上级的呈（1941年6月3日）..................871

117. 重庆市财政局职员张歆为报1941年6月1日空袭损失私物报告表给上级的呈（1941年6月3日）..................872

118. 重庆市财政局职员杨曦照为报1941年6月1日空袭损失私物报告表给上级的呈（1941年6月3日）..................873

119. 重庆市财政局职员朱元章为报1941年6月1日空袭损失私物报告表给上级的呈（1941年6月3日）..................874

120. 重庆市财政局职员黄演勋为报1941年6月1日空袭损失私物报告表给上级的呈（1941年6月3日）..................876

121. 重庆市财政局职员孙世禄为报1941年6月1日空袭损失私物报告表给上级的呈（1941年6月3日）..................877

122. 重庆市财政局职员姬建侯为报1941年6月1日空袭损失私物报告表给上级的呈（1941年6月3日）..................878

123. 重庆市财政局职员闵苏生为报1941年6月1日空袭损失私物报告表

给上级的呈(1941年6月3日) ················879

124. 重庆市财政局职员熊仲虚为报1941年6月1日空袭损失私物报告表
　　　给上级的呈(1941年6月3日) ················880

125. 重庆市财政局职员张慕良为报1941年6月1日空袭损失私物报告表
　　　给上级的呈(1941年6月3日) ················881

126. 重庆市财政局职员江春先为报1941年6月2日空袭损失私物报告表
　　　给上级的呈(1941年6月3日) ················882

127. 重庆市财政局职员唐棣芳为报1941年6月2日空袭损失私物报告表
　　　给上级的呈(1941年6月3日) ················884

128. 重庆市财政局职员卢和笙为报1941年6月2日空袭损失私物报告表
　　　给上级的呈(1941年6月3日) ················885

129. 重庆市财政局职员倪德章为报1941年6月2日空袭损失私物报告表
　　　给上级的呈(1941年6月4日) ················887

130. 重庆市财政局职员曹鸿万为报1941年6月2日空袭损失私物报告表
　　　给上级的呈(1941年6月6日) ················888

131. 重庆市财政局职员李本彦为报1941年6月2日空袭损失私物报告表
　　　给上级的呈(1941年6月) ··················891

132. 重庆市财政局职员张垂恩为报1941年6月1日、2日、5日空袭损失私
　　　物报告表给上级的呈(1941年6月6日) ··············893

133. 重庆市财政局职员徐富源等51人为报1941年6月初空袭损失私物
　　　报告表给上级的呈(1941年6月7日) ···············894

134. 重庆市财政局职员刘卓立为报1941年6月5日空袭损失私物报告表
　　　给上级的呈(1941年6月7日) ··················931

135. 重庆市财政局职员魏一鸣为报1941年6月7日空袭损失私物报告表
　　　给上级的呈(1941年6月9日) ··················933

136. 重庆市财政局职员江厚祥为报1941年6月7日空袭损失私物报告表
　　　给上级的呈(1941年6月9日) ··················935

137. 重庆市财政局职员达伟凤为报1941年6月7日空袭损失私物报告表
　　　给上级的呈文稿(1941年6月9日) ················936

138. 重庆市财政局职员李治平为报1941年6月7日空袭损失私物报告表

给上级的呈(1941年6月11日) ………………………………939

139. 重庆市财政局职员冯玉森为报1941年6月29日空袭损失私物报告表给上级的呈(1941年6月29日) ………………………………940

140. 重庆市财政局职员傅焕章为报1941年6月29日空袭损失私物报告表给上级的呈(1941年6月30日) ………………………………941

141. 重庆市财政局职员张垂恩为报1941年6月29日空袭损失私物报告表给上级的呈(1941年6月30日) ………………………………943

142. 重庆市财政局职员胡建中为报1941年6月29日空袭损失私物报告表给上级的呈(1941年6月30日) ………………………………945

143. 重庆市财政局职员周子良为报1941年6月29日空袭损失私物报告表给上级的呈(1941年7月1日) ………………………………946

144. 重庆市财政局职员梅光复为报1941年6月29日空袭损失私物报告表给上级的呈(1941年7月1日) ………………………………948

145. 重庆市财政局职员陈及奎等三人为报1941年6月29日空袭损失私物报告表给上级的呈(1941年7月1日) ………………………………950

146. 重庆市财政局职员王志明为报1941年6月29日空袭损失私物报告表给上级的呈(1941年7月2日) ………………………………953

147. 重庆市财政局职员刘受三为报1941年6月30日空袭损失私物报告表给上级的呈(1941年7月1日) ………………………………954

148. 重庆市财政局职员罗四维为报1941年6月30日空袭损失私物报告表给上级的呈(1941年7月1日) ………………………………956

149. 重庆市财政局职员阳永康为报1941年6月30日空袭损失私物报告表给上级的呈(1941年7月1日) ………………………………957

150. 重庆市财政局职员周子良为报1941年6月30日空袭损失私物报告表给上级的呈(1941年7月2日) ………………………………959

151. 重庆市财政局职员张志雅为报1941年7月4日空袭损失私物报告表给上级的呈(1941年7月7日) ………………………………961

152. 重庆市财政局职员熊仲虚为报1941年7月5日空袭损失私物报告表给上级的呈(1941年7月5日) ………………………………963

153. 重庆市财政局职员兰凤起为报1941年7月8日空袭损失私物报告表

给上级的呈(1941年7月10日) …………………………………… 965

154. 重庆市财政局职员温校如等30人为报1941年7月8日空袭损失私物报告表给上级的呈(1941年7月22日) …………………………………… 966

155. 重庆市财政局职员周绍文为报1941年7月29日空袭损失私物报告表给上级的呈(1941年8月1日) …………………………………… 993

156. 重庆市财政局职员杨树林为报1941年7月30日空袭损失私物报告表给上级的呈(1941年7月30日) …………………………………… 994

157. 重庆市财政局职员汪德钧为报1941年7月30日空袭损失私物报告表给上级的呈(1941年7月30日) …………………………………… 995

158. 重庆市财政局职员宋德明为报1941年7月30日空袭损失私物报告表给上级的呈(1941年7月30日) …………………………………… 997

159. 重庆市财政局职员向海山为报1941年7月30日空袭损失私物报告表给上级的呈(1941年7月31日) …………………………………… 999

160. 重庆市财政局职员田永昌为报1941年7月30日空袭损失私物报告表给上级的呈(1941年7月31日) …………………………………… 1000

161. 重庆市财政局职员李杰为报1941年7月30日空袭损失私物报告表给上级的呈(1941年7月) …………………………………… 1002

162. 重庆市财政局职员张德煴为报1941年7月30日空袭损失私物报告表给上级的呈(1941年8月1日) …………………………………… 1003

163. 重庆市财政局职员张思达等6人为报1941年7月30日空袭损失私物报告表给上级的呈(1941年8月6日) …………………………………… 1005

164. 重庆市财政局职员王友善为报1941年7月30日空袭损失私物报告表给上级的呈(1941年8月) …………………………………… 1008

165. 重庆市财政局职员杨世禄为报1941年8月8日空袭损失私物报告表给上级的呈(1941年8月9日) …………………………………… 1009

166. 重庆市财政局职员戴鹏淦为报1941年8月8日空袭损失私物报告表给上级的呈(1941年8月11日) …………………………………… 1011

167. 重庆市财政局职员周吉萱为报1941年8月8日空袭损失私物报告表给上级的呈(1941年8月11日) …………………………………… 1013

168. 重庆市财政局职员余海洲为报1941年8月8日空袭损失私物报告表

169. 重庆市财政局职员刘光永为报1941年8月8日空袭损失私物报告表给上级的呈(1941年8月14日)……1016

170. 重庆市财政局职员蒋梦榆为报1941年8月8日空袭损失私物报告表给上级的呈(1941年8月29日)……1017

171. 重庆市财政局职员苟智能为报1941年8月8日空袭损失私物报告表给上级的呈(1941年8月)……1019

172. 重庆市财政局职员罗先达等4人为报1941年8月11日空袭损失私物报告表给上级的呈(1941年9月14日)……1020

173. 重庆市财政局职员秦洪喜为报1941年8月22日空袭损失私物报告表给上级的呈(1941年8月)……1024

174. 重庆市财政局职员陈述志为报1941年8月22日空袭损失私物报告表给上级的呈(1941年8月)……1025

175. 重庆市财政局职员余维周为报1941年8月22日空袭损失私物报告表给上级的呈(1941年9月)……1026

176. 重庆市财政局职员萧锡荣为报1941年8月23日空袭损失私物报告表给上级的呈(1941年9月)……1027

177. 重庆市财政局职员张集双为报1941年8月23日空袭损失私物报告表给上级的呈(1941年9月)……1028

178. 重庆市财政局职员李伯鑫为报1941年8月30日空袭损失私物报告表给上级的呈(1941年9月7日)……1029

179. 重庆市财政局职员罗先达为报空袭损失私物报告表给上级的呈(1941年9月)……1031

三、公务局部分

1. 重庆市工务局职员杨祥为1939年5月3日被炸请按规定赐予补偿呈上级文(1939年8月16日)……1033

2. 重庆市工务局职员李一清为1939年5月4日空袭家中被毁经济困难请予预支5月月薪的呈(1939年5月16日)……1033

3. 重庆市工务局原职员刘宪章为1939年5月4日被炸请予以救济转呈市

工务局局长文（1939年11月7日）……………………………………1034

4. 重庆市中央公园事务所为报1939年5月25日空袭该所职员私产损失给重庆市工务局的签呈（1939年5月27日）………………………1036

5. 城区工务管理处、路灯管理所为1939年5月25日该住宿处被敌机炸毁请酌予员工津贴给重庆市工务局局长的签呈（1939年5月30日）…1036

6. 重庆市工务局为报1939年5月25日该局工人被炸损失拟定津贴数目呈重庆市市长文（1939年6月6日）…………………………………1037

7. 重庆市工务局路灯管理所1939年5月25日敌机空袭被炸员工损失情形表（1939年6月）……………………………………………………1038

8. 重庆市工务局城区工务管理处为送该处1939年5月25日敌机空袭遭炸员工损失情形表呈重庆市工务局局长文（1939年7月4日）……1038

9. 行政院非常时期服务团委员会团员金佑为1939年5月4日、25日两次被炸请求救济呈重庆市工务局局长文（1939年12月18日）………1041

10. 重庆市工务局警士潘治华为报1939年6月11日被炸损失物品单转呈上峰文（1939年6月14日）…………………………………………1043

11. 重庆市工务局测工项泽安为1939年6月12日房屋被炸损失请予优恤呈转市工务局局长文（1939年6月13日）………………………1044

12. 重庆市工务局为报该局员工遭受损失救济费检同清单呈重庆市市长文（1939年10月6日）……………………………………………1044

13. 重庆市工务局为拟定该局员役1939年度遭受空袭损害发放救济清册呈重庆市市长文（1940年7月11日）…………………………1048

14. 新市区工务管理处主任为转呈监工员高君信1940年5月28日被炸损失物件单呈重庆市工务局局长文（1940年6月1日）……………1052

15. 重庆市工务局为呈报职员马家振1940年5月28日被炸损失给重庆市政府秘书处的文（1940年7月）………………………………………1053

16. 重庆市工务局为呈报职员高君信1940年5月28日被炸损失给重庆市政府秘书处的文（1940年7月）………………………………………1055

17. 沙磁区工务管理处主任刘海通为送该单位员工1940年5月29日被炸损失单呈重庆市工务局局长文（1940年5月29日）………………1056

18. 重庆市工务局为送市区房屋空袭损失调查表给重庆市市长的呈（1940

年6月20日）……1057

19. 新市区工务管理处为查明并呈复监工员高君信被炸损失地址呈重庆市工务局局长文（1940年6月24日）……1073

20. 重庆市工务局为填送空袭损失调查表给重庆市市长吴国桢的签呈（1940年6月25日）……1074

21. 重庆市工务局为呈报职员伊爵鸣1940年6月11日被炸损失给重庆市政府秘书处的文（1940年7月）……1083

22. 重庆市工务局为呈报职员周建业1940年6月11日被炸损失给重庆市政府秘书处的文（1940年7月）……1084

23. 重庆市工务局为呈报职员吴梅南1940年6月11日被炸损失给重庆市政府秘书处的文（1940年7月）……1086

24. 重庆市工务局为呈报职员王安国1940年6月11日被炸损失给重庆市政府秘书处的文（1940年7月）……1087

25. 重庆市工务局为呈报职员吴子樑1940年6月11日被炸损失给重庆市政府秘书处的文（1940年7月）……1088

26. 重庆市工务局为呈报职员张廷柱1940年6月11日被炸损失给重庆市政府秘书处的文（1940年7月）……1089

27. 重庆市工务局为呈报职员蔡泽梅1940年6月11日被炸损失给重庆市政府秘书处的文（1940年7月）……1090

28. 重庆市工务局为呈报职员范学斌1940年6月11日被炸损失给重庆市政府秘书处的文（1940年7月）……1091

29. 重庆市工务局为呈报职员陈鸿鼎1940年6月11日被炸损失给重庆市政府秘书处的文（1940年7月）……1092

30. 重庆市工务局为呈报职员张仁同1940年6月11日被炸损失给重庆市政府秘书处的文（1940年7月）……1093

31. 重庆市工务局为呈报职员刘士名1940年6月11日被炸损失给重庆市政府秘书处的文（1940年7月）……1094

32. 重庆市工务局为呈报职员徐以根1940年6月11日被炸损失给重庆市政府秘书处的文（1940年7月）……1095

33. 重庆市工务局为呈报职员郭荣华1940年6月11日被炸损失给重庆市

政府秘书处的文(1940年7月)……………………………………1096

34. 重庆市工务局为呈报职员郑德民1940年6月11日被炸损失给重庆市政府秘书处的文(1940年7月)……………………………………1097

35. 重庆市工务局为呈报职员伊有光1940年6月11日被炸损失给重庆市政府秘书处的文(1940年8月28日)……………………………1098

36. 重庆市工务局为转呈城区工务管理处呈送1940年6月12日被炸员役财产损失报告表呈重庆市市长文(1940年7月1日)……………1099

37. 重庆市工务局为呈报石工张兴发1940年6月12日被炸损失给重庆市政府秘书处的文(1940年7月)……………………………………1105

38. 重庆市工务局为呈报测工项泽安1940年6月12日被炸损失给重庆市政府秘书处的文(1940年7月)……………………………………1107

39. 重庆市工务局为呈报小工周玉成1940年6月12日被炸损失给重庆市政府秘书处的文(1940年7月)……………………………………1108

40. 重庆市工务局职员刘履中1940年6月24日被炸生活困难申请预借一月薪金给上峰的签呈(1940年6月25日)……………………………1110

41. 重庆市工务局为送空袭损失调查表若干呈重庆市市长文(1940年7月13日)……………………………………………………………………1111

42. 重庆市工务局为呈报职员杨世合1940年6月24日被炸损失给重庆市政府秘书处的文(1940年7月)……………………………………1121

43. 重庆市工务局为呈报测工薛怀玉1940年6月28日被炸损失给重庆市政府秘书处的文(1940年7月)……………………………………1122

44. 重庆市工务局为呈报职员葛诗绪1940年6月28日被炸损失给重庆市政府秘书处的文(1940年7月)……………………………………1123

45. 重庆市工务局为呈报职员曾贤澍1940年6月28日被炸损失给重庆市政府秘书处的文(1940年7月)……………………………………1125

46. 重庆市工务局为呈报职员朱吟龙1940年6月28日被炸损失给重庆市政府秘书处的文(1940年7月)……………………………………1127

47. 重庆市工务局为呈报职员任崇德1940年6月28日被炸损失给重庆市政府秘书处的文(1940年7月)……………………………………1128

48. 重庆市工务局为呈报职员梁锡伯1940年6月28日被炸损失给重庆市

政府秘书处的文（1940年7月）……1130

49. 重庆市工务局为呈报职员熊世平1940年6月28日被炸损失给重庆市政府秘书处的文（1940年7月）……1132

50. 重庆市工务局为呈报职员徐兆龙1940年6月28日被炸损失给重庆市政府秘书处的文（1940年7月）……1134

51. 重庆市工务局为呈报职员徐忠文1940年6月28日被炸损失给重庆市政府秘书处的文（1940年7月）……1135

52. 重庆市工务局为呈报职员朱宗峻1940年6月28日被炸损失给重庆市政府秘书处的文（1940年7月）……1136

53. 重庆市工务局为呈报测工吴相芝1940年6月28日被炸损失给重庆市政府秘书处的文（1940年7月）……1138

54. 重庆市工务局为呈报测工赵华堂1940年6月28日被炸损失给重庆市政府秘书处的文（1940年7月）……1139

55. 重庆市工务局为呈报伙夫吴少卿1940年6月28日被炸损失给重庆市政府秘书处的文（1940年7月）……1141

56. 重庆市工务局为呈报工役袁忠山1940年6月28日被炸损失给重庆市政府秘书处的文（1940年7月）……1142

57. 重庆市工务局为呈报工役袁平安1940年6月28日被炸损失给重庆市政府秘书处的文（1940年7月）……1143

58. 重庆市工务局为呈报测工马伯勋1940年6月28日被炸损失给重庆市政府秘书处的文（1940年7月）……1144

59. 重庆市工务局为呈报职员邓祖福1940年6月28日被炸损失给重庆市政府秘书处的文（1940年7月）……1145

60. 重庆市工务局为呈报职员熊世奎1940年6月28日被炸损失给重庆市政府秘书处的文（1940年7月）……1146

61. 重庆市工务局为呈报职员廖新魁1940年6月28日被炸损失给重庆市政府秘书处的文（1940年7月）……1148

62. 重庆市工务局为呈报职员蔡致平1940年6月28日被炸损失给重庆市政府秘书处的文（1940年7月）……1149

63. 重庆市工务局为呈报职员黄秉德1940年6月28日被炸损失给重庆市

政府秘书处的文(1940年7月)……………………………………1151

64. 重庆市工务局为呈报职员熊力功1940年6月28日被炸损失给重庆市政府秘书处的文(1940年7月)……………………………………1152

65. 重庆市工务局为呈报愿警王景房1940年6月28日被炸损失给重庆市政府秘书处的文(1940年7月)……………………………………1154

66. 重庆市工务局为呈报测工陈六尊1940年6月28日被炸损失给重庆市政府秘书处的文(1940年7月)……………………………………1155

67. 重庆市工务局为呈报测工陈六尊1940年6月28日另一处被炸损失给重庆市政府秘书处的文(1940年7月)……………………………1157

68. 重庆市工务局为呈报愿警罗治华1940年6月28日被炸损失给重庆市政府秘书处的文(1940年7月)……………………………………1158

69. 重庆市工务局为呈报愿警1940年6月28日毛尚林被炸损失给重庆市政府秘书处的文(1940年7月)……………………………………1159

70. 重庆市工务局为呈报测工闵金泉1940年6月28日被炸损失给重庆市政府秘书处的文(1940年7月)……………………………………1160

71. 重庆市工务局为呈报测工黎昇平1940年6月28日被炸损失给重庆市政府秘书处的文(1940年7月)……………………………………1161

72. 重庆市工务局为呈报油印生胡焕章1940年6月28日被炸损失给重庆市政府秘书处的文(1940年7月)……………………………………1162

73. 重庆市工务局为呈报工役胡海泉1940年6月28日被炸损失给重庆市政府秘书处的文(1940年7月)……………………………………1163

74. 重庆市工务局为呈报工役周克生1940年6月28日被炸损失给重庆市政府秘书处的文(1940年7月)……………………………………1164

75. 重庆市工务局为呈报职员杨蜀樵1940年6月28日被炸损失给重庆市政府秘书处的文(1940年7月)……………………………………1165

76. 重庆市工务局为呈报职员马乔林1940年6月28日被炸损失给重庆市政府秘书处的文(1940年7月)……………………………………1166

77. 重庆市工务局为呈报职员周渭滨1940年6月28日被炸损失给重庆市政府秘书处的文(1940年7月)……………………………………1167

78. 重庆市工务局为呈报职员谭桂羢1940年6月28日被炸损失给重庆市

政府秘书处的文(1940年7月) …… 1168

79. 重庆市工务局为呈报工役陈庭辉1940年6月28日被炸损失给重庆市政府秘书处的文(1940年7月) …… 1170

80. 重庆市工务局为呈报愿警林云1940年6月28日被炸损失给重庆市政府秘书处的文(1940年7月) …… 1170

81. 重庆市工务局为补呈报愿警刘云1940年6月28日被炸损失给重庆市政府秘书处的文(1940年7月) …… 1172

82. 重庆市工务局为呈报愿警王治邦1940年6月28日被炸损失给重庆市政府秘书处的文(1940年7月) …… 1173

83. 重庆市工务局为呈报巡官邱养如1940年6月28日被炸损失给重庆市政府秘书处的文(1940年7月) …… 1173

84. 重庆市工务局为呈报愿警粟鑫1940年6月28日被炸损失给重庆市政府秘书处的文(1940年7月) …… 1174

85. 重庆市工务局为呈报工役胡宝轩1940年6月28日被炸损失给重庆市政府秘书处的文(1940年7月) …… 1176

86. 重庆市工务局为呈报测工黎崇德1940年6月28日被炸损失给重庆市政府秘书处的文(1940年7月) …… 1177

87. 重庆市工务局为呈报愿警傅甄甫1940年6月28日被炸损失给重庆市政府秘书处的文(1940年7月) …… 1178

88. 重庆市工务局为呈报测工钟大全1940年6月28日被炸损失给重庆市政府秘书处的文(1940年7月) …… 1179

89. 重庆市工务局为呈报测工张全美1940年6月28日被炸损失给重庆市政府秘书处的文(1940年7月) …… 1180

90. 重庆市工务局为呈报职员林登球1940年6月28日被炸损失给重庆市政府秘书处的文(1940年7月) …… 1181

91. 重庆市工务局为呈报职员罗震1940年6月28日被炸损失给重庆市政府秘书处的文(1940年8月28日) …… 1182

92. 重庆市工务局为呈报园丁吴万清1940年7月16日被炸损失给重庆市政府秘书处的文(1940年7月) …… 1183

93. 重庆市工务局为呈报职员滕熙1940年7月16日被炸损失给重庆市政

府秘书处的文(1940年7月) ······1184

94. 重庆市工务局为呈报园丁张宏达1940年7月16日被炸损失给重庆市政府秘书处的文(1940年7月) ······1186

95. 重庆市工务局为呈报园丁贺海清1940年7月16日被炸损失给重庆市政府秘书处的文(1940年7月) ······1187

96. 重庆市工务局为呈报园丁戴义森1940年7月16日被炸损失给重庆市政府秘书处的文(1940年7月) ······1187

97. 重庆市工务局为呈报园警刘云1940年7月16日被炸损失给重庆市政府秘书处的文(1940年7月) ······1188

98. 重庆市工务局为呈报园丁金紫名1940年7月16日被炸损失给重庆市政府秘书处的文(1940年7月) ······1189

99. 重庆市工务局为呈报工役徐扬威1940年7月16日被炸损失给重庆市政府秘书处的文(1940年7月) ······1190

100. 重庆市工务局为呈报园警王云1940年7月16日被炸损失给重庆市政府秘书处的文(1940年7月) ······1191

101. 重庆市工务局为呈报职员郑庆奎1940年7月16日被炸损失给重庆市政府秘书处的文(1940年8月28日) ······1192

102. 重庆市工务局为呈报职员程颂宏1940年8月18日被炸损失给重庆市政府秘书处的文(1940年8月28日) ······1193

103. 重庆市工务局为呈报职员陈达群1940年8月19日被炸损失给重庆市政府秘书处的文(1940年8月28日) ······1195

104. 重庆市工务局为呈报职员李智德1940年8月19日被炸损失给重庆市政府秘书处的文(1940年8月28日) ······1196

105. 重庆市工务局为呈报职员史次玉1940年8月19日被炸损失给重庆市政府秘书处的文(1940年8月28日) ······1197

106. 重庆市工务局为呈报职员王畴1940年8月19日被炸损失给重庆市政府秘书处的文(1940年8月28日) ······1199

107. 重庆市工务局为呈报职员盛承彦1940年8月20日被炸损失给重庆市政府秘书处的文(1940年8月28日) ······1201

108. 重庆市工务局为呈报职员应立本1940年8月20日被炸损失给重庆

市政府秘书处的文(1940年8月28日) ·············1202

109. 重庆市工务局为呈报职员邹光烈1940年8月20日被炸损失给重庆市政府秘书处的文(1940年8月28日) ·············1206

110. 重庆市工务局为呈报职员滕熙1940年8月20日被炸损失给重庆市政府秘书处的文(1940年8月28日) ·············1207

111. 重庆市工务局为呈报职员梁锡琰1940年8月20日被炸损失给重庆市政府秘书处的文(1940年8月28日) ·············1208

112. 重庆市工务局为呈报职员邹森1940年8月20日被炸损失给重庆市政府秘书处的文(1940年8月28日) ·············1209

113. 重庆市工务局为呈报工役张绍槐1940年8月20日被炸损失给重庆市政府秘书处的文(1940年8月) ·············1210

114. 重庆市工务局为呈报工役周星北1940年8月20日被炸损失给重庆市政府秘书处的文(1940年8月) ·············1211

115. 重庆市工务局为呈报工役蔡少华1940年8月20日被炸损失给重庆市政府秘书处的文(1940年8月) ·············1212

116. 重庆市工务局为呈报工役吴士伦1940年8月20日被炸损失给重庆市政府秘书处的文(1940年8月) ·············1213

117. 重庆市工务局为呈报工役彭兴顺1940年8月20日被炸损失给重庆市政府秘书处的文(1940年8月) ·············1214

118. 重庆市工务局为呈报工役米子云1940年8月20日被炸损失给重庆市政府秘书处的文(1940年8月) ·············1215

119. 重庆市工务局为呈报工役冯海清1940年8月20日被炸损失给重庆市政府秘书处的文(1940年8月) ·············1216

120. 重庆市工务局为呈报工役周兴发1940年8月20日被炸损失给重庆市政府秘书处的文(1940年8月) ·············1217

121. 重庆市工务局为呈报工役杨维儒1940年8月20日被炸损失给重庆市政府秘书处的文(1940年8月) ·············1218

122. 重庆市工务局为呈报工役张远仁1940年8月20日被炸损失给重庆市政府秘书处的文(1940年8月) ·············1219

123. 重庆市工务局为呈报工役钟如思1940年8月20日被炸损失给重庆

市政府秘书处的文(1940年8月)……………………………………1220

124. 重庆市工务局为呈报工役吴国清1940年8月20日被炸损失给重庆
市政府秘书处的文(1940年8月)……………………………………1221

125. 重庆市工务局为呈报工役潘成贵1940年8月20日被炸损失给重庆
市政府秘书处的文(1940年8月)……………………………………1222

126. 重庆市工务局为呈报工役张德槐1940年8月20日被炸损失给重庆
市政府秘书处的文(1940年8月)……………………………………1223

127. 重庆市工务局为呈报工役王启富1940年8月20日被炸损失给重庆
市政府秘书处的文(1940年8月)……………………………………1224

128. 重庆市工务局为呈报工役冯九高1940年8月20日被炸损失给重庆
市政府秘书处的文(1940年8月)……………………………………1225

129. 重庆市工务局为呈报工役张登云1940年8月20日被炸损失给重庆
市政府秘书处的文(1940年8月)……………………………………1226

130. 重庆市工务局为呈报工役李万三1940年8月20日被炸损失给重庆
市政府秘书处的文(1940年8月)……………………………………1227

131. 重庆市工务局为呈报工役杨吉成1940年8月20日被炸损失给重庆
市政府秘书处的文(1940年8月)……………………………………1228

132. 重庆市工务局为呈报工役杨炳全1940年8月20日被炸损失给重庆
市政府秘书处的文(1940年8月)……………………………………1229

133. 重庆市工务局为呈报工役张甫生1940年8月20日被炸损失给重庆
市政府秘书处的文(1940年8月)……………………………………1230

134. 重庆市工务局为呈报工役张代良1940年8月20日被炸损失给重庆
市政府秘书处的文(1940年8月)……………………………………1231

135. 重庆市工务局为呈报职员俞大奎1940年8月20日被炸损失给重庆
市政府秘书处的文(1940年8月)……………………………………1232

136. 重庆市工务局为呈报职员王作宪1940年8月20日被炸损失给重庆
市政府秘书处的文(1940年8月)……………………………………1233

137. 重庆市工务局为呈报职员王克刚1940年8月20日被炸损失给重庆
市政府秘书处的文(1940年8月)……………………………………1234

138. 重庆市工务局为呈报职员李炳元1940年8月20日被炸损失给重庆

市政府秘书处的文(1940年8月)……………………………………1235

139. 重庆市工务局为呈报工役徐清河1940年8月20日被炸损失给重庆
市政府秘书处的文(1940年8月)……………………………………1237

140. 重庆市工务局为呈报工役张功明1940年8月20日被炸损失给重庆
市政府秘书处的文(1940年8月)……………………………………1238

141. 重庆市工务局为呈报工役毛兴顺1940年8月20日被炸损失给重庆
市政府秘书处的文(1940年8月)……………………………………1239

142. 重庆市工务局为呈报工役李洪顺1940年8月20日被炸损失给重庆
市政府秘书处的文(1940年8月)……………………………………1240

143. 重庆市工务局为呈报工役袁兰之1940年8月20日被炸损失给重庆
市政府秘书处的文(1940年8月)……………………………………1241

144. 重庆市工务局为呈报职员许纯照1940年8月20日被炸损失给重庆
市政府秘书处的文(1940年8月)……………………………………1242

145. 重庆市工务局为呈报职员周兴之1940年8月20日被炸损失给重庆
市政府秘书处的文(1940年8月)……………………………………1243

146. 重庆市工务局为呈报工役张德山1940年8月20日被炸损失给重庆
市政府秘书处的文(1940年8月)……………………………………1244

147. 重庆市工务局为呈报工役杨玉顺1940年8月20日被炸损失给重庆
市政府秘书处的文(1940年8月)……………………………………1245

148. 重庆市工务局为呈报工役王炳全1940年8月20日被炸损失给重庆
市政府秘书处的文(1940年8月)……………………………………1246

149. 重庆市工务局为呈报工役刘太平1940年8月20日被炸损失给重庆
市政府秘书处的文(1940年8月)……………………………………1247

150. 重庆市工务局为呈报工役吴光明1940年8月20日被炸损失给重庆
市政府秘书处的文(1940年8月)……………………………………1248

151. 重庆市工务局为呈报工役王益全1940年8月20日被炸损失给重庆
市政府秘书处的文(1940年8月)……………………………………1249

152. 重庆市工务局为呈报工役王双元1940年8月20日被炸损失给重庆
市政府秘书处的文(1940年8月)……………………………………1250

153. 重庆市工务局为呈报工役罗海云1940年8月20日被炸损失给重庆

市政府秘书处的文(1940年8月)……………………………1251

154. 重庆市工务局为呈报工役王金轩1940年8月20日被炸损失给重庆
市政府秘书处的文(1940年8月)……………………………1252

155. 重庆市工务局为呈报工役周玉成1940年8月20日被炸损失给重庆
市政府秘书处的文(1940年8月)……………………………1253

156. 重庆市工务局为呈报工役萧任轩1940年8月20日被炸损失给重庆
市政府秘书处的文(1940年8月)……………………………1254

157. 重庆市工务局为呈报工役萧在明1940年8月20日被炸损失给重庆
市政府秘书处的文(1940年8月)……………………………1255

158. 重庆市工务局为呈报工役周树云1940年8月20日被炸损失给重庆
市政府秘书处的文(1940年8月)……………………………1256

159. 重庆市工务局为呈报工役吴耀三1940年8月20日被炸损失给重庆
市政府秘书处的文(1940年8月)……………………………1257

160. 重庆市工务局为呈报工役周治安1940年8月20日被炸损失给重庆
市政府秘书处的文(1940年8月)……………………………1258

161. 重庆市工务局为呈报工役张海云1940年8月20日被炸损失给重庆
市政府秘书处的文(1940年8月)……………………………1259

162. 重庆市工务局为呈报工役林良安1940年8月20日被炸损失给重庆
市政府秘书处的文(1940年8月)……………………………1260

163. 重庆市工务局为呈报工役王明扬1940年8月20日被炸损失给重庆
市政府秘书处的文(1940年8月)……………………………1261

164. 重庆市工务局为呈报工役梁海云1940年8月20日被炸损失给重庆
市政府秘书处的文(1940年8月)……………………………1262

165. 重庆市工务局为呈报工役颜永长1940年8月20日被炸损失给重庆
市政府秘书处的文(1940年8月)……………………………1263

166. 重庆市工务局为呈报工役胡明清1940年8月20日被炸损失给重庆
市政府秘书处的文(1940年8月)……………………………1264

167. 重庆市工务局为呈报工役叶永良1940年8月20日被炸损失给重庆
市政府秘书处的文(1940年8月)……………………………1265

168. 重庆市工务局为呈报工役杨文香1940年8月20日被炸损失给重庆

市政府秘书处的文(1940年8月)……………………………1266

169. 重庆市工务局为呈报工役余志和1940年8月20日被炸损失给重庆市政府秘书处的文(1940年8月)……………………………1267

170. 重庆市工务局为呈报工役赵从礼1940年8月20日被炸损失给重庆市政府秘书处的文(1940年8月)……………………………1268

171. 重庆市工务局为呈报工役张少全1940年8月20日被炸损失给重庆市政府秘书处的文(1940年8月)……………………………1269

172. 重庆市工务局为呈报工役刘治卿1940年8月20日被炸损失给重庆市政府秘书处的文(1940年8月)……………………………1270

173. 重庆市工务局为呈报工役赵开云1940年8月20日被炸损失给重庆市政府秘书处的文(1940年8月)……………………………1271

174. 重庆市工务局为呈报工役文少清1940年8月20日被炸损失给重庆市政府秘书处的文(1940年8月)……………………………1272

175. 重庆市工务局为呈报工役唐玉臣1940年8月20日被炸损失给重庆市政府秘书处的文(1940年8月)……………………………1273

176. 重庆市工务局为呈报工役吴竟成1940年8月20日被炸损失给重庆市政府秘书处的文(1940年8月)……………………………1274

177. 重庆市工务局为呈报工役张月臣1940年8月20日被炸损失给重庆市政府秘书处的文(1940年8月)……………………………1275

178. 重庆市工务局为呈报工役贺治平1940年8月20日被炸损失给重庆市政府秘书处的文(1940年8月)……………………………1276

179. 重庆市工务局为呈报工役叶占云1940年8月20日被炸损失给重庆市政府秘书处的文(1940年8月)……………………………1277

180. 重庆市工务局为呈报工役周云章1940年8月20日被炸损失给重庆市政府秘书处的文(1940年8月)……………………………1278

181. 重庆市工务局为呈报工役罗治全1940年8月20日被炸损失给重庆市政府秘书处的文(1940年8月)……………………………1279

182. 重庆市工务局为呈报工役贺德加1940年8月20日被炸损失给重庆市政府秘书处的文(1940年8月)……………………………1280

183. 重庆市工务局为呈报工役杨东修1940年8月20日被炸损失给重庆

市政府秘书处的文(1940年8月)……………………………1281

184. 重庆市工务局为呈报工役毛松亭1940年8月20日被炸损失给重庆市政府秘书处的文(1940年8月)……………………………1282

185. 重庆市工务局为呈报工役廖年书1940年8月20日被炸损失给重庆市政府秘书处的文(1940年8月)……………………………1283

186. 重庆市工务局为呈报工役萧定才1940年8月20日被炸损失给重庆市政府秘书处的文(1940年8月)……………………………1284

187. 重庆市工务局为呈报工役陈栋良1940年8月20日被炸损失给重庆市政府秘书处的文(1940年8月)……………………………1285

188. 重庆市工务局为呈报工役米祖良1940年8月20日被炸损失给重庆市政府秘书处的文(1940年8月)……………………………1286

189. 重庆市工务局为呈报工役徐新民1940年8月20日被炸损失给重庆市政府秘书处的文(1940年8月)……………………………1287

190. 重庆市工务局为呈报工役周德坑1940年8月20日被炸损失给重庆市政府秘书处的文(1940年8月)……………………………1288

191. 重庆市工务局为呈报工役王全安1940年8月20日被炸损失给重庆市政府秘书处的文(1940年8月)……………………………1289

192. 重庆市工务局为呈报工役王国志1940年8月20日被炸损失给重庆市政府秘书处的文(1940年8月)……………………………1290

193. 重庆市工务局为呈报工役杨泽明1940年8月20日被炸损失给重庆市政府秘书处的文(1940年8月)……………………………1291

194. 重庆市工务局为呈报工役周吉成1940年8月20日被炸损失给重庆市政府秘书处的文(1940年8月)……………………………1292

195. 重庆市工务局为呈报工役廖仁山1940年8月20日被炸损失给重庆市政府秘书处的文(1940年8月)……………………………1293

196. 重庆市工务局为呈报工役熊定国1940年8月20日被炸损失给重庆市政府秘书处的文(1940年8月)……………………………1294

197. 重庆市工务局为呈报工役李世德1940年8月20日被炸损失给重庆市政府秘书处的文(1940年8月)……………………………1295

198. 重庆市工务局为呈报工役魏正双1940年8月20日被炸损失给重庆

市政府秘书处的文(1940年8月)……………………………1296

199. 重庆市工务局为呈报工役黄木章1940年8月20日被炸损失给重庆
市政府秘书处的文(1940年8月)……………………………1297

200. 重庆市工务局为呈报工役雷清风1940年8月20日被炸损失给重庆
市政府秘书处的文(1940年8月)……………………………1298

201. 重庆市工务局为呈报工役廖云臣1940年8月20日被炸损失给重庆
市政府秘书处的文(1940年8月)……………………………1299

202. 重庆市工务局为呈报工役邓炳南1940年8月20日被炸损失给重庆
市政府秘书处的文(1940年8月)……………………………1300

203. 重庆市工务局为呈报工役李志斌1940年8月20日被炸损失给重庆
市政府秘书处的文(1940年8月)……………………………1301

204. 重庆市工务局为呈报工役廖炳成1940年8月20日被炸损失给重庆
市政府秘书处的文(1940年8月)……………………………1302

205. 重庆市工务局为呈报工役任绍轩1940年8月20日被炸损失给重庆
市政府秘书处的文(1940年8月)……………………………1303

206. 重庆市工务局为呈报工役赵祥林1940年8月20日被炸损失给重庆
市政府秘书处的文(1940年8月)……………………………1304

207. 重庆市工务局为呈报工役王文光1940年8月20日被炸损失给重庆
市政府秘书处的文(1940年8月)……………………………1305

208. 重庆市工务局为呈报工役王清秀1940年8月20日被炸损失给重庆
市政府秘书处的文(1940年8月)……………………………1306

209. 重庆市工务局为呈报工役李少云1940年8月20日被炸损失给重庆
市政府秘书处的文(1940年8月)……………………………1307

210. 重庆市工务局为呈报工役李华轩1940年8月20日被炸损失给重庆
市政府秘书处的文(1940年8月)……………………………1308

211. 重庆市工务局为呈报工役周全盛1940年8月20日被炸损失给重庆
市政府秘书处的文(1940年8月)……………………………1309

212. 重庆市工务局为呈报工役张顺吉1940年8月20日被炸损失给重庆
市政府秘书处的文(1940年8月)……………………………1310

213. 重庆市工务局为呈报工役王金全1940年8月20日被炸损失给重庆

市政府秘书处的文(1940年8月)……………………………………1311
214. 重庆市工务局为呈报工役罗林之1940年8月20日被炸损失给重庆
　　　市政府秘书处的文(1940年8月)……………………………………1312
215. 重庆市工务局为呈报工役王树全1940年8月20日被炸损失给重庆
　　　市政府秘书处的文(1940年8月)……………………………………1313
216. 重庆市工务局为呈报职员林兆元1940年9月16日被炸损失给重庆
　　　市政府秘书处的文(1940年9月)……………………………………1314
217. 重庆市工务局为呈报职员晏孝泉1940年10月6日被炸损失给重庆
　　　市政府秘书处的文(1940年10月9日)………………………………1315
218. 重庆市工务局为呈报职员葛洛儒1940年10月6日被炸损失给重庆
　　　市政府秘书处的文(1940年10月9日)………………………………1317
219. 重庆市工务局为呈报职员史仲璋1940年10月25日被炸损失给重庆
　　　市政府秘书处的文(1940年10月28日)………………………………1318
220. 重庆市工务局为呈报职员周慧珊1940年10月25日被炸损失给重庆
　　　市政府秘书处的文(1940年10月30日)………………………………1319
221. 重庆市工务局为呈报职员周建业1940年10月25日被炸损失给重庆
　　　市政府秘书处的文(1940年10月30日)………………………………1320
222. 重庆市工务局为呈报职员阮道润1940年10月25日被炸损失给重庆
　　　市政府秘书处的文(1940年10月30日)………………………………1321
223. 重庆市工务局为呈报职员周建坰1940年10月25日被炸损失给重庆
　　　市政府秘书处的文(1940年10月30日)………………………………1323
224. 重庆市工务局为呈报职员周健明1940年10月26日被炸损失给重庆
　　　市政府秘书处的文(1940年11月6日)………………………………1324
225. 重庆市工务局为报该局雇员刘履中及技佐刘泽沛等补送空袭损害表
　　　给重庆市政府的呈(1940年12月28日)………………………………1326
226. 重庆市工务局为呈报工役唐坤1941年5月26日被炸损失给重庆市
　　　政府秘书处的文(1941年6月5日)……………………………………1328
227. 重庆市工务局为呈报愿警林云1941年6月1日被炸损失给重庆市政
　　　府秘书处的文(1941年6月2日)………………………………………1329
228. 重庆市工务局为呈报愿警戴超群1941年6月1日被炸损失给重庆市

政府秘书处的文(1941年6月5日) …………………… 1331

229. 重庆市工务局为呈报愿警曾德武1941年6月2日被炸损失给重庆市政府秘书处的文(1941年6月3日) …………………… 1332

230. 重庆市工务局为呈报信差汤勋1941年6月5日被炸损失给重庆市政府秘书处的文(1941年6月9日) …………………… 1333

231. 重庆市工务局为呈报技工尤顺金1941年6月5日被炸损失给重庆市政府秘书处的文(1941年6月12日) …………………… 1334

232. 重庆市工务局为呈报职员周久康1941年6月7日被炸损失给重庆市政府秘书处的文(1941年6月10日) …………………… 1336

233. 重庆市工务局为呈报局长吴华甫1941年6月29日被炸损失给重庆市政府秘书处的文(1941年7月3日) …………………… 1337

234. 重庆市工务局为呈报科长邹光烈1941年6月29日被炸损失给重庆市政府秘书处的文(1941年7月3日) …………………… 1339

235. 重庆市工务局为呈报职员邹森1941年6月29日被炸损失给重庆市政府秘书处的文(1941年7月3日) …………………… 1340

236. 重庆市工务局为呈报职员徐家桢1941年6月29日被炸损失给重庆市政府秘书处的文(1941年7月3日) …………………… 1341

237. 重庆市工务局为呈报职员张嘉承1941年6月29日被炸损失给重庆市政府秘书处的文(1941年7月3日) …………………… 1342

238. 重庆市工务局为呈报职员周渭滨1941年6月29日被炸损失给重庆市政府秘书处的文(1941年7月3日) …………………… 1343

239. 重庆市工务局为呈报职员汪时和1941年6月29日被炸损失给重庆市政府秘书处的文(1941年7月3日) …………………… 1344

240. 重庆市工务局为呈报职员冯中美1941年6月29日被炸损失给重庆市政府秘书处的文(1941年7月3日) …………………… 1345

241. 重庆市工务局为呈报职员易重华1941年6月29日被炸损失给重庆市政府秘书处的文(1941年7月3日) …………………… 1346

242. 重庆市工务局为呈报职员刘显1941年6月29日被炸损失给重庆市政府秘书处的文(1941年7月3日) …………………… 1347

243. 重庆市工务局为呈报职员裴鸿业1941年6月29日被炸损失给重庆

市政府秘书处的文(1941年7月3日)……………………1348

244. 重庆市工务局为呈报职员张于君1941年6月29日被炸损失给重庆市政府秘书处的文(1941年7月3日)……………………1349

245. 重庆市工务局为呈报职员邓结华1941年6月29日被炸损失给重庆市政府秘书处的文(1941年7月3日)……………………1350

246. 重庆市工务局为呈报油印生胡焕章1941年6月29日被炸损失给重庆市政府秘书处的文(1941年7月3日)……………………1351

247. 重庆市工务局为呈报工役刘国荣1941年6月29日被炸损失给重庆市政府秘书处的文(1941年7月3日)……………………1353

248. 重庆市工务局为呈报工役刘树清1941年6月29日被炸损失给重庆市政府秘书处的文(1941年7月3日)……………………1354

249. 重庆市工务局为呈报工役胡宝轩1941年6月29日被炸损失给重庆市政府秘书处的文(1941年7月3日)……………………1355

250. 重庆市工务局为呈报工役陈国清1941年6月29日被炸损失给重庆市政府秘书处的文(1941年7月3日)……………………1356

251. 重庆市工务局为呈报测工陈六尊1941年6月29日被炸损失给重庆市政府秘书处的文(1941年7月3日)……………………1357

252. 重庆市工务局为呈报工役周光清1941年6月29日被炸损失给重庆市政府秘书处的文(1941年7月3日)……………………1358

253. 重庆市工务局为呈报司机罗兆龙1941年6月29日被炸损失给重庆市政府秘书处的文(1941年7月3日)……………………1359

254. 重庆市工务局为呈报职员柳栽夫1941年6月29日被炸损失给重庆市政府秘书处的文(1941年7月3日)……………………1360

255. 重庆市工务局为呈报职员林登球1941年6月29日被炸损失给重庆市政府秘书处的文(1941年7月3日)……………………1361

256. 重庆市工务局为呈报工役黄锡卿1941年6月29日被炸损失给重庆市政府秘书处的文(1941年7月3日)……………………1362

257. 重庆市工务局为呈报工役袁平安1941年6月29日被炸损失给重庆市政府秘书处的文(1941年7月3日)……………………1363

258. 重庆市工务局为呈报职员杨在位1941年6月29日被炸损失给重庆

市政府秘书处的文(1941年7月3日)·················1365

259. 重庆市工务局为呈报职员杨和铭1941年6月29日被炸损失给重庆市政府秘书处的文(1941年7月4日)·················1366

260. 重庆市工务局为呈报职员伍堃1941年6月29日被炸损失给重庆市政府秘书处的文(1941年7月4日)·················1367

261. 重庆市工务局为呈报职员刘履中1941年6月29日被炸损失给重庆市政府秘书处的文(1941年7月4日)·················1368

262. 重庆市工务局为呈报职员严传之1941年6月29日被炸损失给重庆市政府秘书处的文(1941年7月4日)·················1369

263. 重庆市工务局为呈报职员马乔林1940年6月29日被炸损失给重庆市政府秘书处的文(1941年7月4日)·················1370

264. 重庆市工务局为呈报工役张俊清1941年6月29日被炸损失给重庆市政府秘书处的文(1941年7月4日)·················1371

265. 重庆市工务局为呈报职员陈体淦1941年6月29日被炸损失给重庆市政府秘书处的文(1941年7月9日)·················1372

266. 重庆市工务局为呈报工役李德安1941年6月30日被炸损失给重庆市政府秘书处的文(1941年7月3日)·················1373

267. 重庆市工务局为呈报工役常炳煃1941年7月4日被炸损失给重庆市政府秘书处的文(1941年7月9日)·················1374

268. 重庆市工务局为呈报职员周久康1941年7月5日被炸损失给重庆市政府秘书处的文(1941年7月9日)·················1375

269. 重庆市工务局为呈报职员萧志谋1941年7月5日被炸损失给重庆市政府秘书处的文(1941年7月9日)·················1376

270. 重庆市工务局为呈报职员马家振1941年7月6日被炸损失给重庆市政府秘书处的文(1941年7月10日)·················1377

271. 重庆市工务局为呈报职员范学斌1941年7月6日被炸损失给重庆市政府秘书处的文(1941年7月10日)·················1379

272. 重庆市工务局为呈报职员蔡泽梅1941年7月6日被炸损失给重庆市政府秘书处的文(1941年7月10日)·················1380

273. 重庆市工务局为呈报职员徐以根1941年7月6日被炸损失给重庆市

政府秘书处的文(1941年7月10日) …………………1381

274. 重庆市工务局为呈报职员吴永海1941年7月6日被炸损失给重庆市政府秘书处的文(1941年7月10日) …………………1382

275. 重庆市工务局为呈报职员陈鸿鼎1941年7月6日被炸损失给重庆市政府秘书处的文(1941年7月10日) …………………1383

276. 重庆市工务局为呈报职员伊爵鸣1941年7月6日被炸损失给重庆市政府秘书处的文(1941年7月10日) …………………1384

277. 重庆市工务局为呈报职员郑惠民1941年7月6日被炸损失给重庆市政府秘书处的文(1941年7月10日) …………………1385

278. 重庆市工务局为呈报职员陈礼容1941年7月6日被炸损失给重庆市政府秘书处的文(1941年7月10日) …………………1386

279. 重庆市工务局为呈报职员李守屏1941年7月6日被炸损失给重庆市政府秘书处的文(1941年7月10日) …………………1387

280. 重庆市工务局为呈报工役陈玉秋1941年7月6日被炸损失给重庆市政府秘书处的文(1941年7月10日) …………………1389

281. 重庆市工务局为呈报工役吴国樑1941年7月6日被炸损失给重庆市政府秘书处的文(1941年7月10日) …………………1390

282. 重庆市工务局为呈报工役胡自民1941年7月6日被炸损失给重庆市政府秘书处的文(1941年7月10日) …………………1391

283. 重庆市工务局为呈报工役吴国华1941年7月6日被炸损失给重庆市政府秘书处的文(1941年7月10日) …………………1392

284. 重庆市工务局为呈报工役康巳富1941年7月6日被炸损失给重庆市政府秘书处的文(1941年7月10日) …………………1393

285. 重庆市工务局为呈报木工徐崇林1941年7月16日被炸损失给重庆市政府秘书处的文(1941年7月10日) …………………1394

286. 重庆市工务局为呈报木工胡静宣1941年7月6日被炸损失给重庆市政府秘书处的文(1941年7月10日) …………………1395

287. 重庆市工务局为呈报队目王钦和1941年7月6日被炸损失给重庆市政府秘书处的文(1941年7月10日) …………………1396

288. 重庆市工务局为呈报愿警王之敬1941年7月6日被炸损失给重庆市

289. 重庆市工务局为呈报职员吴子樑1941年7月6日被炸损失给重庆市政府秘书处的文(1941年7月10日) ·········1398

290. 重庆市工务局为呈报职员金章林1941年7月6日被炸损失给重庆市政府秘书处的文(1941年7月10日) ·········1399

291. 重庆市工务局为呈报职员郑正纲1941年7月6日被炸损失给重庆市政府秘书处的文(1941年7月10日) ·········1400

292. 重庆市工务局为呈报职员吴梅南1941年7月6日被炸损失给重庆市政府秘书处的文(1941年7月10日) ·········1401

293. 重庆市工务局为呈报职员刘士名1941年7月6日被炸损失给重庆市政府秘书处的文(1941年7月10日) ·········1402

294. 重庆市工务局为呈报职员曹汉霖1941年7月6日被炸损失给重庆市政府秘书处的文(1941年7月10日) ·········1403

295. 重庆市工务局为呈报职员张仁同1941年7月6日被炸损失给重庆市政府秘书处的文(1941年7月10日) ·········1404

296. 重庆市工务局为呈报工役柯之成1941年7月7日被炸损失给重庆市政府秘书处的文(1941年7月11日) ·········1405

297. 重庆市工务局原职员韩国治为请明确向何机关呈请公务员私物被毁之救济给重庆市市长的呈 ·········1406

298. 重庆市工务局原职员韩国治因敌机轰炸受损请予补偿给上级的文 ·········1407

四、交通部重庆电话局部分

1. 交通部重庆电话局设置股1939年5月25日员工损失调查表(1939年9月) ·········1409

2. 重庆电话局1939年5月25日员工空袭损失清单(1939年9月29日) ·········1411

3. 交通部重庆电话局1939年5月4日、5月25日、6月9日员工损失调查清册(1939年9月30日) ·········1413

4. 交通部重庆电话局为报1939年5月25日,6月9日、11日员工空袭损失

并请核拨慰偿金给交通部的代电稿(1939年7月4日)……………1415

5. 交通部重庆电话局为报重新调查1939年5~6月员工空袭损失清单给交通部的代电稿(1939年10月12日)……………1415

6. 交通部重庆电话局为报1939年7月24日、8月3日员工空袭损失并请核发慰偿金给交通部的代电稿(1939年9月16日)……………1418

7. 交通部重庆电话局为报1939年9月3日员工龚璧被炸损失调查表给交通部的代电稿(1939年10月26日)……………1419

8. 交通部重庆电话局为报员工1940年5月26日空袭损失请拨发慰偿金给交通部的代电稿(1940年6月10日)……………1420

9. 交通部重庆电话局为报1940年5月28日员工被炸损失调查表请核发慰偿金给交通部的代电稿(1940年6月15日)……………1427

10. 交通部重庆电话局沙坪坝分局为报员工1940年5月29日空袭损失请发慰偿金给市局的呈(1940年6月6日)……………1441

11. 交通部重庆电话局为报1940年6月12日被炸员工损失调查表请核发慰偿金给交通部的代电稿(1940年7月5日)……………1443

12. 车德义为报1940年6月12日被敌机炸毁私物损失调查表给重庆电话局的签呈(1940年7月5日)……………1521

13. 交通部重庆电话局为请核技术员莫庸1940年6月16日被炸损失调查表给交通部人事司的代电(1940年12月14日)……………1524

14. 交通部重庆电话局北碚分局为报1940年6月24日被炸员工损失调查表给重庆电话局的呈(1940年7月2日)……………1525

15. 交通部重庆电话局为报1940年6月24、26、28日及7月9日员工空袭损失情况给交通部的代电稿(1940年8月5日)……………1529

16. 交通部重庆电话局为报1940年7月4日被炸员工损失情况并请核拨慰偿金给交通部的代电(1940年8月5日)……………1540

17. 交通部重庆电话局为报1940年6月25日、6月26日、7月4日、7月8日、7月16日员工损失请核给慰偿金给交通部的代电(1940年8月7日)……………1554

18. 交通部重庆电话局为呈报员工庄季威1940年7月8日被炸损失调查情形并请核给慰偿金给交通部的代电(1940年9月9日)………1559

19. 交通部重庆电话局为报告庄季威呈报1940年7月8日损失经过情况给交通部人事司的代电(1940年11月7日)……………………1560

20. 交通部重庆电话局为呈报截至1940年8月9日员工空袭损失情况给交通部的代电(1940年9月24日)………………………………1562

21. 交通部重庆电话局为报1940年8月9日员工损失清册请核发慰偿金给交通部的代电(1940年11月14日)…………………………1673

22. 交通部重庆电话局为报1940年8月19日、20日员工空袭损失调查清册给交通部的代电(1940年11月3日)………………………1690

23. 交通部重庆电话局为报1940年8月20日员工空袭损失调查表给交通部的代电(1940年10月3日)……………………………………1703

24. 交通部重庆电话局为请核杨富贵1940年9月13日被炸损失调查表给交通部的代电(1940年10月14日)………………………1794

25. 交通部重庆电话局为请核熊同仁1940年10月10日被炸损失调查表给交通部的代电(1940年10月25日)………………………1795

26. 交通部重庆电话局为请核史吉人等1940年10月25、26日被炸损失调查表给交通部的代电(1940年11月17日)………………1796

27. 交通部重庆电话局为报蒋玉如、夏长寿1941年5月3日、10日损失调查表请核发慰偿金给交通部的代电(1941年5月27日)……1798

28. 交通部重庆电话局为报方根孝1941年5月16日被炸损失调查表请核发慰偿金给交通部的代电(1941年6月2日)………………1800

29. 交通部重庆电话局为报1941年6月1日、6月2日、6月5日员工被炸损失请核发慰偿金给交通部的代电(1941年6月30日)………1802

30. 交通部重庆电话局陈金山关于1941年6月15日被炸损毁私物请求借款的签呈(1941年6月16日)………………………………1818

31. 交通部重庆电话局扩工组关于技工陈金山1941年6月15日被炸私物损失情形的签呈(1941年6月17日)……………………………1818

32. 交通部重庆电话局扩工组关于1941年6月15日被炸损毁私人财物请求发给救济费清册的签呈(1941年6月17日)………………1819

33. 交通部重庆电话局为报1941年6月5日、6月14日、6月15日员工被炸损失调查表请核发慰偿金给交通部的代电稿(1941年7月11日)…1820

34. 交通部重庆电话局为报1941年6月29日至7月10日员工被炸损失调查表并请核发慰偿金给交通部的代电稿(1941年7月31日)……1886

35. 交通部重庆电话局为报1941年7月29日、30日员工被炸损失拟准慰偿金清册给交通部的代电稿(1941年9月6日) ……1908

36. 交通部重庆电话局为报1941年7月29日至8月31日员工被炸损失调查表并请核发慰偿金给交通部的代电稿(1941年9月13日)……1914

37. 交通部重庆电话局为补报员工被炸损失调查表并拟准核发慰偿金清单给交通部的代电稿(1941年9月22日)……1994

后记 ……2003

一、警察局部分

1. 重庆市警察局为调查朱传钧1939年5月3日空袭损失给第三分局的训令稿(1939年11月3日)

令第三分局分局长谢〇〇。案据前在本局服务之行政院服务团团员朱传钧呈报略称：该员阖家住于下新丰街8号寓所，不幸于本年五月三日敌机袭渝时，全家被炸，付之一炬，特请证明，以便呈请市府救济等情前来。合行令仰该分局遵照，即便将该团员损失情况详查具报以凭核办为要。

附朱传钧为请证明遭受空袭损失的呈

窃团员自民国二十七年十月奉行政院非常时期服务团委员会派在重庆市政府服务，复经市府分发至钧局工作，始于民国二十八年六月奉令调回服务团委员会。惟于本年五月三日敌机袭渝时，团员阖家住于下新丰街8号寓所同遭炸焚，一家财物均被付之一炬，仅以人免。除比将遭受空袭损失情形面陈吴科长光韶、谢主任鸿遨外，并呈报行政院非常时期服务团委员会，暨在同月十七日重庆各报联合版上登载团员寓所被炸焚之启事。嗣阅国府公布《中央公务员雇员公役遭受空袭损害暂行救济办法》，故又呈请行政院非常时期服务团委员会予以救济。嗣奉团委会本年十月十四日令字第3835号指示内开："呈悉。前奉行政院本年十月五日吕字第12202号指令，在各机关服务团员如有遭受空袭损害者，即由服务机关职员同样之救济。等因。业经分别函令各在案。该员遭受损害系在重庆市政府服务期间，所请救济一节，仰即迳呈该府办理。此批"。等因。奉此，团员遭受空袭损害时期系在钧局行政科卫生股服务。兹为遵照规定办理遭受空袭损害证明手续，理合附呈遭受空袭损害三联证明书一纸，伏乞钧府俯念部属因公全家遭受空前损失，赐予用印盖章，为之证明，随令发下，俾便呈请市府救济，实为德便。

谨呈

重庆市警察局局长徐

附呈三联证明书一纸、报纸一块

　　　　　　　　　　　　　　　　团员　朱传钧

　　　　　通讯处：本市临江门外红十字街平民村二楼收容所办公室

遭受空袭损害证明书

　　遭受损害者姓名：朱传钧，号国衡

　　职别：行政院非常时期服务团团员

　　月支若干生活费：80元

　　任所：派在重庆市政府服务

　　遭受损害时间及地点：本年五月三日12时40分，全家8口寓于重庆市下新丰街8号

　　遭受损害程度：一家衣被单夹棉皮暨一切用具财物，以战前物价计算损失当在4000元左右，以现时物价计算，损失当在10000元以上。

　　右〈上〉开遭受空袭人所有损失情形经本局调查确实，为负责证明，并请依照《中央公务员雇员公役遭受空袭损害暂行救济办法》第七条乙款规定予以救济费400元。

　　谨呈

　　重庆市政府市长贺

　　　　　　　　　　　　　　重庆市警察局局长　徐中齐

　　　　　　　　　　　　　　民国二十八年十月

　　　　　　　　　　　　　　（0061—15—3075）

2. 袁复本为报1939年5月4日空袭损失请予救济给市警察局的签呈（1939年12月16日）

　　窃职前住家鸡街来龙巷16号最后院楼上，楼后靠近都邮街蜻蚨饭店，当五月四日敌机袭渝时，职与眷属均在住宅前院，未遑出避防空洞，敌机竟在上空投下多数炸弹与烧夷弹，落于职之住处四周，旋蜻蚨饭店一带火起，波及职

之住房，职率眷仓惶逃走，幸免于难。直至大火熄灭后，职所住之楼房以及家中衣物等件均付荡然，计被烧去皮箱3个、柳条箱3个、小箱3个以及其他应用物品，损失合计洋3380元。兹奉总人字第2346号通令："以奉市政府十一月廿九日秘字第40120号训令抄发警察人员遭受空袭损害暂行救济办法一种，饬即遵照"。等因。奉此，理合将职家于五月四日遭受空袭损害情形，检同损失财物清单一份，签呈鉴核，准予依照暂行办法给予救济费，实为德便。

  谨呈

督察长郭　转呈

处长东方　转呈

局长徐

附呈损失财物清单1份〈原缺〉

校训股主任　袁复本

（0061—15—3075）

3. 重庆市警察局第三分局为报1939年7月31日员警空袭损失呈市警察局文（1939年8月12日）

  窃查七月三十一日午后10时10分，敌机袭渝，在本分局辖内投弹情形，当经呈报在案，惟查本分局暨据各分所报告关于公私物件损失甚巨，除将损失公私物件名称数目另单附呈外，理合备文呈报钧长鉴核第查。该员官长警等多系沦陷区域来此，而且服务本局月薪甚微，兹因公遭受损失，厥状颇为可怜，拟请酌予补助费以资优恤。是否有当，伏乞指令祗遵。

  谨呈

局长徐

分局长　李有节

第三分局及各分所七月三十一日被敌机来袭损失公私物件名称数目单

计开：

  1. 分局长李有节——失去皮箱1只，内储（在〔此〕箱系友人所存，内储何物不详）候友人来信再补报。

2. 据巡官夏俊臣报告——烧毁棉被1床。

3. 据办事员杨少庵报告——失去手提皮箱1只，内储黄色毛绒背心1件，白衬衫2件、蓝条长裤2条、白汗衫背心1件、白、黑袜子各1双，汉市警局十五分局巡官杨少庵委1件、十六分局巡官杨少庵委2件，湖北警卫第二总队第二支队三大队中尉书记杨少庵委1件，重庆市警察局第三分局办事员杨少庵委1件。

4. 据警长刘坦报告——失去黄色制服5套、裹腿3双、黄制帽2顶，零星各件，暨七月十四日吴焕廷案内所存赃物各件。

5. 据段牌坊分驻所所长邱用敏报告——焚烧放置鸿盛长典衣庄长警旧呢大衣22件，附呈鸿成长衣庄老板王汉卿证件一纸。

6. 据文书警长李冬严报告——失去黑包袱1个，内包草绿色制服1套，白线布衬衫、褂裤两套，手电棒1个，黑毛线袜两双，湖北警卫第二总队军官教育队各种讲义十余册。

分局长　李有节
八月十二日
（0061—15—3075—1）

4. 重庆市警察局为报员警遭受空袭私人财物损失清册呈重庆市政府的文稿（1939年11月29日）

窃查本市自五三、五四以来，迭遭敌机肆虐，本局所属员警私人财物之损失为数甚巨，前奉钧府发下十一月十六日第廿四次市政会议纪录，关于所属员役遭受空袭损失核发救济费一案，经决议办法五项，并决定组织统一审核机关办理。等因。自应遵办。兹饬据本局遭受空袭损失各员警等造报私人财物损失表前来，总综损失共15418.83元，理合汇册具文赍请钧府鉴核救济。

谨呈

代市长吴

计呈本局员警空袭财物损失清册1份〈原缺〉

重庆市警察局局长　徐〇〇
中华民国二十八年十一月
（0061—15—3075）

5. 重庆市警察局为报陈泽厚、田益善空袭损失请予救济呈重庆市政府文稿(1940年4月12日)

案据本局督察员陈泽厚、田益善报告称："窃职等于二十八年云云实为德便"。等情。据此，查本案业经本局函请宜昌警察局查明属实，依照内政部二十八年十一月廿四日公布警察人员遭受空袭损害暂行救济办法之规定，该员等因公出差，私物被毁，实应照该办法第八条所订警官月俸实支在200元以内者，酌给50元至200元之救济费。再查该员等前次出差，虽历尽艰险，而卒能将接收车辆及器材等件安全运渝，实属克尽厥职，现在物价高涨，而该员等所受之损失，照估价均在400元以上，如给予救济费过少，则该员等受损过巨，似不足以示体恤。拟请钧府准予照规定每员各给予最多数之救济费200元，赐发下局，以便转给承领。是否有当，理合具文连同该员等损失财物报告表一并赍呈钧府鉴核令遵。

谨呈

市长吴

计呈损失财物报告表1份

重庆市警察局局长　徐○○
中华民国二十九年四月

陈泽厚、田益善关于损失情况的报告

二十九年二月二十四日于重庆南岸小温泉第111号信箱

窃职等于二十八年二月间奉令赴宜押运消防车2辆返渝及交通部总务司存宜大批消防器材、升降梯等两案。在宜之时，下榻积庆里安乐旅社，不幸被炸，职等行李衣服损失殆尽。幸先事外出，得免一死。船主杜肇舟所遗之船，自行雇用驾船长佚上驶来渝。布置就绪，即由陈泽厚负责押运，四月十三日由宜昌开出，途中之凶滩恶水，危险万状，船夫复刁滑异常，宿风露雨，疮虫遍体，每日黎明开船，入晚始停，加以沿途不靖，盗匪如毛，抢劫时闻。然仍本所负使命，将所有车辆及器材经52日之时间，于六月四日安全运渝，泊储奇门码头。虽备尝艰险，而所节公帑不下3000余元。当奉钧府手谕，分别交接清楚，报请核销在卷。任务早经完毕，惟损失各物均属日常必需用品，在此长

期抗战严重之际,月入有限,添置更感不易。去年三月迄至今春行将一年之久,衣履破敝,日给不周,迭呈钧府鉴核。复奉二十八年十一月二十八日会字5287号训令,经函宜昌警察局查明属实,令据实估价列单报核,当已遵令呈报在卷。时又兼月,未蒙颁发,日愈久衣履愈褴褛,而物价日腾涨,则昔日所估报之价愈相悬殊,购置将更感困难,理合报恳钧长体念下怜,提早各予补助,实为德便。

谨呈

局长徐

职　陈泽厚　田益善　呈

重庆市警察局督察处职员被空袭所受损失财物报告表

属别	职级	姓名	损失品名	数量	约计价值(元)	空袭日期	损失地点	备考
督察处	督察员	陈泽厚	皮鞋	1双	25	28年3月8号	湖北宜昌积庆里安乐旅社	本局去函宜昌警察局调查是否属实,已得证明函复确系被炸,理合声明
			套鞋	1双	8			
			衬衣	1件	12			
			搪磁杯	1个	2.8			
			面盆	1个	5			
			皮箱	1只	70			
			汗衫	1件	5.6			
			卧单	1床	18			
			枕套	1个	4.5			
			热水瓶	1只	12			
			皮鞋油	1瓶	2			
			衣刷	1柄	2.8			
			头油	1瓶	3.4			
			拖鞋	1双	2.5			
			洋伞	1柄	7.4			
			青呢制服	1套	125			
			夹大衣	1件	200			
			袜子	2双	2.8			
			合计		518.8			

续表

属别	职级	姓名	损失品名	数量	约计价值(元)	空袭日期	损失地点	备考
督察处	督察员	田益善	雨衣帽	各1件	85	28年3月8号	湖北宜昌积庆里安乐旅社	本局去函宜昌警察局调查是否属实，已得证明函复确系被炸，理合声明
			橡皮套鞋	1双	12			
			青哔叽制服	1套	145			
			睡衣	1件	38			
			墨匣	1只	3.5			
			青白袜	各1双	3.2			
			绒布内衣	2套	16.4			
			藤箱	1只	18			
			镜子	1面	3.6			
			香皂	1块	1.6			
			手电筒	1只	6.4			
			牙刷	1柄	0.8			
			面巾	1条	0.8			
			棉絮	两床	16.8			
			卧单	1床	9.6			
			锦缎被面	1床	24			
			绒布包被	1床	15			
			包铺盖毡	1床	6.5			
			黑纹皮鞋	1双	36			
			合计		442.2			

受损失申请人 田益善 陈泽厚 呈

(0061—15—3075)

6. 重庆市警察局第六区署为报王银山、李国藩空袭损失请予救济呈重庆市警察局文(1940年6月21日)

案据本区大溪沟镇镇长邱用敏称:案据第十三保保长胡玄凯报称:"窃据

职保副保长王银山面称：本月十二日上午12时之间，敌机空袭渝市，投下燃烧、爆炸弹各一枚，致将职宅51号及第四甲甲长李国藩所住同街54号房屋亦悉同烧炸，因担任地方救护工作，未得扑灭，所有财物均未救出，此时节日生为艰，无计可设，恳予转请救济，以示体恤等语。职查属实，理合将上述各缘由恳请鉴核示遵"。等情。据此，查该保长胡玄凯所称属实，除当饬该保长详为慰问外，理合所将呈请经过各情形一并呈请钧区署俯赐鉴核令遵。谨呈。等情。据此。查所称属实，理合将经过情形备文赍呈鉴核令遵。

  谨呈
局长唐

区长 周继昌 尹九皋
（0061—15—3644—1）

7. 重庆市警察局为报第二区桂花街镇保甲长徐海山等空袭损失请予救济呈重庆市政府文（1940年7月13日）

  案据第二区兼区长毕孔殷、副区长古耕虞呈称："案据桂花街镇正副镇长彭汉卿、邓植夫呈称：窃查职镇保甲长多数每遇空袭，均能协同军警、防护人员担任各项防护工作，尚属努力，为一般市民所钦佩。殊六月十二日敌机袭渝，疯狂滥炸，本市灾情之惨重，尤以职管内为甚，各保甲长忙于任务不及回家抢救，致遭重灾，损失数目总以万计。今受灾之保甲长有流离失所者，有生计断绝者，殊属惨恸，如不设法救济，将何以利公务。除派员并亲往安慰外，理合缮具受灾保甲长损失表2份具文呈请钧署鉴核，俯予转呈层峰从优抚恤，以资救济而利来兹。如何之处令遵。等情。附损失调查表2份。据此，查该保甲长等以协助军警防护工作人员为谋人民之安全而受损失，殊属可悯，理合检同原表1份，具文呈请钧局恳予转请从优抚恤，以资救济。是否有当，俯候令遵"。等情。附受灾保甲长损失调查表1份。据此。查该保甲长等均系因公受灾，情殊堪悯，拟恳钧府赐准函转重庆空袭服务救济联合办事处酌予拨款救济，是否有当，理合检同原表1份，报请钧长鉴核示遵。

  谨呈

市长吴

附受灾保甲长损失调查表1份

重庆市警察局局长　唐毅

重庆市第二区桂花街镇公所造呈六月十二日空袭受灾保甲长损失调查表

保甲别	职别	姓名	住址	受灾情形	损失约数	备考
1保	保长	徐海山	牛皮凼2号	房屋震坏用具损失	约500元	现无住所
	副保长	萧伯智	牛皮凼12号	房屋中弹用具全毁	3000元	
1保1甲	甲长	简洪周	牛皮凼8号	房屋震倒动用损坏	500元	
1保2甲	甲长	陈树山	牛皮凼10号	房屋震倒动用损坏	500元	
1保4甲	甲长	汪云峰	牛皮凼17号	房屋震倒动用损坏	600元	
2保	保长	刘朝福	中华路144号	房屋被破片打烂用具受损	200元	
	副保长	陈治钧	中华路152号	坐宅中弹，房屋生财损失	1000元	
1甲	甲长	徐兴发	中华路167号	房屋震坏	100元	
5甲	甲长	曾树章	中华路151号	房屋震倒用具损坏	100元	
10甲	甲长	周云生	中华路144号	房屋震倒用具损坏	100元	
11甲	甲长	杨文轩	中华路152号	房屋震倒用具损坏	100元	
3保	保长	王学渊	中华路134号	房屋震滥〔烂〕什物损坏	800元	
	副保长	李荣华	中华路135号	房屋震滥〔烂〕什物损坏	500元	
3甲	甲长	李湘甫	中华路123号	房屋震滥〔烂〕什物损坏	300元	
6甲	甲长	陈宏元	中华路128号	房屋震滥〔烂〕什物损坏	500元	
4保6甲	甲长	朱湘臣	中华路102号	住宅中弹货物全毁	3000元	即朱清云
4保2甲	甲长	莫义和	中华路107号	住宅被震坏什物损毁	200元	
4保11甲	甲长	李栋云	中华路73号	震坏房屋	100元	
5保10甲	甲长	李寿宣	民权路关庙巷	坐宅中弹货物全毁	2000元	现无住所
11甲	甲长	李德成	民权路关庙巷	坐宅中弹货物全毁	2000元	现无住所
9甲	甲长	马兴成	民权路关庙巷	破片打毁坐宅什物	500元	
8甲	甲长	廖吉平	民权路	破片打毁坐宅什物	1000元	
13甲	甲长	张余庆	民权路	破片打毁坐宅什物	500元	

续表

保甲别	职别	姓名	住址	受灾情形	损失约数	备考
6保3甲	甲长	刘子良	磁器街71号	破片打毁坐宅什物	300元	
10保13甲	甲长	唐登高	尚武巷6号			空袭服务，炸后失踪，迄今6日杳无踪迹
12保7甲	甲长	杜万和	磨房街94号			空袭服务，投弹时头部被炸重伤
13保6甲	甲长	赵秉发	木货街68号	中弹房屋物货被毁	3000元	现无住所
15保	副保长	田植文	草药街2号	中弹房屋物货被毁	3000元	
15保	保长	熊敬贤	草药街6号	破片打毁房屋物品	200元	
1甲	甲长	但泽明	草药街1号	中弹房屋物品被毁	600元	
8甲	甲长	舒海廷	草药街1号	中弹房屋物品被毁	800元	
18保9甲	甲长	左兴志	鼎新街111号	破片震动损毁房屋物品	1000元	
24保8甲	甲长	周宿	民生路密香餐馆	中弹房屋生财全毁	5000元	住64号
9甲	甲长	朱玉甫	天主堂25号	中弹房屋生财全毁	8000元	系纸庄
24保	保长	李东枢	民生路	破片打毁房屋物品	300元	
		邓植夫	牛皮凼8号	屋侧中弹房屋什物损毁	2000元	前任本镇副镇长，现升代本区副区长

兼镇长　彭汉卿

副镇长　刘德镕

六月十七日

(0053—13—159)

8. 重庆市警察局为报第二区大阳沟镇保甲长米玉澄等空袭损失请予救济呈重庆市政府文(1940年7月18日)

案据第二区兼区长毕孔殷、副区长古耕虞呈称:"案据大阳沟镇正副镇长潘振华、刘积彬呈称:窃职镇各保长于前月二十六日敌机狂炸渝市,因执行勤务未便抢救,其家均遭重损。查保甲长等担任服务工作,未顾其家,致受重大损失,甚至流离失所,生计断绝,殊属惨恸,其服务社会国家而致是,若不转请层峰设法救济,其何以利将来。除亲往安慰外,理合缮具保甲长受灾名册1份,呈请钧署转请上峰从优救济。是否有当令遵。等情。附表1份。据此,查该保甲长等以服务防护工作,为人民谋安全,未顾其家而受重大损失,甚且流离失所,生计断绝,殊属可悯,理合检同原表1份,具文转呈钧局鉴核,恳予转请层峰从优救济。是否有当,伏候令遵"。等情。附大阳沟镇造呈保甲人员受灾调查表1份。据此,拟请赐准函转重庆空袭服务救济联合办事处予以从优救济,以示矜恤。是否有当,理合备文报请钧长鉴核示遵。

谨呈

市长吴

附呈大阳沟镇造呈保甲人员受灾调查表1份

重庆市警察局局长　唐毅

重庆市第二区大阳沟镇造呈保甲人员受灾调查表

保甲别	职别	姓名	年龄	籍贯	被炸街号	被炸月日	被炸情形	损失约数	备考
4保1甲	甲长	米玉澄	32	巴县	上大梁子	6月26日	房屋全部被炸	7000元	
4保2甲	甲长	龚耀林	30	河北	上大梁子	6月26日	房屋全部被炸	1200元	
4保9甲	甲长	黄代元	29	巴县	上大梁子	6月26日	房屋全部被炸	800元	
7保	保长	段国清	33	巴县	左营街	6月26日	房屋全部被炸	1400元	

续表

保甲别	职别	姓名	年龄	籍贯	被炸街号	被炸月日	被炸情形	损失约数	备考
11保5甲	甲长	顾洪源	28	巴县	官井巷	6月26日	房屋全部被炸	2000元	
12保	保长	黎星甫	32	巴县	新生路	6月26日	房屋震坏	800元	
17保	保长	黄致钧	32	巴县	中营街	6月26日	房屋全部被炸	2000元	
17保3甲	甲长	张世泽	24	巴县	中营街	6月26日	房屋全部被炸	300元	
17保4甲	甲长	郑远贵	20	巴县	中营街	6月26日	房屋全部被炸	400元	
17保5甲	甲长	瞿怀清	50	巴县	中营街	6月26日	房屋全部被炸	200元	
17保6甲	甲长	陈海亭	41	巴县	中营街	6月26日	房屋全部被炸	200元	
19保10甲	甲长	牟子章	38	巴县	华光楼	6月26日	房屋全部被炸	2000元	

兼镇长　潘振华

副镇长　刘积彬

（0053—13—159）

9. 重庆市警察局为报第六区大溪沟镇保长周正刚空袭损失请予救济呈重庆市政府文（1940年7月26日）

案据第六区兼区长周继昌、副区长尹九皋呈称："案据大溪沟兼镇长邱用敏、副镇长王佑民报告：案据职镇第十一保保长周正刚报告称：窃于本（十六）日袭渝之敌机，将职住宅建设路13号命中炸弹1枚，致将房屋家具一并炸毁。值此抗战严重时期，百物高腾，实属无计可设，恳予救济示遵。等情。据此，查该保长所称被灾各节，尚属实情，理合具文呈请钧署俯予鉴核，是否之处，候令示遵。等情。据此，经查属实，理合具文呈请鉴核示遵"。等情。据此,经查属实,拟请钧府准予函转重庆空袭服务救济联合办事处予以救济。是否有当,理合备文呈请钧长鉴核示遵。

　　谨呈
市长吴

重庆市警察局局长　唐毅

(0053—13—159)

10. 重庆市警察局李世辉关于两次空袭损失财物请求救济的呈文(1940年8月11日)

　　窃职二次受损恳请救济事情。职寄居米花街86号,于六月十二日遭敌机袭击,将住所悉数炸毁呈报在案。职乃将所穿衣服放置本科文件箱内,如遇空袭,随即搬运本局防空洞内,不幸于本月十一日局内防空洞中弹,所有文件箱完全打滥〔烂〕,因职住宿在陕西街曹家巷安全宿舍,未悉是夜局内有人继续将私有物掘取,殊职次晨来局清查各物,则职所放之衣服1包、证件等完全不见,而文件零乱异常(有无遗失尚在清查),职当即通知各科处室同人有无捡错,迄今数日,杳如黄鹤。窃职虽在本局服务六年有余,平时毫无积蓄,今遭二次损失,实令痛心,只得抄呈失单,泣恳钧府俯赐鉴核,准予从优救济,并恳发给证明文件,则职不胜沾感。

　　谨呈

主任李　转呈

科长刘　转呈

局长唐

附呈损失私物报告表1份

司法科三等办事员　李世辉

重庆市政府警察局员警差役空袭损失私物报告表

物品名称	品质	数量	损失程度	原价	购买年月	备考
洋绒背心	新	1件		60元	28年	

续表

物品名称	品质	数量	损失程度	原价	购买年月	备考
灰布中山服	新	1套		30元		
白布短裤	新	1根		3元		
白麻布长男衫	新	1件		20元		
白府绸汗衣	新	1件		15元		
花直贡呢被面	半新	1床		20元		
花丁绸棉衫	新	1件		30元		
哔烟色女短大衣	新	1件		70元		
天蓝布长旗袍	新	1件		15元		
灰毛呢旗袍	新	1件		15元		
丝光袜子	新	1双		5元		
麻纱袜子	新	1双		2元		
白汗衣	新	1件		6元		
磁漱口盂	新	1个		2元		
公安局李世辉委状		3件				
警察局李世辉委状		2件				
警官训练班毕业书		1件				
花府绸衬衫		1件		16元		
				共约值洋300元		
被灾日期	8月11日	被灾地点	局内	房屋被炸或震毁	原支薪俸数目	66元	有无同居眷属	妻1子2

右〈上〉开物品,确系因空袭被毁,谨报告

局长唐　转呈

市长吴

　　　　　　　　　　　　填报人　李世辉

　　　　　　　　　　　　二十九年八月十一日

(0061—15—3075)

11. 重庆市警察局第五分局为报1940年7月、8月员役空袭损失请予救济呈市警察局文(1940年9月6日)

窃查本分局各所七、八月份遭受空袭损失私物员官长警,除八月三十一日以警字第3494号呈报金马寺分驻所被灾长警损失私物候令饬遵外,计局员吴维和、巡官龙文光、雇员萧定仪、警长何济如、夏伯清、刘荣华、文执中,警士刘仲禄、杨谦、胡青云、许本笃等11员名,均先后遵式填表请予救济呈报在案,迄今已久,未沐指令。兹据各该员警到局报请再呈请予迅发救济费,以维生活。等语。查各员警所请属实,理合备文呈请钧局鉴核俯予发给,以示体恤。是否有当,指令祗遵。

谨呈

局长唐

分局长　杨遇春

（0061—15—3075）

12. 重庆市警察局第十二分局为报1940年8月9日海棠溪派出所员警损失呈市警察局文(1940年8月12日)

案奉钧局二十九年七月三十日会字第195号通令略开:"为各分局历次因空袭损害应专案呈报,兹限文到三日内列表具报,以凭汇转"。等因。奉此,经转令各所遵办去后,查本分局虽历遭空袭,所属尚无损害,惟本(八)月九日海棠溪派出所损失惨重,列表具报前来,理合汇呈钧局鉴核令遵。

谨呈

局长唐

附空袭损失财物调查表1份

分局长　李德洋

重庆市警察局第十二分局海棠溪派出所造呈员警空袭损失财物调查表

部分别	职别	姓名	空袭日期	损失地点	损失情况	损失财物价值数目	备考
海棠溪派出所	二等巡官	满道源	8月9日	海棠溪正街47号	房屋全被炸毁	500元	
	三等雇员	何继瑜	8月9日	海棠溪丁家嘴19号	房屋全被炸毁	200元	
	二等警长	王野愚	8月9日	兴隆后街30号	房屋震毁	80元	

续表

部分别	职别	姓名	空袭日期	损失地点	损失情况	损失财物价值数目	备考
	一等户籍生	罗志能	8月9日	菜园溪17号	房屋震毁	60元	

(0061—15—2544—1)

13. 张九皋为第二次被炸请求救济给重庆市警察局的签呈（1940年8月16日）

窃职家住新民街102号，今岁先后被敌机轰炸3次（该管分所及保甲可查），致将职在本局服务十余载结晶顿成灰烬，片瓦无存。前经呈请救济，蒙派查属实，准予借支薪饷1月免扣在案。职即以之购置短服及汗衫、袜、裤等项，勉可以敷换洗。不幸于本月十一日敌机轰炸本市时，将本局防空洞炸毁一部，致将所制之衣物等项散失无余，值此薪资微薄、百物昂贵、天候渐凉、需用在亟之际，实难购制，素仰钧长仁慈，体恤部属无微不至，是以不揣冒渎，尚欲重沾乎厚恩，恳乞俯准救济，实沾德便。

谨呈

督察长罗、郭转呈

处长东方　核转

局长唐

附空袭损失报告表2份①

办事员　张九皋　呈

重庆市政府警察局员警差役空袭损失私物报告表

物品名称	品质	数量	损失程度	原价	购买年月	备考
汗衫	花府绸	2套		42元	29年6月	
制服	黄斜纹	1套		24元	29年6月	
衬衫	白绉绸	1件		13元	28年5月	
洋袜子	丝光	2双		4元	29年6月	

①因所存档案不齐，本书所附表格往往与文中叙述数目不符，以下不一一注明。

续表

| 被灾日期 | 8月11日 | 被灾地点 | 本局防空洞 | 房屋被炸或震毁 | | 原支薪俸数目 | 90元 | 有无同居眷属 | |

　　　右〈上〉开物品，确系因空袭被毁，谨报告

局长唐　　转呈

市长吴

　　　　　　　　　　　　　　　　　　　　填报人（姓名）

　　　　　　　　　　　　　　　　　　　　办事员　张九皋

　　　　　　　　　　　　　　　　　　　　二十九年八月十六日

（0061—15—3075）

14. 重庆市警察局第一分局为应立行空袭损失请予救济呈市警察局文（1940年8月24日）

案据职分局录事应立行于本月二十三日签称："窃职家眷，沐钧长俯体职月入甚微，且念职于六月十二日龙王庙局址被炸后，私物损失甚重，生活更为拮据，破格在本分局铁板街第22号第四楼局房暂住，职实铭感五中，时思竭尽驽骀之才，以报效国家。讵料倭寇猖狂，于本月二十日以倾巢之机，带巨数之烧夷弹，盲目轰炸本市，作孤注之掷，致造成本分局辖内空前之灾害，华屋巨厦，悉成瓦砾，灾区黎民，流离失所，情绪之惨，亘古未有，而本分局房，亦于是日被灾焚毁，哀职以寅吃卯粮之款，购置炊具什物（约值200余元），因四周起火，交通断绝，无法抢救，悉成灰烬，兼职任务关系（分局炸后，内勤工作甚多），虽家属无家可归，亦未设法照料，仅嘱于孙所长盛斋家内暂住，以保残命。兹来日方长，现值米珠薪桂之际，因月入有限，兼以预支甚巨，再六月十二日龙王庙局址被炸时，职损失财物已达200余元，嗣后所购之物，均系向亲友告贷，何堪再遭此惨重损失。是以职实无法再维持家属生计，惟人孰无情，职之家属既自沦丧区一再辗转流离来渝，于心人便忍视彼等捱饿，然欲领急赈，而公务人员又无权享受，迫不得已，除损失财物另案呈报外，只得哀恳钧长俯体职之苦衷，准予转报总局发费救济，俾延家属残命。倘蒙俯准，职生当陨首，死当结草"。等情前来。查该员私物历次被炸，损失惨重，月入甚微，给养家属困难属实。兹据前情,理合转报钧局鉴核,准予酌给救济费用,俾无内顾之忧,得以安心工作。是否有当令遵。

　　谨呈
局长唐

分局长　李济中

(0061—15—3075)

15. 重庆市警察局督察程维桢为调查市警察局特务队员警1940年8月19日、20日空袭损失的报告(1940年8月31日)

　　案奉钧长交下特务队长方季容报请所属官警遭受损失公私物品报告表计16份请予救济。等因,饬令查明具报。奉此,谨将调查情形报请鉴核。

　　一、按表填地址西大街、药王庙、新丰街(前段)、保安路(前段)、龙王庙等各处均系于八月十九日、二十日两次遭受空袭,延烧灰烬属实。

　　一、查损失公物黄制服等(如表报),经询据各员警,称当警报时,该队长警分配出动,一部份往下半城工作,故于二十日敌弹□燃烧尤烈,各长警仅能服务火警工作,无暇顾及队部公私物品,因以遭受损失云云。

　　一、查各私人损失衣物等件均系于指定地点寄存,故解除警报后服务无暇,因以遭同样损失云云。

　　谨呈
督察长罗、郭　转呈
处长东方　核转
局长唐

一等督察员　程维桢呈

　　附缴呈原文并表16份、统计表2份

1) 重庆市警察局特务队空袭财物损失报告表

部分别	损失物品 名称	数量	价值(元)	空袭日期	备考
	黄制服	24套		8月20日	上〔左〕项公物价值有案未填注
	青棉大衣	13件		8月20日	
	皮鞋	24双		8月20日	
	裹腿	10双		8月20日	
	手套	6双		8月20日	
	青袜	4双		8月20日	
	草席	19床		8月20日	
	白衬衣	26件		8月20日	
	竹椅	6把	8.4	8月19日	
	连二木床	5间		8月19日	
	铁锅	2口	30	8月19日	
	大小饭菜碗	12付〔副〕	28	8月19日	
	大小瓦钵	5个	13	8月19日	
	大小木盆	4个	11	8月19日	
	房壁瓦桷	7间		8月19日	

特务队长方季容
中华民国二十九年八月二十六日

2) 损失财物清单

损失财物名称	数量	价值约数(元)	备考
草绿衬衣	1件	15	
面巾	2张	2	

损失人：李志立

特务队队长：方季容

中华民国二十九年八月

3)损失财物清单

损失财物名称	数量	价值约数(元)	备考
白布衬衣	3件	24	
青线哗吱〔叽〕下装	1件	16	

损失人：谢建舟

特务队队长：方季容

中华民国二十九年八月

4)损失财物清单

损失财物名称	数量	价值约数(元)	备考
白洋布包单被盖	1床	30	
青哈吱〔叽〕制服	1套	20	
花线毡	1床	20	

损失人：蒋正文

特务队队长：方季容

中华民国二十九年八月

5)损失财物清单

损失财物名称	数量	价值约数(元)	备考
藤包	1个	3.6	
花布下装	1条	14	
蓝衬衣	1件	7	
白衬衣	1件	6	
青袜子	3双	6	
私章	1颗		
证书	2件		
军用皮带	2根	15	
军事书籍	6册	10	
油印书	1册		
面巾	2张	2	
领巾	3根	1	

损失人：张荣华

特务队队长：方季容

中华民国二十九年八月

（0061—15—3075—2）

16. 重庆市警察局为报第二区桂花街镇公所员役空袭损失请予救济呈重庆市政府文（1940年9月11日）

案据第二区兼区长毕孔殷、副区长邓植夫呈称："案据桂花街镇正副镇长彭汉卿、刘德镕呈称：窃查本镇镇公所所址（米亭子2号）于八一九敌机袭渝惨遭炸毁，所有一切公私物品焚毁尽净，仅将电话机一部拆除。兹将炸毁公私物品逐一查明列表1份，具文呈请鉴核，俯予转请备查，并请补发镇公所吊牌一块，以资应用，暨分别抚恤以资救济，实沾德便。等情。附表1份。据此，经查不虚，理合检同原表1份，具文转呈钧局鉴核备查，请补发吊牌一块，以资应用。致私人损失，恳予分别救济，以示体恤。是否有当，伏候令遵"。等情。附被炸损毁公私用品数目表1份。据此。经查属实，除关于该镇被毁公物部份，业经本局指令备查外，所有该镇副镇长以下各员役之私人财物损失，拟恳钧府赐予救济，以示体恤。是否有当，理合备文检同桂花街镇镇公所各员役被炸损毁私人财物数目表1份，报请鉴核示遵。

谨呈

市长吴

附第二区桂花街镇公所各员役被炸损毁私人财物数目表1份

重庆市警察局局长 唐毅

重庆市第二区桂花街镇公所造呈被炸损毁公私用品数目表

二十九年八月二十五日造

项目	品名	数量	价洋	备考
刘副镇长德镕私物	被盖	1床	40元	
	布毯子	1床	30元	
	眠枕	1床	8元	

续表

项目	品名	数量	价洋	备考
	篾席	1床	6元	
	磁面盆	1个	15元	
	面巾	1张	1.5元	
	漱口盅	1个	3元	
	牙刷	1把	1元	
	皮鞋	1双	30元	
	布鞋	1双	10元	
录事汤孟渊私物	被盖	1床	40元	
	布毯	1床	30元	
	眠枕	1个	7元	
	篾席	1床	5元	
	磁面盆	1个	16元	
	面巾	1张	1.8元	
	漱口盅	1个	2.5元	
	牙刷	1把	1元	
	皮鞋	1双	25元	
	布中山服	1套	30元	
各保公雇司书毛沛杨私物	被盖	1床	30元	
	篾席	1床	5元	
	磁面盆	1个	10元	
	毛巾	1张	1元	
	牙刷	1把	1元	
	制服	1套	30元	
传达汤元林私物	单被	1床	20元	
	木面盆	1个	3元	
	布汗衣	1套	16元	
	布鞋	1双	6元	
杂役李佳荣私物	新汗衣裤	1套	17元	
	布长衫	1件	15元	
	面巾	1张	1元	

合计炸毁公物价值洋1777元，私人物品价值洋457.8元
共计损失洋2234.8元

（0053—12—76—1）

17. 重庆市警察局为报第三区东升楼镇公所员役空袭损失请予救济给市政府的呈（1940年9月28日）

案据第三区兼区长刘磊呈称："案据云云令遵"。等情。附呈空袭损失私物报告表1份。据此，经查属实，拟请钧府俯准比照本市各局职员空袭损失私物救济办法，予以从优救济，以示体恤。是否有当，理合备文检同东升楼镇公所员役损失私物报告表1份，呈请鉴核示遵。

  谨呈

市长吴

附呈第三区东升楼镇公所员役损失私物报告表1份

重庆市警察局局长　唐○

重庆市警察局第三区东升楼镇公所员役损失私物报告表

物品名称	品质	数量	损失程度	原价(元)	购买年月	备考
被盖	棉絮 丝棉	各1床	全被烧毁	120	28年7月 28年11月	
毯子	毛毯 线毯	共3床	全被烧毁	80	28年3月2床 29年4月1床	录事2床 公差1床
鞋子	皮鞋 便鞋	共4双	全被烧毁	60	29年6月	
夹衫	驼绒	1件	全被烧毁	70	28年9月	
长衫	孔雀蓝 安安蓝	共4件	全被烧毁	70	28年3月3件 29年1月1件	
汗衫	白布	3件	全被烧毁	30	28年9月	
衬衫	标准布	2件	全被烧毁	20	29年6月	
衬衫	白纺绸	1件	全被烧毁	45	29年5月	
袜子	线袜	□双	全被烧毁	20	29年2月	
党服	毛哔叽	1套	全被烧毁	130	28年12月	
箱子	皮箱	3口	全被烧毁	50	28年12月	
下装	华达呢	1条	全被烧毁	90	29年5月	
下装	白帆布	1条	全被烧毁	40	29年1月	
制服	灰哈叽 黄哈叽	各1套	全被烧毁	170	29年5月	公差录事各1套

续表

| 被灾日期 | 29年8月20日后1时 | 被灾地点 | 白象街及林森路一带 | 房屋被炸或震毁 | 全部焚烧 | 原支薪俸式饷数目 | 64 | 有无同居眷属 | 无 |

（0061—15—3544—2）

18. 重庆市警察局员役董朗钦等为报1941年5月3日空袭损失请予救济给重庆市警察局的签呈（1941年5月）

①董朗钦签呈（5月5日）

查五月三日敌机袭渝，本局直接中弹，毁坏公私物品甚多。理合填具空袭损失私物报告表签请钧府鉴核，拟恳准予转请救济，实为公便。

谨呈

主任崔、科长梁核转

局长唐

附呈私物损失报告表2份

职　董朗钦

重庆市政府警察局行政科员警差役空袭损失私物报告表

物品名称	品质	数量	损失程度	原价	购买年月	备考
玻砖	玻璃	1	震碎	50元	29年10月	

| 被灾日期 | 5月3日 | 被灾地点 | 行政科办公室 | 房屋被炸或震毁 | 窗门震坏 | 原支薪俸数目 | 98元 | 有无同居眷属 | 有 |

右〈上〉开物品，确系因空袭被毁，谨报告

主任崔、科长梁 转呈

局长唐 核转

市长吴

重庆市警察局科员 董朗钦

三十年五月五日

（0061—15—2440）

②蔡光寿签呈(5月4日)

窃职家住保安路188号,于本月三日被敌机投弹,将住所震毁,关于家用器俱〔具〕及被盖、少数衣服一律炸毁。理合造具被炸损失表1份签请鉴核,予以救济。

谨呈

科长朱　转呈

局长唐

附呈被炸损失表2份

司法科三等科员　蔡光寿

重庆市政府警察局员警差役空袭损失私物报告表

物品名称	品质	数量	损失程度	原价	购买年月	备考
被盖	棉布	2床	破烂	160	29年9月	尚有杂物未详
卧单	布	1床	破烂	40	29年9月	
女长衫	布	2件	破烂	70	29年10月	
小孩单夹衣	布	10余件	破烂	150	29年10月	
房屋			炸毁	200	29年7月	因去[年]被炸自行修理费用
锅灶碗盏油盐米蔬		不计	炸烂	100	本年4月	
木床	木	1只	毁坏	60	29年5月	
合计				780		
被灾日期	30年5月3日	被灾地点	保安路188号	房屋被炸或震毁	被炸	原支薪俸数目	98元	有无同居眷属	妻1子1女1

右〈上〉开物品,确系因空袭被毁,谨报告

科长朱　转呈

局长唐　核转

市长吴

司法科三等科员　蔡光寿

三十年五月四日

(0061—15—3079下)

③张文郁签呈（30年5月3日于司法科）

查本日敌机来袭,将员寄住之司法队宿舍全部炸毁,员之被盖、衣物毁损殆尽,指纹股周科员寄存之衣物亦遭同样命运,除周科员损失由其本人另行填报外,理合填附损失表2份呈报钧府鉴核救济。

谨呈

科长朱　转呈

局长唐

附呈损失表两份

科员　张文郁

重庆市政府警察局司法科员警差役空袭损失私物报告表

物品名称	品质	数量	损失程度	原价	购买年月	备考
棉被	红花白布面白面里	1床	炸毁	100元	29年12月	
被单	白洋布	1幅	炸毁	24元	30年1月	
垫被	棉质	1床	炸毁	20元	28年□月	
卫生衣裤	棉线	1套	炸毁	50元	29年11月	
青线布制服		1套	炸毁	60元	30年1月	
大衣	呢质	1件	炸毁	50元	27年11月	
白衬衣裤	布质	各1件	炸毁	18元	29年6月	
草席		1床	炸毁	8元	29年7月	
皮鞋	牛皮	1双	炸毁	80元	30年1月	
布鞋	布质皮底	两双	炸毁	20元	30年3月	
藤篮		1个	炸毁	12元	29年□月	
面盆	白瓷	1个	炸毁	15元	29年8月	
毛巾		1条	炸毁	3元	20年3月	
漱口盂	白瓷	1个	炸毁	4元	29年7月	
牙刷		1把	炸毁	3元	30年4月	
牙膏	黑人牌	1个	炸毁	3元	30年4月	
箫笛	竹质	3支	炸毁	6元	29年□月	
共计损失共值				476元		

被灾日期	30年5月3日	被灾地点	本局司法队	房屋被炸或震毁	被炸	原支薪俸数目	98元	有无同居眷属	无
右〈上〉开物品,确系因空袭被毁,谨报告 科长朱　转呈 局长唐　核转 市长吴 　　　　　　　　　　　　　　　司法科科员　张文郁 　　　　　　　　　　　　　　　　　三十年五月三日									

（0061—15—3079下）

④王汝为签呈（5月4日）

窃职住居三教堂巷内5号,于本月三日不幸被敌机投弹,将住宅震毁,动用家俱衣物等件多被损坏。理合填具损失报告表签请钧座鉴核。

　　谨呈

科长朱　转呈

局长唐

附呈损失报告表2张

　　　　　　　　　　　　　　　司法科科员　王汝为　呈

　　　　　　　　　　　　　　　　　　　　五月四日

重庆市政府警察局员警差役空袭损失私物报告表

物品名称	品质	数量	损失程度	原价	购买年月	备考
面盆	洋磁	两个	一炸穿 一炸坏	22元 30元	29年8月	
女衫	布	2件	破滥〔烂〕	约60元	30年3月	
被盖	棉布	1床	破滥〔烂〕	约80元	29年10月	
布毯	布	1床	破滥〔烂〕	约38元	29年10月	
锅灶碗盏			全破	约120元		所买先后不一

续表

物品名称	品质	数量	损失程度	原价	购买年月	备考
木床		1间	毁坏	42元	29年9月	
修理房屋			震毁	42元		被炸后修理
桌子	木	1张	损坏	约40元		借用
椅子	木	1把	损坏	约10元		借用
凳子	木	2个	损坏	约20元		借用
合计				504元		
被灾日期	5月3日	被灾地点	三教堂	房屋被炸或震毁	震毁	原支薪俸数目	114元	有无同居眷属	有

右〈上〉开物品，确系因空袭被毁，谨报告

科长朱　转呈

局长唐　核转

市长吴

司法科一等科员　王汝为

三十年五月四日

（0061—15—3079下）

⑤张抟霄签呈（30年5月3日于秘书室）

窃今日空袭，职将所收公物文卷完全搬至防空[洞]内，私有衣物等件，因洞口拥塞不克携入，致放于收发室门前空地，适遇敌机临头掷弹，将职所有衣物各件炸毁罄尽。理合遵照规定填具损失报告表2份，签请钧座鉴核，俯予从优救济，不胜感戴。

谨呈

主任秘书李　转呈

局长唐

职　张抟霄

重庆市政府警察局秘书室员警差役空袭损失私物报告表

物品名称	品质	数量	损失程度	原价	购买年月	备考
青呢大衣		1件	损坏	12元	28年11月	
皮箱		1只	全毁	23元	29年11月	
黄哈叽制服		1套	损坏	54元	29年7月	
充府绸衬衣		1件	损坏	25元	30年3月	
青短裤		2条	损坏	9.2元	29年7月	
毛线内衣		1件	损坏	44元	28年10月	
毛线裤		1条	损坏	41元	28年10月	
袜子		2双	损坏	12元	30年3月	
白市布包		1张	损坏	5元	29年9月	
合计		12		225.2元		

被灾日期	5月3日	被灾地点	局内空坝	房屋被炸或震毁		原支薪俸数目	82元	有无同居眷属	

右〈上〉开物品,确系因空袭被毁,谨报告
主任秘书李　转呈
局长唐　核转
市长吴

秘书室服务员　张抟霄

三十年五月三日

（0061—15—3079下）

⑥杨文辉签呈（5月4日于局长室）

窃士于五月三日敌机来渝肆虐本局投弹命中数枚,以将士之宿舍均已炸毁,所有衣被等件损失甚巨,拟填表空袭损失表2份,随文呈请钧座鉴核,俯赐准予发给空袭损失救济费,以资救济,实为德便。

谨呈
科长刘　转呈
局长唐

士　杨文辉　呈

重庆市政府警察局员警差役空袭损失私物报告表

物品名称	品质	数量	损失程度	原价	购买年月	备考
青制服	哈叽	1套	炸毁	37元	29年12月	
被盖		1床	破片炸川〔穿〕	60元	29年2月	
衬衣	白哈叽	1件	炸毁	18元	30年2月	
短裤	白布	1条	炸毁	3.5元	30年4月	
卫生衣		1件	炸毁	20元	29年10月	
合计				138.5元		

| 被灾日期 | 5月3日 | 被灾地点 | 本局会客室右面巷内 | 房屋被炸或震毁 | 炸毁 | 原支薪俸数目 | 46元 | 有无同居眷属 | |

右〈上〉开物品，确系因空袭被毁，谨报告

　　　转呈
局长唐　核转
市长吴

　　　　　　　　　　　　　　　　　杨文辉
　　　　　　　　　　　　　　　　三十年五月四日

　　　　　　　　　　　（0061—15—3079下）

⑦苏炳合、赵树文签呈（30年5月5日于外事股）

查本月三日敌机63架进袭渝市，盲目投下炸弹200余枚，总局外事股办公室后面中弹被毁，差等所有存放办公室后面之被服等件全被炸毁。理合将当日被炸物件填具损失私物报告表4份，备文恭请俯赐鉴核，迅予救济，不胜感德之至。

　　谨呈
主任刘　转呈
主任科长李　转呈
局长唐

　　　　　　　　外事股公差　苏炳合　赵树文　谨呈

1)重庆市政府警察局外事股员警差役空袭损失私物报告表

物品名称	品质	数量	损失程度	原价	购买年月	备考
被盖		1床	炸非〔毁〕	65	29年4月	
衬衣		2件		24	29年4月	
皮鞋		1双		26	30年2月	
制服		1套		60	29年7月	
毛巾		1张		4	29年7月	
袜子		1双		5	29年7月	
合计				184		
被灾日期	5月3日	被灾地点	警察局外事股	房屋被炸或震毁	被炸	原支薪俸数目	30	有无同居眷属	有

右〈上〉开物品,确系因空袭被毁,谨报告

主任刘　转呈

局长唐　核转

市长吴

苏炳合

2)重庆市政府警察局外事股员警差役空袭损失私物报告表

物品名称	品质	数量	损失程度	原价	购买年月	备考
被盖		1床	炸毁	70	29年4月	
衬衣		2件		30	30年3月	
中山服		1套		32	30年3月	
面巾		1条		3	30年2月	
袜子		2双		4.6	30年4月	
皮箱		1只		8	29年11月	
毯子		1张		20	29年9月	
合计				167.6		
被灾日期	5月3日	被灾地点	警察局外事股	房屋被炸或震毁	原支薪俸数目	30元	有无同居眷属	有

右〈上〉开物品,确系因空袭被毁,谨报告

主任刘　转呈

局长唐　核转

市长吴

外事股公差　赵树文
三十年五月五日

(0061—15—3079下)

⑧王子梁签呈(30年5月3日于警察局司法科)

窃职服务本局司法科，住宿总局收发室，本日午前空袭，职在科督促公差搬运文卷至总局防空洞，乃将私人所有日用物品全部置于总局审讯台坝中，敌机临空，恰投弹于该地，遂将全部私物炸毁尽尽〔净〕，特遵照填就空袭损失报告表2份，签请钧座鉴核，恳予转请救济，不胜沾感。

谨呈

主任李　转呈

科长朱　核转

局长唐

职　王子良　谨呈

重庆市政府警察局司法科员警差役空袭损失私物报告表

物品名称	品质	数量	损失程度	原价	购买年月	备考
锦缎被盖		全套		40	27年	
三马牌绒毯		1床		75	28年	
白哈叽印花毯子		1床		15	26年	
黄皮箱		1口		14	28年	
白绸衬衣		1件		23	29年	
条花府绸衬衣		2件		45	30年	
草绿粗哔机〔叽〕中山服		1套		80	27年	
青华达呢中山服		1套		420	30年	
山东绸下装		1根		15		
白摇裤		2根		8		
黄短裤		2根		5	28年	
黄哈叽中山服		1套		15	29年	
黑新皮鞋		1双		120	30年	
白棉布衬衣		2件		15	28年	
洋袜子		3双		15	30年	
□油布		1床		12	29年	
香皂		1块		4	30年	
青呢大衣		1件		85	27年	

续表

物品名称	品质	数量	损失程度	原价	购买年月	备考
黄毛线背心		1件		8	27年	
白铜面盆		1只		30	29年	
				1044		

被灾日期	5月3日	被灾地点	本局	房屋被炸或震毁	炸毁	原支薪俸数目	74元	有无同居眷属	

　　右〈上〉开物品,确系因空袭被毁,谨报告

科长朱　转呈

局长唐　核转

市长吴

司法科二等办事员　王子梁
三十年五月三日

(0061—15—3079)

⑨周辰签呈(30年5月3日于司法科指纹股)

　　窃职以住三教堂,衣物放置困难,乃将重要衣物寄存于事务股张科员文郁兄处,张科员住司法队,本月三日敌机袭渝,司法队全部房屋被毁,职寄存张科员处衣物亦遭全部损坏。兹奉本局五月三日总庶字第183号通令,以敌机肆虐,被炸后限于本日内造报公私损失,以凭派员彻查。等因。奉此,自应将私人损坏衣物造具清单2份,备文报请鉴核救济。

　　谨呈

科长朱　转呈

局长唐

科员　周辰

重庆市政府警察局员警差役空袭损失私物报告表

物品名称	品质	数量	损失程度	原价	购买年月	备考
黑色哔叽制服	毛	1套	炸毁	350	30年3月	
黄哈叽制服	布	1套	炸毁	80	29年12月	
黑色斜纹布大衣	布	1件	炸毁	60	29年9月	

续表

物品名称	品质	数量	损失程度	原价	购买年月	备考
草绿色制服	布	1件	炸毁	50	29年8月	
灰色卫生衫	绒	1件	炸毁	25	29年10月	
共计				565		

被灾日期	30年5月3日	被灾地点	本局司法队	房屋被炸或震毁	房屋被炸	原支薪俸数目	90元	有无同居眷属	无

右〈上〉开物品，确系因空袭被毁，谨报告

科长朱　转呈

局长唐　核转

市长吴

　　　　　　　　　　　　　　　　　司法科科员　周辰

　　　　　　　　　　　　　　　　　　三十年五月三日

（0061—15—3079）

⑩王绍权签呈（30年5月3日于司法科）

窃职服务司法科，住宿三教堂临时办公处内，本日空袭仅将公文箱及被褥1床搬入防空洞内，私人所有皮箱1只，内贮衣物，向存总局收发室，当因入洞拥挤，此箱未便搬入，乃置于局内空坝中，适被敌机投弹炸毁。值此百物高昂，无法添购应用，遵照规定填具空袭损失报告表2份，签请钧座鉴核，转请救济，沾感无暨。

谨呈

科长朱　转呈

局长唐

附表2份

　　　　　　　　　　　　　　　　　　　　　职　王绍权

重庆市政府警察局司法科员警差役空袭损失私物报告表

物品名称	品质	数量	损失程度	原价	购买年月	备考
皮箱		1只	全毁	28	29年8月	
线呢制服		1套	损坏	45	29年10月	

续表

物品名称	品质	数量	损失程度	原价	购买年月	备考
卫生绒内衣		1套	损坏	56	29年11月	
充府绸衬衫		1件	损坏	22	30年2月	
红毛线背心		1件	损坏	35.5	28年9月	
袜子		2双	全无	11.2	30年2月	
短裤		2条	全无	9.6	30年3月	
合计		11件		207.9		
被灾日期	30年5月3日	被灾地点	总局内坝	房屋被炸或震毁	原支薪俸数目	74元	有无同居眷属

右〈上〉开物品,确系因空袭被毁,谨报告
科长朱　转呈
局长唐　核转
市长吴

　　　　　　　　　司法科二等办事员　王绍权
　　　　　　　　　　　　三十年五月三日

（0061—15—3079）

⑪刘辉、马振山、郦俊厚、郭道熹、曾昭楠签呈(30年5月5日于外事股)

查本月三日午前10时敌机分2批计63架进袭本市,盲目投下炸弹200余枚,职辉所赁居张家花园20号房屋对面落下重磅炸弹1枚,临街墙壁均被震倒,职屋内所有家具多压其下,损毁过半。又当日总局外事股办公室及三楼宿舍亦遭弹毁,职振山、俊厚、道熹、昭楠等所有被服、文具等件,全部被炸。理合将当日被炸物件分别填具损失私物报告表8份,备文恭请俯赐鉴核,迅予救济,至为德便。

　　谨呈
主任秘书李　转呈
局长唐

　　　　职　刘辉　马振山　郦俊厚　郭道熹　曾昭楠　谨呈

1)重庆市政府警察局外事股员警差役空袭损失私物报告表

物品名称	品质	数量	损失程度	原价	购买年月	备考
木架床	杉木	2张	完全炸毁	160元	29年1月	
木方桌	杉木	1张	完全炸毁	40元	29年	
煮饭锅	铁	1口	跌破	30元	29年10月	
水缸		1口	跌破	10元	29年8月	
木凳	樟木	3个	炸毁	12元	29年1月	
合计				252元		
被灾日期	5月3日	被灾地点	张家花园20号	房屋被炸或震毁	震毁	原支薪俸数目	174元	有无同居眷属	有

右〈上〉开物品,确系因空袭被毁,谨报告

主任秘书李　转呈

局长唐　核转

市长吴

外事股主任　刘辉

三十年五月五日

2)重庆市政府警察局外事股员警差役空袭损失私物报告表

物品名称	品质	数量	损失程度	原价	购买年月	备考
手提箱子	木	1个	全毁	10元	29年10月	
黄哈叽布制服	哈级〔叽〕	1套	全毁	120元	30年4月	
白服〔府〕绸汗衫	服〔府〕绸	2件	全毁	40元	30年3月	
黄皮鞋	香港皮	1双	全毁	80元	30年2月	
手巾	布	2条	全毁	5元	30年2月	
褥单	印花	1床	全毁	35元	29年10月	
西服	哔叽	1套	全毁	160元	29年12月	
合计				450		
被灾日期	5月3日	被灾地点	本局司法队门口	房屋被炸或震毁	被炸	原支薪俸数目	98元	有无同居眷属	有

右〈上〉开物品,确系因空袭被毁,谨报告

主任秘书李　转呈

局长唐　核转

市长吴

马振山

三十年五月三日

3) 重庆市政府警察局外事股员警差役空袭损失私物报告表

物品名称	品质	数量	损失程度	原价	购买年月	备考
白报纸警察法规		2册	毁散	16元	29年12月	购自旧书铺（办公室内）
外事警察法令辑要	白报纸	2册	毁散	6元	30年3月	
英文《英国警察》	外国版	1本	毁散	10元	30年3月	
武装带	皮质	1根	炸失	12元	29年8月	
佩剑	铜质	1柄	炸毁	6元	29年8月	
白被单	斜纹	1条	炸失	18元	29年8月	包成小包置防空洞口
毛毯	毛质	1条	炸失	20元	27年6月	
大衣	呢质	1件	炸破	50元	28年冬	
衬衣	府绸	1件	炸损	18元	30年4月	
合计				156元		
被灾日期	5月3日	被灾地点	外事股内防空洞口	房屋被炸或震毁	炸毁	原支薪俸数目 90元	有无同居眷属	无

右〈上〉开物品,确系因空袭被毁,谨报告
　　　　　转呈
局长唐　核转
市长吴

邮俊厚
三十年五月四日

4) 重庆市政府警察局外事股员警差役空袭损失私物报告表

物品名称	品质	数量	损失程度	原价	购买年月	备考
棉被	棉	1床	完全炸毁	65元	29年10月	华安公司购买
白印花毡子	布	1床	完全炸毁	25元	29年7月	
黑绵〔棉〕布制服	布	1套	完全炸毁	46元	29年11月	
白绵〔棉〕布衬衫	布	2件	完全炸毁	36元	29年5月	
皮鞋	皮	1双	完全炸毁	24元	30年1月	
黄皮箱子	皮	1只	完全炸毁	32元	28年11月	
袜子	绵〔棉〕纱	两双	完全炸毁	5元	30年2月	

续表

物品名称	品质	数量	损失程度	原价	购买年月	备考	
英文字典		1本	完全炸毁	15元	30年1月		
合计				248元			
被灾日期	5月3日	被灾地点	总局外事股办公室3楼寝室	房屋被炸或震毁	被炸	原支薪俸数目 90元	有无同居眷属 无

右〈上〉开物品,确系因空袭被毁,谨报告

主任秘书李　转呈

局长唐　核转

市长吴

　　　　　　　　　　　　　　外事股科员　郭道熹
　　　　　　　　　　　　　　三十年五月三日

5)重庆市政府警察局外事股员警差役空袭损失私物报告表

物品名称	品质	数量	损失程度	原价	购买年月	备考
英文书 Son of Hemen		1本	炸毁	15元	26年1月	天津
打字信纸信封		1捆	炸毁	25元	29年11月	香港
竹箱		1只	炸毁	8元	29年12月	本市新
制帽	呢	1顶	炸毁	25元	29年12月	本市新
短大衣	呢	1件	炸毁	250元	29年12月	本市旧货
毡帽	呢	1顶	炸毁	60元	30年3月	本市新
灰制服	布	1套	炸毁	40元	29年6月	本市
合计				423元		
被灾日期 5月3日	被灾地点 警察局	房屋被炸或震毁	炸毁	原支薪俸数目 160元	有无同居眷属	妻1子2女1

右〈上〉开物品,确系因空袭被毁,谨报告

主任秘书李　转呈

局长唐　核转

市长吴

　　　　　　　　　　　　　　　　　曾昭楠
　　　　　　　　　　　　　　　　　三十年五月五日

(0061—15—3079)

⑫刘万珍签呈(30年5月4日于军事科)

窃差因五月三日遭敌机轰炸,房屋破坏,差之衣服等件遭受损失,清查无着,恳请钧座俯察下情,准予发给损失费以济燃眉之急。如蒙赏准,感恩无涯矣。

谨呈

科长贺　核转

局长唐

差　刘万珍

重庆市政府警察局军事科员警差役空袭损失私物报告表

物品名称	品质	数量	损失程度	原价	购买年月	备考
青大衣	青哈叽	1件	炸飞〔毁〕	62元	29年10月	
蓝布长衫	阴丹布	2件	炸飞〔毁〕	48元	29年7月	
青制服	哈叽	1套	炸飞〔毁〕	44元	30年2月	
衬衫	白市布	2件	炸飞〔毁〕	28元	30年3月	
黄色制服	哈叽	1套	炸飞〔毁〕	36元	29年5月	
蓝布长裤	阴丹蓝布	2根	炸飞〔毁〕	29元	29年6月	
合计				247元		
被灾日期	5月3日	被灾地点	警局军事科	房屋被炸或震毁	被炸	原支薪俸数目	月薪30元	有无同居眷属

右〈上〉开物品,确系因空袭被毁,谨报告

科长贺　转呈

局长唐　核转

市长吴

刘万珍

三十年五月四日

(0061—15—3079)

⑬柳介华、陈晓岚签呈(30年5月3日于警察局军事科)

窃职等宿居三楼科长办公室内,讵今五月三日敌机袭渝,适将房屋炸毁,以致所有未及搬出之衣物悉遭炸毁无遗,理合呈赍空袭损失私物报告表,伏乞钧座鉴核,早予发给空袭损失补偿费,以资救济,实为德便。

谨呈

科长贺　核转

局长唐　钧鉴

附空袭损失私物报告表4份

军事科一等办事员　柳介华

二等办事员　陈晓岚

1)重庆市政府警察局员警差役空袭损失私物报告表

物品名称	品质	数量	损失程度	原价(元)	购买年月	备考
西式呢大衣	乙种呢	1件	炸飞〔毁〕	180	29年12月	
旧花达呢中山装	毛料	1套	炸飞〔毁〕	24	24年8月	
垫絮	棉花	1条	全毁	8.4	28年5月	
衬衫	府绸	2件	全毁	30	29年11月	
背心	洋纱	2件	全毁	12	29年6月	
短裤	蓝布	1条	炸失	2	29年10月	
皮鞋	香港皮	1双	炸破	50	30年2月	
脸盆	西洋磁	1个	炸毁	30	29年9月	
洋磁缸	中国磁	1个	炸毁	3	29年9月	
牙刷	双十牌	1把	炸毁	5	30年4月	
牙膏	黑人牌	1筒	炸毁	2	30年4月	
包袱	蓝市布	1个	炸毁	6.4	29年8月	
细篾席	竹质	1条	炸毁	10	29年7月	
枕头	三友社布	1对	炸毁	20	29年10月	
热水瓶	长城牌	1个	炸毁	30	29年8月	
合计				412.8		

续表

| 被灾日期 | 5月3日 | 被灾地点 | 本局三楼科长办公室 | 房屋被炸或震毁 | 被炸 | 原支薪俸数目 | 82元 | 有无同居眷属 | 无 |

右〈上〉开物品,确系因空袭被毁,谨报告

　　　　转呈
局长唐　核转
市长吴

　　　　　　　　军事科一等办事员　柳介华
　　　　　　　　三十年五月四日

2)重庆市政府警察局军事科员警差役空袭损失私物报告表

物品名称	品质	数量	损失程度	原价(元)	购买年月	备考
被盖	布	1床	炸毁	50	29年9月	
白被单	洋布	1张	炸毁	15	29年2月	
油布		1张	炸毁	9	28年1月	
花毯	线	1条	炸毁	20	28年8月	
蚊帐	夏布	1顶	炸失	18	28年5月	
青中山服	哔吱〔叽〕	1套	炸失	120	28年1月	
白衬衣	府绸	1件	炸失	12	29年7月	
绒线上衣	蜜蜂牌	1件	炸失	20	28年10月	
白裤子	斜纹布	1件	炸失	4	30年3月	
黑皮鞋	港皮	1双	炸失	65	30年2月	
黑眼镜	玻璃	1幅〔副〕	炸失	6	27年7月	
牙刷	明星牌	1把	炸失	4	30年3月	
漱口盂	瑞典磁	1个	炸毁	5	28年12月	
面盆	洋磁	1个	炸毁	12	28年10月	
皂盒	化学胶	1个	炸失	3	28年9月	
合计		15		363		
被灾日期	5月3日	被灾地点	军事科	房屋被炸或震毁	震毁	原支薪俸数目	110	有无同居眷属	

续表

右〈上〉开物品,确系因空袭被毁,谨报告 科长贺　转呈 局长唐　核转 市长吴 　　　　　　　　　　　　　　军事科二等办事员　陈晓岚 　　　　　　　　　　　　　　三十年五月四日

(0061—15—3079)

⑭陆毅良签呈(30年5月4日于本局)

窃查本月三日午敌机袭渝,本局监印室中弹炸毁,职有少数□物向存该室同时被毁无余。现时物价奇昂,薪入有限,无法再□□,但系日用必需,不能或缺,只得检同损失表2份签请鉴核,准予转请救济,无任沾感。

谨呈

局长唐

附呈损失表2份〈原缺〉

科员　陆毅良

(0061—15—3079上)

19. 重庆市警察局第十分局为报1941年5月3日员役空袭损失呈市警察局文(1941年5月6日)

案据本分局陈家馆所所长张泽清呈称:"查五月三日敌机轰炸管区,本所所址亦被炸震毁,全部倒塌,所属员警于敌机投弹后即全体出动担任警戒、救护、调查等工作,并于警报解除外,自动迁移所址,布置一切,恢复办公。至本所公物,如公文、印信、武器弹药、被服装具等件,除事先能于搬迁者外,其余均遭损失,而所属员警因公忙不暇私顾,损失什物亦复不少,理合造具公私损失报告单表各1份,报请转呈救济"。等情。据此,查所报属实,理合检同原表据情报请钧局鉴核示遵。

谨呈

局长唐

附呈损失报告单、表各1份

分局长　徐澍

重庆市警察局第十分局陈家馆所员警损失报告表

被炸日期　五月三日

损失项目	单位	数量	价值	损失人 职别	损失人 姓名	损失人 月支薪额	备考
搪磁面盆	个	1	30	雇员	麦济民	80	
面巾	张	1	5				
漱口盂	只	1	5				
真贡呢便鞋	双	1	20				
皮鞋	双	1	40				
磁面盆	个	1	25	一等警长	萧君策	50	
磁面盆	个	1	30	二等警长	夏永康	46	
搪磁面盆	个	1	30		朱华章	46	
搪磁漱口杯	只	1	4				
牙刷	把	1	4				
面巾	张	1	3				
电筒	只	1	8				
面巾	张	1	2.5	一等户籍生	张志华	41	
皮鞋	双	1	35	三等户籍生	王炎	37	
袜子	双	1	3	三等警士	宗贤尧	36	
力士鞋	双	1	24				

中华民国三十年五月五日

所长　张泽清

（0061—15—1909）

20. 重庆市警察局保安五中队员警差役1941年5月3日空袭损失报告表(1941年5月)

1)重庆市政府警察局保安五中队员警差役空袭损失私物报告表

物品名称	品质	数量	损失程度	原价	购买年月	备考
白布包毯	棉	1床	完全炸毁	18	29年10月	
棉絮		1床		20	29年10月	
线呢棉袄	棉	1件		26	28年11月	
蓝布长衫		1件		18	29年2月	
呢帽		1顶		9	28年12月	
合计				91元		
被灾日期	30年5月3日	被灾地点	警察局司法队	房屋被炸或震毁	完全炸毁	原支薪俸数目	40元	有无同居眷属	

右〈上〉开物品,确系因空袭被毁,谨报告

大队长方　转呈

局长唐　核转

市长吴

警察局保安五中队二分队一等警士　梁永祥

三十年五月五日

2)重庆市政府警察局保安五中队员警差役空袭损失私物报告表

物品名称	品质	数量	损失程度	原价	购买年月	备考
被盖	白市布	1床	炸毁	30元	30年2月	
毯子	白哈机〔叽〕	1床	炸毁	20元	30年1月	
衬衫	白布	2件	炸毁	30元	29年8月	
皮鞋	黑皮	1双	炸毁	32元	29年10月	
枕头	白布	1个	炸毁	6元	29年9月	
合计				118元		
被灾日期	30年5月3日	被灾地点	警察局司法队	房屋被炸或震毁	炸毁	原支薪俸数目	38元	有无同居眷属	

续表

右〈上〉开物品,确系因空袭被毁,谨报告
大队长方　转呈
局长唐　核转
市长吴
重庆市警察局保安五中队(原司法队)二分队二等警士　钟治民
三十年五月三日

3)重庆市政府警察局保安五中队员警差役空袭损失私物报告表

物品名称	品质	数量	损失程度	原价	购买年月	备考
被盖	棉质	1床	炸毁	74元	29年8月	
毯子	棉质	1床	炸毁	26元	29年12月	
长衫	棉质	1床〔件〕	炸毁	35元	30年正月	
袜子	棉质	1床〔双〕	炸毁	10元	30年正月	
皮箱	皮质	1口	炸毁	28元	30年2月	
合计				173元		
被灾日期	30年5月3日	被灾地点	本局司法队	房屋被炸或震毁	全被炸光	原支薪俸数目	36元	有无同居眷属	

右〈上〉开物品,确系因空袭被毁,谨报告

大队长方　转呈

局长唐　核转

市长吴

　　　　　　　重庆市警察局保安五中队(原司法队)三等警士　廖良芳　呈

　　　　　　　　　　　　　　　　　　　　　　　　　　三十年五月五日

4)重庆市政府警察局保安五中队员警差役空袭损失私物报告表

物品名称	品质	数量	损失程度	原价	购买年月	备考
制服	棉质	1套	炸毁	48元	30年正月	
衬衣	棉质	2件	炸毁	32元	29年8月	
毯子	棉质	1床	炸毁	30元	29年冬月	
袜子	丝质	1双	炸毁	6元	29年7月	
礼帽	呢质	1顶	炸毁	30元	29年冬月	
合计				146元		

续表

被灾日期	30年5月3日	被灾地点	本局司法队	房屋被炸或震毁	全被炸坏	原支薪俸数目	36元	有无同居眷属	
右〈上〉开物品,确系因空袭被毁,谨报告									
大队长方　转呈									
局长唐　核转									
市长吴									
					重庆市警察局保安五中队(原司法队)三等警士　张玉明　呈				
								三十年五月五日	

5) 重庆市政府警察局保安五中队员警差役空袭损失私物报告表

物品名称	品质	数量	损失程度	原价	购买年月	备考
青制服	哈机〔叽〕	1套	炸毁	40元	29年12月	
芝麻呢制服	棉	1套	炸毁	40元	29年12月	
蓝布长衫	棉	1件	炸毁	25元	29年6月	
大衣	人字呢	1件	炸毁	50元	29年11月	
毯子	白布	1根	炸毁	15元	29年11月	
合计				170元		

被灾日期	30年5月3日	被灾地点	警察局司法队	房屋被炸或震毁	房屋完全炸毁	原支薪俸数目	36元	有无同居眷属	
右〈上〉开物品,确系因空袭被毁,谨报告									
大队长方　转呈									
局长唐　核转									
市长吴									
					重庆市警察局保安五中队二分队警士　陈海清				
								三十年五月三日	

6) 重庆市政府警察局保安五中队员警差役空袭损失私物报告表

物品名称	品质	数量	损失程度	原价	购买年月	备考
被盖	棉质	1床	炸毁	80元	30年正月	
军毯	棉质	1床	炸毁	100元	30年3月	
包单	棉质	1床	炸毁	30元	30年3月	

续表

物品名称	品质	数量	损失程度	原价	购买年月	备考
黑皮箱	皮质	1口	炸毁	46元	30年2月	
黑皮鞋	皮质	1双	炸毁	50元	29年冬月	
黑制服	哈叽	1套	炸毁	56元	30年4月	
袜子	丝质	2双	炸毁	12元	29年10月	
白衬衣	绸质	2件	炸毁	52元	29年5月	
毛巾	棉质	2张	炸毁	7元	30年4月	
布伞	棉质	1把	炸毁	22元	30年4月	
牙刷	骨毛质	1把	炸毁	3元	30年4月	
牙膏	药质	1盒	炸毁	1.8元	30年4月	
合计				459.8元		
被灾日期	30年5月3日	被灾地点	本局司法队	房屋被炸或震毁	全被炸毁	原支薪俸数目	50元	有无同居眷属	

右〈上〉开开物品，确系因空袭被毁，谨报告
大队长方　转呈
局长唐　核转
市长吴

重庆市警察局保安五中队（原司法队）一等警长　白树人　呈
三十年五月五日

7)重庆市政府警察局保安五中队员警差役空袭损失私物报告表

物品名称	品质	数量	损失程度	原价	购买年月	备考
被盖	白市布	1床	完全被炸	50元	29年10月	
毯子	印花	1床	完全被炸	20元	29年10月	
中山服	黄哈〔咔〕叽	2套	完全被炸	90元	30年1月	
磁盆	白色	1个	完全被炸	12元	30年1月	
合计				172元		
被灾日期	30年5月3日	被灾地点	警察总局司法队	房屋被炸或震毁	房屋完全被炸	原支薪俸数目	36元	有无同居眷属	

续表

右〈上〉开物品,确系因空袭被毁,谨报告
大队长方　转呈
局长唐　核转
市长吴
重庆市警察局保安五中队(原司法队)三等警士　王伦凯
三十年五月五日

8) 重庆市政府警察局员警差役空袭损失私物报告表

物品名称	品质	数量	损失程度	原价	购买年月	备考
锦缎被盖		1床	炸滥〔烂〕	110元		
白洋布枕头		1个	炸滥〔烂〕	5元		
青哔叽制服		1套	炸滥〔烂〕	49元		
毛巾		1根	炸滥〔烂〕	3元		
洋磁盆		1个	炸滥〔烂〕	7元		
牙刷		1把	炸滥〔烂〕	1元		
合计				175元		
被灾日期	5月3日	被灾地点	本局内	房屋被炸或震毁	被炸	原支薪俸数目	38元	有无同居眷属

　　右〈上〉开物品,确系因空袭被毁,谨报告

大队长方　转呈

局长唐　核转

市长吴

　　　　　　　　　　　　保安五中队一分队警　胡云集

　　　　　　　　　　　　　　　　　三十年五月四日

9) 重庆市政府警察局员警差役空袭损失私物报告表

物品名称	品质	数量	损失程度	原价	购买年月	备考
被盖	棉	1床	炸毁	60元	29年9月	
毯子	线	1床	炸毁	24元	29年10月	
枕头	白哈吱〔叽〕	1个	炸毁	6元	29年6月	
学生服	青哈吱〔叽〕	1套	炸毁	40元	30年2月	

续表

物品名称	品质	数量	损失程度	原价	购买年月	备考
衬衫	条子府绸	1件	炸毁	22元	30年4月	
青皮鞋	厂皮	1双	炸毁	40元	30年3月	
合计				195〔2〕元		
被灾日期	5月3日	被灾地点	警察总局司法队	房屋被炸或震毁	完全炸毁	原支薪俸数目	40元	有无同居眷属	

右〈上〉开物品,确系因空袭被毁,谨报告

大队长方　转呈

局长唐　核转

市长吴

　　　　　　　重庆市警察局保安二大队五中队二分队一等警士　段其湘

　　　　　　　　　　　　　　　　　　　　三十年五月五日

10）重庆市政府警察局员警差役空袭损失私物报告表

物品名称	品质	数量	损失程度	原价	购买年月	备考
被盖	线质	1床	炸毁	22元	29年9月	
毛毯	毛质	1床	炸毁	22元	28年8月	
衬衫	线质	1件	炸毁	14元	30年3月	
面巾	线质	1条	炸毁	4元	30年2月	
青毕〔哔〕叽中山服	线质	1套	炸毁	56元	30年3月	
牙刷	双十牌	1把	炸毁	3.5元	30年4月	
白磁中〔盅〕	磁	1个	炸毁	8元	29年4月	
合计				139.5元		
被灾日期	30年5月3日	被灾地点	警察局司法队	房屋被炸或震毁	房屋完全炸毁	原支薪俸数目	40元	有无同居眷属	

右〈上〉开物品,确系因空袭被毁,谨报告

大队长方　转呈

局长唐　核转

市长吴

　　　　　　　重庆市警察局保安五中队(司法队)二分队一等警士　曹炤煊

　　　　　　　　　　　　　　　　　　　　三十年五月五日

11）重庆市政府警察局保安五中队员警差役空袭损失私物报告表

物品名称	品质	数量	损失程度	原价	购买年月	备考
白印花被盖	棉	1床	完全炸毁	35	29年2月	
白印花毯子	棉	1床	完全炸毁	16	29年7月	
白汗衣裤	棉	1套	完全炸毁	24	30年3月	
阴丹布衣裤	棉	1套	完全炸毁	26	29年9月	
青皮鞋	皮	1双	完全炸毁	14	29年12月	
合计				115		
被灾日期	5月3日	被灾地点	警察局司法队	房屋被炸或震毁	完全炸毁	原支薪俸数目	38元	有无同居眷属	

右〈上〉开物品,确系因空袭被毁,谨报告

大队长方　转呈

局长唐　核转

市长吴

重庆市警察局保安第二大队五中队二分队二等警士　李金山

三十年五月五日

12）重庆市政府警察局保安五中队员警差役空袭损失私物报告表

物品名称	品质	数量	损失程度	原价	购买年月	备考
被面	白洋布	1床	完全被毁	50元	29年6月	
毯子	印花	1床	完全被毁	20元	29年6月	
厂布中山服		1套	完全被毁	40元	30年1月	
玻璃漱口中〔盅〕	绿色	1个	完全被毁	6元	30年3月	
青利布鞋	青色	1双	完全被毁	26元	30年4月	
合计				142元		
被灾日期	30年5月3日	被灾地点	警察局司法队	房屋被炸或震毁	房屋完全被炸	原支薪俸数目	36元	有无同居眷属	

右〈上〉开物品,确系因空袭被毁,谨报告

大队长方　转呈

局长唐　核转

市长吴

重庆市警察局保安五中队三等警士　张鑫培

三十年五月五日

13)重庆市政府警察局保安五中队员警差役空袭损失私物报告表

物品名称	品质	数量	损失程度	原价	购买年月	备考
被盖	布质	1床	被炸成小块	39元	29年8月	
芝麻制服	布	1套	被炸无踪	48元	29年冬月	
鞋子	毛织络	2双	被炸无踪	44元	30年2月	
袜子	棉	2双	被炸无踪	9元	30年4月	
衬衣	市布	1件	被炸无踪	17元	29年10月	
箱子	竹制	1口	被炸无踪	9.5元	29年冬月	
面巾	绵〔棉〕制	2张	被炸无踪	8元	29年11月	
制服	绵〔棉〕制	1套	被炸无踪	58元	29年10月	
合计				223元		
被灾日期	30年5月3日	被灾地点	总局司法队警寝室	房屋被炸或震毁	已全毁没	原支薪俸数目	36元	有无同居眷属	有

右〈上〉开物品,确系因空袭被毁,谨报告

大队长方　转呈

局长唐　核转

市长吴

重庆警察总局保安二大队五中队第二分队(即原司法队)二等警士　严惠民

三十年五月五日

14)重庆市政府警察局保安五中队员警差役空袭损失私物报告表

物品名称	品质	数量	损失程度	原价	购买年月	备考
被盖	棉	1床	炸毁	30元	29年11月	
中山服	棉	1套	炸毁	40元	30年1月	
汗衣	白布	2件	炸毁	30元	30年2月	
皮鞋	黄皮	1双	炸毁	30元	30年4月	
脸盆	洋磁	1个	炸毁	10元	29年5月	
合计				140元		
被灾日期	30年5月3日	被灾地点	警察局司法队	房屋被炸或震毁	房屋完全炸毁	原支薪俸数目	36元	有无同居眷属	

右〈上〉开物品,确系因空袭被毁,谨报告

大队长方　转呈

局长唐　核转

市长吴

重庆警察局保安五中队二分队警士　陈辅全

三十年五月三日

15）重庆市政府警察局员警差役空袭损失私物报告表

物品名称	品质	数量	损失程度	原价	购买年月	备考
被盖	棉布质	1床	炸毁	30元	29年10月	
中山服	青哈叽	1套	炸毁	40元	29年10月	
衬衣	白市布	2件	炸毁	30元	29年10月	
皮鞋	厂皮	1双	炸毁	40元	30年2月	
合计				140元		
被灾日期	5月3日	被灾地点	本局司法队	房屋被炸或震毁	全毁	原支薪俸数目	30元	有无同居眷属

右〈上〉开物品，确系因空袭被毁，谨报告

大队长方　转呈

局长唐　核转

市长吴

　　　　　　警察局保安五中队（即司法队）二分队公差　罗有全

　　　　　　　　　　　　　　　　　三十年五月五日

16）重庆市政府警察局保安五中队二分队（原司法队）员警差役空袭损失私物报告表

物品名称	品质	数量	损失程度	原价	购买年月	备考
被盖	棉质	1床	炸毁	62元	29年10月	
裕华呢制服	棉质	1套	炸毁	70元	30年2月	
平鞋	毛织贡	1双	炸毁	21元	30年3月	
印花被单	棉质	1床	炸毁	5元	26年	
学生服	青冲哔叽	1套	炸毁	22元	28年8月	
磁盅	浪〔琅〕磁	1个	炸毁	2元	26年	
牙刷	大中牌	1把	炸毁	3元	30年4月	
合计				185元		
被灾日期	30年5月3日	被灾地点	警察总局司法队	房屋被炸或震毁	房屋完全炸毁	原支薪俸数目	38元	有无同居眷属

右〈上〉开物品，确系因空袭被毁，谨报告

大队长方　转呈

局长唐·核转

市长吴

　　　　　重庆市警察局保安五中队（原司法队）二等警士　程翰青

　　　　　　　　　　　　　　　　　三十年五月五日

17) 重庆市政府警察局保安五中队员警差役空袭损失私物报告表

物品名称	品质	数量	损失程度	原价	购买年月	备考
包毯被盖	棉	1床	完全炸毁	68	30年1月	
白衬衫	棉	1件	完全炸毁	21	29年11月	
黄绿哈叽衬衫	棉	1件	完全炸毁	18	29年11月	
黄皮鞋	皮	1双	完全炸毁	40	29年10月	
袜子	棉	2双	完全炸毁	7	30年4月	
白毯子	棉	1床	完全炸毁	28	29年12月	
合计				182		
被灾日期	5月3日	被灾地点	警察局司法队	房屋被炸或震毁	完全炸毁	原支薪俸数目	36元	有无同居眷属	无

右〈上〉开物品,确系因空袭被毁,谨报告

大队长方　转呈

局长唐　核转

市长吴

重庆市警察局保安第二大队五中队二分队三等警士　王忠正

三十年五月五日

18) 重庆市政府警察局员警差役空袭损失私物报告表

物品名称	品质	数量	损失程度	原价	购买年月	备考
被盖	布	1床	已全炸滥〔烂〕	59元	29年8月	
毯子	绵〔棉〕	1床	已全炸滥〔烂〕	25元	29年7月	
棉絮	绵〔棉〕	1床	已全炸滥〔烂〕	20元	29年9月	
中山服	充哈叽	2套	已全炸滥〔烂〕	140元	30年2月	
皮鞋	厂皮	1双	已全炸滥〔烂〕	55元	30年元月	
面巾	绵〔棉〕	2张	已全炸滥〔烂〕	58元	30年2月	
袜子	绵〔棉〕	2双	已全炸滥〔烂〕	8元	30年4月	
合计				356元		
被灾日期	30年5月3日	被灾地点	警总局本队寝室	房屋被炸或震毁	已全炸滥〔烂〕	原支薪俸数目	36元	有无同居眷属	有

右〈上〉开物品,确系因空袭被毁,谨报告

大队长方　转呈

局长唐　核转

市长吴

重庆市警察总局保安二大队五中队二分队(即原司法队)二等警士　赵学文

三十年五月三日

19）重庆市政府警察局保安五中队员警差役空袭损失私物报告表

物品名称	品质	数量	损失程度	原价	购买年月	备考
白布包毯	棉	1床	完全炸毁	23	29年8月	
花布被面	棉	1床	完全炸毁	12	29年8月	
棉絮		1床	完全炸毁	28	29年8月	
印花毯子	棉	1床	完全炸毁	35	29年9月	
白衬衫	棉	1床〔件〕	完全炸毁	15	30年3月	
中山服	棉	1套	完全炸毁	55	30年4月	
合计				168		
被灾日期	5月3日	被灾地点	警察局司法队	房屋被炸或震毁	完全炸毁	原支薪俸数目	36元	有无同居眷属

右〈上〉开物品，确系因空袭被毁，谨报告

大队长方　转呈

局长唐　核转

市长吴

重庆市警察局保安第二大队五中队二分队三等警士　王少清

三十年五月五日

20）重庆市政府警察局保安五中队员警差役空袭损失私物报告表

物品名称	品质	数量	损失程度	原价	购买年月	备考
被盖	棉质	1床	炸毁	73元	29年9月	
制服	哈机〔叽〕	1套	炸毁	56元	30年2月	
衫衣	市布	1件	炸毁	17元	30年3月	
草绿衣服	哈机〔叽〕	1套	炸毁	45元	30年4月	
平鞋	哈机〔叽〕	1双	炸毁	13元	30年2月	
长衣服	棉质	1件	炸毁	27元	29年10月	
短裤	哈机〔叽〕	1条	炸毁	13元	30年3月	
青袜子		2双	炸毁	8元	30年4月	
合计				252元		
被灾日期	30年5月3日	被灾地点	警察总局司法队	房屋被炸或震毁	房屋完全炸毁	原支薪俸数目	36元	有无同居眷属

右〈上〉开物品，确系因空袭被毁，谨报告

大队长方　转呈

局长唐　核转

市长吴

重庆市警察局保安五中队（原司法队）三等警士　余德谦

三十年五月五日

21）重庆市政府警察局保安五中队员警差役空袭损失私物报告表

物品名称	品质	数量	损失程度	原价	购买年月	备考
锦缎被面	丝	1床	完全炸毁	57	29年9月	
白市布包毯	棉	1床	完全炸毁	21	29年9月	
棉絮	丝	1床	完全炸毁	31	29年9月	
青花毯子	棉	1床	完全炸毁	36	29年9月	
油布	棉	1床	完全炸毁	21	29年10月	
灰哈叽制服	棉	1套	完全炸毁	30	29年5月	
灰阴丹中山服	棉	1套	完全炸毁	34	30年1月	
白市布衬衣	棉	1件	完全炸毁	13	30年4月	
白市布摇裤	棉	1根	完全炸毁	7	30年4月	
阴丹布长衫	棉	1件	完全炸毁	28	29年3月	
白汗衣裤	棉	1套	完全炸毁	19	29年6月	
青皮鞋	皮	1双	完全炸毁	46	30年1月	
面巾	棉	2根	完全炸毁	3.6	29年12月	
牙刷	骨	1把	完全炸毁	3.5	29年8月	
牙粉		1筒	完全炸毁	3.2	30年2月	
合计				353.3元		

被灾日期	5月3日	被灾地点	警察局司法队	房屋被炸或震毁	完全炸毁	原支薪俸数目	46元	有无同居眷属	无

右〈上〉开物品，确系因空袭被毁，谨报告

大队长方　转呈

局长唐　核转

市长吴

　　　　　重庆市警察局保安第二大队五中队二分队（即司法队）二等警长　敖力

　　　　　　　　　　　　　　　　　　　　　　　　　三十年五月五日

22）重庆市政府警察局保安五中队员警差役空袭损失私物报告表

物品名称	品质	数量	损失程度	原价	购买年月	备考
衫衣	白土布	1件	炸毁	12元	30年2月	
衬裤	白土布	2条	炸毁	10元	30年2月	
油袒	黄土布	1床	炸毁	1.6元	29年11月	

续表

物品名称	品质	数量	损失程度	原价	购买年月	备考
被盖	兰〔蓝〕布印花棉絮绵〔锦〕缎	各1床	炸毁	40元	28年10月	
茶壶	江西磁器	1个	炸毁	5元	28年10月	
茶杯	江西磁器	1个	炸毁	1元	28年10月	
黄皮鞋	厂皮	1双	炸毁	40元	30年2月	
洋枕头	白哈机〔叽〕做花	1个	炸毁	10元	30年2月	
磁碗		1个	炸毁	2元	30年2月	
牙刷	三星牌	1把	炸毁	3元	30年2月	
面巾	裕华厂	1张	炸毁	4元	30年3月	
合计				128.6元		
被灾日期	30年5月3日	被灾地点	警察总局司法队	房屋被炸或震毁	房屋完全炸毁	原支薪俸数目	42元	有无同居眷属	

右〈上〉开物品，确系因空袭被毁，谨报告

大队长方　转呈
局长唐　核转
市长吴

　　　　　　　重庆市警察局保安五中队二分队(原司法队)三等警长　林钦有
　　　　　　　　　　　　　　　　　　　三十年五月三日

23)重庆市政府警察局保安五中队员警差役空袭损失私物报告表

物品名称	品质	数量	损失程度	原价	购买年月	备考
青粗毛哔叽军服		1套	炸滥〔烂〕	280元	30年2月	
温水瓶		1个	炸滥〔烂〕	40元	30年3月	
洋磁盆子		1个	炸滥〔烂〕	15元	29年7月	
洋磁盅		1个	炸滥〔烂〕	4元	28年9月	
皮箱		1口	炸滥〔烂〕	70元	30年4月	
府绸衬衫		2件	炸滥〔烂〕	22元	30年4月	
毛线上下装		1套	炸滥〔烂〕	100元	29年10月	

续表

物品名称	品质	数量	损失程度	原价	购买年月	备考
马靴		1双	炸滥〔烂〕	40元	29年2月	
印花毯子		1床	炸滥〔烂〕	20元	30年1月	
黄呢绑腿		1双	炸滥〔烂〕	10元	29年2月	
白洋布摇裤		2件	炸滥〔烂〕	10元	30年3月	
时钟		1架	炸滥〔烂〕	80元	30年3月	
合计				691元		
被灾日期	5月3日	被灾地点	本局内	房屋被炸或震毁	被炸	原支薪俸数目	有无同居眷属

右〈上〉开物品,确系因空袭被毁,谨报告

大队长方　转呈

局长唐　核转

市长吴

　　　　　　　　　　　　　　保安五中队二分队队长　王星辉
　　　　　　　　　　　　　　三十年五月四日

24)重庆市政府警察局保安第五中队员警差役空袭损失私物报告表

物品名称	品质	数量	损失程度	原价	购买年月	备考
棉被	棉质	2(床)	炸碎	40元	29年冬	
垫褥	棉质	1(床)	炸碎	20元	29年冬	
白被单	棉质	1(床)	炸碎	15元	30年春	
木箱	木质	1(个)	压碎	19元	28年春	
绿帆布箱	布质	1(个)	炸碎	9元	28年冬	
黑哈叽制服	布质	1套	炸碎	45元	30年春	
黄哈叽制服	布质	1套	炸碎	80元	29年冬	
府绸衬衫	丝质	4件	炸碎	共100元	29年秋至三十年春	
夏布衬衫	麻质	两件	炸碎	共12元	29年夏	
黑皮鞋	皮质	1双	炸碎	40元	30年春	
篮球鞋	胶质	1双	炸碎	30元	30年春	
藏青哔叽西服	毛质	1套	炸碎	240元	29年春	自上海带来
毛线衣	毛质	1套	炸碎	120元	28年冬	

续表

物品名称	品质	数量	损失程度	原价	购买年月	备考
毛背心	毛质	1件	炸碎	38元	29年冬	
紫绒篮球衣	棉质	1件	炸碎	16元	29年秋	警察篮球队用
长裤	棉质	5条	炸碎	15元	时间不一	
背心	棉质	7件	炸碎	20元	时间不一	
力士鞋	胶质	1双	炸碎	22元	30年春	
呢大衣	毛质	1件	炸碎	200元	29年秋	
皮带	皮质	1条	炸碎	15元	30年春	
合计				1094元		
被灾日期	30年5月3日	被灾地点	警察总局司法队	房屋被炸或震毁	正中炸弹	原支薪俸数目 110元	有无同居眷属	无

右〈上〉开物品,确系因空袭被毁,谨报告

大队长方　转呈

局长唐　核转

市长吴

　　　　　　　　　　重庆市警察局保安第五中队第二分队长　于世康

　　　　　　　　　　　　　　　　　　　　　　　　　三十年五月四日

25) 重庆市政府警察局保安第五中队员警差役空袭损失私物报告表

物品名称	品质	数量	损失程度	原价	购买年月	备考
棉被褥	丝质	1床	炸坏	40元	29年10月	
衬衣	布质	两件	炸坏	30元	30年2月	
磁盆	磁质	1个	炸坏	24元	29年9月	
牙刷	毛质	1个	炸坏	3元	30年2月	
皮鞋	皮质	1双	炸坏	40元	29年11月	
力士鞋	胶质	1双	炸坏	20元	30年1月	
面巾	毛质	1根	炸坏	3.5元	30年2月	
合计				160.5元		
被灾日期	5月3日	被灾地点	总局内分队部	房屋被炸或震毁	中弹1枚	原支薪俸数目 100元	有无同居眷属	无

续表

右〈上〉开物品,确系因空袭被毁,谨报告
大队长方　转呈
局长唐　核转
市长吴
保安警察总队二大队五中队分队长　王炳炎
三十年五月五日

26) 重庆市政府警察局保安五中队员警差役空袭损失私物报告表

物品名称	品质	数量	损失程度	原价	购买年月	备考
丝棉被褥	丝质	1床	炸坏	40元	29年夏	
锦缎被面	丝质	1床	炸坏	32元	29年8月	
白布包单	棉质	1床	炸坏	26元	28年冬	
黑绒毯	棉质	1床	炸坏	30元	27年秋	
垫褥	棉质	1床	炸坏	20元	27年秋	
□面盆	磁质	1个	炸坏	25元	30年元月	
□哗吱〔叽〕制服	毛质	1套	炸坏	180元	28年秋	
□衫	棉质	4件	炸坏	60元	29年春	
□□绒制服	棉质	1套	炸坏	72元	29年冬	
力士鞋	胶质	1双	炸坏	20元	30年3月	
金黄毛线上装	毛质	1件	炸坏	70元	28年春	
面巾	棉质	2张	炸坏	10元	30年4月	
被灾日期	5月3日	被灾地点	总局内队本部	房屋被炸或震毁	中弹多枚全部炸毁	原支薪俸数目	80元	有无同居眷属	无

右〈上〉开物品,确系因空袭被毁,谨报告
大队长方　转呈
局长唐　核转
市长吴
保安第五中队中队部雇员　胡孝贤
三十年五月五日

(0061—15—4367—1)

21. 重庆市警察局1941年5月3日空袭损失报告表(1941年6月)

1)重庆市政府警察局第七分局员警差役空袭损失私物报告表

物品名称	品质	数量	损失程度	原价	购买年月	备考
温水瓶	玻料	1个	震坏	30	29年5月	
玻杯	玻料	2个	震坏	5	29年5月	
大水缸	瓦料	1口	震坏	30	30年1月	
大小细碗	磁料	20个	震坏	40	30年1月	
铁锅	铁料	1口	震坏	35	30年1月	
缸钵	瓦料	2个	震坏	10	30年1月	
细茶碗	磁料	1副	震坏	25	30年1月	
杯碟	磁料	3桌	震坏	12	30年1月	
细菜盘	磁料	20个	震坏	36	30年1月	
玻砖镜	玻料	1个	震坏	15	30年1月	
合计				238		
被灾日期	5月3日	被灾地点	中三路131号	房屋被炸或震毁	震坏	原支薪俸数目 80元	有无同居眷属	有

右(上)开物品,确系因空袭被毁,谨报告
分局长李　转呈
局长唐　核转
市长吴

填报人　雇员　冯起章
三十年五月五日

2)重庆市政府警察局第七分局员警差役空袭损失私物报告表

物品名称	品质	数量	损失程度	原价	购买年月	备考
铁锅	铁料	1口	震毁	25	29年10月	
面盆	磁料	1个	震毁	15	29年10月	
大小细碗	磁料	15个	震毁	36	29年12月	
水缸	瓦料	1口	震毁	20	29年9月	
缸钵	瓦料	1个	震毁	5	29年9月	
合计				101		

续表

被灾日期	5月3日	被灾地点	中三路131号	房屋被炸或震毁	震坏	原支薪俸数目	150元	有无同居眷属	有
右〈上〉开物品，确系因空袭被毁，谨报告 分局长李　转呈 局长唐　核转 市长吴										
填报人　局员　冯宗铎 三十年五月五日										

3) 重庆市政府警察局第七分局员警差役空袭损失私物报告表

物品名称	品质	数量	损失程度	原价	购买年月	备考
被盖	布料	3床	炸毁	140	29年10月	
布帐	布料	2床	炸毁	45	29年10月	
裤褂	布料	3床	炸毁	45	29年4月	
皮鞋	皮料	2双	炸毁	45	20年11月	
面盆	磁料	2个	炸毁	24	20年9月	
方桌	木料	2张	炸毁	25	29年8月	
木床	木料	2间	炸毁	35	29年8月	
碗柜	竹料	1个	炸毁	8	29年8月	
合计				367		

被灾日期	5月3日	被灾地点	中二路146	房屋被炸或震毁	被炸	原支薪俸数目	100元	有无同居眷属	有
右〈上〉开物品，确系因空袭被毁，谨报告 分局长李　转呈 局长唐　核转 市长吴										
填报人　巡官　刘宗汉 三十年五月五日										

4）重庆市政府警察局第七分局员警差役空袭损失私物报告表

物品名称	品质	数量	损失程度	原价	购买年月	备考
耳锅	铁质	1口	震毁	15	29年2月	
大小细碗	江西磁	14个	震毁	25.6	29年2月	
细茶碗	江西磁	4个	震毁	10	29年2月	
大小细盘子	江西磁	8个	震毁	26	29年6月	
阴丹女衫	棉质	1件	震毁	21	29年10月	
玻璃镜	玻质	1个	震毁	8	30年1月	
合计				105.6		
被灾日期	5月3日	被灾地点	中三路128	房屋被炸或震毁	震毁	原支薪俸数目	100	有无同居眷属	有

右〈上〉开物品，确系因空袭被毁，谨报告

分局长李　转呈

局长唐　核转

市长吴

填报人　巡官　戴清源

三十年五月五日

5）重庆市政府警察局第七分局中二路分驻所员警差役空袭损失私物报告表

物品名称	品质	数量	损失程度	原价	购买年月	备考
门帘	白市布	1根	炸毁	10	30年3月	
呢帽	呢	1顶	炸毁	7	27年6月	
写字板	玻砖	1块	炸毁	15	30年2月	
青制服	马裤呢	1套	炸毁	150	29年2月	
合计				182		
被灾日期	5月3日	被灾地点	川东师范门口	房屋被炸或震毁	被炸	原支薪俸数目	120元	有无同居眷属	有

右〈上〉开物品，确系因空袭被毁，谨报告

分局长李　转呈

局长唐　核转

市长吴

填报人　所长　王厚才

三十年五月四日

6) 重庆市政府警察局第七分局中二路分驻所员警差役空袭损失私物报告表

物品名称	品质	数量	损失程度	原价	购买年月	备考
被盖	白市布棉絮	1床	炸毁	64	29年10月	
毯子	条花布	1床	炸毁	28	29年10月	
棉絮	棉花	1床	炸毁	16	29年12月	
中山服	青哈机〔叽〕	1套	炸毁	52	29年11月	
面盆	磁	1个	炸毁	24	29年7月	
面巾	棉质	1张	炸毁	2.5	30年4月	
皮鞋	厂皮	1双	炸毁	40	29年9月	
衬衫	白府绸	1件	炸毁	19	30年3月	
短裤	黄哈机〔叽〕	1条	炸毁	10	30年4月	
毯子	油布	1床	炸毁	32	30年2月	
合计				287.5		
被灾日期	5月3日	被灾地点	川东师范门口	房屋被炸或震毁	被炸	原支薪俸数目	80元	有无同居眷属	有

右〈上〉开物品，确系因空袭被毁，谨报告

分局长李　转呈

局长唐　核转

市长吴

　　　　　　　　　　　　　　　　　　填报人　雇员　袁宏

　　　　　　　　　　　　　　　　　　三十年五月四日

7) 重庆市政府警察局第七分局中二路分驻所员警差役空袭损失私物报告表

物品名称	品质	数量	损失程度	原价	购买年月	备考
大衣	黄毛呢	1件	炸毁	350	29年12月	
毯子	洋绒	1床	炸毁	150	29年11月	
被盖	丝棉〔绵〕	1床	炸毁	40	29年8月	
面盆	磁	1口	炸毁	26	30年2月	
合计				566		
被灾日期	5月3日	被灾地点	川东师范门口	房屋被炸或震毁	被炸	原支薪俸数目	50元	有无同居眷属	有

续表

右〈上〉开物品,确系因空袭被毁,谨报告

分局长李　转呈

局长唐　核转

市长吴

　　　　　　　　　　　　　　　一等警长　蔡俊杰

　　　　　　　　　　　　　　　三十年四〔五〕月三日

8)重庆市政府警察局第七分局中二路分驻所员警伕役空袭损失私物报告表

物品名称	品质	数量	损失程度	原价	购买年月	备考
中山服	黄哈机〔叽〕	1套	炸毁	30	29年8月	
长衫	兰〔蓝〕布	1件	炸毁	25	29年7月	
衬衣	哈机〔叽〕	2件	炸毁	24	30年2月	
皮鞋	厂皮	1双	炸毁	30	30年1月	
力士鞋	布	1双	炸毁	10	30年3月	
袜子	线	2双	炸毁	7	30年3月	
面盆	磁	1个	炸毁	20	29年9月	
箱子	皮篾各一	2口	炸毁	28	29年6月	
合计				174		
被灾日期	5月3日	被灾地点	川东师范门口	房屋被炸或震毁	被炸	原支薪俸数目	46元	有无同居眷属	

右〈上〉开物品,确系因空袭被毁,谨报告

分局长李　转呈

局长唐　核转

市长吴

　　　　　　　　　　　填报人　一等警长　程天夏

　　　　　　　　　　　　　　　三十年五月三日

9)重庆市政府警察局第七分局中二路分驻所员警差役空袭损失私物报告表

物品名称	品质	数量	损失程度	原价	购买年月	备考
衬衫	标准布	2件	炸毁	50	30年3月	
中山服	哈机〔叽〕	1套	炸毁	40	29年11月	
短裤	哈机〔叽〕	2条	炸毁	8	30年2月	

续表

物品名称	品质	数量	损失程度	原价	购买年月	备考
袜子	线	3双	炸毁	9	30年2月	
力士鞋	布	1双	炸毁	10	30年4月	
中山服	青哈叽	1套	炸毁	35	29年12月	
箱子	皮质	1口	炸毁	12	29年10月	
面巾	棉	1张	炸毁	2.5	30年2月	
牙刷	毛	1把	炸毁	2	30年3月	
合计				168.5		
被灾日期	5月3日	被灾地点	川东师范门口	房屋被炸或震毁	被炸	原支薪俸数目	46元	有无同居眷属	有

右〈上〉开物品,确系因空袭被毁,谨报告

分局长李　转呈

局长唐　核转

市长吴

　　　　　　　　　　　　填报人　二等警长　何碧清

　　　　　　　　　　　　　　　　三十年五月四日

10) 重庆市政府警察局第七分局中二路分驻所员警差役空袭损失私物报告表

物品名称	品质	数量	损失程度	原价	购买年月	备考
衬衫	白市布	1件	炸毁	16	30年2月	
中山服	绿哈机〔叽〕	1套	炸毁	46	30年3月	
中山服	哔叽	1套	炸毁	48	30年1月	
中山服	黄哈叽	1套	炸毁	36	29年2月	
被盖	白布	1床	炸毁	56	29年12月	
合计				202		
被灾日期	5月3日	被灾地点	川东师范门口	房屋被炸或震毁	被炸	原支薪俸数目	42元	有无同居眷属	有

右〈上〉开物品,确系因空袭被毁,谨报告

分局长李　转呈

局长唐　核转

市长吴

　　　　　　　　　　　　填报人　三等警长　何斌如

　　　　　　　　　　　　　　　　三十年五月四日

11) 重庆市政府警察局第七分局中二路分驻所员警伕役空袭损失私物报告表

物品名称	品质	数量	损失程度	原价	购买年月	备考
被盖棉絮	花哔叽心子条子花包面	1床	炸毁	44	28年7月2日	
制服	充花华呢	1套	炸毁	32	29年3月5日	
衬衣	市布 充府绸	各2件	炸毁	60	29年1月4日	
皮鞋	黑色	1双	炸毁	36	29年7月15日	
布鞋	毛呢织工	各1双	炸毁	23	29年10月12日	
呢帽	黑色	1顶	炸毁	36	28年1月3日	
脸盆	洋磁	1个	炸毁	8	28年7月19日	
漱口盅	洋磁	1个	炸毁	3	29年7月8日	
合计				242		
被灾日期	30年5月3日	被灾地点	中二路分驻所	房屋被炸或震毁	炸毁	原支薪俸数目	40	有无同居眷属	无

右〔上〕开物品,确系因空袭被毁,谨报告

分局长李　转呈

局长唐　核转

市长吴

　　　　　　　　　　　　　　填报人　一等警士　钟一鸣
　　　　　　　　　　　　　　　　　　三十年五月四日

12) 重庆市政府警察局第七分局中二路分驻所员警差役空袭损失私物报告表

物品名称	品质	数量	损失程度	原价	购买年月	备考
中山服	帆布	1套	炸毁	54	29年8月	
军服	灰哈叽	1套	炸毁	46	29年6月	
毡子	线织	1床	炸毁	14	29年8月	
衬衣	白市布	1套〔件〕	炸毁	28	30年3月	
被盖	土花布	1床	炸毁	63	29年7月	
皮鞋	黄色	1双	炸毁	38	29年1月	
合计				243		

续表

| 被灾日期 | 30年5月3日 | 被灾地点 | 中二路分驻所 | 房屋被炸或震毁 | 炸毁 | 原支薪俸数目 | 40 | 有无同居眷属 | 无 |

右〈上〉开物品,确系因空袭被毁,谨报告

分局长李　转呈

局长唐　核转

市长吴

　　　　　　　　　　　　　填报人　一等警士　徐定国

　　　　　　　　　　　　　　　　　三十年五月四日

13) 重庆市政府警察局第七分局中二路分驻所员警差役空袭损失私物报告表

物品名称	品质	数量	损失程度	原价	购买年月	备考
中山服	芝麻色布	1套	炸毁	40	29年元月10日	
被盖棉絮	土布	1床	炸毁	44	29年10月1日	
合计				84		

| 被灾日期 | 30年5月3日 | 被灾地点 | 中二路分驻所 | 房屋被炸或震毁 | 炸毁 | 原支薪俸数目 | 40 | 有无同居眷属 | 无 |

右〈上〉开物品,确系因空袭被毁,谨报告

分局长李　转呈

局长唐　核转

市长吴

　　　　　　　　　　　　　填报人　一等警士　胡桂林

　　　　　　　　　　　　　　　　　三十年五月四日

14) 重庆市政府警察局第七分局中二路分驻所员警差役空袭损失私物报告表

物品名称	品质	数量	损失程度	原价	购买年月	备考
中山服	芝麻色布	1套	炸毁	40	30年2月	
衬衣	白府绸	2件	炸毁	33	30年3月	
呢帽	灰色	1顶	炸毁	15	29年10月	
皮鞋	黑色	1双	炸毁	40	30年1月	

续表

物品名称	品质	数量	损失程度	原价	购买年月	备考
袜子	麻纱	2双	炸毁	10.8	30年3月	
脸盆	洋磁	1个	炸毁	18	29年11月	
				156.8		
被灾日期	5月3日	被灾地点	川东师范门口分驻所	房屋被炸或震毁	被炸	原支薪俸数目	40	有无同居眷属	妻一

右〈上〉开物品,确系因空袭被毁,谨报告

分局长李　转呈

局长唐　核转

市长吴

　　　　　　　　　　　　　　　　　填报人　一等警士　易志坚

　　　　　　　　　　　　　　　　　三十年五月四日

15)重庆市政府警察局第七分局中二路分驻所员警差役空袭损失私物报告表

物品名称	品质	数量	损失程度	原价	购买年月	备考
中山服	芝麻呢	1套	炸毁	50	30年3月	
毯子	白市布	1床	炸毁	25	30年1月	
长衫	兰〔蓝〕布	1件	炸毁	32	30年2月	
力士鞋	布	1双	炸毁	10	30年3月	
被盖	布棉絮	1床	炸毁	46	29年10月	
合计				203		
被灾日期	5月3日	被灾地点	川东师范门口	房屋被炸或震毁	被炸	原支薪俸数目	40元	有无同居眷属	无

右〈上〉开物品,确系因空袭被毁,谨报告

分局长李　转呈

局长唐　核转

市长吴

　　　　　　　　　　　　　　　　　　　一等警士　唐庭祯

　　　　　　　　　　　　　　　　　　　三十年五月四日

16）重庆市政府警察局第七分局中二路分驻所员警差役空袭损失私物报告表

物品名称	品质	数量	损失程度	原价	购买年月	备考
中山服	芝麻呢	1套	炸毁	45	30年2月	
长衫	兰〔蓝〕布	1件	炸毁	30	30年2月	
汗中衣	白布	1套	炸毁	32	30年1月	
合计				107		
被灾日期	5月3日	被灾地点	川东师范门口	房屋被炸或震毁	被炸	原支薪俸数目	38元	有无同居眷属	无

右〈上〉开物品，确系因空袭被毁，谨报告

分局长李　转呈

局长唐　核转

市长吴

三等警士　石炳胜

三十年五月四日

17）重庆市政府警察局第七分局中二路分驻所员警差役空袭损失私物报告表

物品名称	品质	数量	损失程度	原价	购买年月	备考
中山服	中山呢	1套	炸毁	40	30年1月	
内衣	白布	1件	炸毁	11	30年2月	
短裤	黄布	2条	炸毁	16	30年3月	
力士鞋	布	1双	炸毁	6	30年4月	
袜子	线	2双	炸毁	5	30年3月	
合计				78		
被灾日期	5月3日	被灾地点	川东师范门口	房屋被炸或震毁	被炸	原支薪俸数目	38元	有无同居眷属	无

右〈上〉开物品，确系因空袭被毁，谨报告

分局长李　转呈

局长唐　核转

市长吴

一等警士　邱少林

三十年五月四日

18)重庆市政府警察局第七分局中二路分驻所员警差役空袭损失私物报告表

物品名称	品质	数量	损失程度	原价	购买年月	备考
青制服	卡机〔叽〕	1套		50	29年12月	
白衬衣	洋布	1件		10	29年7月	
黄短裤	卡机〔叽〕	1件		6	30年4月	
合计				66		
被灾日期	5月3日	被灾地点	川东师范门口	房屋被炸或震毁	被炸	原支薪俸数目	40	有无同居眷属	无

右〈上〉开物品,确系因空袭被毁,谨报告

分局长李　转呈

局长唐　核转

市长吴

　　　　　　　　　　　　　　填报人　塞镇华

　　　　　　　　　　　　　　三十年五月四日

19)重庆市政府警察局第七分局中二路分驻所员警差役空袭损失私物报告表

物品名称	品质	数量	损失程度	原价	购买年月	备考
内衣	府绸	1件	炸毁	20	30年2月	
力士鞋	直贡呢	1双	炸毁	18	30年2月	
夹裤	青布	1条	炸毁	20	30年1月	
长衫	灰布	1件	炸毁	34	30年1月	
袜子	线	2双	炸毁	6	30年2月	
合计				98		
被灾日期	3〔5〕月3日	被灾地点	川东师范门口	房屋被炸或震毁	被炸	原支薪俸数目	38元	有无同居眷属	无

右〈上〉开物品,确系因空袭被毁,谨报告

分局长李　转呈

局长唐　核转

市长吴

　　　　　　　　　　　　　　二等警士　梁正国

　　　　　　　　　　　　　　三十年五月四日

20）重庆市政府警察局第七分局中二路分驻所员警差役空袭损失私物报告表

物品名称	品质	数量	损失程度	原价	购买年月	备考
中山下装	芝麻色	1件	炸毁	14	29年8月	
青制服	哈机〔叽〕	1套	炸毁	34	29年4月	
青操鞋	哔机〔叽〕	1双	炸毁	16	29年12月	
面巾	白色	1件	炸毁	3.5	30年3月	
医师开业书	白洋纸	1本	炸毁	1.8	29年10月	
合计				69.3		
被灾日期	5月3日	被灾地点	川东师范门口	房屋被炸或震毁	被炸	原支薪俸数目	38	有无同居眷属	无

右〈上〉开物品,确系因空袭被毁,谨报告

分局长李　转呈

局长唐　核转

市长吴

　　　　　　　　　　　　　填报人　二等警士　丁宁

　　　　　　　　　　　　　　　　三十年五月四日

21）重庆市政府警察局第七分局中二路分驻所员警差役空袭损失私物报告表

物品名称	品质	数量	损失程度	原价	购买年月	备考
中山服	草绿	1套	炸毁	39	29年9月	
中山服	芝麻呢	1件	炸毁	11	29年9月	
短裤	市布	1件	炸毁	4	30年2月	
毛巾	白色	1条	炸毁	3	30年3月	
牙刷	双手	1把	炸毁	2	30年3月	
袜子	纱织	两双	炸毁	7	30年2月	
合计				70〔66〕		
被灾日期	30年5月3日	被灾地点	中二路分驻所	房屋被炸或震毁	炸毁	原支薪俸数目	二等警士38	有无同居眷属	无

右〈上〉开物品,确系因空袭被毁,谨报告

分局长李　转呈

局长唐　核转

市长吴

　　　　　　　　　　　　　填报人　二等警士　王奇昌

　　　　　　　　　　　　　　　　三十年五月四日

22）重庆市政府警察局第七分局中二路分驻所员警差役空袭损失私物报告表

物品名称	品质	数量	损失程度	原价	购买年月	备考
中山服	草绿	1件	炸毁	11	28年9月	
中山服	芝麻呢	1件	炸毁	17	30年1月	
衬衣	市布	1件	炸毁	16	30年1月	
长衫	阴丹士林	1件	炸毁	25	29年6月	
鞋子	帆布	1双	炸毁	9	30年1月	
漱口盂	洋磁	1个	炸毁	4	30年2月	
合计				82		
被灾日期	5月3日	被灾地点	川东师范门口	房屋被炸或震毁	被炸	原支薪俸数目	38	有无同居眷属	无

右〈上〉开物品，确系因空袭被毁，谨报告

分局长李　转呈

局长唐　核转

市长吴

　　　　　　　　　　　　　　　　　　　　二等警士　耿维新

　　　　　　　　　　　　　　　　　　　　三十年五月四日

23）重庆市政府警察局第七分局中二路分驻所员警差役空袭损失私物报告表

物品名称	品质	数量	损失程度	原价	购买年月	备考
衬衫	白布	1件	炸毁	17	30年4月	
中山服	芝麻呢	1套	炸毁	36	30年2月	
合计				53		
被灾日期	5月3日	被灾地点	川东师范门口	房屋被炸或震毁	被炸	原支薪俸数目	36元	有无同居眷属	无

右〈上〉开物品，确系因空袭被毁，谨报告

分局长李　转呈

局长唐　核转

市长吴

　　　　　　　　　　　　　　　　　　　　三等警士　邱生荣

　　　　　　　　　　　　　　　　　　　　三十年五月四日

24）重庆市政府警察局第七分局中二路分驻所员警差役空袭损失私物报告表

物品名称	品质	数量	损失程度	原价	购买年月	备考
长衫	兰〔蓝〕布	2件	炸毁	76	29年12月	
内衣	府绸	1件	炸毁	34	30年3月	
中山下装	中山呢	1条	炸毁	29	30年3月	
皮鞋	港皮	1双	炸毁	60	30年1月	
球鞋	直贡呢	1双	炸毁	28	30年2月	
合计				217		
被灾日期	5月3日	被灾地点	川东师范门口	房屋被炸或震毁	被炸	原支薪俸数目	36元	有无同居眷属	无

右〈上〉开物品,确系因空袭被毁,谨报告

分局长李　转呈

局长唐　核转

市长吴

　　　　　　　　　　　　　　　　　　　三等警士　毛国模

　　　　　　　　　　　　　　　　　　　三十年五月四日

25）重庆市政府警察局第七分局中二路分驻所员警差役空袭损失私物报告表

物品名称	品质	数量	损失程度	原价	购买年月	备考
中山服	帆布	1套	炸毁	30	30年5月	
中山服	丝哈叽	1套	炸毁	35	27年8月	
短裤	草绿	1件	炸毁	9	30年1月	
鞋子	毛线呢	两双	炸毁	23	30年1月	
衬衣	白市布	1件	炸毁	12	30年2月	
面巾	白色	1条	炸毁	3	30年3月	
合计				113		
被灾日期	5月3日	被灾地点	川东师范门口	房屋被炸或震毁	被炸	原支薪俸数目	36	有无同居眷属	无

右〈上〉开物品,确系因空袭被炸毁,谨报告

分局长李　转呈

局长唐　核转

市长吴

　　　　　　　　　　　　　　　　　　　三等警士　萧桂林

　　　　　　　　　　　　　　　　　　　三十年五月四日

26)重庆市政府警察局第七分局中二路分驻所员警差役空袭损失私物报告表

物品名称	品质	数量	损失程度	原价	购买年月	备考
衬衫	白布	1件	炸毁	19	30年1月	
力士鞋	布	1双	炸毁	7	30年1月	
袜子	线	2双	炸毁	7	30年1月	
合计				33		
被灾日期	5月3日	被灾地点	被炸	房屋被炸或震毁	被炸	原支薪俸数目 36元	有无同居眷属	无

右(上)开物品,确系因空袭被毁,谨报告

分局长李　转呈

局长唐　核转

市长吴

　　　　　　　　　　　填报人　三等警士　王义方

　　　　　　　　　　　三十年五月四日

27)重庆市政府警察局第七分局中二路分驻所员警差役空袭损失私物报告表

物品名称	品质	数量	损失程度	原价	购买年月	备考
长衫	兰〔蓝〕布	1件	炸毁	28	29年12月	
夹裤	青布	1件	炸毁	22	29年7月	
面巾	棉	1张	炸毁	2.5	30年4月	
合计				52.5		
被灾日期	5月3日	被灾地点	川东师范门口	房屋被炸或震毁	被炸	原支薪俸数目 36元	有无同居眷属	无

右(上)开物品,确系因空袭被毁,谨报告

分局长李　转呈

局长唐　核转

市长吴

　　　　　　　　　　　填报人　三等警士　周英

　　　　　　　　　　　三十年五月四日

28）重庆市政府警察局第七分局中二路分驻所员警差役空袭损失私物报告表

物品名称	品质	数量	损失程度	原价	购买年月	备考
被盖	白布棉絮	1床	炸毁	54	29年11月	
中山服	哔叽	1套	炸毁	38	30年1月	
中山服	芝麻呢	1套	炸毁	42	30年1月	
皮鞋	厂皮	1双	炸毁	44	30年1月	
衬衣	标准布	2件	炸毁	30	30年2月	
跑鞋	布	1双	炸毁	12	30年4月	
合计				220		
被灾日期	5月3日	被灾地点	川东师范门口	房屋被炸或震毁	被炸	原支薪俸数目	30元	有无同居眷属	无

右〈上〉开物品,确系因空袭被毁,谨报告

分局长李　转呈

局长唐　核转

市长吴

　　　　　　　　　　　　　　　填报人　公差　李治邦

　　　　　　　　　　　　　　　　　　三十年五月五日

29）重庆市政府警察局第七分局中二路分驻所员警差役空袭损失私物报告表

物品名称	品质	数量	损失程度	原价	购买年月	备考
夹衫		1件	炸毁	40	29年12月	
汗中衣		1套	炸毁	30	29年11月	
合计				70		
被灾日期	5月3日	被灾地点	川东师范门口	房屋被炸或震毁	被炸	原支薪俸数目	30元	有无同居眷属	无

右〈上〉开物品,确系因空袭被毁,谨报告

分局长李　转呈

局长唐　核转

市长吴

　　　　　　　　　　　　　　　　　水伕　梅起山

　　　　　　　　　　　　　　　　　三十年五月四日

30）重庆市政府警察局第七分局中二路分驻所员警差役空袭损失私物报告表

物品名称	品质	数量	损失程度	原价	购买年月	备考
短棉服	青布	1套	炸毁	58	29年5月	
背心	线	1件	炸毁	12	29年5月	
合计				70		
被灾日期	5月3日	被灾地点	川东师范门口	房屋被炸或震毁	被炸	原支薪俸数目	30元	有无同居眷属	无

右〈上〉开物品，确系因空袭被毁，谨报告

分局长李　转呈

局长唐　核转

市长吴

填报人　伙伕　韩其贵

三十年五月四日

31）重庆市政府警察局第七分局中二路分驻所员警差役空袭损失私物报告表

物品名称	品质	数量	损失程度	原价	购买年月	备考
中山服	灰哈叽	1套	炸毁	25	30年1月	
衬衣	白市布	1件	炸毁	16	30年3月	
合计				41		
被灾日期	30年5月3日	被灾地点	中二路分驻所	房屋被炸或震毁	炸毁	原支薪俸数目	40元	有无同居眷属	无

右〈上〉开物品，确系因空袭被毁，谨报告

分局长李　转呈

局长唐　核转

市长吴

一等警士　张家林

三十年五月　日

32）重庆市政府警察局第七分局中二路分驻所员警差役空袭损失私物报告表

物品名称	品质	数量	损失程度	原价	购买年月	备考
长衫	英丹布	1件	炸毁	34	30年3月	
中山服	芝麻呢	1套	炸毁	50	29年12月	

续表

物品名称	品质	数量	损失程度	原价	购买年月	备考
袜子	线	1双	炸毁	5	30年3月	
鞋子	布	1双	炸毁	5	30年4月	
合计				94		
被灾日期	5月3日	被灾地点	川东师范门口	房屋被炸或震毁	炸毁	原支薪俸数目	38元	有无同居眷属	无

右〈上〉开物品,确系因空袭被毁,谨报告

分局长李　转呈

局长唐　核转

市长吴

　　　　　　　　　　　填报人　二等警士　徐全

　　　　　　　　　　　三十年五月五日

33）重庆市政府警察局第七分局中二路分驻所员警差役空袭损失私物报告表

物品名称	品质	数量	损失程度	原价	购买年月	备考
皮鞋	皮	1双	炸毁	50	29年10月	
制服	草黄	1套	炸毁	34	29年11月	
合计				84		
被灾日期	5月3日	被灾地点	川东师范门口	房屋被炸或震毁	炸毁	原支薪俸数目	36元	有无同居眷属	无

右〈上〉开物品,确系因空袭被毁,谨报告

分局长李　转呈

局长唐　核转

市长吴

　　　　　　　　　　　填报人　三等警士　韦顺中

　　　　　　　　　　　三十年五月五日

34）重庆市政府警察局第七分局中二路分驻所员警差役空袭损失私物报告表

物品名称	品质	数量	损失程度	原价	购买年月	备考
长衫	蓝布	1件	炸毁	34	30年2月	
制服	青哈吱〔叽〕	1套	炸毁	40	30年2月	

续表

物品名称	品质	数量	损失程度	原价	购买年月	备考
合计				74		
被灾日期	5月3日	被灾地点	川东师范门口	房屋被炸或震毁	炸毁	原支薪俸数目	36元	有无同居眷属	有

右〈上〉开物品,确系因空袭被毁,谨报告

分局长李　转呈

局长唐　核转

市长吴

　　　　　　　　　　　　　　填报人　三等警士　陈占元

　　　　　　　　　　　　　　　　　　三十年五月五日

35）重庆市政府警察局第七分局中二路分驻所员警差役空袭损失私物报告表

物品名称	品质	数量	损失程度	原价	购买年月	备考
衬衣	白府绸	1件	炸毁	16.6	30年4月5日	
短裤	白哈吱〔叽〕	1条	炸毁	3.8	30年4月5日	
中山服	青哈吱〔叽〕	1套	炸毁	24	29年3月	
牙膏		1瓶	炸毁	1.9	30年4月5日	
合计				46		
被灾日期	5月3日	被灾地点	川东师范门口	房屋被炸或震毁	炸毁	原支薪俸数目	36元	有无同居眷属	无

右〈上〉开物品,确系因空袭被毁,谨报告

分局长李　转呈

局长唐　核转

市长吴

　　　　　　　　　　　　　　填报人　三等警士　刘德玺

　　　　　　　　　　　　　　　　　　三十年五月五日

36）重庆市政府警察局第七分局中二路分驻所员警差役空袭损失私物报告表

物品名称	品质	数量	损失程度	原价	购买年月	备考
被盖	棉布	1床	炸毁	50	29年12月	
长衫	蓝布	1件	炸毁	34	30年3月	
合计				84		

续表

被灾日期	5月3日	被灾地点	川东师范门口	房屋被炸或震毁	炸毁	原支薪俸数目	36元	有无同居眷属	无

右〈上〉开物品,确系因空袭被毁,谨报告

分局长李　转呈

局长唐　核转

市长吴

　　　　　　　　　　　　　　　　　　　填报人　三等警士　代海波

　　　　　　　　　　　　　　　　　　　　　　　　三十年五月五日

37)重庆市政府警察局第七分局中二路分驻所员警差役空袭损失私物报告表

物品名称	品质	数量	损失程度	原价	购买年月	备考
毡子	白线织	1床	炸毁	30	29年11月	
中山服	青哈机〔叽〕	1套	炸毁	40	30年2月	
长衫	安安布	1件	炸毁	30	30年1月	
合计				100		

被灾日期	5月3日	被灾地点	川东师范门口	房屋被炸或震毁	被炸	原支薪俸数目	36元	有无同居眷属	无

右〈上〉开物品,确系因空袭被毁,谨报告

分局长李　转呈

局长唐　核转

市长吴

　　　　　　　　　　　　　　　　　　　填报人　三等警士　何济先

　　　　　　　　　　　　　　　　　　　　　　　　三十年五月五日

38)重庆市政府警察局总务科员警差役空袭损失私物报告表

物品名称	品质	数量	损失程度	原价	购买年月	备考
红缎面被盖		1床	完全炸毁	95	29年2月	
棉絮		1床	完全炸毁	12	28年9月	
被单		1床	完全炸毁	16	28年3月	
青洋哔叽中山服		1套	完全炸毁	21	28年2月	
青粗毛哔叽中山服		1套	完全炸毁	250	30年2月	

续表

物品名称	品质	数量	损失程度	原价	购买年月	备考
青呢中山服		1套	完全炸毁	16	27年8月	
青呢大衣		1件	完全炸毁	260	29年9月	
草绿毛哔叽中山服		1套	完全炸毁	54	28年5月	
黄哈机〔叽〕制服		1套	完全炸毁	47	29年6月	
白市布腰裤		1件	完全炸毁	4	30年4月	
条子府绸衬衣		2件	完全炸毁	56	30年4月	
毛线衣		1件	完全炸毁	72	29年8月	
枕头		1对	完全炸毁	6	28年1月	
袜子		2双	完全炸毁	7	30年4月	每双3.5元，合计如上〈左〉数
皮箱		1口	完全炸毁	26	29年5月	
合计				942		

被灾日期	30年5月3日	被灾地点	审讯处空坝	房屋被炸或震毁		原支薪俸数目		有无同居眷属	

右〈上〉开物品，确系因空袭被毁，谨报告

科员顾

科长刘　转呈

局长唐　核转

市长吴

　　　　　　　　　　　填报人　收发室雇员　王刚毅
　　　　　　　　　　　三十年五月三日

39）重庆市政府警察局局长室员警差役空袭损失私物报告表

物品名称	品质	数量	损失程度	原价	购买年月	备考
中山服	毛质	1套	炸飞〔毁〕	150	29年3月	
衬衣	布质	2套	炸飞〔毁〕	22	29年3月	
皮鞋	汉皮	1双	炸飞〔毁〕	49	29年7月	
磁碗	江西磁	1个	炸飞〔毁〕	4	30年1月	
拖鞋	棕质	1双	炸飞〔毁〕	3	30年1月	
草帽	草毛	1顶	炸飞〔毁〕	26	29年7月	

续表

物品名称	品质	数量	损失程度	原价	购买年月	备考
漱口钟〔盅〕	磁质	1个	炸飞〔毁〕	2.5	30年2月	
牙刷	骨质	1把	炸飞〔毁〕	5	30年4月	
牙膏	黑人	1瓶	炸飞〔毁〕	2.8	30年4月	
毛巾	棉质	1张	炸飞〔毁〕	3	30年4月	
合计				267.9		
被灾日期	30年5月3日	被灾地点	保安路警总局	房屋被炸或震毁	被炸	原支薪俸数目	114元	有无同居眷属	无

右〈上〉开物品,确系因空袭被毁,谨报告

科长刘　转呈

局长唐　核转

市长吴

　　　　　　　　　　　　填报人　科员　陈毅良

　　　　　　　　　　　　三十年五月三日

40)重庆市政府警察局总务科员警差役空袭损失私物报告表

物品名称	品质	数量	损失程度	原价	购买年月	备考
青毛哔叽中山服		1套	完全炸飞〔毁〕	250	29年8月	
草绿色中山服		1套	完全炸飞〔毁〕	56	29年6月	
蓝哈叽中山服		1套	完全炸飞〔毁〕	25	29年7月	
呢大衣		1件	完全炸飞〔毁〕	230	29年10月	
白府绸衬衫		2件	完全炸飞〔毁〕	38	30年2月	每件19元合计于上数
白摇裤		3根	完全炸飞〔毁〕	18	30年4月	每根6元合计于上数
蓝摇裤		2根	完全炸飞〔毁〕	5	29年9月	每根2.5元合计于上数
真毛线汗衣		1件	完全炸飞〔毁〕	65	29年8月	
真毛线中衣		1根	完全炸飞〔毁〕	53	29年8月	
呢帽		1顶	完全炸飞〔毁〕	48	29年9月	
蓝布长衫		2件	完全炸飞〔毁〕	56	29年1月	每件28元合计于上数

续表

物品名称	品质	数量	损失程度	原价	购买年月	备考
中式汗衣		2件	完全炸飞〔毁〕	25	29年1月	每件12.5元合计于上数
中式小衣		2根	完全炸飞〔毁〕	18	29年1月	每根9元合计于上数
丝绵绣缎被盖		1床	完全炸毁	127	29年2月	
棉絮		1床	完全炸毁	10	29年11月	
毛毯		1床	完全炸毁	56	28年12月	
油绸		1床	完全炸毁	21	29年10月	
洋枕		2个	完全炸毁	9	28年11月	每个4.5元合计于上数
洋袜		4双	完全炸毁	16	29年12月	每双4元合计于上数
皮箱		1口	完全炸毁	46	29年6月	
洋瓷面盆		1个	完全炸毁	39	29年4月	
合计				1211元		
被灾日期	30年5月3日	被灾地点	收发室及审讯处	房屋被炸或震毁	被炸	原支薪俸数目 98元	有无同居眷属

右〈上〉开物品,确系因空袭被毁,谨报告

科长刘　转呈

局长唐　核转

市长吴

收发室科员　顾明远
三十年五月三日

41)重庆市政府警察局秘书室员警差役空袭损失私物报告表

物品名称	品质	数量	损失程度	原价	购买年月	备考
黄制服	哈叽	2套	炸毁	70	29年4月	单价35元
衬衫	府绸	2件	炸毁	32	29年4月	单价16元
青制服	布质	1套	炸毁	50	30年1月	
洗面盆	磁质	1个	炸毁	25	29年2月	
漱口盂	磁质	1个	炸毁	80	29年3月	

续表

物品名称	品质	数量	损失程度	原价	购买年月	备考
牙刷	骨质	1把	炸毁	3	30年4月	
牙膏		1瓶	炸毁	2.8	30年4月	
面巾	棉质	1张	炸毁	4	30年4月	
考克帽	绒质	1顶	炸毁	25	29年2月	
皮鞋	汉皮	1双	炸毁	60	30年4月	
布鞋	布质	1双	炸毁	15	30年2月	
袜子	线质	2双	炸毁	7	30年2月	单价3.5元
合计				373		
被灾日期	30年5月3日	被灾地点	保安路警总局	房屋被炸或震毁	炸毁	原支薪俸数目	74元	有无同居眷属	无

右〈上〉开物品,确系因空袭被毁,谨报告

科长　转呈

局长唐　核转

市长吴

服务员　叶湛渊

三十年五月三日

42）重庆市政府警察局总务科员警差役空袭损失私物报告表

物品名称	品质	数量	损失程度	原价	购买年月	备考
被盖	棉质	1床	炸飞〔毁〕	64	30年3月	
棉衣	棉质	1套	炸飞〔毁〕	45	30年3月	
衬衣	棉质	2件	炸飞〔毁〕	50		
制服	棉质	2套	炸飞〔毁〕	75		
毛巾		1张	炸飞〔毁〕	4		
合计				237		
被灾日期	5月3日	被灾地点	警察局总务科	房屋被炸或震毁	被炸	原支薪俸数目	30元	有无同居眷属	无

右〈上〉开物品,确系因空袭被毁,谨报告

主任李

科长刘　转呈

局长唐　核转

市长吴

填报人　李宗河

三十年五月三日

43）重庆市政府警察局秘书室员警差役空袭损失私物报告表

物品名称	品质	数量	损失程度	原价	购买年月	备考
脸帕	棉质	1张	炸飞	2.8	30年1月	
漱口盅	磁	1个	炸飞	2.5	29年11月	
短裤	布质	1条	炸飞	7	30年2月	
袜子	丝棉〔绵〕	各1双	炸飞	12	29年12月	
皮鞋	汉皮	1双	炸飞	65	29年10月	
衬衫	府绸	1件	炸飞	23	30年2月	
玻璃钟		2个	炸飞	3	29年10月	
菜饭碗	磁	2个	炸飞	4.5	29年10月	
牙刷牙膏		各1	炸飞	7.8	30年2月	
青制服	呢质	1套	炸飞	120	29年11月	
合计				247.6		
被灾日期	30年5月3日	被灾地点	保安路警总局	房屋被炸或震毁	被炸	原支薪俸数目	106元	有无同居眷属	无

右〈上〉开物品，确系因空袭被毁，谨报告

科长刘　转呈

局长唐　核转

市长吴

秘书室科员　宁公伯

三十年五月三日

44）重庆市政府警察局总务科监印室员警差役空袭损失私物报告表

物品名称	品质	数量	损失程度	原价	购买年月	备考
布长衫	蓝布	2件	炸飞〔毁〕	46	29年9月	
青制服	哈叽	2套	炸飞〔毁〕	60	29年4月	
草绿色下装	哈叽	1条	炸飞〔毁〕	18	29年4月	
皮鞋	厂布	1双	炸飞〔毁〕	36	30年2月	
夹裤	贡呢	1条	炸飞〔毁〕	26	29年3月	
汗衣	白布	2件	炸飞〔毁〕	20	29年3月	
被盖	白布	1床	炸滥〔烂〕	36	29年3月	
合计				242		

续表

| 被灾日期 | 30年5月3日 | 被灾地点 | 保安路警总局 | 房屋被炸或震毁 | 被炸 | 原支薪俸数目 | 46元 | 有无同居眷属 | 无 |

右〈上〉开物品,确系因空袭被毁,谨报告

科长刘　转呈

局长唐　核转

市长吴

　　　　　　　　　　　　　　　　　　监印室印工　罗士华

　　　　　　　　　　　　　　　　　　三十年五月三日

45)重庆市政府警察局总务科监印室员警差役空袭损失私物报告表

物品名称	品质	数量	损失程度	原价	购买年月	备考
汗衣	白布	2件	炸飞〔毁〕	20	29年9月	单价10元
制服	哈叽	2套	炸飞〔毁〕	60	29年9月	单价30元
皮鞋	厂皮	1双	炸飞〔毁〕	34	30年1月	
长衫	蓝布	2件	炸飞〔毁〕	44	29年2月	单价22元
小衣	青布	2件	炸飞〔毁〕	28	29年2月	单价9元
合计				186		
被灾日期 30年5月3日	被灾地点	保安路警总局	房屋被炸或震毁	炸毁	原支薪俸数目	42元	有无同居眷属	无

右〈上〉开物品,确系因空袭被毁,谨报告

科长刘　转呈

局长唐　核转

市长吴

　　　　　　　　　　　　　　　　总务科监印室印工　罗成品

　　　　　　　　　　　　　　　　三十年五月三日

46)重庆市政府警察局总务科员警差役空袭损失私物报告表

物品名称	品质	数量	损失程度	原价	购买年月	备考
市布锦面被盖		1床	完全炸毁	68	29年11月	
毯子		1床	完全炸毁	36	30年1月	
青哈机〔叽〕制服		2套	完全炸毁	68	29年8月	
灰哈机〔叽〕制服		1套	完全炸毁	44	30年2月	

续表

物品名称	品质	数量	损失程度	原价	购买年月	备考
洗脸帕		1张	完全炸毁	4	30年4月	
市布枕头		2个	完全炸毁	12	29年8月	
青袜子		3双	完全炸毁	12	30年2月	
市布衬衣		2件	完全炸毁	40	30年2月	
毛线背心		1件	完全炸毁	42	30年1月	
毛线裤		1件	完全炸毁	42	30年1月	
白摇裤		2条	完全炸毁	16	29年3月	
合计				384		
被灾日期	30年5月3日	被灾地点	市警察局收发室	房屋被炸或震毁	全毁	原支薪俸数目	42元	有无同居眷属	

右〈上〉开物品,确系因空袭被毁,谨报告

科员顾　转呈

局长唐　核转

市长吴

　　　　　　　　　　　　收发室文书警长　樊嘉猷

　　　　　　　　　　　　　　　　三十年五月五日

47)重庆市政府警察局总务科员警差役空袭损失私物报告表

物品名称	品质	数量	损失程度	原价	购买年月	备考
阴单布长衫		2件	完全炸毁	75	29年4月	
青卡机〔叽〕甲衫		1件	完全炸毁	50	29年6月	
阴单女旗袍		1件	完全炸毁	32	30年1月	
青布女旗袍		1件	完全炸毁	28	29年9月	
阴单女短衫		1套	完全炸毁	32	30年3月	
白包单锦面被盖		1床	完全炸毁	60	29年10月	
灰湖绉马褂		1件	完全炸毁	20	29年7月	
花布汗衣		1件	完全炸毁	11	30年3月	
合计				308		
被灾日期	5月3日	被灾地点	市警察局收发室	房屋被炸或震毁	炸毁	原支薪俸数目	30元	有无同居眷属	有

续表

右〈上〉开物品，确系因空袭被毁，谨报告	
科员顾　转呈	
局长唐　核转	
市长吴	
	收发室公差　赵汉章
	三十年五月三日

48）重庆市政府警察局总务科文书股员警差役空袭损失私物报告表

物品名称	品质	数量	损失程度	原价	购买年月	备考
被盖	棉质	1床	炸飞〔毁〕	40	30年2月	
棉衣	棉质	1套	炸飞〔毁〕	45	30年2月	
衬衣	棉质	1件	炸飞〔毁〕	25	30年2月	
牙刷		1把	炸飞〔毁〕	1.2	30年4月	
牙膏		1瓶	炸飞〔毁〕	1.8	30年4月	
毛巾		1根	炸飞〔毁〕	6	30年4月	
鞋子		1双	炸飞〔毁〕	14	30年4月	
合计				133		
被灾日期	5月3日	被灾地点	警察局总务科	房屋被炸或震毁	被炸	原支薪俸数目	30元	有无同居眷属	无

右〈上〉开物品，确系因空袭被毁，谨报告

主任李
科长刘　转呈
局长唐　核转
市长吴

　　　　　　　　　　　　　　　　　　唐德甫
　　　　　　　　　　　　　　　　三十年五月三日

（0061—15—3079上）

22. 重庆市警察局第八分局为报1941年5月9日员役空袭损失呈市警察局文（1941年5月11日）

案据李子坝派出所巡官陈淦斌五月十日呈称："查本月九日敌机袭渝，本所屋顶瓦桷及墙壁等均被炸弹震毁及飞石泥丸击坏,损失公物除另案呈报外,理合检同员警伕役私物损失报告表2份备文呈报鉴核,转请发给抚助费"。等情。附呈损失私物报告表2份,据此,理合连同报告表2份据情报请鉴核备转。

谨呈

局长　唐

　　　　　　　　　　　　　　　　　分局长　陆坚如

1）重庆市政府警察局第八分局员役空袭损失私物报告表

物品名称	品质	数量	损失程度	原价	购买年月	备考
青制服	布	1套	炸毁	50	30年1月	
礼帽	呢	1顶	炸毁	50	29年11月	
镜子		1把	炸破	5	29年11月	
被单	布	1床	炸破	20	29年10月	
茶壶	瓷	1把	炸破	7	30年4月	
合计				132		
被灾日期	30年5月9日	被灾地点	李子坝派出所	房屋被炸或震塌	炸毁	原支薪俸数目	120元	有无同居眷属	有

右〈上〉开物品,确系因空袭被毁,谨报告

分局长陆坚如　转呈

局长　转呈

市长吴

　　　　　　　　　　　　　填报人　巡官　陈淦斌

2）重庆市政府警察局第八分局员役空袭损失私物报告表

物品名称	品质	数量	损失程度	原价	购买年月	备考
被毯	线	1床	炸毁	28	29年1月	
玻璃杯		2个	炸毁	4	30年3月	
镜子		1把	炸毁	3	30年4月	
府绸衬衣	绸	2件	炸没	36	29年5月	
士〔土〕布短裤	布	2条	炸没	6	29年5月	

续表

物品名称	品质	数量	损失程度	原价	购买年月	备考
肥皂		1块	炸没	4.5	30年4月	
牙刷		1把	炸没			
合计				81.5		
被灾日期	30年5月9日	被灾地点	李子坝派出所	房屋被炸或震塌	震毁	原支薪俸数目	80元	有无同居眷属	有

右〈上〉开物品,确系因空袭被毁,谨报告

分局长陆坚如　转呈

局长　转呈

市长吴

填报人　雇员　张一鸣

3) 重庆市政府警察局第八分局员役空袭损失私物报告表

物品名称	品质	数量	损失程度	原价	购买年月	备考
洗脸盆	瓷	1个	全坏	25	29年10月	
皮鞋		1双	击破	46	30年2月	
合计				71		
被灾日期	30年5月9日	被灾地点	李子坝派出所	房屋被炸或震毁	震毁	原支薪俸数目	50元	有无同居眷属	无

右〈上〉开物品,确系因空袭被毁,谨报告

分局长陆坚如　转呈

局长　转呈

市长吴

填报人　一等警长　杨华

4) 重庆市政府警察局第八分局员役空袭损失私物报告表

物品名称	品质	数量	损失程度	原价	购买年月	备考
青哗叽制服	毛	1套	炸破	56	28年9月	
黄制服	布	1套	炸破	15	28年5月	
皮鞋		1双	炸破	20	29年7月	
合计				91		

续表

被灾日期	30年5月9日	被灾地点	李子坝派出所	房屋被炸或震毁	震毁	原支薪俸数目	42元	有无同居眷属	无
右〈上〉开物品,确系因空袭被毁,谨报告									
分局长陆坚如 转呈									
局长 转呈									
市长吴									
填报人 三等警长 王伟									

5) 重庆市政府警察局第八分局员役空袭损失私物报告表

物品名称	品质	数量	损失程度	原价	购买年月	备考
线毯	线	1床	炸破	51	29年11月	该警系户籍生
白布衬衣	布	1件	炸破	18	30年3月	
合计				69		

被灾日期	30年5月9日	被灾地点	李子坝派出所	房屋被炸或震毁	震毁	原支薪俸数目	39元	有无同居眷属	无
右〈上〉开物品,确系因空袭被毁,谨报告									
分局长陆坚如 转呈									
局长 转呈									
市长吴									
填报人 二等警士 张仕杰									

6) 重庆市政府警察局第八分局员役空袭损失私物报告表

物品名称	品质	数量	损失程度	原价	购买年月	备考
白衬衣	布	2件	炸破	40	30年3月	
卧单	白布	1床	炸破	27	30年4月	
合计				67		

被灾日期	30年5月9日	被灾地点	李子坝派出所	房屋被炸或震毁	震毁	原支薪俸数目	38元	有无同居眷属	有

续表

右〈上〉开物品,确系因空袭被毁,谨报告
分局长陆坚如　转呈
局长　转呈
市长吴
填报人　二等警士　黄志臣

7)重庆市政府警察局第八分局员役空袭损失私物报告表

物品名称	品质	数量	损失程度	原价	购买年月	备考
帆布鞋	布	1双	炸破	7	30年4月	
青制服	布	1套	炸破	36	29年12月	
合计				43		
被灾日期	30年5月9日	被灾地点	李子坝派出所	房屋被炸或震塌	震毁	原支薪俸数目	36元	有无同居眷属	无

右〈上〉开物品,确系因空袭被毁,谨报告

分局长陆坚如　转呈

局长　转呈

市长吴

　　　　　　　　　　　　　　填报人　二等警士　冯耀廷

8)重庆市政府警察局第八分局员役空袭损失私物报告表

物品名称	品质	数量	损失程度	原价	购买年月	备考
被盖	布	1床	击破	60	29年11月	
被单	布	1床	击破	25	30年4月	
合计				53〔85〕		
被灾日期	30年5月9日	被灾地点	李子坝派出所	房屋被炸或震塌	震毁	原支薪俸数目	36元	有无同居眷属	无

右〈上〉开物品,确系因空袭被毁,谨报告

分局长陆坚如　转呈

局长　转呈

市长吴

　　　　　　　　　　　　　　填报人　二等警士　毛自强

9）重庆市政府警察局第八分局员役空袭损失私物报告表

物品名称	品质	数量	损失程度	原价	购买年月	备考
府绸衬衣	布	1件	炸毁	15	29年4月	
涑〔漱〕口盂		1个	炸毁	4.5	29年2月	
青袜子		1双	炸毁	5	30年1月	
鞋子	布	1双	炸毁	6	30年3月	
合计				30.5		
被灾日期	30年5月9日	被灾地点	李子坝派出所	房屋被炸或震毁	震毁	原支薪俸数目 36元	有无同居眷属	无

右〈上〉开物品，确系因空袭被毁，谨报告

分局长陆坚如　转呈

局长　转呈

市长吴

　　　　　　　　　　　　填报人　三等警士　唐智

10）重庆市政府警察局第八分局员役空袭损失私物报告表

物品名称	品质	数量	损失程度	原价	购买年月	备考
洋瓷盆	洋瓷	1个		26	30年24月	
漱口盅	洋瓷	1个		4.5	29年6月	
合计				43		
被灾日期	30年5月9日	被灾地点	李子坝派出所	房屋被炸或震塌	震毁	原支薪俸数目 36元	有无同居眷属	无

右〈上〉开物品，确系因空袭被毁，谨报告

分局长陆坚如　转呈

局长　转呈

市长吴

　　　　　　　　　　　　填报人　三等警士　李振声

11）重庆市政府警察局第八分局员役空袭损失私物报告表

物品名称	品质	数量	损失程度	原价	购买年月	备考
被单	布	1床	击破	21	29年6月	
草席	草	1根	击破	7	30年1月	

一、警察局部分　93

续表

物品名称	品质	数量	损失程度	原价	购买年月	备考
合计				28		
被灾日期	30年5月9日	被灾地点	李子坝派出所	房屋被炸或震毁	震毁	原支薪俸数目	36元	有无同居眷属	无

右〈上〉开物品，确系因空袭被毁，谨报告

分局长陆坚如　转呈

局长　转呈

市长吴

　　　　　　　　　　　　　填报人　三等警士　赵俊

12) 重庆市政府警察局第八分局员役空袭损失私物报告表

物品名称	品质	数量	损失程度	原价	购买年月	备考
白洋布衬衣	布	1套	炸毁	20	30年2月	
布鞋	布	1双	炸毁	6	30年3月	
合计				26		
被灾日期	30年5月9日	被灾地点	李子坝派出所	房屋被炸或震毁	震毁	原支薪俸数目	36元	有无同居眷属	

右〈上〉开物品，确系因空袭被毁，谨报告

分局长陆坚如　转呈

局长　转呈

市长吴

　　　　　　　　　　　　　填报人　二等警士　唐绍清

13) 重庆市政府警察局第八分局员役空袭损失私物报告表

物品名称	品质	数量	损失程度	原价	购买年月	备考
士〔土〕布衬衣	布	1套	炸毁	24	30年3月	
青卡〔咔〕机〔叽〕制服	布	1套	炸毁	40	29年11月	
被盖面子	布	1床	炸毁	20	30年1月	
合计				84		
被灾日期	30年5月9日	被灾地点	李子坝派出所	房屋被炸或震塌	震毁	原支薪俸数目	36元	有无同居眷属	

续表

right: 右〈上〉开物品,确系因空袭被毁,谨报告

分局长陆坚如　转呈

局长　转呈

市长吴

　　　　　　　　　　　　　　　　　　　　填报人　三等警士　潘良奎

14) 重庆市政府警察局第八分局员役空袭损失私物报告表

物品名称	品质	数量	损失程度	原价	购买年月	备考
青制服	布	1套	炸毁	50	30年1月	
礼帽	呢	1顶	炸毁	50	29年11月	
合计				100		

被灾日期	30年5月9日	被灾地点	李子坝派出所	房屋被炸或震塌	震毁	原支薪俸数目	120元	有无同居眷属	

右〈上〉开物品,确系因空袭被毁,谨报告

分局长陆坚如　转呈

局长　转呈

市长吴

　　　　　　　　　　　　　　　　　　　　填报人　三等警士　彭光如

15) 重庆市政府警察局第八分局员役空袭损失私物报告表

物品名称	品质	数量	损失程度	原价	购买年月	备考
被盖	布	1床	击破	50	29年12月	
被毯	毛	1床	击破	30	28年10月	
黄制裤	布	1条	击破	10	28年12月	
合计				80		

被灾日期	30年5月9日	被灾地点	李子坝派出所	房屋被炸或震塌	震毁	原支薪俸数目	36元	有无同居眷属	无

右〈上〉开物品,确系因空袭被毁,谨报告

分局长陆坚如　转呈

局长　转呈

市长吴

　　　　　　　　　　　　　　　　　　　　填报人　三等警士　龙景堂

16) 重庆市政府警察局第八分局员役空袭损失私物报告表

物品名称	品质	数量	损失程度	原价	购买年月	备考
草绿制服	布	1套	炸毁	24	29年6月	
合计				84		
被灾日期	30年5月9日	被灾地点	李子坝派出所	房屋被炸或震塌	震毁	原支薪俸数目	30元	有无同居眷属	有

右〈上〉开物品，确系因空袭被毁，谨报告

分局长陆坚如　转呈

局长　转呈

市长吴

填报人　公差　李才清

17) 重庆市政府警察局第八分局员役空袭损失私物报告表

物品名称	品质	数量	损失程度	原价	购买年月	备考
兰〔蓝〕布短衣服	布	1套	击破	20	30年2月	
脸巾	布	1根	击破	2	30年3月	
合计				22		
被灾日期	30年5月9日	被灾地点	李子坝派出所	房屋被炸或震毁	震毁	原支薪俸数目	30元	有无同居眷属	无

右〈上〉开物品，确系因空袭被毁，谨报告

分局长陆坚如　转呈

局长　转呈

市长吴

填报人　□□　蒲元发

18) 重庆市政府警察局第八分局员役空袭损失私物报告表

物品名称	品质	数量	损失程度	原价	购买年月	备考
蓝布短衣	布	1件	击破	15	29年12月	
青中式裤	布	1条	击破	8	29年7月	
合计				23		
被灾日期	30年5月9日	被灾地点	李子坝派出所	房屋被炸或震塌	震毁	原支薪俸数目	30元	有无同居眷属	无

续表

| 右〈上〉开开物品,确系因空袭被毁,谨报告 |
| 分局长陆坚如　转呈 |
| 局长　转呈 |
| 市长吴 |
| 　　　　　　　　　　　　　　　填报人　伙伕　龚邦提 |

(0061—15—2733—1)

23. 姜若蘅为报1941年5月9日空袭损失给重庆市警察局的签呈(1941年5月17日)

窃职家住本市过街楼沙井湾34号三楼,本月九日敌机轰炸市区,职住室及附近不幸中弹十余枚,房屋被毁,损失惨重,谨将损失物资具报于后,是否有当,理合签请钧长鉴核备查。

　　谨呈

主任刘　转呈

科长梁　核转

局长唐

附呈损失物资表1纸

　　　　　　　　　　　　　　　　　　　　　职　姜若蘅　呈

重庆市政府警察局员警差役空袭损失私物报告表

物品名称	品质	数量	损失程度	原价	购买年月	备考
衣箱	日用衣物	2支〔只〕	被毁	900余元	28年至29年	
家具		全套	被毁	300余元	29年11月	
被盖		2个〔床〕	被毁	100余元	29年7月	
褥子		2个〔床〕	被毁	70余元	29年7月	
俄国绒毡		1个〔床〕	被毁	200余元	29年7月	
手提皮箱		1支〔只〕	被毁	100余元	29年7月	
合计				1670		

续表

| 被灾日期 | 30年5月9日 | 被灾地点 | 本市沙井湾34号 | 房屋被炸或震毁 | 被炸 | 原支薪俸数目 | 98元 | 有无同居眷属 | 有 |

右〈上〉开物品,确系因空袭被毁,谨报告

   转呈

局长唐 核转

市长吴

          填报人 科员 姜若蘅

          三十年五月十一日

(0061—15—2440)

24. 重庆市警察局第十分局为报1941年5月10日员役空袭损失请予救济呈市警察局文(1941年5月12日)

案据本分局刘家台所巡官彭汉文呈称:"据本所三等警士刘心遗报称:警之眷属住居大板桥沟55号,于五月十日被敌机轰炸,房屋全毁,衣物等被炸,损失殆尽,恳祈转请救济等情。理合填具损失报告单、汇报表各一份,报请鉴核"。等情。据此,经查属实,理合检同原单表据情报请钧局核夺。

谨呈

局长唐

附呈损失报告单、汇报表各1份

          分局长 徐○

财产损失报告单

事件:敌机轰炸

日期:三十年五月十日

地点:重庆市刘家台镇大板桥沟第55号

填送日期:三十年五月十一日

损失项目	单位	数量	价值(国币元)
被盖	床	4	240
帐子	床	2	100

续表

损失项目	单位	数量	价值(国币元)
铁锅	口	2	50
大小碗	个	18	9
方木桌	张	2	60
长木凳	根	6	30
小木凳	根	4	12
大小木盆	个	2	12
木床	间	2	70
水桶	挑	1	15
合计		43	598

刘家台分驻所巡官彭汉文　　被灾人：刘心遗

重庆市警察局第十分局刘家台分驻所员工遭受空袭损害汇报表

局所别	职级	姓名	薪饷额	应领救济费月数	应领救济费总数	家属住址	是否被炸	备考
第十分局刘家台分驻所	三等警士	刘心遗	36			母妻妹大板桥街第55号	被炸极重	

刘家台分驻所巡官　彭汉文

(0061—15—2590)

25. 重庆市警察局第六分局为报1941年5月16日员役空袭损失请予救济给市警察局的呈(1941年5月16日)

案据本分局局员曾性静、朱惕生报称："职等枣子岚垭95号附1号住宅今日被敌机附近投弹爆炸，致将财物用具震毁甚巨，理合遵照规定填具私物损失表请核救济。"等情。据此，查核属实，理合检同原表具文呈请钧局鉴核，转请迅予救济令遵。

谨呈

局长唐

附曾性静、朱惕生二员之呈员警差役空袭损失私物报告表4份(8张)

分局长　周继昌

1)重庆市政府警察局第六分局员警差役空袭损失私物报告表

物品名称	品质	数量	损失程度	原价	购买年月	备考
锅	铁	1	破烂	20	29年9月	
饭碗	瓷	6	破烂	5	29年9月	
菜碗	瓷	5	破烂	6	29年9月	
碗柜	木	1	破烂	40	29年9月	
饭甑	木	1	破烂	5	29年9月	
水缸	瓦	1	破烂	8	29年9月	
茶壶	瓷	1	破烂	8	29年9月	
脚盆	木	1	破烂	7.5	29年10月	
镜子	玻璃	1	破烂	6	29年10月	
茶杯	玻璃	4	破烂	8	29年10月	
电灯泡	玻璃	2	破烂	7	30年1月	
面盆	搪瓷	1	损坏	35	29年12月	
小孩衣服	布	3	破烂	25	30年1月	
桌子	木	1	破烂	18	29年11月	
凳子	木	4	破烂	20	29年11月	
热水瓶	外镔铁内玻璃	1	破烂	35	30年1月	
油布	布	1	洞穿	30	29年11月	
白线毯	布	1	洞穿	30	29年11月	
棉被	布	1	洞穿	40	29年11月	
水缸	瓦	1	破烂	8	29年9月	
书架	竹	1	破烂	6	29年9月	
书箱	纸	32	破烂	100	自29年9月至现在止陆续购置	
蚊帐	纱	1	破烂	40	30年3月	
合计				417.5		
被灾日期		被灾地点	房屋被炸或震毁	原支薪俸数目	有无同居眷属	

续表

> 右〈上〉开物品，确系因空袭被毁，谨报告
> 分局长周　转呈
> 局长唐　核转
> 市长吴
>
> 重庆市警察第六分局局员　曾性静
三十年五月十六日

2）重庆市政府警察局第六分局员警差役空袭损失私物报告表

物品名称	品质	数量	损失程度	原价	购买年月	备考
棉被	棉	1	破碎仅余数小块	38	29年10月	
锅	铁	1	全毁	14.5	30年1月	
面盆	瓷	1	全毁	24.4	29年11月	
饭碗	瓷	6	全毁	4.8	29年2月	
菜碗	瓷	5	全毁	5.5	29年2月	
方桌	木	1	全毁	22	29年10月	
方凳	木	3	全毁	6.3	29年10月	
油布	布质油漆	1	全毁	19	29年10月	
水壶	铜	1	全毁	16	29年2月	
女蓝长衫	布	1	全毁	24.6	28年10月	
女灰长衫	布	1	全毁	21.5	29年1月	
花条衬衣	布	2	全毁	38	29年3月	
帽	呢	1	全毁	24.5	29年3月	
鞋	布	1	全毁	9.2	29年3月	
木盘	木	1	全毁	8.2	29年12月	
瓦钵	瓦	3	全毁	11	29年1月	
水缸	瓦	1	全毁	9	29年11月	
帐	夏布	1	破烂	48	29年5月	
床	木架藤棚	1	架坏棚穿	32	29年3月	
电灯泡	玻璃	3	全毁	12	30年4月	
米缸	瓦	1	全毁	4.4	30年5月	
青马夹裤	布	1	洞穿	39	30年1月	

续表

物品名称	品质	数量	损失程度	原价	购买年月	备考
米	熟米	3斗	全毁	20.4	30年5月	
漱口盅	瓷	1	洞穿	3.2	30年2月	
镜子	玻璃	1	全毁	9.6	29年11月	
条桌	竹	1	全毁	13.5	30年2月	
灰毯	棉	1	洞穿	18.5	29年11月	
女鞋	呢	1	洞穿	19.4	29年4月	
合计				516.5		

被灾日期		被灾地点		房屋被炸或震毁		原支薪俸数目		有无同居眷属

右〈上〉开物品,确系因空袭被毁,谨报告

分局长周　转呈

局长唐　核转

市长吴

重庆市警察第六分局局员　朱惕生

三十年五月十六日

(0061—15—2733—1)

26. 重庆市警察局第七分局为报1941年5月16日员役空袭损失请予救济给市警察局的呈(1941年5月18日)

窃查职分局及中二路分所房屋于五月十六日被敌机炸毁,而员官警伕私人衣物等件均被毁坏,现经各员查点清楚,依式填表送请钧长察核,迅予拨款救济,以安其服务之心而利勤务。

谨呈

局长唐

附呈私人损失报告表2份(计160张)

分局长　李龙飞

1) 重庆市政府警察局第七分局员警差役空袭损失私物报告表

物品名称	品质	数量	损失程度	原价	购买年月	备考
衬衣	布	2件	被炸	40	30年5月	
面盆	磁	1个	被炸	12	28年9月	
鞋子	布	1双	被炸	10	30年5月	
毛巾		2条	被炸	6	30年4月	
合计				68		
被灾日期	5月16日	被灾地点	中三路132	房屋被炸或震毁	被炸	原支薪俸数目 46元	有无同居眷属	有

右〈上〉开物品，确系因空袭被毁，谨报告

分局长李　转呈

局长唐　核转

市长吴

　　　　　　　　　　　填表人　二等警长　程天夏

　　　　　　　　　　　三十年五月十七日

2) 重庆市政府警察局第七分局员警差役空袭损失私物报告表

物品名称	品质	数量	损失程度	原价	购买年月	备考
洗脸盆	糖〔搪〕磁	1个	炸毁	12	29年6月	
毛巾		2条	炸毁	7	30年3月	
布鞋	毛织贡	1双	炸毁	18.4	30年4月	
中山服	青布	1套	炸毁	50	29年11月	
合计				87		
被灾日期	5月16日	被灾地点	中三路132号	房屋被炸或震毁	被炸	原支薪俸数目 42元	有无同居眷属	有

右〈上〉开物品，确系因空袭被毁，谨报告

分局长李　转呈

局长唐　核转

市长吴

　　　　　　　　　　　填表人　三等警长　成海泉

　　　　　　　　　　　三十年五月十七日

3) 重庆市政府警察局第七分局员警差役空袭损失私物报告表

物品名称	品质	数量	损失程度	原价	购买年月	备考
白衬衣	布	1件	炸毁	18		
腰〔摇〕裤	布	1条	炸毁	5		
毛巾	布	1条	炸毁	3		
皮鞋	布	1双	炸毁	25		
合计				51		
被灾日期	5月16日	被灾地点	中三路132号	房屋被炸或震毁	被炸	原支薪俸数目	40元	有无同居眷属	有

右〈上〉开物品,确系因空袭被毁,谨报告

分局长李　转呈

局长唐　核转

市长吴

　　　　　　　　　　填表人　一等警士　杨仿书

　　　　　　　　　　三十年五月十七日

4) 重庆市政府警察局第七分局员警差役空袭损失私物报告表

物品名称	品质	数量	损失程度	原价	购买年月	备考
衬衣	布	1件	被炸	18	30年3月	
短裤	布	1条	被炸	4	30年2月	
下装	青哔叽	1条	被炸	17	29年7月	
布鞋	布	1双	被炸	12	30年4月	
合计				51		
被灾日期	5月16日	被灾地点	中三路132	房屋被炸或震毁	被炸	原支薪俸数目	40元	有无同居眷属	无

右〈上〉开物品,确系因空袭被毁,谨报告

分局长李　转呈

局长唐　核转

市长吴

　　　　　　　　　　填表人　一等警士　萧汉

　　　　　　　　　　三十年五月十七日

5)重庆市政府警察局第七分局员警差役空袭损失私物报告表

物品名称	品质	数量	损失程度	原价	购买年月	备考
白衬衣	绸	1件	炸毁	21	30年4月	
短裤	布	1件	炸毁	5	30年4月	
便鞋	布	1双	炸毁	8	30年2月	
毛巾		2条	炸毁	6	30年4月	
合计				40		
被灾日期	5月16日	被灾地点	中三路132号	房屋被炸或震毁	炸	原支薪俸数目 □元	有无同居眷属	□

右〈上〉开物品,确系因空袭炸毁,谨报告

分局长李　转呈

局长唐　核转

市长吴

填表人　一等警士　□□□

三十年五月□□日

6)重庆市政府警察局第七分局员警差役空袭损失私物报告表

物品名称	品质	数量	损失程度	原价	购买年月	备考
被褥	花布	1床	被炸	45	29年5月	
制服	青布	1套	被炸	40	30年元月	
鞋子	布	1双	被炸	7	30年3月	
军毯	灰色	1条	被炸	10	29年7月	
衬衣	布	1件	被炸	18	30年4月	
合计				120		
被灾日期	5月16日	被灾地点	中三路132	房屋被炸或震毁	被炸	原支薪俸数目 38元	有无同居眷属	有

右〈上〉开物品,确系因空袭被毁,谨报告

分局长李　转呈

局长唐　核转

市长吴

填表人　一等警士　吴绍清

三十年五月十七日

7) 重庆市政府警察局第七分局员警差役空袭损失私物报告表

物品名称	品质	数量	损失程度	原价	购买年月	备考
毛巾		1条	炸毁	4	30年3月	
面盆	磁	1个	炸毁	25	29年11月	
中山服	青布	1套	炸毁	50	29年8月	
衬衣	布	1件	炸毁	14	30年4月	
合计				93		
被灾日期	5月16日	被灾地点	中三路132号	房屋被炸或震毁	被炸	原支薪俸数目	38元	有无同居眷属	有

右〈上〉开物品,确系因空袭被毁,谨报告

分局长李　转呈

局长唐　核转

市长吴

　　　　　　　　　　　填表人　二等警士　成世禄

　　　　　　　　　　　三十年五月十七日

8) 重庆市政府警察局第七分局员警差役空袭损失私物报告表

物品名称	品质	数量	损失程度	原价	购买年月	备考
衬衣	布	1件	炸毁	18	30年3月	
布鞋		1双	炸毁	12	30年4月	
制服下装	青布	1件	炸毁	16	29年7月	
毛巾		2条	炸毁	4	30年3月	
合计				50		
被灾日期	5月16日	被灾地点	中三路132号	房屋被炸或震毁	被炸	原支薪俸数目	□元	有无同居眷属	□

右〈上〉开物品,确系因空袭被毁,谨报告

分局长李　转呈

局长唐　核转

市长吴

　　　　　　　　　　　填表人　二等警士　卢继明

　　　　　　　　　　　三十年五月十七日

9) 重庆市政府警察局第七分局员警差役空袭损失私物报告表

物品名称	品质	数量	损失程度	原价	购买年月	备考
制服	布	1套	炸毁	40	29年7月	
布鞋	布	1双	炸毁	8	30年4月	
毛巾		1条	炸毁	2	30年4月	
衬衣	布	1件	炸毁	16	30年5月	
短裤	布	1条	炸毁	5	30年2月	
合计				71		
被灾日期	5月16日	被灾地点	中三路132	房屋被炸或震毁	被炸	原支薪俸数目	36元	有无同居眷属	无

右〈上〉开物品,确系因空袭炸毁,谨报告

分局长李　转呈

局长唐　核转

市长吴

　　　　　　　　　　　填表人　三等警士　李本忠

　　　　　　　　　　　三十年五月十七日

10) 重庆市政府警察局第七分局员警差役空袭损失私物报告表

物品名称	品质	数量	损失程度	原价	购买年月	备考
皮鞋		1双	炸毁	27	29年10月	
便鞋	布	1双	炸毁	6	30年4月	
毛巾		1条	炸毁	3	30年4月	
短裤	布	1条	炸毁	8	30年5月	
合计				71〔44〕		
被灾日期	5月16日	被灾地点	中三路132	房屋被炸或震毁	被炸	原支薪俸数目	38元	有无同居眷属	有

右〈上〉开物品,确系因空袭被毁,谨报告

分局长李　转呈

局长唐　核转

市长吴

　　　　　　　　　　　填表人　二等警士　易德云

　　　　　　　　　　　三十年五月十七日

11) 重庆市政府警察局第七分局员警差役空袭损失私物报告表

物品名称	品质	数量	损失程度	原价	购买年月	备考
鞋	毛线	1双	被炸	12	30年3月	
袜	线	2双	被炸	6	30年3月	
面巾	纱	1张	被炸	2.5	30年3月	
市布制服	布	1套	被炸	26	29年12月	
衬衣	布	1件	被炸	9	29年11月	
合计				55		
被灾日期	5月16日	被灾地点	中三路132	房屋被炸或震毁	被炸	原支薪俸数目	40元	有无同居眷属	

右〈上〉开物品,确系因空袭被毁,谨报告

分局长李　转呈

局长唐　核转

市长吴

　　　　　　　　　　　　　　填表人　毛祥斌(警士)

　　　　　　　　　　　　　　三十年五月十六日

12) 重庆市政府警察局第七分局员警差役空袭损失私物报告表

物品名称	品质	数量	损失程度	原价	购买年月	备考
青制服	哔叽	1套	炸毁	60	30年3月	
毛巾		1条	炸毁	3	30年4月	
面盆	磁	1个	炸毁	24	29年5月	
合计				87		
被灾日期	5月16日	被灾地点	中三路132	房屋被炸或震毁	被炸	原支薪俸数目	36元	有无同居眷属	

右〈上〉开物品,确系因空袭炸毁,谨报告

分局长李　转呈

局长唐　核转

市长吴

　　　　　　　　　　　　　　填表人　三等警士　喻雄春

　　　　　　　　　　　　　　三十年五月十七日

13) 重庆市政府警察局第七分局员警差役空袭损失私物报告表

物品名称	品质	数量	损失程度	原价	购买年月	备考
皮鞋		1双	炸毁	26	29年6月	
面盆	磁	1个	炸毁	25	30年2月	
毛巾		2条	炸毁	6	30年3月	
合计				57		
被灾日期	5月16日	被灾地点	中三路132号	房屋被炸或震毁	炸	原支薪俸数目	36元	有无同居眷属

右〈上〉开物品,确系因空袭炸毁,谨报告

分局长李　转呈

局长唐　核转

市长吴

　　　　　　　　　　　填表人　三等警士　郭明

　　　　　　　　　　　三十年五月十七日

14) 重庆市政府警察局第七分局员警差役空袭损失私物报告表

物品名称	品质	数量	损失程度	原价	购买年月	备考
衬衣	布	1件	炸毁	12	29年8月	
毛巾		1条	炸毁	3	30年3月	
布鞋		1双	炸毁	8	30年4月	
短裤	布	1条	炸毁	9	30年5月	
青制服	布	1套	炸毁	45	30年3月	
合计				77		
被灾日期	5月16日	被灾地点	中三路132	房屋被炸或震毁	被炸	原支薪俸数目	36元	有无同居眷属

右〈上〉开物品,确系因空袭被毁,谨报告

分局长李　转呈

局长唐　核转

市长吴

　　　　　　　　　　　填表人　三等警士　陈国才

　　　　　　　　　　　三十年五月十七日

15) 重庆市政府警察局第七分局员警差役空袭损失私物报告表

物品名称	品质	数量	损失程度	原价	购买年月	备考
衬衣	布	1件	被炸	18	30年4月	
青制服	布	上身1件	被炸	21	30年3月	
青布鞋	布	1双	被炸	6	30年3月	
合计				45		
被灾日期	5月16日	被灾地点	中三路132	房屋被炸或震毁	被炸	原支薪俸数目	36元	有无同居眷属	

右〈上〉开物品,确系因空袭被毁,谨报告

分局长李　转呈

局长唐　核转

市长吴

　　　　　　　　　　　　填表人　三等警士　夏兆铭

　　　　　　　　　　　　三十年五月十七日

16) 重庆市政府警察局第七分局员警差役空袭损失私物报告表

物品名称	品质	数量	损失程度	原价	购买年月	备考
白衬衣	布	1件	炸毁	14	30年4月	
皮鞋		1双	炸毁	27	29年7月	
毛巾		1条	炸毁	3	30年4月	
汗衣		1件	炸毁	12	30年2月	
合计				56		
被灾日期	5月16日	被灾地点	中三路132号	房屋被炸或震毁	被炸	原支薪俸数目	36元	有无同居眷属	

右〈上〉开物品,确系因空袭被毁,谨报告

分局长李　转呈

局长唐　核转

市长吴

　　　　　　　　　　　　填表人　三等警士　郑汝涵

　　　　　　　　　　　　三十年五月十七日

17) 重庆市政府警察局第七分局员警差役空袭损失私物报告表

物品名称	品质	数量	损失程度	原价	购买年月	备考
黄皮鞋	皮革	1双	被毁	36	30年2月	
市布衬衣	布	1套	被毁	24	30年3月	
脸巾	纱	1条	被毁	3	30年4月	
合计				63		
被灾日期	5月16日	被灾地点	中三路132	房屋被炸或震毁	被炸	原支薪俸数目 40元	有无同居眷属

右〈上〉开物品，确系因空袭被毁，谨报告

分局长李　转呈

局长唐　核转

市长吴

　　　　　　　　　　　　填表人　外事警　徐克勤

　　　　　　　　　　　　　　　三十年五月十七日

18) 重庆市政府警察局第七分局员警差役空袭损失私物报告表

物品名称	品质	数量	损失程度	原价	购买年月	备考
市布衬衫	布	1套	炸毁	24	29年3月	
面巾	纱	1条	炸毁	3	30年4月	
面盆	洋磁	1个	炸毁	12	29年12月	
合计				39		
被灾日期	5月16日	被灾地点	中三路132	房屋被炸或震毁	被炸	原支薪俸数目 38元	有无同居眷属

右〈上〉开物品，确系因空袭被毁，谨报告

分局长李　转呈

局长唐　核转

市长吴

　　　　　　　　　　　　填表人　外事警　吕树藩

　　　　　　　　　　　　　　　三十年五月十七日

19) 重庆市政府警察局第七分局员警差役空袭损失私物报告表

物品名称	品质	数量	损失程度	原价	购买年月	备考
哔叽制服	毛	1套	炸毁	45	29年10月	
面盆	洋磁	1个	炸毁	14	29年8月	
合计				59		
被灾日期	5月16日	被灾地点	中三路132	房屋被炸或震毁	被炸	原支薪俸数目	40元	有无同居眷属	

右〈上〉开物品,确系因空袭被毁,谨报告

分局长李　转呈

局长唐　核转

市长吴

　　　　　　　　　　　　　　填表人　外事警　何祥山

　　　　　　　　　　　　　　三十年五月十七日

20) 重庆市政府警察局第七分局员警差役空袭损失私物报告表

物品名称	品质	数量	损失程度	原价	购买年月	备考
衬衣	布	1件	被毁	18	30年4月	
短裤	布	1条	被毁	7	30年3月	
鞋子	布	1双	被毁	12	30年5月	
合计				37		
被灾日期	5月16日	被灾地点	中三路132	房屋被炸或震毁	被炸	原支薪俸数目	40元	有无同居眷属	

右〈上〉开物品,确系因空袭炸毁,谨报告

分局长李　转呈

局长唐　核转

市长吴

　　　　　　　　　　　　　　填表人　一等警士　晏光宗

　　　　　　　　　　　　　　三十年五月十七日

21）重庆市政府警察局第七分局员警差役空袭损失私物报告表

物品名称	品质	数量	损失程度	原价	购买年月	备考
皮鞋		1双	炸毁	25	29年7月	
面盆	磁	1个	炸毁	15	29年8月	
面巾		1条	炸毁	2	30年3月	
合计				42		

| 被灾日期 | 5月16日 | 被灾地点 | 中三路132 | 房屋被炸或震毁 | 被炸 | 原支薪俸数目 | 38元 | 有无同居眷属 | |

右〈上〉开物品，确系因空袭被毁，谨报告

分局长李　转呈

局长唐　核转

市长吴

　　　　　　　　　　　　　　填表人　二等警士　胡人杰

　　　　　　　　　　　　　　三十年五月十七日

22）重庆市政府警察局第七分局员警差役空袭损失私物报告表

物品名称	品质	数量	损失程度	原价	购买年月	备考
衬衣	棉	2件	被炸	50	30年2月	
面盆	磁	1个	被炸	12	30年2月	
线袜		2双	被炸	10	30年2月	
合计				72		

| 被灾日期 | 5月16日 | 被灾地点 | 中三路132 | 房屋被炸或震毁 | 被炸 | 原支薪俸数目 | 40元 | 有无同居眷属 | 无 |

右〈上〉开物品，确系因空袭被毁，谨报告

分局长李　转呈

局长唐　核转

市长吴

　　　　　　　　　　　　　　填表人　外事警　张宏

　　　　　　　　　　　　　　三十年五月十七日

23）重庆市政府警察局第七分局员警差役空袭损失私物报告表

物品名称	品质	数量	损失程度	原价	购买年月	备考
市布制服	布	1套	被炸	40	30年1月	
袜子	线	2双	被炸	6	30年1月	
合计				46		
被灾日期	5月16日	被灾地点	中三路132	房屋被炸或震毁	被炸	原支薪俸数目	30元	有无同居眷属	有

右〈上〉开物品，确系因空袭被毁，谨报告

分局长李　转呈

局长唐　核转

市长吴

填表人　警士　陈茂全
三十年五月十七日

24）重庆市政府警察局第七分局员警差役空袭损失私物报告表

物品名称	品质	数量	损失程度	原价	购买年月	备考
短褂	布	1套	被炸	30	29年8月	
面巾	线	1条	被炸	2.5	29年8月	
合计				32		
被灾日期	5月16日	被灾地点	中三路132	房屋被炸或震毁	被炸	原支薪俸数目	30元	有无同居眷属	

右〈上〉开物品，确系因空袭被毁，谨报告

分局长李　转呈

局长唐　核转

市长吴

填表人　水伕　罗汉卿
三十年五月十七日

25）重庆市政府警察局第七分局员警差役空袭损失私物报告表

物品名称	品质	数量	损失程度	原价	购买年月	备考
市布制服	布	1套	被炸	50	30年1月	
袜	线	2双	被炸	6	30年1月	
合计				56		
被灾日期	5月16日	被灾地点	中三路132	房屋被炸或震毁	被炸	原支薪俸数目	30元	有无同居眷属

右〈上〉开物品，确系因空袭被毁，谨报告

分局长李　转呈

局长唐　核转

市长吴

　　　　　　　　　　　填表人　公差　余云卿

　　　　　　　　　　　三十年五月十七日

26）重庆市政府警察局第七分局员警差役空袭损失私物报告表

物品名称	品质	数量	损失程度	原价	购买年月	备考
制服	中山呢	1套	炸毁	50	30年1月	
背心	绵〔棉〕织	1件	炸毁	8	30年4月	
衬衣	布	1件	炸毁	22	30年5月	
短裤		1件	炸毁	4	30年5月	
皮鞋		1双	炸毁	18	29年10月	
毛巾		1条	炸毁	2	30年4月	
合计				104		
被灾日期	5月16日	被灾地点	中三路132	房屋被炸或震毁	被炸	原支薪俸数目	30元	有无同居眷属

右〈上〉开物品，确系因空袭被毁，谨报告

分局长李　转呈

局长唐　核转

市长吴

　　　　　　　　　　　填表人　伙伕　艾申山

　　　　　　　　　　　三十年五月十七日

27）重庆市政府警察局第七分局员警差役空袭损失私物报告表

物品名称	品质	数量	损失程度	原价	购买年月	备考
蓝布长衫	棉	1件	被炸	36	29年12月	
洋袜	棉	2双	被炸	10	30年2月	
帆布操鞋	皮棉	1双	被炸	11	30年2月	
合计				57		
被灾日期	5月16日	被灾地点	中三路132	房屋被炸或震毁	被炸	原支薪俸数目	30元	有无同居眷属	有

右〈上〉开物品,确系因空袭被毁,谨报告

分局长李　转呈

局长唐　核转

市长吴

　　　　　　　　　　　填表人　伙伕　李仕金

　　　　　　　　　　　三十年五月十七日

28）重庆市政府警察局第七分局员警差役空袭损失私物报告表

物品名称	品质	数量	损失程度	原价	购买年月	备考
棉絮		1床	炸毁	20	29年12月	
黄制服	布	上身	炸毁	15	29年7月	
合计				35		
被灾日期	5月16日	被灾地点	中三路132	房屋被炸或震毁	被炸	原支薪俸数目	30元	有无同居眷属	

右〈上〉开物品,确系因空袭炸毁,谨报告

分局长李　转呈

局长唐　核转

市长吴

　　　　　　　　　　　填表人　公差　熊汉文

　　　　　　　　　　　三十年五月十七日

29) 重庆市政府警察局第七分局员警差役空袭损失私物报告表

物品名称	品质	数量	损失程度	原价	购买年月	备考
青制服	布	1套	炸毁	30	29年3月	
鞋子	布	1双	炸毁	5	30年2月	
合计				35		
被灾日期	5月16日	被灾地点	中三路132	房屋被炸或震毁	被炸	原支薪俸数目	30元	有无同居眷属	

右〈上〉开物品，确系因空袭被毁，谨报告

分局长李　转呈

局长唐　核转

市长吴

　　　　　　　　　　　　　　　填表人　公差　袁克昌

　　　　　　　　　　　　　　　三十年五月十七日

30) 重庆市政府警察局第七分局员警差役空袭损失私物报告表

物品名称	品质	数量	损失程度	原价	购买年月	备考
市布制服	布	1套	被炸	20	30年元月	
市布大衣	棉	1件	被炸	20	29年10月	
合计				40		
被灾日期	5月16日	被灾地点	中三路132	房屋被炸或震毁	被炸	原支薪俸数目	30元	有无同居眷属	

右〈上〉开物品，确系因空袭被毁，谨报告

分局长李　转呈

局长唐　核转

市长吴

　　　　　　　　　　　　　　　填表人　差役　林邦培

　　　　　　　　　　　　　　　三十年五月十六日

31) 重庆市政府警察局第七分局中二路分驻所员警差役空袭损失私物报告表

物品名称	品质	数量	损失程度	原价	购买年月	备考
中山服	青哈叽	1套	炸毁	46	30年1月	
皮鞋	厂皮	1双	炸毁	56	30年2月	
面巾	棉	1张	炸毁	3.5	30年5月	
面盆	磁	1口	炸毁	26	30年5月	
合计				131.5		
被灾日期	5月16日	被灾地点	中二路82号	房屋被炸或震毁	被炸	原支薪俸数目	120元	有无同居眷属	有

右〈上〉开物品,确系因空袭被毁,谨报告

分局长李　转呈

局长唐　核转

市长吴

　　　　　　　　　　　　　　　填表人　所长　王厚才

　　　　　　　　　　　　　　　三十年五月十六日

32) 重庆市政府警察局第七分局中二路分驻所员警差役空袭损失私物报告表

物品名称	品质	数量	损失程度	原价	购买年月	备考
被盖	白布	1床	炸毁	64	30年5月	
毯子	花布	1床	炸毁	124	30年5月	
毯子	毛	1床	炸毁	26	30年5月	
枕头	布	1床	炸毁	15	30年5月	
力士鞋	胶	1双	炸毁	12	29年4月	
面盆	磁	1个	炸毁	24	30年5月	
合计				175		
被灾日期	5月16日	被灾地点	中二路82号	房屋被炸或震毁	被炸	原支薪俸数目	80元	有无同居眷属	有

右〈上〉开物品,确系因空袭被毁,谨报告

分局长李　转呈

局长唐　核转

市长吴

　　　　　　　　　　　　　　　填表人　雇员　袁宏

　　　　　　　　　　　　　　　三十年五月十六日

33）重庆市政府警察局第七分局员警差役空袭损失私物报告表

物品名称	品质	数量	损失程度	原价	购买年月	备考
皮鞋	纹皮	1双	被炸	150	30年2月	
呢帽	呢	1顶	被炸	110	30年2月	
面盆	磁	1个	被炸	35	30年3月	
青华达呢制服	毛	1套	被炸	320	29年12月	
黄哈机〔叽〕制服	棉	1套	被炸	120	30年3月	
蚊帐	麻	1床	被炸	85	30年4月	
茶壶	磁	1把	被炸	12	30年4月	
茶杯	磁	6个	被炸	12	30年4月	
合计				844		
被灾日期	5月16日	被灾地点	中三路132	房屋被炸或震毁	被炸	原支薪俸数目 240元	有无同居眷属	有

右〈上〉开物品,确系因空袭炸毁,谨报告
局长唐　转呈
市长吴

　　　　　　　　　　　填表人　分局长　李龙飞
　　　　　　　　　　　三十年五月十七日

34）重庆市政府警察局第七分局员警差役空袭损失私物报告表

物品名称	品质	数量	损失程度	原价	购买年月	备考
铜笔架	铜	1个	被炸	7	29年5月	
砚水壶	磁	1个	被炸	3	29年5月	
玻盆	玻	1个	被炸	5	30年1月	
木架厂床	木	1间	被炸	35	30年1月	
漱口钟	玻	1个	被炸	16	30年1月	
呢帽	呢	1顶	被炸	30	30年4月	
青哔叽下装	毛	1条	被炸	120	30年4月	
合计				216		
被灾日期	5月16日	被灾地点	中三路132	房屋被炸或震塌	被炸	原支薪俸数目 150元	有无同居眷属	有

续表

右〈上〉开物品,确系因空袭被毁,谨报告	
分局长李　转呈	
局长唐　核转	
市长吴	
	填表人　局员　冯宗铎
	三十年五月十七日

35)重庆市政府警察局第七分局员警差役空袭损失私物报告表

物品名称	品质	数量	损失程度	原价	购买年月	备考
皮鞋	皮	1双	被炸	55	29年10月	
茶杯	磁	2个	被炸	5	29年10月	
毛巾	棉	2根	被炸	10	29年10月	
铜墨盒	铜	1个	被炸	15	30年2月	
褥子	棉	1条	被炸	50	30年2月	
合计				135		
被灾日期	5月16日	被灾地点	中三路132	房屋被炸或震塌	被炸	原支薪俸数目	140元	有无同居眷属	有

右〈上〉开物品,确系因空袭被毁,谨报告	
分局长李　转呈	
局长唐　核转	
市长吴	
	填表人　局员　刘清池
	三十年五月十七日

36)重庆市政府警察局第七分局员警差役空袭损失私物报告表

物品名称	品质	数量	损失程度	原价	购买年月	备考
黄哈机〔叽〕制服	棉	1套	被炸	64	29年4月	
府绸衬衣	棉	2件	被炸	48	30年5月	
白洋布短裤	棉	2件	被炸	16	30年5月	
麻纱袜	棉	1双	被炸	4.5	30年5月	
毛巾	棉	1条	被炸	4	30年5月	
电棒	铁	1只	被炸	11	29年6月	

续表

物品名称	品质	数量	损失程度	原价	购买年月	备考
黑皮鞋	皮	1双	被炸	35	29年7月	
玻璃茶杯	玻质	1只	被炸	1.5	29年10月	
合计				183.5		
被灾日期	5月16日	被灾地点	中三路132	房屋被炸或震塌	被炸	原支薪俸数目	100元	有无同居眷属	有

右〈上〉列物品,确系因空袭被毁,谨报告

分局长李　转呈

局长唐　核转

市长吴

　　　　　　　　　　　　　　填表人　户籍员　徐毓清

　　　　　　　　　　　　　　　　　三十年五月十七日

37）重庆市政府警察局第七分局员警差役空袭损失私物报告表

物品名称	品质	数量	损失程度	原价	购买年月	备考
皮箱	白皮	1口	被炸	45	30年1月	
皮鞋	皮质	1双	被炸	50	30年1月	
面巾	棉	2张	被炸	4	30年1月	
呢帽	呢	1顶	被炸	50	30年1月	
泥茶壶	泥	1个	被炸	2	30年2月	
面盆	磁	1个	被炸	38	30年2月	
牙刷	牛骨	1把	被炸	2	30年3月	
合计				191		
被灾日期	5月16日	被灾地点	中三路132	房屋被炸或震塌	被炸	原支薪俸数目	100元	有无同居眷属	有

右〈上〉开物品,确系因空袭被毁,谨报告

分局长李　转呈

局长唐　核转

市长吴

　　　　　　　　　　　　　　填表人　巡官　戴清源

　　　　　　　　　　　　　　　　　三十年五月十七日

38）重庆市政府警察局第七分局员警差役空袭损失私物报告表

物品名称	品质	数量	损失程度	原价	购买年月	备考
皮鞋	皮	1双	被炸	55	30年1月	
毛巾	棉	2张	被炸	8	30年4月	
毛呢鞋	皮呢	1双	被炸	14	30年3月	
茶壶	磁	1把	被炸	6	29年8月	
茶缸	磁	1把	被炸	4	29年10月	
牙刷	骨毛	1把	被炸	4	30年5月	
府绸衬衣	棉	2件	被炸	50	30年5月	
合计				141		
被灾日期	5月16日	被灾地点	中三路132	房屋被炸或震塌	被炸	原支薪俸数目	100元	有无同居眷属	有

右〈上〉开物品，确系因空袭炸毁，谨报告

分局长李　转呈
局长唐　核转
市长吴

　　　　　　　　　　　　　　　　填表人　巡官　刘宗汉
　　　　　　　　　　　　　　　　三十年五月十七日

39）重庆市政府警察局第七分局员警差役空袭损失私物报告表

物品名称	品质	数量	损失程度	原价	购买年月	备考
篾挑箱	竹	1口	被炸	9	29年1月	
洗脸盆	磁	1个	被炸	36	29年1月	
洗脸帕	棉	2根	被炸	5	29年1月	
棉絮	棉	1床	被炸	35	30年1月	
印色盒	磁	1个	被炸	12	30年4月	
细碗	磁	1付〔副〕	被炸	30	30年4月	
竹床	竹	1间	被炸	26	30年4月	
帆布操鞋	皮布	1双	被炸	8	30年4月	
皮鞋	皮	1双	被炸	50	30年4月	
茶壶	磁	1把	被炸	12	30年5月	
茶杯	磁	4个	被炸	8	30年5月	
合计				231		

续表

被灾日期	5月16日	被灾地点	中三路132	房屋被炸或震塌	被炸	原支薪俸数目	110元	有无同居眷属	无
右〈上〉开物品,确系因空袭被毁,谨报告									
分局长李　转呈									
局长唐　核转									
市长吴									
填表人　巡官　丁绍雄									
三十年五月十七日									

40）重庆市政府警察局第七分局员警差役空袭损失私物报告表

物品名称	品质	数量	损失程度	原价	购买年月	备考
皮鞋	皮质	1双	被炸	65	30年4月	
丝袜	丝质	2双	被炸	70	30年4月	
被盖	丝棉〔绵〕	1床	被炸	150	29年4月	
枕头	棉	2个	被炸	12	30年1月	
毯子	毛	1床	被炸	80	30年2月	
□袍	棉	2件	被炸	70	30年2月	
竹挑箱	竹	1挑	被炸	21	30年5月	
合计				468		

被灾日期	5月16日	被灾地点	中三路132	房屋被炸或震塌	被炸	原支薪俸数目	90元	有无同居眷属	有
右〈上〉开物品,确系因空袭被毁,谨报告									
分局长李　转呈									
局长唐　核转									
市长吴									
填表人　办事员　张育英									
三十年五月十七日									

41）重庆市政府警察局第七分局员警差役空袭损失私物报告表

物品名称	品质	数量	损失程度	原价	购买年月	备考
罗帐	麻质	1床	被炸	75	29年2月	
皮鞋	皮	1双	被炸	45	29年2月	

续表

物品名称	品质	数量	损失程度	原价	购买年月	备考
面盆	磁	1个	被炸	34	29年10月	
青哔叽制服	毛质	1套	被炸	140	29年10月	
呢帽	呢	1顶	被炸	39	29年10月	
府绸衬衣	丝棉〔绵〕	2件	被炸	46	30年3月	
棉光绒卫生衣	棉质	1件	被炸	158	30年3月	
合计				533		
被灾日期	5月16日	被灾地点	中三路132	房屋被炸或震塌	被炸	原支薪俸数目	90元	有无同居眷属	无

右〈上〉开物品,确系因空袭被毁,谨报告

分局长李　转呈

局长唐　核转

市长吴

　　　　　　　　　　　填表人　办事员　李惠民

　　　　　　　　　　　三十年五月十七日

42) 重庆市政府警察局第七分局员警差役空袭损失私物报告表

物品名称	品质	数量	损失程度	原价	购买年月	备考
洗面盆	洋磁	1个	炸毁	23	29年10月	
黄市布	布	1套	炸毁	65	30年4月	
帽	呢	1顶	炸毁	25	29年10月	
毛巾	纱	2条	炸毁	5	29年4月	
市布衫	布	2件	炸毁	58	29年11月	
合计				176		
被灾日期	5月16日	被灾地点	中三路132	房屋被炸或震毁	被炸	原支薪俸数目	80元	有无同居眷属	无

右〈上〉开物品,确系因空袭被毁,谨报告

分局长李　转呈

局长唐　核转

市长吴

　　　　　　　　　　　填表人　雇员　王志杰

　　　　　　　　　　　三十年五月十七日

43）重庆市政府警察局第七分局员警差役空袭损失私物报告表

物品名称	品质	数量	损失程度	原价	购买年月	备考
玻板	玻料	1块	被炸	80	27年1月	
呢帽	呢质	1顶	被炸	40	30年1月	
皮鞋	皮质	1双	被炸	65	30年1月	
皮箱	皮木	1口	被炸	35	29年10月	
爱华呢制服	棉	1套	被炸	56	30年2月	
衬衣	棉	2件	被炸	50	30年2月	
洋袜	棉	2双	被炸	8	30年4月	
合计				334		
被灾日期	5月16日	被灾地点	中三路132	房屋被炸或震塌	被炸	原支薪俸数目	80元	有无同居眷属	有

右（上）开物品，确系因空袭被毁，谨报告
分局长李　转呈
局长唐　核转
市长吴

填表人　雇员　冯超群
三十年五月十七日

44）重庆市政府警察局第七分局员警差役空袭损失私物报告表

物品名称	品质	数量	损失程度	原价	购买年月	备考
衬衣	棉	2件	被炸	50	29年10月	
衬裤	棉	2条	被炸	10	29年10月	
胶鞋	胶	1双	被炸	32	30年1月	
褥子	棉	2双	被炸	10	30年2月	
脸盆	磁	1个	被炸	26	30年3月	
竹挑箱	竹	1挑	被炸	20	30年3月	
竹床	竹	1架	被炸	20	30年3月	
文具	笔纸砚		被炸	20	30年4月	
青呢制服	呢	1套	被炸	150	29年8月	
合计				338		
被灾日期	5月16日	被灾地点	中三路132	房屋被炸或震毁	被炸	原支薪俸数目	90元	有无同居眷属	无

续表

右〈上〉开物品,确系因空袭被毁,谨报告 分局长李　转呈 局长唐　核转 市长吴 　　　　　　　　　　　　　填表人　服务员　毛凤池 　　　　　　　　　　　　　三十年五月十七日

45)重庆市政府警察局第七分局员警差役空袭损失私物报告表

物品名称	品质	数量	损失程度	原价	购买年月	备考
洗脸盆	磁	1个	被炸	26	30年2月	
皮箱	皮木	1口	被炸	34	30年1月	
青线哔叽制服	棉	1套	被炸	56	30年3月	
白洋布衬衣	棉	2件	被炸	36	30年4月	
合计				152		
被灾日期	5月16日	被灾地点	中三路132	房屋被炸或震塌	被炸	原支薪俸数目	60元	有无同居眷属	有

右〈上〉开物品,确系因空袭被毁,谨报告
分局长李　转呈
局长唐　核转
市长吴

　　　　　　　　　　　　　填表人　保甲干事　胡建束
　　　　　　　　　　　　　三十年五月十七日

46)重庆市政府警察局第七分局员警差役空袭损失私物报告表

物品名称	品质	数量	损失程度	原价	购买年月	备考
黄制服	棉	1套		65	29年6月	
黑皮鞋	皮	1双		50	29年6月	
花被单	棉	1床		40	29年6月	
衬衣	棉	1件		18	29年6月	
合计				173		
被灾日期	5月16日	被灾地点	中三路132	房屋被炸或震塌	被炸	原支薪俸数目	50元	有无同居眷属	有

续表

右〈上〉开物品，确系因空袭炸毁，谨报告

分局长李　转呈

局长唐　核转

市长吴

　　　　　　　　　　　　　　　填表人　第七区副区队长　曾旭辉

　　　　　　　　　　　　　　　三十年五月十七日

47）重庆市政府警察局第七分局员警差役空袭损失私物报告表

物品名称	品质	数量	损失程度	原价	购买年月	备考
黄色哈机〔叽〕制服	棉	1套	被炸	40	29年12月	
木厂床	木	1间	被炸	40	29年12月	
合计				80		

被灾日期	5月16日	被灾地点	中三路132	房屋被炸或震塌	被炸	原支薪俸数目	40元	有无同居眷属	无

右〈上〉开物品，确系因空袭被毁，谨报告

分局长李　转呈

局长唐　核转

市长吴

　　　　　　　　　　　　　　　填表人　保甲录事　刘济中

　　　　　　　　　　　　　　　三十年五月十七日

48）重庆市政府警察局第七分局员警差役空袭损失私物报告表

物品名称	品质	数量	损失程度	原价	购买年月	备考
洗面盆	磁	1个	被炸	25	28年2月	
被盖	缎棉	1床	被炸	120	29年5月	
皮鞋	皮	1双	被炸	60	30年2月	
哔机〔叽〕制服	毛	1套	被炸	220	30年2月	
合计				425		

被灾日期	5月16日	被灾地点	中三路132	房屋被炸或震塌	被炸	原支薪俸数目	60元	有无同居眷属	无

续表

右〈上〉开物品,确系因空袭被毁,谨报告

分局长李　转呈

局长唐　核转

市长吴

　　　　　　　　　　　　　　填表人　七区团干事　马涤非

　　　　　　　　　　　　　　三十年五月十七日

49) 重庆市政府警察局第七分局员警差役空袭损失私物报告表

物品名称	品质	数量	损失程度	原价	购买年月	备考
被盖	缎棉	1床	被炸	90	30年1月	
洗面盆	磁	1个	被炸	20	30年1月	
制服	棉	1套	被炸	60	30年1月	
漱口钟〔盅〕	玻	1个	被炸	5	30年1月	
合计				175		
被灾日期	5月16日	被灾地点	中三路132	房屋被炸或震塌	被炸	原支薪俸数目	40元	有无同居眷属	无

右〈上〉开物品,确系因空袭被毁,谨报告

分局长李　转呈

局长唐　核转

市长吴

　　　　　　　　　　　　　　填表人　第七区团录事　郭培英

　　　　　　　　　　　　　　三十年五月十七日

50) 重庆市政府警察局第七分局员警差役空袭损失私物报告表

物品名称	品质	数量	损失程度	原价	购买年月	备考
洗面巾	纱	2条	炸毁	6	30年4月	
牙刷	毛	1把	炸毁	2	30年3月	
白衬衣	布	1件	炸毁	20	29年7月	
脸盆	洋磁	1个	炸毁	12	29年7月	
合计				40		
被灾日期	5月16日	被灾地点	中三路132	房屋被炸或震毁	被炸	原支薪俸数目	52元	有无同居眷属	有

续表

> 右〈上〉开物品,确系因空袭被毁,谨报告
>
> 分局长李　转呈
>
> 局长唐　核转
>
> 市长吴
>
> 　　　　　　　　　　　　　　　填表人　警长　王钱安
>
> 　　　　　　　　　　　　　　　三十年五月十七日

51）重庆市政府警察局第七分局中二路员警差役空袭损失私物报告表

物品名称	品质	数量	损失程度	原价	购买年月	备考
中山服	灰布	1套	炸毁	38	30年5月	
内衣	白布	1件	炸毁	12	30年5月	
鞋子	直贡呢	1双	炸毁	17	30年5月	
合计				67		
被灾日期	5月16日	被灾地点	中二路82	房屋被炸或震毁	被炸	原支薪俸数目	50元	有无同居眷属	无

> 右〈上〉开物品,确系因空袭被毁,谨报告
>
> 分局长李　转呈
>
> 局长唐　核转
>
> 市长吴
>
> 　　　　　　　　　　　　　　　填表人　一等警长　蔡俊杰
>
> 　　　　　　　　　　　　　　　三十年五月十六日

52）重庆市政府警察局第七分局中二路员警差役空袭损失私物报告表

物品名称	品质	数量	损失程度	原价	购买年月	备考
衬衣	白市布	2件	炸毁	26	30年5月	
毯子	呢	1床	炸毁	15	30年5月	
毯子	绒	1床	炸毁	42	29年12月	
合计				83		
被灾日期	5月16日	被灾地点	中二路82号	房屋被炸或震毁	被炸	原支薪俸数目	46元	有无同居眷属	无

续表

右〈上〉开物品，确系因空袭被毁，谨报告 　分局长李　转呈 　局长唐　核转 　市长吴 　　　　　　　　　　　　　填表人　二等警长　龙腾渊 　　　　　　　　　　　　　三十年五月十六日

53）重庆市政府警察局第七分局中二路分驻所员警差役空袭损失私物报告表

物品名称	品质	数量	损失程度	原价	购买年月	备考
褥子	线质	1双	被炸	3.5	30年5月	
鞋子	织工呢	1双	被炸	12	30年5月	
牙刷	牛角	1把	被炸	2.8	30年5月	
合计				18.3		
被灾日期	5月16日	被灾地点	中二路罗家湾	房屋被炸或震毁	被炸	原支薪俸数目	46元	有无同居眷属	妻

　　右〈上〉开物品，确系因空袭被毁，谨报告
　分局长李　转呈
　局长唐　核转
　市长吴

　　　　　　　　　　　　　填报人　何壁清
　　　　　　　　　　　　　三十年五月十六日

54）重庆市政府警察局第七分局中二路分驻所员警差役空袭损失私物报告表

物品名称	品质	数量	损失程度	原价	购买年月	备考
制服	灰布	1套	被炸	30		
衬衣	白布	2件	被炸	25		
短裤	白布	2件	被炸	9		
缎鞋	青缎	1双	被炸	20		
面巾	白色	1方	被炸	2.8		
牙刷	牛骨	1把	被炸	2.4		
牙膏	黑人头	1盒	被炸	3.5		
合计				92.7		

续表

被灾日期	5月16日	被灾地点	中二路罗家湾	房屋被炸或震毁	被炸	原支薪俸数目	42元	有无同居眷属	妻一

右〈上〉开物品,确系因空袭被毁,谨报告

分局长李　转呈

局长唐　核转

市长吴

　　　　　　　　　　　　　　填报人　三等警长　何斌如

　　　　　　　　　　　　　　三十年五月十六日

55）重庆市政府警察局第七分局中二路分驻所员警差役空袭损失私物报告表

物品名称	品质	数量	损失程度	原价	购买年月	备考
中山服	芝麻呢	1套	炸毁	46	30年5月	
鞋子	直贡呢	1双	炸毁	16	30年5月	
合计				62		

被灾日期	5月16日	被灾地点	中二路分驻所82号	房屋被炸或震毁	被炸	原支薪俸数目	40元	有无同居眷属	无

右〈上〉开物品,确系因空袭被毁,谨报告

分局长李　转呈

局长唐　核转

市长吴

　　　　　　　　　　　　　　填报人　一等警士　钟一鸣

　　　　　　　　　　　　　　三十年五月十六日

56）重庆市政府警察局第七分局中二路分驻所员警差役空袭损失私物报告表

物品名称	品质	数量	损失程度	原价	购买年月	备考
中山服	中山呢	1套	炸毁	52	30年3月	
内衣	白布	2件	炸毁	32	30年3月	
短裤	白布	2件	炸毁	7.4	30年2月	
袜子	棉	2双	炸毁	6	30年4月	
鞋子	胶	1双	炸毁	20	30年4月	

续表

物品名称	品质	数量	损失程度	原价	购买年月	备考
合计				117.4		
被灾日期	5月16日	被灾地点	中二路82号	房屋被炸或震毁	被炸	原支薪俸数目	40元	有无同居眷属	无

右〈上〉开物品,确系因空袭被毁,谨报告

分局长李　转呈

局长唐　核转

市长吴

　　　　　　　　　　　填表人　一等警士　易志坚

　　　　　　　　　　　三十年五月十六日

57)重庆市政府警察局第七分局中二路分驻所员警差役空袭损失私物报告表

物品名称	品质	数量	损失程度	原价	购买年月	备考
中山服	中山呢	1套	炸毁	40	30年5月	
鞋子	布	1双	炸毁	7	30年5月	
合计						
被灾日期	5月16日	被灾地点	中二路分驻所82号	房屋被炸或震毁	被炸	原支薪俸数目	40元	有无同居眷属	无

右〈上〉开物品,确系因空袭被毁,谨报告

分局长李　转呈

局长唐　核转

市长吴

　　　　　　　　　　　填报人　一等警士　徐定国

　　　　　　　　　　　三十年五月十六日

58)重庆市政府警察局第七分局中二路分驻所员警差役空袭损失私物报告表

物品名称	品质	数量	损失程度	原价	购买年月	备考
青制服	棉质	1套	被炸	50		
黄制服	棉质	2套	被炸	80		
中山服	芝麻呢	1套	被炸	40		
衬衣	府绸	1件	被炸	30		

续表

物品名称	品质	数量	损失程度	原价	购买年月	备考
毛毡	线质	1床	被炸	70		
毛线汗衣	毛质	1件	被炸	90		
合计				360		
被灾日期	5月16日	被灾地点	中二路82号	房屋被炸或震毁	被炸	原支薪俸数目	40元	有无同居眷属	无

右〈上〉开物品，确系因空袭被毁，谨报告

分局长李　转呈

局长唐　核转

市长吴

　　　　　　　　　　　填报人　一等警士　胡桂林

　　　　　　　　　　　三十年五月十六日

59）重庆市政府警察局第七分局中二路分驻所员警差役空袭损失私物报告表

物品名称	品质	数量	损失程度	原价	购买年月	备考
中山服	哔叽	1套	被炸	60	30年1月	
被盖	内棉絮外花布	1床	被炸	70	30年1月	
衬衣	白市布	1件	被炸	20	30年3月	
鞋子	青哔叽	1双	被炸	12	30年4月	
合计				162		
被灾日期	5月16日	被灾地点	中二路罗家湾	房屋被炸或震毁	被炸	原支薪俸数目	40元	有无同居眷属	子1

右〈上〉开物品，确系因空袭被毁，谨报告

分局长李　转呈

局长唐　核转

市长吴

　　　　　　　　　　　填报人　一等警士　唐廷桢

　　　　　　　　　　　三十年五月十六日

60）重庆市政府警察局第七分局中二路分驻所员警差役空袭损失私物报告表

物品名称	品质	数量	损失程度	原价	购买年月	备考
衬衣	白市布	1件	被炸	20	30年3月	
毯子	线质	1床	被炸	25	30年4月	
合计				45		
被灾日期	5月16日	被灾地点	中二路82号	房屋被炸或震毁	被炸	原支薪俸数目	40元	有无同居眷属	无

右〈上〉开物品，确系因空袭被毁，谨报告

分局长李　转呈

局长唐　核转

市长吴

　　　　　　　　　　　　填报人　一等警士　张家林

　　　　　　　　　　　　　　　　三十年五月十六日

61）重庆市政府警察局第七分局中二路分驻所员警差役空袭损失私物报告表

物品名称	品质	数量	损失程度	原价	购买年月	备考
中山服	中山呢	1套	炸毁	36	29年12月	
鞋子	布	1双	炸毁	8	30年5月	
合计				44		
被灾日期	5月16日	被灾地点	中二路分驻所82号	房屋被炸或震毁	被炸	原支薪俸数目	38元	有无同居眷属	无

右〈上〉开物品，确系因空袭被毁，谨报告

分局长李

局长唐　核转

市长吴

　　　　　　　　　　　　填表人　二等警士　梁正国

　　　　　　　　　　　　　　　　三十年五月十六日

62）重庆市政府警察局第七分局中二路分驻所员警差役空袭损失私物报告表

物品名称	品质	数量	损失程度	原价	购买年月	备考
汗中衣	白市布	1套	炸毁	35	30年5月	
鞋子	布	1双	炸毁	8	30年5月	
合计				43		
被灾日期	5月16日	被灾地点	中二路82号分驻所	房屋被炸或震毁	被炸	原支薪俸数目	38元	有无同居眷属	无

右〈上〉开物品，确系因空袭被毁，谨报告

分局长李

局长唐　核转

市长吴

　　　　　　　　　　　填报人　一等警士　石炳胜

　　　　　　　　　　　三十年五月十六日

63）重庆市政府警察局第七分局中二路分驻所员警差役空袭损失私物报告表

物品名称	品质	数量	损失程度	原价	购买年月	备考
衬衫	白府绸	1件	炸毁	18	30年5月	
鞋子	布	1双	炸毁	8	30年5月	
面巾	毛	1张	炸毁	3	30年5月	
合计				29		
被灾日期	5月16日	被灾地点	中二路82号	房屋被炸或震毁	被炸	原支薪俸数目	38元	有无同居眷属	无

右〈上〉开物品，确系因空袭被毁，谨报告

分局长李　转呈

局长唐　核转

市长吴

　　　　　　　　　　　填表人　二等警士　耿维新

　　　　　　　　　　　三十年五月十六日

64）重庆市政府警察局第七分局中二路分驻所员警差役空袭损失私物报告表

物品名称	品质	数量	损失程度	原价	购买年月	备考
衬衣	白市布	1件	炸毁	16	30年5月	
鞋子	布	1双	炸毁	6	30年5月	
汗背心	线	2件	炸毁	11	30年5月	
裤子	线	2双	炸毁	5	30年5月	
合计				38		
被灾日期	5月16日	被灾地点	中二路82号	房屋被炸或震毁	被炸	原支薪俸数目	38元	有无同居眷属	无

右〈上〉开物品，确系因空袭被毁，谨报告

分局长李　转呈

局长唐　核转

市长吴

　　　　　　　　　　　　填表人　二等警士　王奇昌

　　　　　　　　　　　　三十年五月十六日

65）重庆市政府警察局第七分局中二路分驻所员警差役空袭损失私物报告表

物品名称	品质	数量	损失程度	原价	购买年月	备考
内衣	白布	1件	炸毁	18	30年5月	
中山服	芝麻呢	1套	炸毁	36	30年3月	
下装	青布	1件	炸毁	18	30年5月	
合计				72		
被灾日期	5月16日	被灾地点	中二路82号	房屋被炸或震毁	被炸	原支薪俸数目	38元	有无同居眷属	无

右〈上〉开物品，确系因空袭被毁，谨报告

分局长李　转呈

局长唐　核转

市长吴

　　　　　　　　　　　　填报人　二等警士　徐全

　　　　　　　　　　　　三十年五月十六日

66）重庆市政府警察局第七分局中二路分驻所员警差役空袭损失私物报告表

物品名称	品质	数量	损失程度	原价	购买年月	备考
长衫	兰〔蓝〕布	1件	炸毁	37.5	30年2月	
袜子	线	1双	炸毁	3.8	30年2月	
内衣	绒	1套	炸毁	31	29年9月	
合计				72.3		
被灾日期	5月16日	被灾地点	中二路82号分驻所	房屋被炸或震毁	被炸	原支薪俸数目	38元	有无同居眷属	

右〈上〉开物品,确系因空袭被毁,谨报告

分局长李　转呈

局长唐　核转

市长吴

　　　　　　　　　　　填报人　二等警士　丁玲

　　　　　　　　　　　三十年五月十六日

67）重庆市政府警察局第七分局中二路分驻所员警差役空袭损失私物报告表

物品名称	品质	数量	损失程度	原价	购买年月	备考
汗衫	白布	1套	炸毁	26	30年5月	
鞋子	布	1双	炸毁	8	30年5月	
中山服	人字呢	1套	炸毁	48	30年5月	
合计				82		
被灾日期	5月16日	被灾地点	中二路82号	房屋被炸或震毁	被炸	原支薪俸数目	38元	有无同居眷属	无

右〈上〉开物品,确系因空袭被毁,谨报告

分局长李　转呈

局长唐　核转

市长吴

　　　　　　　　　　　填报人　二等警士　邱绍林

　　　　　　　　　　　三十年五月十六日

68）重庆市政府警察局第七分局中二路分驻所员警差役空袭损失私物报告表

物品名称	品质	数量	损失程度	原价	购买年月	备考
汗衣	白布	1件	被炸	17		
面巾	白色	1条	被炸	2		
短裤	白布	1条	被炸	5	30年3月	
汗衣	麻纱	1件	被炸	16		
合计				40		
被灾日期	5月16日	被灾地点	中二路82号	房屋被炸或震毁	被炸	原支薪俸数目	38元	有无同居眷属	无

右〈上〉开物品，确系因空袭被毁，谨报告

分局长李　转呈

局长唐　核转

市长吴

填报人　三等警士　王义方

三十年五月十六日

69）重庆市政府警察局第七分局中二路分驻所员警差役空袭损失私物报告表

物品名称	品质	数量	损失程度	原价	购买年月	备考
中山服	青哗叽	1套	炸毁	60	30年1月	
内衣	白布	2件	炸毁	40	30年3月	
合计				100		
被灾日期	5月16日	被灾地点	中二路82号	房屋被炸或震毁	被炸	原支薪俸数目	36元	有无同居眷属	无

右〈上〉开物品，确系因空袭被毁，谨报告

分局长李　转呈

局长唐　核转

市长吴

填报人　三等警士　戴海波

三十年五月十六日

70）重庆市政府警察局第七分局中二路分驻所员警差役空袭损失私物报告表

物品名称	品质	数量	损失程度	原价	购买年月	备考
衬衣	白卡〔咔〕叽	2件	炸毁	40	30年5月	
短裤	黄布	2件	炸毁	16	30年5月	
合计				56		
被灾日期	5月16日	被灾地点	中二路82号	房屋被炸或震毁	被炸	原支薪俸数目	36元	有无同居眷属	无

右〈上〉开物品，确系因空袭被毁，谨报告

分局长李　转呈

局长唐　核转

市长吴

　　　　　　　　　　　填报人　三等警士　毛国模

　　　　　　　　　　　三十年五月十六日

71）重庆市政府警察局第七分局中二路分驻所员警差役空袭损失私物报告表

物品名称	品质	数量	损失程度	原价	购买年月	备考
汗中衣	白布	1套	炸毁	35	30年5月	
面巾	棉	1张	炸毁	3	30年5月	
背心	黄棉布	1件	炸毁	5	30年5月	
合计				43		
被灾日期	5月16日	被灾地点	中二路82号	房屋被炸或震毁	被炸	原支薪俸数目	36元	有无同居眷属	无

右〈上〉开物品，确系因空袭被毁，谨报告

分局长李　转呈

局长唐　核转

市长吴

　　　　　　　　　　　填报人　三等警士　韦舜中

　　　　　　　　　　　三十年五月十六日

72)重庆市政府警察局第七分局中二路分驻所员警差役空袭损失私物报告表

物品名称	品质	数量	损失程度	原价	购买年月	备考
衬衣	白市布	1件	炸毁	25	30年5月	
中山服	青哔叽	1套	炸毁	65	30年5月	
合计				90		

| 被灾日期 | 5月16日 | 被灾地点 | 中二路82号分驻所 | 房屋被炸或震毁 | 被炸 | 原支薪俸数目 | 36元 | 有无同居眷属 | |

右〈上〉开物品,确系因空袭被毁,谨报告

分局长李　转呈

局长唐　核转

市长吴

　　　　　　　　　　　　　　　填报人　三等警士　何济先

　　　　　　　　　　　　　　　三十年五月十六日

73)重庆市政府警察局第七分局中二路分驻所员警差役空袭损失私物报告表

物品名称	品质	数量	损失程度	原价	购买年月	备考
中山服	青布	1套	被炸	37	29年8月	
鞋子	布	1双	被炸	10	30年5月	
面巾	棉	1张	被炸	2	30年5月	
合计				49		

| 被灾日期 | 5月16日 | 被灾地点 | 中二路82号 | 房屋被炸或震毁 | 被炸 | 原支薪俸数目 | 36元 | 有无同居眷属 | 无 |

右〈上〉开物品,确系因空袭被毁,谨报告

分局长李　转呈

局长唐　核转

市长吴

　　　　　　　　　　　　　　　填表人　三等警士　周英

　　　　　　　　　　　　　　　三十年五月十六日

74) 重庆市政府警察局第七分局中二路分驻所员警差役空袭损失私物报告表

物品名称	品质	数量	损失程度	原价	购买年月	备考
内衣	府绸	1件	炸毁	25	30年5月	
鞋子	直贡呢	1双	炸毁	16	30年5月	
短裤	黄布	1条	炸毁	8	30年5月	
袜子	棉	2双	炸毁	6	30年5月	
合计				55		
被灾日期	5月16日	被灾地点	中二路82号	房屋被炸或震毁	被炸	原支薪俸数目	36元	有无同居眷属	无

右〈上〉开物品,确系因空袭被毁,谨报告

分局长李　转呈

局长唐　核转

市长吴

　　　　　　　　　　　　　填报人　三等警士　刘德玺

　　　　　　　　　　　　　三十年五月十六日

75) 重庆市政府警察局第七分局中二路分驻所员警差役空袭损失私物报告表

物品名称	品质	数量	损失程度	原价	购买年月	备考
中山服	黄哈叽	1套	炸毁	40	30年2月	
鞋子	布	1双	炸毁	7	30年5月	
合计				47		
被灾日期	5月16日	被灾地点	中二路82号	房屋被炸或震毁	被炸	原支薪俸数目	36元	有无同居眷属	无

右〈上〉开物品,确系因空袭被毁,谨报告

分局长李　转呈

局长唐　核转

市长吴

　　　　　　　　　　　　　填报人　三等警十　邱生荣

　　　　　　　　　　　　　三十年五月十六日

76）重庆市政府警察局第七分局中二路分驻所员警差役空袭损失私物报告表

物品名称	品质	数量	损失程度	原价	购买年月	备考
衬衣	花椒布	2件	被炸	29	家中带来	
中山服	青哈叽	2套	被炸	70	29年4月	
衬裤	白市布	2条	被炸	16	家中带来	
统绒汗衣	绒质	1件	被炸	32	29年制	
合计				147		
被灾日期	5月16日	被灾地点	中二路82号	房屋被炸或震毁	被炸	原支薪俸数目	36元	有无同居眷属	无

右〈上〉开物品，确系因空袭被毁，谨报告

分局长李　转呈

局长唐　核转

市长吴

　　　　　　　　　　　　填报人　三等警士　邹俊

　　　　　　　　　　　　　　　三十年五月十六日

77）重庆市政府警察局第七分局中二路分驻所员警差役空袭损失私物报告表

物品名称	品质	数量	损失程度	原价	购买年月	备考
中山服	青哈叽	1套	被炸	45	30年1月	
中山服	芝麻呢	1套	被炸	32	29年11月	
短裤	草绿色	1件	被炸	5	30年	
皮鞋	黑皮	1双	被炸	25	29年6月	
布鞋	青哈叽	1双	被炸	12	29年12月	
面巾	白色	1根	被炸	2	30年	
合计				121		
被灾日期	5月16日	被灾地点	中二路82号	房屋被炸或震毁	被炸	原支薪俸数目	36元	有无同居眷属	无

右〈上〉开物品，确系因空袭被毁，谨报告

分局长李　转呈

局长唐　核转

市长吴

　　　　　　　　　　　　填报人　三等警士　萧桂林

　　　　　　　　　　　　　　　三十年五月十六日

78) 重庆市政府警察局第七分局中二路分驻所员警差役空袭损失私物报告表

物品名称	品质	数量	损失程度	原价	购买年月	备考
长衫	兰〔蓝〕布	1件	炸毁	30	30年2月	
内衣	白布	2件	炸毁	24	30年1月	
短裤	白布	2件	炸毁	14	30年1月	
合计				68		
被灾日期	5月16日	被灾地点	中二路82号	房屋被炸或震毁	被炸	原支薪俸数目	30元	有无同居眷属	无

右〈上〉开物品,确系因空袭被毁,谨报告

分局长李　转呈

局长唐　核转

市长吴

　　　　　　　　　　　　　填报人　水伕　韩其贵
　　　　　　　　　　　　　三十年五月十六日

79) 重庆市政府警察局第七分局中二路分驻所员警差役空袭损失私物报告表

物品名称	品质	数量	损失程度	原价	购买年月	备考
长衫	兰〔蓝〕布	1件	炸毁	30	30年1月	
内衣	白布	1件	炸毁	15	30年1月	
汗中衣	白布	1套	炸毁	32	30年2月	
合计				77		
被灾日期	5月16日	被灾地点	中二路82号	房屋被炸或震毁	被炸	原支薪俸数目	30元	有无同居眷属	无

右〈上〉开物品,确系因空袭被毁,谨报告

分局长李　转呈

局长唐　核转

市长吴

　　　　　　　　　　　　　填报人　伙伕　陈万发
　　　　　　　　　　　　　三十年五月十六日

80) 重庆市政府警察局第七分局中二路分驻所员警差役空袭损失私物报告表

物品名称	品质	数量	损失程度	原价	购买年月	备考
中山服	哔叽〔叽〕	1套	炸毁	46	30年5月	
内衣	白布	1件	炸毁	16	30年5月	
合计				62		
被灾日期	5月16日	被灾地点	中二路82号分驻所	房屋被炸或震毁	被炸	原支薪俸数目	30元	有无同居眷属	无

右〈上〉开物品,确系因空袭被毁,谨报告

分局长李　转呈

局长唐　核转

市长吴

　　　　　　　　　　　　　　填报人　公差　李治邦

　　　　　　　　　　　　　　三十年五月十六日

（0061—15—2770—1）

27. 重庆市警察局第一分局为报镇江寺所员役1941年5月16日空袭损失请予救济给重庆市警察局的呈（1941年5月18日）

案据镇江寺所巡官郭耀西于本（五）月十七日签称:"窃查职所于五月十六日被炸烧毁,当经呈报钧局,并经市长吴、局长唐亲临查视在案。兹将职所被烧损失员役私物遵式缮就报告表22份（共44张）,赍呈钧局鉴核"。等情。附表22份（共44张）前来。查本案前于本（五）月十六日以廉字第4183号呈文呈报在卷。兹据前情,理合遵照钧局二十九年度内所规定,将私物损失报告表22份（每人2份,共44张）赍呈钧局鉴核派查,转报发款救济。

　　谨呈

局长唐

附私物损失报告表22份（每人2张,共44张）

　　　　　　　　　　　　　　　　　分局长　李济中

1）重庆市政府警察局第一分局镇江寺所员役空袭损失私物报告表

物品名称	品质	数量	损失程度	原价	购买年月日	备考
军毯	棉	1床	炸烧	20	29年8月2日	
线毯	线	1床	炸烧	50	29年10月	
被单	布	1床	炸烧	20	29年7月	
褥子	棉	1床	炸烧	30	29年6月	
棉被	绵〔棉〕	2床	炸烧	320	30年1月	
枕头	布	1对	炸烧	30	30年1月	
皮鞋	皮	1双	炸烧	100	29年12月	
毛巾	线	2条	炸烧	9	29年12月	
礼帽	呢	1顶	炸烧	80	29年12月	
线袜	线	2双	炸烧	8	29年12月	
皮箱	皮	1只	炸烧	80	30年3月	
三节电筒	铜	1只	炸烧	40	30年1月	
磁面盆	磁	1只	炸烧	50	30年1月	
铜墨盒	铜	1只	炸烧	7	30年1月	
红十行	纸	500张	炸烧	15	30年5月15日	
大小毛笔	毛	15枝	炸烧	□	□	
毛边纸	纸	10张	炸烧	□	□	
印泥盒	磁	1只	炸烧	□	□	
符〔复〕写纸	兰〔蓝〕色	20张	炸烧	□	□	
磁茶壶	磁	1只	炸烧	10	30年2月	
磁茶中〔盅〕	磁	4个	炸烧	4	30年2月	
夹针	铜	1盒	炸烧	5	30年2月	
米尺	竹	1只	炸烧	2	30年2月	
纸刀	铁	2把	炸烧	3	30年2月	
胶雨衣	胶	1件	炸烧	150	29年5月	
呢制服	泥	1套	炸烧	500	29年元月	
合计				1591		
被灾日期	30年5月16日	被灾地点	镇江寺所	房屋被炸或震毁	所内防空洞炸烧	原支薪数目	120元	有无同居眷属	有

续表

一、警察局部分　145

```
右〈上〉开损失物品确系炸烧,谨报告
分局长李　转呈
局长唐　转呈
市长吴
                              报告人　巡官　郭耀西
                              三十年五月十七日
```

2) 重庆市政府警察局第一分局镇江寺所员役空袭损失私物报告表

物品名称	品质	数量	损失程度	原价	购买年月	备考
被盖	布棉	1条	炸烧	82	30年元月	被盖棉絮全套
羊□	棉	1条	炸烧	15	30年2月	
青哈机〔叽〕制服	布	1套	炸烧	60	30年4月	
白市布衬衣	布	2件	炸烧	41	30年4月	
黄皮鞋	皮	1双	炸烧	58	29年10月	
礼帽	呢	1顶	炸烧	62	29年9月	
脸盆	磁	1个	炸烧	30.5	29年8月	
磁口中〔盅〕	磁	1个	炸烧	2	29年10月	
磁皂盒	磁	1个	炸烧	3	29年10月	
牙刷	毛	1把	炸烧	2	30年2月	
面巾	线	2张	炸烧	3	30年2月	
白下装	布	2条	炸烧	44	29年9月	
长衫	布	1件	炸烧	50	30年元月	
合计				454		

| 被灾日期 | 30年5月16日 | 被灾地点 | 镇江寺所内 | 房屋被炸或震毁 | 炸烧 | 原支薪数目 | 80元 | 有无同居眷属 | 有 |

```
右〈上〉开损失物品确系被炸,谨报告
分局长李　转呈
局长唐　转呈
市长吴
                              报告人　录事　陈芳伦
                              三十年五月十七日
```

3) 重庆市政府警察局第一分局镇江寺所员役空袭损失私物报告表

物品名称	品质	数量	损失程度	原价	购买年月	备考
被盖	棉质	1床	炸烧	58元	29年10月	
青制服	棉质	1套	炸烧	38元	29年10月	
黄制服	棉质	1套	炸烧	4元		
衬衫	棉质	1件	炸烧	12元		
合计				112元		
被灾日期	5月16日	被灾地点	老关庙	原支薪额	38元	有无同居眷属 无

右〈上〉开损失物品确系被炸，谨报告

分局长李　转呈

局长唐　转呈

市长吴

　　　　　　　　　　　　　　　　　报告人　夏德生

　　　　　　　　　　　　　　　　　三十年五月十六日

4) 重庆市政府警察局第一分局镇江寺所员役空袭损失私物报告表

物品名称	品质	数量	损失程度	原价	购买年月	备考
被盖	棉	1床	炸烧	40元	29年12月	
衬衣	棉	1套	炸烧	20元	29年12月	
毛毡	毛	1床	炸烧	30元	29年12月	
合计				90元		
被灾日期	5月16日	被灾地点	老关庙	原支薪额	38元	有无同居眷属 无

右〈上〉开损失物品确系被炸，谨报告

分局长李　转呈

局长唐　转呈

市长吴

　　　　　　　　　　　　　　　　　报告人　李培文

　　　　　　　　　　　　　　　　　三十年五月十六日

5) 重庆市政府警察局第一分局镇江寺所员役空袭损失私物报告表

物品名称	品质	数量	损失程度	原价	购买年月	备考
被盖	棉	1床	炸烧	45元	29年9月	
青制服	棉	1套	炸烧	32元	29年9月	
麻制服	冲呢	1套	炸烧	36元	29年9月	
合计				113元		
被灾日期	5月16日	被灾地点	老关庙	原支薪额	30元	有无同居眷属	无

右〈上〉开损失物品确系被炸,谨报告

分局长李　转呈

局长唐　转呈

市长吴

　　　　　　　　　　　　　　　　　　　　报告人　余光占

　　　　　　　　　　　　　　　　　　　　三十年五月十六日

6) 重庆市政府警察局第一分局镇江寺所员役空袭损失私物报告表

物品名称	品质	数量	损失程度	原价	购买年月	备考
被盖	棉	1床	炸烧	58元	29年12月	
棉被毯		1床	炸烧	15元	29年12月	
青制服	哈机〔叽〕	1套	炸烧	38元	29年10月	
黄制服	哈机〔叽〕	1套	炸烧	42元	30年1月	
白衬衣	士〔土〕布	1件	炸烧	12元	30年1月	
芝麻布		1件	炸烧	21元	29年6月	
花线毯		1根	炸烧	25元	29年6月	
青线汗衣	毛线	1件	炸烧	25元	30年1月	
合计				236元		
被灾日期	5月16日	被灾地点	老关庙	原支薪额	□	有无同居眷属	无

右〈上〉开损失物品确系被炸,谨报告

分局长李　转呈

局长唐　转呈

市长吴

　　　　　　　　　　　　　　　　　　　　报告人　张定清

　　　　　　　　　　　　　　　　　　　　三十年五月十六日

7)重庆市政府警察局第一分局镇江寺所员役空袭损失私物报告表

物品名称	品质	数量	损失程度	原价	购买年月	备考
洋布衬衣	棉	1件	炸烧	20元	29年10月	
□长下装	棉	1条	炸烧	12元	29年10月	
合计				32元		
被灾日期	5月16日	被灾地点	老关庙	原支薪额	38元	有无同居眷属 无

右〈上〉开损失物品确系被炸,谨报告

分局长李　转呈

局长唐　转呈

市长吴

报告人　张仁甫

三十年五月十六日

8)重庆市政府警察局第一分局镇江寺所员役空袭损失私物报告表

物品名称	品质	数量	损失程度	原价	购买年月	备考
青大衣	棉	1件		50元	29年7月	
被盖		1床		56元	29年7月	
中山服		1套		36元	27年7月	
便鞋		1双		12元		
合计				154元		
被灾日期	5月16日	被灾地点	老关庙	原支薪额	40元	有无同居眷属

右〈上〉开损失物品确系被炸,谨报告

分局长李　转呈

局长唐　转呈

市长吴

报告人　蒋德三

三十年五月十六日

9）重庆市政府警察局第一分局镇江寺所员役空袭损失私物报告表

物品名称	品质	数量	损失程度	原价	购买年月	备考
被盖	棉质	1床	炸烧	55元	30年1月	
青制服		1套	炸烧	42元	29年8月	
长衫	棉	1件	炸烧	20元	29年8月	
合计				117元		
被灾日期	5月16日	被灾地点	老关庙	原支薪额	38元	有无同居眷属	无

右（上）开损失物品确系被炸，谨报告

分局长李　转呈

局长唐　转呈

市长吴

报告人　余绍贞

三十年五月十六日

10）重庆市政府警察局第一分局镇江寺所员役空袭损失私物报告表

物品名称	品质	数量	损失程度	原价	购买年月	备考
长衫	棉	1件	炸烧	20元	29年9月	
青制服	棉	1件	炸烧	32元	29年9月	
合计				52元		
被灾日期	5月16日	被灾地点	老关庙	原支薪额	30元	有无同居眷属	无

右（上）开损失物品确系被炸，谨报告

分局长李　转呈

局长唐　转呈

市长吴

报告人　戴连纯

三十年五月十六日

11) 重庆市政府警察局第一分局镇江寺所员役空袭损失私物报告表

物品名称	品质	数量	损失程度	原价	购买年月	备考
被盖	棉	1床	炸烧	40元	29年11月	
毛呢中山服	棉	1套	炸烧	35元	29年11月	
合计				75元		
被灾日期	5月16日	被灾地点	老关庙	原支薪额	38元	有无同居眷属	无

右〈上〉开损失物品确系被炸,谨报告

分局长李　转呈

局长唐　转呈

市长吴

　　　　　　　　　　　　　　　报告人　刘文辉

　　　　　　　　　　　　　　　三十年五月十六日

12) 重庆市政府警察局第一分局镇江寺所员役空袭损失私物报告表

物品名称	品质	数量	损失程度	原价	购买年月	备考
被盖	棉	1床	炸烧	40元	26年	
大花毯子	棉	1床	炸烧	28元	26年	
毛线帽子	毛	1顶	炸烧	10元	28年	
兰〔蓝〕布长衫	棉	2件	炸烧	50元	28年	
市布衬衫	棉	2件	炸烧	20元	28年	
合计				148元		
被灾日期	5月16日	被灾地点	老关庙	原支薪额	38元	有无同居眷属	无

右〈上〉开损失物品确系被炸,谨报告

分局长李　转呈

局长唐　转呈

市长吴

　　　　　　　　　　　　　　　报告人　王亚东

　　　　　　　　　　　　　　　三十年五月十六日

13) 重庆市政府警察局第一分局镇江寺所员役空袭损失私物报告表

物品名称	品质	数量	损失程度	原价	购买年月	备考
毛线汗衣	毛	1件	炸烧	40元	29年10月	
白衬衣	棉	1件	炸烧	20元	29年10月	
长衫	棉	1件	炸烧	30元	29年10月	
合计				90元		
被灾日期	5月16日	被灾地点	老关庙	原支薪额	38元	有无同居眷属	无

右〈上〉开损失物品确系被炸,谨报告

分局长李　转呈

局长唐　转呈

市长吴

　　　　　　　　　　　　　　　报告人　刘楷

　　　　　　　　　　　　　　　三十年五月十六日

14) 重庆市政府警察局第一分局镇江寺所员役空袭损失私物报告表

物品名称	品质	数量	损失程度	原价	购买年月	备考
被盖	棉	1床	炸烧	37元	30年1月	
中山服		1套	炸烧	60元	30年1月	
皮鞋		1双	炸烧	25元	30年1月	
合计				122元		
被灾日期	5月16日	被灾地点	老关庙派出所	原支薪额	38元	有无同居眷属	无

右〈上〉开损失物品确系被炸,谨报告

分局长李　转呈

局长唐　转呈

市长吴

　　　　　　　　　　　　　　　报告人　常学优

　　　　　　　　　　　　　　　三十年五月十六日

15）重庆市政府警察局第一分局镇江寺所员役空袭损失私物报告表

物品名称	品质	数量	损失程度	原价	购买年月	备考
被盖	棉	1床	炸烧	48元	29年12月	
合计				48元		
被灾日期	5月16日	被灾地点	老关庙	原支薪额	30元	有无同居眷属

右〈上〉开损失物确系被炸，谨报告

分局长李　转呈

局长唐　转呈

市长吴

　　　　　　　　　　　　　　　　　报告人　熊大成

　　　　　　　　　　　　　　　　　三十年五月十六日

16）重庆市政府警察局第一分局镇江寺所员役空袭损失私物报告表

物品名称	品质	数量	损失程度	原价	购买年月	备考
被盖	棉	1床	炸烧	53元	29年11月	
军被	棉	1床	炸烧	16元	29年11月	
衬衣	棉	1件	炸烧	17元	29年11月	
摇裤		1条	炸烧	6元	29年11月	
袜子		1双	炸烧	4元	29年11月	
中山服		1件	炸烧	17.5元	29年11月	
合计				113.5元		
被灾日期	5月16日	被灾地点	老关庙	原支薪额	30元	有无同居眷属

右〈上〉开损失物品确系被炸，谨报告

分局长李　转呈

局长唐　转呈

市长吴

　　　　　　　　　　　　　　　　　报告人　罗章华

　　　　　　　　　　　　　　　　　三十年五月十六日

17)重庆市政府警察局第一分局镇江寺所员役空袭损失私物报告表

物品名称	品质	数量	损失程度	原价	购买年月	备考
棉絮	棉	1床	炸烧	25元	29年8月	
青衣服	布	2套	炸烧	42元	29年元月	
合计				67元		
被灾日期	30年5月16日	被灾地点	镇江寺所	原支薪数目	36元	有无同居眷属

右〈上〉开损失物品确系炸烧,谨报告

分局长李　转呈

局长唐　转呈

市长吴

　　　　　　　　　　　　　　　　报告人　左绍泉

　　　　　　　　　　　　　　　　三十年五月十六日

18)重庆市政府警察局第一分局镇江寺所员役空袭损失私物报告表

物品名称	品质	数量	损失程度	原价	购买年月	备考
被盖	棉	1床	炸烧	36元	28年2月	
棉絮	棉	1床	炸烧	10元	28年2月	
礼帽		1顶	炸烧	20元	29年12月	
黄摇裤	哈机〔叽〕	1条	炸烧	10元	29年12月	
中山服	哈机〔叽〕	1套	炸烧	60元	29年12月	
衬衣	市布	1件	炸烧	18元	29年12月	
毛线汗衣		1件	炸烧	48元	28年9月	
青布背心		1件	炸烧	12元	28年9月	
下装	统绒	1件	炸烧	16元	28年9月	
青呢下装	毛呢	1件	炸烧	28元	28年9月	
黄皮鞋		1双	炸烧	32元	28年9月	
牙刷牙盅		各1具	炸烧	5元	28年9月	
袜子		1双	炸烧	4元	28年9月	
合计				299元		
被灾日期	5月16日	被灾地点	老关庙	原支薪数目	46元	有无同居眷属

续表

右〈上〉开损失物品确系被炸，谨报告
分局长李　转呈
局长唐　转呈
市长吴
报告人　贺孟鼎
三十年五月十六日

19）重庆市政府警察局第一分局镇江寺所员役空袭损失私物报告表

物品名称	品质	数量	损失程度	原价	购买年月日	备考
毛线汗衣		1件	炸烧	21元	28年9月	
被盖		2床	炸烧	共67元	29年11月22日	
牛毛毡		1床	炸烧	18元	29年11月10日	
礼帽	灰黑各1	2顶	炸烧	共37元	25年3月23日	
红面盆		1只	炸烧	20元	29年5月12日	
棉絮		1床	炸烧	5元	26年3月15日	
黑皮鞋		1双	炸烧	23元	26年3月15日	
面巾		2张	炸烧	共7元	26年3月15日	
白哈叽中衣		2件	炸烧	共6元	26年3月15日	
府绸衬衣		1件	炸烧	4元	26年3月15日	
篾挑箱		1只	炸烧	5元	26年3月15日	
瓷盅		1只	炸烧	7元	26年3月15日	
合计				220元		
被灾日期	5月16日	被灾地点	老关庙	原支薪数目	46元	有无同居眷属

右〈上〉开损失物品确系被炸，谨报告
分局长李　转呈
局长唐　转呈
市长吴
报告人　刘树辉
三十年五月十六日

20）重庆市政府警察局第一分局镇江寺所员役损失私物报告表

物品名称	品质	数量	损失程度	原价	购买年月	备考
被盖	布	1床	炸烧	45元	28年5月	
汗衣	布	2件	炸烧	36元	30年元月	
皮鞋	皮	1双	炸烧	46元	29年10月	
枕头	布	1个	炸烧	3元	29年10月	
合计				130元		
被灾日期	30年5月16日	被灾地点	镇江寺所	原支薪数目	36元	有无同居眷属	无

右〔上〕开损失物品确系被炸烧，谨报告

分局长李　转呈

局长唐　转呈

市长吴

报告人　陈树云

三十年五月十六日

21）重庆市政府警察局第一分局镇江寺所员役空袭损失私物报告表

物品名称	品质	数量	损失程度	原价	购买年月日	备考
被盖	布	1床	炸烧	34.7	28年7月	
汗衣	布	1套	炸烧	13	27年5月	
兰〔蓝〕布衫	布	2件	炸烧	36	27年4月	
合计				83		
被灾日期	30年5月16日	被灾地点	镇江寺所	原支薪数目	36元	有无同居眷属	无

右〔上〕开损失物品确系被炸烧，谨报告

分局长李　转呈

局长唐　转呈

市长吴

报告人　张中友

三十年五月十七日

22)重庆市警察局第一分局镇江寺所员役空袭损失私物报告表

物品名称	品质	数量	损失程度	原价	购买年月日	备考
青制服	哈叽	1套	全烧毁	42	29年10月	
衬衣	市布	1件	全烧毁	24	30年4月	
绵〔棉〕紧身	棉	1件	全烧毁	15	29年10月	
绵〔棉〕裤	棉	1条	全烧毁	13	29年10月	
女长夹衫	棉	1件	全烧毁	50	29年9月	
女长单衫	棉	1件	全烧毁	32	30年3月	
女短衫	棉	2套	全烧毁	74	30年3月	
被盖	棉	2床	全烧毁	120	29年9月	
毯子	棉	1床	全烧毁	25	29年9月	
炊具		全套	全烧毁	45	30年3月	
杂件			全烧毁	80	30年3月	
合计				520		
被灾日期	30年5月16日	被灾地点	千厮门当归码头21号	房屋被炸或震毁	炸烧	原支薪数目	80元	有无同居眷属	有

右〈上〉开损失物品确系被炸烧,谨报告

分局长李　转呈

局长唐　转呈

市长吴

报告人　阎传俊

三十年五月十七日

(0061—15—2733—1)

28. 重庆市警察局保安第一大队为报1941年5月16日第三中队员警空袭损失请予救济呈市警察局保安总队文(1941年5月31日)

案据第三中队长叶景文转据派驻市政府之分[队]长杜继成报称:"本月十六日敌机袭渝,职队宿舍厨房波及被毁,公私物损失甚多,除公物损失已另案呈报外,谨检同私物损失报告表10份报请鉴核,恳予救济"。等情。附私物损失报告表9份。据此,经查属实,理合备文报请鉴核,分别予以救济,实为德便。

　　谨呈

兼总队长唐

副总队长东方

1)重庆市政府警察局保安三中队员警差役空袭损失私物报告表

物品名称	品质	数量	损失程度	原价	购买年月	备考
灰制服	线	1套	炸毁	42	29年3月	
青皮鞋		1双	炸毁	23	30年3月	
面盆	磁	1口	炸毁	8.6	29年7月	
被灾日期	5月16日	被灾地点	川东师校内	房屋被炸或震毁	炸毁	原支薪俸数目	36元	有无同居眷属

　　右〈上〉开物品,确系因空袭被毁,谨报告

中队长叶　转呈

局长唐　核转

市长吴

　　　　　　重庆市警察局保安警察总队第一大队第三中队三等警　周移升

　　　　　　　　　　　　　　　　　　　　　三十年五月十七日

2)重庆市政府警察局保安三中队员警差役空袭损失私物报告表

物品名称	品质	数量	损失程度	原价	购买年月	备考
白市条子被单	洋布	1床	炸毁	19.2	18年2月	
青皮鞋		1双	炸毁	28	30年元月	
合计				47.2		
被灾日期	5月16日	被灾地点	川东师校内	房屋被炸或震毁	炸毁	原支薪俸数目	40元	有无同居眷属

　　右〈上〉开物品,确系因空袭被毁,谨报告

中队长叶　转呈

局长唐　核转

市长吴

　　　　　　重庆市警察局保安警察总队第一大队第三中队一等警　赵祥春

　　　　　　　　　　　　　　　　　　　　　三十年五月十七日

3)重庆市政府警察局保安三中队员警差役空袭损失私物报告表

物品名称	品质	数量	损失程度	原价	购买年月	备考
青夹衣		1套	炸毁	42	29年10月	
黄皮鞋		1双	炸毁	15	29年7月	
合计				57		
被灾日期	5月16日	被灾地点	川东师校内	房屋被炸或震毁	炸毁	原支薪俸数目	36元	有无同居眷属

右〈上〉开物品，确系因空袭被毁，谨报告

中队长叶　转呈

局长唐　核转

市长吴

　　　　　　　　　　重庆市警察局保安警察总队第一大队第三中队三等警　张远田

　　　　　　　　　　　　　　　　　　　　　　　　　　　　　三十年五月十七日

4)重庆市政府警察局保安三中队员警差役空袭损失私物报告表

物品名称	品质	数量	损失程度	原价	购买年月	备考
军毯	线	1床	炸毁	23	29年9月	
青制服	线	1件	炸毁	18	29年11月	
青皮鞋		1双	炸毁	19	29年2月	
合计				60		
被灾日期	5月16日	被灾地点	川东师校内	房屋被炸或震毁	炸毁	原支薪俸数目	38元	有无同居眷属

右〈上〉开物品，确系因空袭被毁，谨报告

中队长叶　转呈

局长唐　核转

市长吴

　　　　　　　　　　重庆市警察局保安警察总队第一大队第三中队二等警　张志德

　　　　　　　　　　　　　　　　　　　　　　　　　　　　　三十年五月十七日

5)重庆市政府警察局保安三中队员警差役空袭损失私物报告表

物品名称	品质	数量	损失程度	原价	购买年月	备考
衬衣	洋布	2件		21	29年8月	

续表

物品名称	品质	数量	损失程度	原价	购买年月	备考
黄制服	线	1套	炸毁	35	29年2月	
青皮鞋		1双	炸毁	18	30年2月	
合计				74		
被灾日期	5月16日	被灾地点	川东师校内	房屋被炸或震毁	炸毁	原支薪俸数目	36元	有无同居眷属	

右〈上〉开物品，确系因空袭被毁，谨报告

中队长叶　转呈

局长唐　核转

市长吴

　　　　　　重庆市警察局保安警察总队第一大队第三中队三等警　杨元发

　　　　　　　　　　　　　　　　　　　　　　三十年五月十七日

6) 重庆市政府警察局保安三中队员警差役空袭损失私物报告表

物品名称	品质	数量	损失程度	原价	购买年月	备考
青线布中山服		1套	炸毁	45	29年8月	
军毯	线	1条	炸毁	15	18年2月	
合计				60		
被灾日期	5月16日	被灾地点	川东师校内	房屋被炸或震毁	炸毁	原支薪俸数目	40元	有无同居眷属	

右〈上〉开物品，确系因空袭被毁，谨报告

中队长叶　转呈

局长唐　核转

市长吴

　　　　　　重庆市警察局保安警总队第一大队第三中队一等警　张福顺

　　　　　　　　　　　　　　　　　　　　　　三十年五月十七日

7) 重庆市政府警察局保安三中队员警差役空袭损失私物报告表

物品名称	品质	数量	损失程度	原价	购买年月	备考
床单	线	1条	炸毁	22	29年3月	
青皮鞋		1双	炸毁	29	30年2月	
芝麻呢制服	线	1套	炸毁	47	29年12月	

续表

物品名称	品质	数量	损失程度	原价	购买年月	备考
合计				98		
被灾日期	5月16日	被灾地点	川东师校内	房屋被炸或震毁	炸毁	原支薪俸数目	40元	有无同居眷属

右〈上〉开物品,确系因空袭被毁,谨报告

中队长叶　转呈

局长唐　核转

市长吴

重庆市警察局保安警察总队第一大队第三中队一等警　陈振东

三十年五月十七日

8) 重庆市政府警察局保安三中队员警差役空袭损失私物报告表

物品名称	品质	数量	损失程度	原价	购买年月	备考
面盆	搪瓷	1个	失踪	14.5	29年2月	
便装	洋布	1套	失踪	32	29年5月	
合计				46.5		
被灾日期	5月16日	被灾地点	川东师校内	房屋被炸或震毁	炸毁	原支薪俸数目	46元	有无同居眷属

右〈上〉开物品,确系因空袭被毁,谨报告

中队长叶　转呈

局长唐　核转

市长吴

重庆市警察局保安警察总队第一大队第三中队三等警长　杜广才

三十年五月十七日

9) 重庆市政府警察局保安三中队员警差役空袭损失私物报告表

物品名称	品质	数量	损失程度	原价	购买年月	备考
白被单	洋布	1条	失踪	15.5	30年3月	
中山服	青线布	1套	失踪	44	29年5月	
合计				59		
被灾日期	5月16日	被灾地点	川东师校内	房屋被炸或震毁	炸毁	原支薪俸数目	40元	有无同居眷属

续表

右〈上〉开物品,确系因空袭被毁,谨报告 中队长叶 转呈 局长唐 核转 市长吴 　　　　　　重庆市警察局保安警察总队第一大队第三中队一等警 刘俊德 　　　　　　　　　　　　　　　　三十年五月十七日

10) 重庆市政府警察局保安三中队员警差役空袭损失私物报告表

物品名称	品质	数量	损失程度	原价	购买年月	备考
热水瓶	瓷	1个	失踪	23.2	29年11月	
面盆	搪瓷	1个	失踪	8.3	28年7月	
黄制服	哈叽	1套	失踪	108	30年4月	
卧单	线布	1床	失踪	21.3	29年8月	
绒毯		1条	失踪	20	28年10月	
合计				180.8		
被灾日期	5月16日	被灾地点	川东师校内	房屋被炸或震毁	炸毁	原支薪俸数目 120元	有无同居眷属

右〈上〉开物品,确系因空袭被毁,谨报告

中队长叶 转呈

局长唐 核转

市长吴

　　　　　　重庆市警察局保安警察总队第一大队第三中队分队长 杜继成

　　　　　　　　　　　　　　　　三十年五月十七日

(0061—15—2207—1)

29. 重庆市警察局第十区署为报廖用尊1941年6月1日空袭损失请予救济呈市警察局文(1941年6月7日)

窃据本署干事廖用尊签呈称:"窃职住居本市第四区骡马店镇新民街第44号,于六月一日敌机袭渝被遭炸毁,所有伽〔家〕具动用及衣被等项悉行炸毁。职所得月薪甚微,遭此重大损失,无法补救,理合填具损失报告表1份,报请钧座俯赐鉴核,转请予以救济,静候示遵。谨呈。等情。附呈损失报告

表1份"。据此,经查属实,应照原例予以补救。所呈前呈,理合检同损失报告表1份,报请钧局鉴核,转请补救,伏乞示遵。

  谨呈

局长唐

              兼区长 徐 澍

              副区长 刘兆风

重庆市政府警察局第十区员警差役空袭损失私物报告表

物品名称	品质	数量	损失程度	原价	购买年月	备考
木厂床		1间	全毁	85	29年11月	
衣架		1个	全毁	15	29年11月	
方桌		2张	全毁	65	29年11月	
方凳		10个	全毁	50	29年11月	
小柜子		1对	全毁	38	29年9月	
凉椅		2把	全毁	22	29年12月	
木椅		2把	全毁	24	29年12月	
茶桌		1张	全毁	16	29年12月	
条凳		4根	全毁	12	29年12月	
被盖		2床	全毁	126	29年10月 30年3月	
花毯		1根	全毁	50	30年1月	
枕头		2对	全毁	28	29年12月	
青篾席		2根	全毁	26	30年3月	
旧棉絮		2床	全毁	24	27年5月	
阴丹布旗袍		1件	全毁	45	□年□月	
蓝布旗袍		1件	全毁	21.5	29年12月	
花布女汗衣		3件	全毁	34.5	30年2月	
府绸衬裤		2件	全毁	52	30年2月	
黄哈机〔叽〕中山服		1套	全毁	28	29年11月	
灰哈机〔叽〕中山服		1套	全毁	42	30年3月	
棉织男袜		3双	全毁	12	30年4月	
花麻纱旗袍		2件	全毁	48	30年4月	

续表

物品名称	品质	数量	损失程度	原价	购买年月	备考
皮箱		1口	全毁	36	30年2月	
铁锅		1口	全毁	18	29年10月	
碗盏		30余件	全毁	49.6	29年12月	
窑器		20余件	全毁	37	29年10、12,30年1、2各月	
漱口盂		1个	全毁	9	30年3月	
洗面盆		1个	全毁	18	29年12月	
牙刷		2把	全毁	8	30年2月	
茶杯		4个	全毁	12	30年1月	
温水瓶		1个	全毁	28	29年12月	
呢帽		1顶	全毁	22	29年10月	
合计				1109.6		
被灾日期	6月1日	被灾地点	骡马店新民街第44号	房屋被炸或震毁	完全震塌	原支薪俸数目	60元	有无同居眷属	3人

右〈上〉开物品,确系因空袭被毁,谨报告

兼区长徐澍　转呈

局长唐　核转

市长吴

重庆市第十区署干事　廖用尊

三十年六月五日

（0061—15—2207—1）

30. 重庆市警察局会计室为报1941年6月2日员警空袭损失请予救济给市警察局的签呈（1941年6月5日）

查六月二日寇机袭渝,职室比邻之陪都建设计划委员会中弹起火,当经本局消防保安两队员警奋勇抢救,旋即扑灭。值此火焰方张之际,该两队员警因恐火头连接,将职室办公房屋瓦面及桷檐拆毁一部,同时复将公私物件纷纷搬往体育广场及后门官井巷中,意在避免波及,唯当时救火急迫,物件无人照管,殆〔迨〕警报解除后前往清厘时,各职员差役私人衣物及办公用具均有损失。查该员役等奉职本室,待遇微薄,每月收入仅敷零星用度,岂有余资堪以添置,兹谨将各该员役等损失私物报告表缮具1份,连同公物损失清单1份,随文赍请察核转报市府拨发空袭损失费,以资救济而勉赔。至损失各项公物均系日常办公必需之品,拟恳钧座转饬总务科庶务股迅即购置,以备应用。是否有当,理合签请鉴核示遵。

  谨呈

局长唐

计各职员役等损失私物报告表26份,公物损失清单1份(原缺)

职 龚焕群

1)重庆市政府警察局会计室员警差役空袭损失私物报告表

物品名称	品质	数量	损失程度	原价	购买年月	备考
被盖	棉织	1床	全部损失	20	29年10月	
卧单	棉织	1床	全部损失	15	30年1月	
青中山服	棉织	1套	全部损失	30	29年4月	
合计				65		

| 被灾日期 | 30年6月2日 | 被灾地点 | 保安路 | 房屋被炸或震毁 | 陪都建设委员会被烧略受灾 | 原支薪俸数目 | 30元 | 有无同居眷属 | |

右〈上〉开物品,确系因空袭被毁,谨报告

主任龚 转呈

局长唐 核转

市长吴

公差 张国安
三十年六月三日

2)重庆市政府警察局会计室员警差役空袭损失私物报告表

物品名称	品质	数量	损失程度	原价	购买年月	备考
蓝洋布	棉织	1套	全部损失	20	28年5月	
白洋布	棉织	1套	全部损失	16	30年4月	
棉絮	棉织	1床	全部损失	10	29年10月	

续表

物品名称	品质	数量	损失程度	原价	购买年月	备考
合计				46		
被灾日期 30年6月2日		被灾地点 保安路	房屋被炸或震毁	陪都建设委员会被烧略受灾	原支薪俸数目 30元	有无同居眷属

右〈上〉开物品,确系因空袭被毁,谨报告

主任龚　转呈
局长唐　核转
市长吴

公差　赵吴氏
三十年六月三日

3) 重庆市政府警察局会计室员警差役空袭损失私物报告表

物品名称	品质	数量	损失程度	原价	购买年月	备考
毯子	布	1床	全部损失	32	29年11月6日	
面巾	线	1张	全部损失	2.5	30年5月7日	
面盆	洋瓷	1口	全部损失	28	30年1月18日	
胶鞋	白帆布	1双	全部损失	20	30年4月23日	
衬衫	白府绸	1件	全部损失	30	30年3月10日	
袜子	线	2双	全部损失	6	30年5月27日	
合计				118.5		
被灾日期 6月2日		被灾地点 本室	房屋被炸或震毁	拆毁	原支薪俸数目 80元	有无同居眷属

右〈上〉开物品,确系因空袭被毁,谨报告

主任龚　转呈
局长唐　核转
市长吴

雇员　王奕秋
三十年六月三日

4）重庆市政府警察局会计室员警差役空袭损失私物报告表

物品名称	品质	数量	损失程度	原价	购买年月	备考
枕头	布	1对	全部损失	30	30年4月2日	陪都建设计划委员会中弹被焚，本室遭受波及，因而遗失
胶鞋	白帆布	1双	全部损失	25	30年5月1日	
面盆	洋磁	1个	全部损失	26.5	29年8月5日	
毛巾		1张	全部损失	3.5	29年12月30日	
胰盒	树胶	1个	全部损失	5.4	30年3月3日	
镜子	树胶	1口	全部损失	10	30年3月3日	
女衫	妥布	2件	全部损失	52	30年4月16日	
合计				152.4		
被灾日期	30年6月2日	被灾地点	本室	房屋被炸或震毁	拆毁	原支薪俸数目	66元	有无同居眷属	无

右〈上〉开物品，确系因空袭被毁，谨报告

主任龚　转呈
局长唐　核转
市长吴

办事员　孔令璠

三十年六月三日

5）重庆市政府警察局会计室员警差役空袭损失私物报告表

物品名称	品质	数量	损失程度	原价	购买年月	备考
青卡〔咔〕叽制服		1套	全部损失	60	30年4月	
花府绸衬衫		1件	全部损失	30	30年5月	
白府绸衬衫		1件	全部损失	26	30年5月	
面巾		1张	全部损失	4	30年4月	
合计				120		
被灾日期	30年6月2日	被灾地点	会计室	房屋被炸或震毁	拆毁	原支薪俸数目	100元	有无同居眷属	无

右〈上〉开物品，确系因空袭被毁，谨报告

主任龚　转呈
局长唐　核转
市长吴

警察局办事员　李炳丰

三十年六月三日

6)重庆市政府警察局会计室员警差役空袭损失私物报告表

物品名称	品质	数量	损失程度	原价	购买年月	备考
皮鞋	小牛皮	1双	全部损失	75	30年4月	
面盆	洋磁	1个	全部损失	38	30年1月	
力士鞋	帆布胶底	1双	全部损失	17	29年9月	
洗口杯	洋磁	1个	全部损失	3	29年2月	
牙刷	国货	1把	全部损失	2	30年4月	
合计				135		
被灾日期	30年6月2日	被灾地点	保安路	房屋被炸或震毁	陪都建设委员会被烧略受灾	原支薪俸数目	120元	有无同居眷属	

右〈上〉开物品,确系因空袭被毁,谨报告

主任龚　转呈

局长唐　核转

市长吴

重庆市警察局会计室办事员　卢耀祖

三十年六月三日

7)重庆市政府警察局会计室员警差役空袭损失私物报告表

物品名称	品质	数量	损失程度	原价	购买年月	备考
中山服	德国黄哈叽	1套	全部损失	94	30年3月	
黑皮鞋	香港厂皮	1双	全部损失	75	30年2月	
布毯	白色印花斜纹	1张	全部损失	30	30年2月	
合计				199		
被灾日期	30年6月2日	被灾地点	保安路	房屋被炸或震毁	陪都建设委员会被焚波及	原支薪俸数目	110元	有无同居眷属	无

右〈上〉开物品,确系因空袭被毁,谨报告

主任龚　转呈

局长唐　核转

市长吴

会计室办事员　蒋先国

三十年六月三日

8）重庆市政府警察局会计室员警差役空袭损失私物报告表

物品名称	品质	数量	损失程度	原价	购买年月	备考
衬衣	府绸	1件	全部损失	25	30年4月	
青毕机〔哔叽〕上装	毛	1件	全部损失	150	30年4月	
面盆	磁	1口	全部损失	23	29年4月	
袜子	棉	1双	全部损失	3	30年1月	
短裤	棉	1条	全部损失	3.5	30年2月	
鞋子	毛织贡	1双	全部损失	30	30年2月	
手巾	棉	1块	全部损失	1.5	30年5月	
合计				236		
被灾日期	30年6月2日	被灾地点	保安路	房屋被炸或震毁	震毁	原支薪俸数目 130元	有无同居眷属 无

右〈上〉开物品，确系因空袭被毁，谨报告

主任龚　转呈

局长唐　核转

市长吴

办事员　丘昌文

三十年六月三日

9）重庆市政府警察局会计室员警差役空袭损失私物报告表

物品名称	品质	数量	损失程度	原价	购买年月	备考
旅行袋	红布	1个	被窃	2	29年6月	内盛各物如左〈下〉
长桶〔筒〕女袜	鸭绒	2〔3〕双	被窃	42	28年冬购2双 29年冬购1双	每双价8元，2双共16元。每双价26元
长袖女旗袍	海昌蓝布织	2件		36.1	30年旧历元月	
长袖对襟女汗衣	白哔叽	2件		13	30年旧历元月	
黑外衣	绒线	1件		72	29年11月	
面巾	丝毛	2张		18	30年6月	
新布鞋	毛哔叽	1双		24	30年3月	
漱口杯子	玻璃	1只	震破	3.6	29年1月	

续表

物品名称	品质	数量	损失程度	原价	购买年月	备考
牙刷	三星	1只	失掉	4	30年5月	
茶壶	磁□	1个	震破	9	30年1月	
合计				224.4		
被灾日期	30年6月2日	被灾地点	隔壁陪都建设委员会中烧夷弹起火	房屋被炸或震毁	房屋接火□□□球场内被窃	原支薪俸数目	110元	有无同居眷属

右〈上〉开物品,确系因空袭被毁,谨报告

主任龚　转呈
局长唐　核转
市长吴

警察局会计室办事员　戴越超
三十年六月三日

10)重庆市政府警察局会计室员警差役空袭损失私物报告表

物品名称	品质	数量	损失程度	原价	购买年月	备考
雨衣	晴雨布	1件	全部损失	80	29年8月	
三节电筒	三羊牌	1件	全部损失	25	29年4月	
花府绸衬衫		1件	全部损失	38	30年5月	
衬衫	白府绸	1件	全部损失	25	29年6月	
袜子	麻纱	2双	全部损失	12	29年11月	
棉絮	平价	1床	全部损失	10	30年1月	
面巾		2张	全部损失	3.2	30年5月	
脸盆		1个	全部损失	20	28年11月	
合计				213		
被灾日期	30年6月2日	被灾地点	保安路	房屋被炸或震毁	受波及	原支薪俸数目	160元	有无同居眷属

右〈上〉开物品,确系因空袭被毁,谨报告

主任龚　转呈
局长唐　核转
市长吴

会计室科员　蓝伯□
三十年六月三日

11) 重庆市政府警察局会计室员警差役空袭损失私物报告表

物品名称	品质	数量	损失程度	原价	购买年月	备考
军毡		1床	全部损失	60	30年2月	六月二日邻居陪都建设计划委员会被敌机炸毁波及本室，上列各物致被宵小窃去
白便服	市布	1套	全部损失	38	30年4月	
中山服	灰帆布	1套	全部损失	45	29年8月	
面盆	搪磁	1个	全部损失	30	29年6月	
合计				173		
被灾日期	6月2日	被灾地点	中营街本局会计室	房屋被炸或震毁	拆毁	原支薪俸数目	160元	有无同居眷属	无

右〈上〉开物品，确系因空袭被毁，谨报告

主任龚　转呈

局长唐　核转

市长吴

　　　　　　　　　　　　　　　重庆市警察局会计室科员　刘漱泉
　　　　　　　　　　　　　　　　　　　　　　三十年六月三日

12) 重庆市政府警察局会计室员警差役空袭损失私物报告表

物品名称	品质	数量	损失程度	原价	购买年月	备考
中山服	黄哗叽	1套	全部损失	80	29年6月	
黑皮鞋	代象□	1双	全部损失	64	29年11月	
短裤汗衫	白麻纱	1件	全部损失	16	29年7月	
衬衣衬裤	标准布	1套	全部损失	32	30年5月	

以上各物均放于寝室内，因邻居陪都建设计划委员会不幸于六月二日中敌烧弹，房屋被烧毁，本室拆毁一部，以致被窃

合计				192		
被灾日期	6月2日	被灾地点	保安路本局会计室	房屋被炸或震毁	拆毁一部	原支薪俸数目	130元	有无同居眷属	无

续表

右〈上〉开物品确系因空袭被毁,谨报告

主任龚　转呈

局长唐　核转

市长吴

　　　　　　　　　　　重庆市警察局会计室科员　陈远夫
　　　　　　　　　　　　　　　　　　　三十年六月三日

13)重庆市政府警察局会计室员警差役空袭损失私物报告表

物品名称	品质	数量	损失程度	原价	购买年月	备考
黄皮鞋	厂皮	1双	全部损失	85	30年2月2日	陪都建设计划委员会中弹被焚,本室遭受波及因而损失
皮拖鞋	厂皮	1双	全部损失	18	30年2月2日	
凉席	箅质	1床	全部损失	15	30年5月1日	
漱口盅	洋磁	1个	全部损失	10	30年3月18日	
牙膏	黑人	1瓶	全部损失	2.5	30年5月30日	
胶鞋	青帆布	1双	全部损失	26	30年4月2日	
合计				156.5		
被灾日期	30年6月2日	被灾地点	本室	房屋被炸或震毁	拆毁	原支薪俸数目	160元	有无同居眷属	无

右〈上〉开物品,确系因空袭被毁,谨报告

主任龚　转呈

局长唐　核转

市长吴

　　　　　　　　　　　　　　会计室科员　马成德
　　　　　　　　　　　　　　　　三十年六月三日

(0061—15—2270—1)

31. 重庆市警察局为报告第四分局观音岩所员警1941年6月2日空袭损失请予救济呈市政府文(1941年6月16日)

案据第四分局分局长郭晴岚呈称:"查本年六月二日敌机袭渝,观音岩分驻所直接中弹,房屋全毁,公私损失颇巨,除公物损失业已先行呈报有案,所有员警伕役私物均受损失。兹据该所详实调查，遵照规定，造具员役空袭损失私物报告表各3份前来，理合备文转呈钧局核转"。等情。附员警损失表各2份。据此，经查属实，理合检同原表45份、汇报册1份，具文呈请钧府鉴核示遵。

　　谨呈
市长吴
附第四分局观音岩所员警损失表45份、汇报册1份

1）重庆市政府员役空袭损失私物报告表

物品名称	品质	数量	损失程度	原价	购买年月	备考
棉被	海□缎面	1床	房间门口中1炸弹全部炸毁	148	30年2月	
单被	白市布	1床	房间门口中1炸弹全部炸毁	46	30年2月	
皮鞋	文皮	1双	房间门口中1炸弹全部炸毁	12	30年4月	
面盆	磁	1只	房间门口中1炸弹全部炸毁	35	29年10月	
口盅	磁	1只	房间门口中1炸弹全部炸毁	5	29年10月	
书籍		45	房间门口中1炸弹全部炸毁	150	先后购买	
褥子	羊毛	1床	房间门口中1炸弹全部炸毁	180	29年7月	
制服	毕机〔哔叽〕	1套	房间门口中1炸弹全部炸毁	220	30年2月	
合计				796		
被炸日期	30年6月2日	被灾地点	中一路93号	房屋被炸或震毁	被炸	原支薪俸数目	120元	有无同居眷属	有

续表

右〈上〉开物品,确系因空袭被毁,谨报告
分局长郭　转呈
局长唐　转呈
市长吴
重庆市警察局第四分局观音岩分驻所所长　贾玉印
三十年六月三日

2) 重庆市政府员役空袭损失私物报告表

物品名称	品质	数量	损失程度	原价	购买年月	备考
单木床	黄色	1床	炸毁	22	30年1月	
面盆	白磁	1个	炸毁	8	29年10月	
面巾	花色	1件	炸毁	3	30年3月	
肥皂	白色	1块	炸毁	1.1	30年4月	
总裁言论	京〔精〕装	全套	炸毁	6	29年10月	
合计				40.1		
被炸日期	30年6月2日	被灾地点	中一路93号	房屋被炸或震毁	炸毁	原支薪俸数目	110元	有无同居眷属	有

右〈上〉开物品,确系因空袭被毁,谨报告
分局长郭　转呈
局长唐　转呈
市长吴
重庆市警察局第四分局观音岩分驻所二等巡官　秦述高
三十年六月三日

3) 重庆市政府员役空袭损失私物报告表

物品名称	品质	数量	损失程度	原价	购买年月	备考
垫褥	白市布	1床	炸成破片	60	29年10月	
面盆	磁	1个	全毁	32	30年2月	
中盅	磁	1个	全毁	8	30年2月	
毛巾		1条	全毁	3	30年2月	
衬衣裤	府绸	1套	全毁	28	30年3月	
合计				131		

续表

被炸日期	30年6月2日	被灾地点	中一路93号	房屋被炸或震塌	被炸	原支薪俸数目	50元	有无同居眷属	无
右〈上〉开物品,确系因空袭被毁,谨报告									
分局长郭　转呈									
局长唐　转呈									
市长吴									
重庆市警察局第四分局观音岩分驻所三等雇员　杨伯亮									
三十年六月三日									

4)重庆市政府员役空袭损失私物报告表

物品名称	品质	数量	损失程度	原价	购买年月	备考
面盆	磁	1个	炸毁	28.5	30年4月	
衬衣	府绸	1件	炸毁	23	30年3月	
面巾		1块	炸毁	5	30年5月	
竹箱		1挑	炸毁	18	30年4月	
牙刷		1把	炸毁	3.2	30年4月	
牙膏	黑人	1盒	炸毁	3	30年5月	
合计				80.7		

被炸日期	30年6月2日	被灾地点	中一路93号	房屋被炸或震塌	炸毁	原支薪俸数目	50元	有无同居眷属	无
右〈上〉开物品,确系因空袭被毁,谨报告									
分局长郭　转呈									
局长唐　转呈									
市长吴									
重庆市警察局第四分局观音岩分驻所一等特务警长　彭先仲									
三十年六月三日									

5)重庆市政府员役空袭损失私物报告表

物品名称	品质	数量	损失程度	原价	购买年月	备考
中山服	青布	1套	全炸毁	35	29年12月	
棉被	白色	1床	全炸毁	40	28年5月	
衬衣	白市布	2件	全炸毁	32	30年2月	
洋袜	青色	2双	全炸毁	7	30年2月	
短裤	哈机〔叽〕	1条	全炸毁	8	30年2月	
木箱	黑色	1个	全炸毁	6	29年	
胶鞋	金口牌	1双	全炸毁	19	29年10月	
合计				147		
被炸日期	30年6月2日	被灾地点	中一路93号	房屋被炸或震塌	被炸	原支薪俸数目	46元	有无同居眷属	有

右〈上〉开物品,确系因空袭被毁,谨报告

分局长郭　转呈

局长唐　转呈

市长吴

　　　　　　　　　重庆市警察局第四分局观音岩分驻所二等警长　萧正忠

　　　　　　　　　　　　　　　　　　　　　三十年六月三日

6)重庆市政府员役空袭损失私物报告表

物品名称	品质	数量	损失程度	原价	购买年月	备考
皮鞋	黑皮	1双	全毁	32	29年10月	
牙刷	牛骨	1把	全毁	2.2	30年4月	
面巾	白线	1条	全毁	2.6	30年4月	
中山制服	毕机〔哔叽〕	1套	全毁	60	30年4月	
摇裤	黄呢	1件	全毁	20	30年4月	
合计				116.8		
被炸日期	30年6月2日	被灾地点	中一路93号	房屋被炸或震毁	全毁	原支薪俸数目	42元	有无同居眷属	无

右〈上〉开物品,确系因空袭被毁,谨报告

分局长郭　转呈

局长唐　转呈

市长吴

　　　　　　　　　重庆市警察局第四分局观音岩分驻所三等警长　刘首中

　　　　　　　　　　　　　　　　　　　　　三十年六月三日

7) 重庆市政府员役空袭损失私物报告表

物品名称	品质	数量	损失程度	原价	购买年月	备考
中山制服	条子呢	1套	全部不见	65	29年	
衬衣	白市布	4件	全毁	24	30年	
面巾	白色	2根	全毁	6	30年	
毛毯	白色羊毛	1床	全毁	20	27年	
棉被	白市布	1床	全毁	50	28年	
黑皮鞋	黑色	1双	全毁	30	29年	
脸盆	蓝花	1个	全毁	20	30年	
合计				215		
被炸日期	30年6月2日	被灾地点	中一路93号	房屋被炸或震塌	炸毁	原支薪俸数目	40元	有无同居眷属	无

右〈上〉开物品,确系因空袭被毁,谨报告

分局长郭　转呈

局长唐　转呈

市长吴

　　　　　　　重庆市警察局第四分局观音岩分驻所一等特务警士　赵权成

　　　　　　　　　　　　　　　　　　　　　　　　三十年六月三日

8) 重庆市政府员役空袭损失私物报告表

物品名称	品质	数量	损失程度	原价	购买年月	备考
被盖	土布	1床	全毁	50	29年10月	
中山制服	芝麻呢	1套	全毁	40	29年10月	
皮鞋	黑皮	1双	全毁	35	29年10月	
面巾	白线	1条	全毁	2	29年10月	
衬衣	白市布	1件	全毁	10	29年10月	
合计				137		
被炸日期	30年6月2日	被灾地点	中一路93号	房屋被炸或震塌	炸毁	原支薪俸数目	38元	有无同居眷属	无

右〈上〉开物品,确系因空袭被毁,谨报告

分局长郭　转呈

局长唐　转呈

市长吴

　　　　　　　重庆市警察局第四分局观音岩分驻所三等警士　何耀卿

　　　　　　　　　　　　　　　　　　　　　　　　三十年六月三日

9) 重庆市政府员役空袭损失私物报告表

物品名称	品质	数量	损失程度	原价	购买年月	备考
中山服上装	黄充毕机〔哔叽〕	1件	炸毁全损	25	30年4月	
制服	黄充毕机〔哔叽〕	1套	炸毁全损	38	29年	
衬衣	府绸	1件	炸毁全损	23	30年5月	
衬衣	洋布	2件	炸毁全损	28	29年	
青鞋	青布	1双	炸毁全损	8	30年4月	
袜子		1双	炸毁全损	3	30年4月	
皮箱		1只	炸成破片	26	29年	
合计				151		
被炸日期	30年6月2日	被灾地点	中一路93号	房屋被炸或震塌	被炸	原支薪俸数目	38元	有无同居眷属	无

右〈上〉开物品,确系因空袭被毁,谨报告

分局长郭　转呈

局长唐　转呈

市长吴

　　　　　　　　　　重庆市警察局第四分局观音岩分驻所二等警士　庞展骥

　　　　　　　　　　　　　　　　　　　　　　　　　　　三十年六月三日

10) 重庆市政府员役空袭损失私物报告表

物品名称	品质	数量	损失程度	原价	购买年月	备考
制服	充毛毕机〔哔叽〕	1套	全部炸毁	80	29年2月	
衬衣	白布	2件	全部炸毁	25	30年1月	
皮鞋	黄色	1双	全部炸毁	45	30年2月	
棉被		1床	全部炸毁	56	29年10月	
面巾		1根	全部炸毁	2.5	30年4月	
合计				208.5		
被炸日期	30年6月2日	被灾地点	中一路93号	房屋被炸或震塌	被炸	原支薪俸数目	36元	有无同居眷属	无

右〈上〉开物品,确系因空袭被毁,谨报告

分局长郭　转呈

局长唐　转呈

市长吴

　　　　　　　　　　重庆市警察局第四分局观音岩分驻所三等警士　刘德华

　　　　　　　　　　　　　　　　　　　　　　　　　　　三十年六月三日

11) 重庆市政府员役空袭损失私物报告表

物品名称	品质	数量	损失程度	原价	购买年月	备考
棉被	白市布	1床	炸成破片	60	29年10月	
制服	冲毕机〔哔叽〕	1套	炸毁	35	29年7月	
合计				95		
被炸日期	30年6月2日	被灾地点	中一路93号	房屋被炸或震毁	被炸	原支薪俸数目	36元	有无同居眷属	无

右〈上〉开物品，确系因空袭被毁，谨报告

分局长郭　转呈

局长唐　转呈

市长吴

　　　　　　　　　　重庆市警察局第四分局观音岩分驻所三等警士　姚武
　　　　　　　　　　　　　　　　　　　　　　　　三十年六月三日

12) 重庆市政府员役空袭损失私物报告表

物品名称	品质	数量	损失程度	原价	购买年月	备考
便衣	民星呢	2件	全毁	86	29年8月	
学生服	芝麻呢	1套	全毁	45	29年12月	
衬衣	府绸	2件	全毁	66	30年4月	
被盖	绸面	1床	全毁	110	29年8月	
皮鞋	黑皮	2双	全毁	80	30年2月	
面巾	白线	2条	全毁	46	30年2月	
合计				429		
被炸日期	30年6月2日	被灾地点	中一路93号	房屋被炸或震塌	被炸	原支薪俸数目	38元	有无同居眷属	无

右〈上〉开物品，确系因空袭被毁，谨报告

分局长郭　转呈

局长唐　转呈

市长吴

　　　　　　　　　　重庆市警察局第四分局观音岩分驻所二等警士　陈伯华
　　　　　　　　　　　　　　　　　　　　　　　　三十年六月三日

13) 重庆市政府员役空袭损失私物报告表

物品名称	品质	数量	损失程度	原价	购买年月	备考
中山制服	培呢式	1件	全毁	32.6	30年3月4日	
皮鞋	□皮	1双	全毁	50	30年4月18日	
卧单	白洋布	1床	全毁	12	30年1月8日	
面巾	白色	1条	全毁	1.8	30年12月5日	
牙刷	白色黑人	1把	全毁	2.3	30年2月4日	
茶杯	白磁	1个	全毁	6	29年4月6日	
合计				104.7		
被炸日期	30年6月2日	被灾地点	中一路93号	房屋被炸或震塌	炸毁	原支薪俸数目	38元	有无同居眷属	有

右〈上〉开物品,确系因空袭被毁,谨报告

分局长郭　转呈

局长唐　转呈

市长吴

　　　　　　　　　　重庆市警察局第四分局观音岩分驻所行政三等警士　孔范增

　　　　　　　　　　　　　　　　　　　　　　　　　　　三十年六月三日

14) 重庆市政府员役空袭损失私物报告表

物品名称	品质	数量	损失程度	原价	购买年月	备考
中山服	芝麻呢	1套	炸毁	29	30年	
面巾	白色	1条	炸毁	3	30年	
牙刷	白色黑人	2个	炸毁	5	30年	
合计				37		
被炸日期	30年6月2日	被灾地点	中一路93号	房屋被炸或震塌	炸毁	原支薪俸数目	36元	有无同居眷属	无

右〈上〉开物品,确系因空袭被毁,谨报告

分局长郭　转呈

局长唐　转呈

市长吴

　　　　　　　　　　重庆市警察局第四分局观音岩分驻所三等警士　袁绍成

　　　　　　　　　　　　　　　　　　　　　　　　　　　三十年六月三日

15）重庆市政府员役空袭损失私物报告表

物品名称	品质	数量	损失程度	原价	购买年月	备考
制服	麻呢	1套	全毁	50	30年3月	
面巾	白色	1根	全毁	2	30年2月	
鞋	贡呢	1双	全毁	12	30年正月	
合计				64		
被炸日期	30年6月2日	被灾地点	中一路93号	房屋被炸或震塌	炸毁	原支薪俸数目	36	有无同居眷属	无

右〈上〉开物品，确系因空袭被毁，谨报告

分局长郭　转呈

局长唐　转呈

市长吴

　　　　　　　　　重庆市警察局第四分局观音岩分驻所三等警士　李名扬

　　　　　　　　　　　　　　　　　　　　　　三十年六月三日

16）重庆市政府员役空袭损失私物报告表

物品名称	品质	数量	损失程度	原价	购买年月	备考
中山服	芝麻呢	1套	全部炸毁	46	29年11月	
衬衬〔衣〕	柳条布	1件	全部炸毁	16	30年2月	
背心	羊毛线	1件	全部炸毁	38	30年2月	
袜子		2双	全部炸毁	4	30年2月	
合计				104		
被炸日期	30年6月2日	被灾地点	中一路93号	房屋被炸或震塌	炸毁	原支薪俸数目	36元	有无同居眷属	无

右〈上〉开物品，确系因空袭被毁，谨报告

分局长郭　转呈

局长唐　转呈

市长吴

　　　　　　　　　重庆市警察局第四分局观音岩分驻所三等警士　冯志高

　　　　　　　　　　　　　　　　　　　　　　三十年六月三日

17）重庆市政府员役空袭损失私物报告表

物品名称	品质	数量	损失程度	原价	购买年月	备考
被盖	白市布	1床	全部炸毁	42	29年10月	
制服	草绿色布	1套	全部炸毁	38	29年10月	
袜子		1双	全部炸毁	8	29年1月	
面巾	洋线	1条	全部炸毁	3	30年5月	
衬衣	白市布	2件	全部炸毁	20	29年12月	
合计				111		
被炸日期	30年6月2日	被灾地点	中一路93号	房屋被炸或震塌	炸毁	原支薪俸数目	36元	有无同居眷属	无

右〈上〉开物品，确系因空袭被毁，谨报告

分局长郭　转呈

局长唐　转呈

市长吴

　　　　　　　重庆市警察局第四分局观音岩分驻所三等警士　施泽远

　　　　　　　　　　　　　　　　　　　　　　　三十年六月三日

18）重庆市政府员役空袭损失私物报告表

物品名称	品质	数量	损失程度	原价	购买年月	备考
鞋子	□□	1双	炸毁	26	30年5月	
衬衣	府绸	1件	炸毁	25	30年4月	
工作服	蓝布	1条	炸毁	20	30年4月	
合计				71		
被灾日期	30年6月2日	被灾地点	中一路93号	房屋被炸或震毁	被炸	原支薪俸数目	36元	有无同居眷属	无

右〈上〉开物品，确系因空袭被毁，谨报告

分局长郭　转呈

局长唐　转呈

市长吴

　　　　　　　重庆市警察局第四分局观音岩分驻所三等警士　况泽玉

　　　　　　　　　　　　　　　　　　　　　　　三十年六月三日

19) 重庆市政府员役空袭损失私物报告表

物品名称	品质	数量	损失程度	原价	购买年月	备考
中山服	线呢	1套	被炸烂	80	30年4月	
棉被	黑布	1床	被炸烂	50	29年10月	
衬衣	府绸	2件	被炸烂	44	30年5月	
制服(上装)	卡机〔咔叽〕	1件	被炸烂	20	29年6月	
短裤	白布	2件	被炸烂	16	30年3月	
毛巾		1张	被炸烂	3	30年5月	
牙膏		1支	被炸烂	2	30年5月	
牙刷		1把	被炸烂	2.5	30年5月	
合计				217.5		
被炸日期	30年6月2日	被灾地点	中一路93号	房屋被炸或震塌	被炸	原支薪俸数目	36元	有无同居眷属	无

右〈上〉开物品,确系因空袭被毁,谨报告

分局长郭　转呈

局长唐　转呈

市长吴

重庆市警察局第四分局观音岩分驻所三等警士　陈力行
三十年六月三日

20) 重庆市政府员役空袭损失私物报告表

物品名称	品质	数量	损失程度	原价	购买年月	备考
面巾	白色	1根	全毁	1.8	30年2月	
皮鞋	黑皮	1双	全毁	32	30年1月	
衬衫	白条布	1件	全毁	8	29年	
袜子	丝光线	1双	全毁	2	30年	
中山制服	□呢	1件	全毁	26	30年4月	
合计				69.8		
被炸日期	30年6月2日	被灾地点	中一路93号	房屋被炸或震塌	炸毁	原支薪俸数目	36元	有无同居眷属	无

右〈上〉开物品,确系因空袭被毁,谨报告

分局长郭　转呈

局长唐　转呈

市长吴

重庆市警察局第四分局观音岩分驻所三等警士　蒋林
三十年六月三日

21) 重庆市政府员役空袭损失私物报告表

物品名称	品质	数量	损失程度	原价	购买年月日	备考
制服	芝麻呢	1套	全毁	36	30年1月	
黄制服	黄布	2套	全毁	46	30年1月	
鞋子	黑布	1双	全毁	5.5	30年3月1日	
面巾		1条	全毁	3	30年4月	
衬衣	白市布	1件	全毁	18	30年5月	
合计				108.5		
被炸日期	30年6月2日	被灾地点	中一路93号	房屋被炸或震塌	炸毁	原支薪俸数目	36元	有无同居眷属	无

右〈上〉开物品，确系因空袭被毁，谨报告

分局长郭　转呈

局长唐　转呈

市长吴

　　　　　　　　　　重庆市警察局第四分局观音岩分驻所三等警士　詹洪兴

　　　　　　　　　　　　　　　　　　　　　　　　　三十年六月三日

22) 重庆市政府员役空袭损失私物报告表

物品名称	品质	数量	损失程度	原价	购买年月	备考
棉被	黑布	1床	炸毁	26	29年	
毛线衣	黄布	1件	炸毁	32	29年9月	
党服	芝麻呢	1套	炸毁	75	30年2月	
衬衫	府绸	2件	炸毁	24	30年4月	
面盆	磁	1件	炸毁	19	30年4月	
面巾	白色	1条	炸毁	3.5	30年4月	
洗口盅	磁	1个	炸毁	5.8	30年4月	
合计				185.3		
被炸日期	30年6月2日	被灾地点	中一路93号	房屋被炸或震塌	炸毁	原支薪俸数目	36元	有无同居眷属	无

右〈上〉开物品，确系因空袭被毁，谨报告

分局长郭　转呈

局长唐　转呈

市长吴

　　　　　　　　　　重庆市警察局第四分局观音岩分驻所三等警士　胡吉成

　　　　　　　　　　　　　　　　　　　　　　　　　三十年六月三日

23)重庆市政府员役空袭损失私物报告表

物品名称	品质	数量	损失程度	原价	购买年月	备考
被盖	白市布	1床	全毁	46	29年12月	
衬衫	白市布	1件	全毁	12	30年4月	
面巾	白线	1条	全毁	2	30年4月	
合计				60		
被炸日期	30年6月2日	被灾地点	中一路93号	房屋被炸或震塌	炸毁	原支薪俸数目	36元	有无同居眷属	无

右〈上〉开物品,确系因空袭被毁,谨报告

分局长郭　转呈

局长唐　转呈

市长吴

　　　　　　　　　重庆市警察局第四分局观音岩分驻所三等警士　余铁青

　　　　　　　　　　　　　　　　　　　　三十年六月三日

24)重庆市政府员役空袭损失私物报告表

物品名称	品质	数量	损失程度	原价	购买年月	备考
蓝花布单被	白布	1床	炸毁	50	29年	
学生装	芝麻呢	1套	炸毁	56	30年	
合计		2件		106		
被炸日期	30年6月2日	被灾地点	中一路93号	房屋被炸或震塌	炸毁	原支薪俸数目	36元	有无同居眷属	无

右〈上〉开物品,确系因空袭被毁,谨报告

分局长郭　转呈

局长唐　转呈

市长吴

　　　　　　　　　重庆市警察局第四分局观音岩分驻所三等行政警士　聂文斌

　　　　　　　　　　　　　　　　　　　　三十年六月三日

25)重庆市政府员役空袭损失私物报告表

物品名称	品质	数量	损失程度	原价	购买年月	备考
棉被	白布	1床	炸成破片	60	29年6月	

续表

物品名称	品质	数量	损失程度	原价	购买年月	备考
衬衣	白布	1套	全毁	24	30年3月	
皮鞋	黄色	1双	炸成破片	50	30年3月	
制服	黑布	1套	炸成破片	45	30年1月	
胶鞋		1双	全毁	20	29年6月	
合计				199		
被炸日期	30年6月2日	被灾地点	中一路93号	房屋被炸或震塌	被炸	原支薪俸数目	36元	有无同居眷属	无

右〈上〉开物品,确系因空袭被毁,谨报告

分局长郭　转呈

局长唐　转呈

市长吴

重庆市警察局第四分局观音岩分驻所三等警士　刘绍杰

三十年六月三日

26)重庆市政府员役空袭损失私物报告表

物品名称	品质	数量	损失程度	原价	购买年月日	备考
制服	芝麻	1套	全毁	45	29年	
上身制服	□	1件	全毁	21	30年4月	
皮鞋	黄色□□	1双	全毁	36	29年8月	
被盖	白色土布	1床	全毁	40	27年	
面巾	白色	1条	全毁	2.4	30年4月28日	
合计				144.4		
被炸日期	30年6月2日	被灾地点	中一路93号	房屋被炸或震塌	炸毁	原支薪俸数目	36元	有无同居眷属	无

右〈上〉开物品,确系因空袭被毁,谨报告

分局长郭　转呈

局长唐　转呈

市长吴

重庆市警察局第四分局观音岩分驻所三等警士　全国效

三十年六月三日

27) 重庆市政府员役空袭损失私物报告表

物品名称	品质	数量	损失程度	原价	购买年月	备考
被盖	白市布	1床	全部炸毁	45	29年3月	
皮箱	白色	1口	全部炸毁	17	29年1月	
衬衣	白市布	2件	全部炸毁	18	29年3月	
夹衫	哔机〔叽〕	1件	全部炸毁	31	28年2月	
毯子	白哈机〔叽〕	1床	全部炸毁	19	28年12月	
礼帽	青呢	1顶	全部炸毁	20.5	29年3月	
中山服	芝麻呢	1套	全部炸毁	30	28年	
衫子	蓝布	2件	全部炸毁	29	28年	
汗衣	白桶〔统〕绒	1件	全部炸毁	17	29年	
合计				226.5		
被炸日期	30年6月2日	被灾地点	中一路93号	房屋被炸或震塌	被炸	原支薪俸数目	36元	有无同居眷属	无

右〈上〉开物品,确系因空袭被毁,谨报告

分局长郭 转呈

局长唐 转呈

市长吴

重庆市警察局第四分局观音岩分驻所三等警士 张连成

三十年六月三日

28) 重庆市政府员役空袭损失私物报告表

物品名称	品质	数量	损失程度	原价	购买年月	备考
中山服	青毕机〔哔叽〕	1套	全部炸毁	60	30年2月	
皮鞋	黑色	1双	全部炸毁	38	30年3月	
面巾	白线	1条	全部炸毁	3	30年3月	
牙刷	牛骨	1把	全部炸毁	2.5	30年4月	
摇裤	黄呢	1件	全部炸毁	18	30年4月	
衬衣	白市布	1件	全部炸毁	15	30年5月	
合计				136.5		
被炸日期	30年6月2日	被灾地点	中一路93号	房屋被炸或震塌	被炸	原支薪俸数目	36元	有无同居眷属	无

续表

右〈上〉开物品,确系因空袭被毁,谨报告
分局长郭　转呈
局长唐　转呈
市长吴
重庆市警察局第四分局观音岩分驻所三等警士　萧鉴□
三十年六月三日

29) 重庆市政府员役空袭损失私物报告表

物品名称	品质	数量	损失程度	原价	购买年月	备考
衬衣	府绸	1件	全炸毁	28	30年4月	
衬裤	白布	2件	全炸毁	8	30年3月	
布鞋	青布	1双	全炸毁	8	30年5月	
被盖		1床	全炸毁	55	30年8月	
合计				99		
被炸日期	30年6月2日	被灾地点	中一路93号	房屋被炸或震塌	被炸	原支薪俸数目	36元	有无同居眷属	有

　　右〈上〉开物品,确系因空袭被毁,谨报告
分局长郭　转呈
局长唐　转呈
市长吴
　　　　　　　　　重庆市警察局第四分局观音岩分驻所三等警士　杜森荣
　　　　　　　　　　　　　　　　　　　　　　　　　三十年六月三日

30) 重庆市政府员役空袭损失私物报告表

物品名称	品质	数量	损失程度	原价	购买年月	备考
夹被盖	红花布	1床	全部炸毁	32	29年10月	
学生服	灰市布	1套	全部炸毁	36	30年元月	
衬衬〔衫〕	白市布	2套	全部炸毁	49	30年3月	
合计				117		
被炸日期	30年6月2日	被灾地点	中一路93号	房屋被炸或震塌	炸毁	原支薪俸数目	36元	有无同居眷属	无

续表

右〈上〉开物品,确系因空袭被毁,谨报告	
分局长郭　转呈	
局长唐　转呈	
市长吴	
	重庆市警察局第四分局观音岩分驻所三等警士　袁明
	三十年六月三日

31)重庆市政府员役空袭损失私物报告表

物品名称	品质	数量	损失程度	原价	购买年月	备考
衬衣	府绸	1件	全部炸毁	26	30年4月	
中山服	中山呢	1套	全部炸毁	56	30年1月	
面巾	白线	1条	全部炸毁	3	30年5月	
牙刷		1把	全部炸毁	4	30年5月	
皮鞋	黄皮	1双	全部炸毁	45	30年1月	
合计				134		
被炸日期	30年6月2日	被灾地点	中一路93号	房屋被炸或震塌	被炸	原支薪俸数目	36元	有无同居眷属	无

右〈上〉开物品,确系因空袭被毁,谨报告

分局长郭　转呈

局长唐　转呈

市长吴

　　　　　　　　　　重庆市警察局第四分局观音岩分驻所三等警士　陈志中

　　　　　　　　　　　　　　　　　　　　　　　　　　　三十年六月三日

32)重庆市政府员役空袭损失私物报告表

物品名称	品质	数量	损失程度	原价	购买年月	备考
被盖	白市布	1床	全部被毁	60	29年9月	
毯子	白花布	1床	全部被毁	19	29年11月	
衬衣	黄布	2套	全部被毁	51	29年4月	
中山服	青布	1套	全部被毁	50	29年11月	
合计				180		

续表

| 被炸日期 | 30年6月2日 | 被灾地点 | 中一路93号 | 房屋被炸或震塌 | 被炸 | 原支薪俸数目 | 40元 | 有无同居眷属 | 无 |

右〈上〉开物品,确系因空袭被毁,谨报告

分局长郭　转呈

局长唐　转呈

市长吴

　　　　　　　　　重庆市警察局第四分局观音岩分驻所一等警士　罗少林

　　　　　　　　　　　　　　　　　　　　　　　三十年六月三日

33) 重庆市政府员役空袭损失私物报告表

物品名称	品质	数量	损害程度	原价	购买年月	备考
青哗机〔叽〕制服	青色	1套	被炸毁	42	29年5月1日	
被盖	织贡呢	1床	被炸毁	65	28年3月	
便衣	兰〔蓝〕洋布	1件	被炸毁	26	29年12月	
鞋子	帆布	1双	被炸毁	12	30年2月	
合计				145		
被炸日期	30年6月2日	被灾地点	中一路93号	房屋被炸或震塌	被炸	原支薪俸数目	38元	有无同居眷属	无

右〈上〉开物品,确系因空袭被毁,谨报告

分局长郭　转呈

局长唐　转呈

市长吴

　　　　　　　　　重庆市警察局第四分局观音岩分驻所二等警士　封传炉

　　　　　　　　　　　　　　　　　　　　　　　三十年六月三日

34) 重庆市政府员役空袭损失私物报告表

物品名称	品质	数量	损失程度	原价	购买年月	备考
被盖	白市布	1床	全部炸毁	30	29年8月	
学生制服	芝麻呢	1套	全部炸毁	47	30年4月	
衬衣	白洋布	2套	全部炸毁	40	29年12月	
礼帽	灰色	1顶	全部炸毁	30	29年10月	
皮鞋	黑色	1双	全部炸毁	56	29年3月	

续表

物品名称	品质	数量	损失程度	原价	购买年月	备考
牙膏	黑人	1盒	全部炸毁	2.3	29年3月	
茶杯	白磁	1个	全部炸毁	1.5	30年5月	
合计				206.8		
被炸日期	30年6月2日	被灾地点	中一路93号	房屋被炸或震塌	被炸	原支薪俸数目	36元	有无同居眷属	有

右〈上〉开物品，确系因空袭被毁，谨报告

分局长郭　转呈

局长唐　转呈

市长吴

重庆市警察局第四分局观音岩分驻所三等警士　李锋

三十年六月三日

35）重庆市政府员役空袭损失私物报告表

物品名称	品质	数量	损失程度	原价	购买年月	备考
中山服	哔机〔叽〕	1套	全毁	50	30年1月	
中山服短服	哔机〔叽〕	1套	全毁	50	28年8月	
缎夹衫	蓝绸	2件	全毁	70	29年12月	
面盆	洋磁	1个	全毁	27	29年11月	
篾竹箱	竹子	1口	全毁	70	29年11月	
被盖	花织贡呢	1条	全毁	50	29年9月	
皮鞋	黑皮	1双	全毁	58	30年5月	
便衣	织贡呢	1件	全毁	40	30年5月	
书	康熙字典	1套	全毁	16	27年	
合计				431		
被炸日期	30年6月2日	被灾地点	中一路93号	房屋被炸或震塌	炸毁	原支薪俸数目	41元	有无同居眷属	无

右〈上〉开物品，确系因空袭被毁，谨报告

分局长郭　转呈

局长唐　转呈

市长吴

重庆市警察局第四分局观音岩分驻所户籍生　何锡灿

三十年六月三日

36）重庆市政府员役空袭损失私物报告表

物品名称	品质	数量	损失程度	原价	购买年月	备考
面盆	洋磁	1个	全部损毁	15	29年	
中山服	青哔叽	1套	全部损毁	55	29年	
裤子	白□布	1条	全部损毁	30	29年	
皮鞋	青皮	1双	全部损毁	40	30年4月	
衬衣	府绸	1件	全部损毁	25	30年4月	
包单	白市布	1床	全部损毁	20	30年5月	
女大衣	青呢	1件	全部损毁	150	29年4月	
女夹袄	灰呢	1件	全部损毁	100	29年4月	
合计				435		
被炸日期	30年6月2日	被灾地点	中一路93号	房屋被炸或震塌	炸毁	原支薪俸数目	41元	有无同居眷属	有

右〈上〉开物品，确系因空袭被毁，谨报告

分局长郭　转呈

局长唐　转呈

市长吴

　　　　　　　　　　重庆市警察局第四分局观音岩分驻所一等户籍生　阳国宝

　　　　　　　　　　　　　　　　　　　　　　　　三十年六月三日

37）重庆市政府员役空袭损失私物报告表

物品名称	品质	数量	损失程度	原价	购买年月	备考
皮鞋	文皮	1双	全毁	36	28年	
棉被	灰市布	1床	全毁	50	28年	
中山服	洋哔机〔叽〕	1套	全毁	65	28年	
白衬衣	白市布	1套	全毁	15	28年	
面盆	洋磁	1个	全毁	15	28年	
合计				181		
被炸日期	30年6月2日	被灾地点	中一路93号	房屋被炸或震塌	被炸	原支薪俸数目	41元	有无同居眷属	有

续表

右〈上〉开物品,确系因空袭被毁,谨报告
分局长郭　转呈
局长唐　转呈
市长吴
重庆市警察局第四分局观音岩分驻所一等户籍生　曹勗唐
三十年六月三日

38)重庆市政府员役空袭损失私物报告表

物品名称	品质	数量	损失程度	原价	购买年月	备考
中山服	哗机〔叽〕	1套	全部被炸	60	28年	
棉絮		2床	全部被炸	40	28年	
被盖	花呢	1床	全部被炸	40	28年	
合计				140		

被炸日期	30年6月2日	被灾地点	中一路93号	房屋被炸或震塌	被炸	原支薪俸数目	41元	有无同居眷属

右〈上〉开物品,确系因空袭被毁,谨报告

分局长郭　转呈

局长唐　转呈

市长吴

　　　　　　　　　　重庆市警察局第四分局观音岩分驻所户籍生　田隋珍
　　　　　　　　　　　　　　　　　　　　　　　　　三十年六月三日

39)重庆市政府员役空袭损失私物报告表

物品名称	品质	数量	损失程度	原价	购买年月	备考
被盖	红花布	1套	被炸破毁	56	29年10月	
皮鞋	黑皮	1双	炸毁	48	30年2月	
衬衣	白市布	1件	炸毁	14	30年3月	
学生服	青卡机〔咔叽〕	1套	炸毁	40	29年7月	
牙刷	牛骨	1把	炸毁	2	30年4月	
牙粉	无敌	1盒	炸毁	1	30年4月	
合计				161		

续表

被炸日期	30年6月2日	被灾地点	中一路93号	房屋被炸或震塌	炸毁	原支薪俸数目	39元	有无同居眷属	无
右〈上〉开物品,确系因空袭被毁,谨报告									
分局长郭　转呈									
局长唐　转呈									
市长吴									
重庆市警察局第四分局观音岩分驻所户籍生　何锡荣									
三十年六月三日									

40)重庆市政府员役空袭损失私物报告表

物品名称	品质	数量	损失程度	原价	购买年月	备考
棉被	花布白布	1条	炸成破片	45	29年1月	
衬衣	白市布	1套	炸破堪用	14	30年2月	
衬衣	洋布	1套	炸破堪用	28	30年3月	
线毯	灰线	1床	炸破堪用	24	29年5月	
牙刷		1把	全毁	2.5	30年2月	
毛巾	白色		全毁	3.2	30年3月	
制服	青布	1套	因炸遗失	38	30年3月	
合计				152.7		

被炸日期	30年6月2日	被灾地点	中一路93号	房屋被炸或震塌	被炸	原支薪俸数目	37元	有无同居眷属	无
右〈上〉开物品,确系因空袭被毁,谨报告									
分局长郭　转呈									
局长唐　转呈									
市长吴									
重庆市警察局第四分局观音岩分驻所三等户籍生　赵晓川									
三十年六月三日									

41)重庆市政府员役空袭损失私物报告表

物品名称	品质	数量	损失程度	原价	购买年月	备考
中山服	黄哈机〔叽〕	1套	全毁	60	30年3月	
面盆	洋磁	1个	全毁	24	30年2月	
面巾	白线	1条	全毁	3.5	30年4月	
皮鞋	黄色	1双	全毁	56	30年5月	
牙刷	牛骨	1把	全毁	5.2	30年5月	
合计				148.7		
被炸日期	30年6月2日	被灾地点	中一路93号	房屋被炸或震塌	被炸	原支薪俸数目	38元	有无同居眷属	有

右〈上〉开物品,确系因空袭被毁,谨报告

分局长郭　转呈

局长唐　转呈

市长吴

　　　　　重庆市警察局第四分局观音岩分驻所二等户籍生　唐成□

　　　　　　　　　　　　　　　　　　　　　　　三十年六月三日

42)重庆市政府员役空袭损失私物报告表

物品名称	品质	数量	损失程度	原价	购买年月	备考
被盖	白市布	1床	全毁	40	29年7月	
长衫	蓝布	1床	全毁	26	29年5月	
中山服	芝麻呢	1套	全毁	30	29年	
合计				96		
被炸日期	30年6月2日	被灾地点	中一路93号	房屋被炸或震塌	被炸	原支薪俸数目	30元	有无同居眷属	无

右〈上〉开物品,确系因空袭被毁,谨报告

分局长郭　转呈

局长唐　转呈

市长吴

　　　　　重庆市警察局第四分局观音岩分驻所伙伕　陈仁□

　　　　　　　　　　　　　　　　　　　　　　　三十年六月三日

43) 重庆市政府员役空袭损失私物报告表

物品名称	品质	数量	损失程度	原价	购买年月	备考
棉被	花布 白布	1床	炸毁	60	29年1月	
毯子	棉□	1床	炸毁	20	29年8月	
合计				80		
被炸日期 30年6月2日	被灾地点	中一路93号	房屋被炸或震塌	被炸	原支薪俸数目 36元	有无同居眷属 有

右〈上〉开物品，确系因空袭被毁，谨报告

分局长郭　转呈

局长唐　转呈

市长吴

　　　　　　　　　　　重庆市警察局第四分局观音岩分驻所三等警长　钱辉廷

　　　　　　　　　　　　　　　　　　　　　　　　　　　　三十年六月三日

44) 重庆市政府员役空袭损失私物报告表

物品名称	品质	数量	损失程度	原价	购买年月	备考
中山服	芝麻呢	1套	损坏	36	28年8月16日	
中山服下装	黄布	2件	损坏	16	29年6月	
被盖	红市布	1床	损坏	46	28年10月	
面巾	白线	1根	损坏	26	30年4月	
合计				124		
被炸日期 30年6月2日	被灾地点	中一路93号	房屋被炸或震塌	被毁	原支薪俸数目 36元	有无同居眷属 无

右〈上〉开物品，确系因空袭被毁，谨报告

分局长郭　转呈

局长唐　转呈

市长吴

　　　　　　　　　　　重庆市警察局第四分局观音岩分驻所三等警士　黎华

　　　　　　　　　　　　　　　　　　　　　　　　　　　　三十年六月三日

45) 重庆市政府员役空袭损失私物报告表

物品名称	品质	数量	损失程度	原价	购买年月	备考
竹箱	水竹	1口	损坏	6	29年	
中山服	青布	1套	损坏	36	30年	
白布衬衣	土布	1件	损坏	5	30年	
衬衣	花布	1件	损坏	14	30年	
面巾		1根	损坏	4	30年	
面盆	洋磁	1个	损坏	24	30年	
合计		6件		89		

被炸日期	30年6月2日	被灾地点	中一路93号	房屋被炸或震塌	炸毁	原支薪俸数目	36元	有无同居眷属	有

右〈上〉开物品,确系因空袭被毁,谨报告

分局长郭　转呈

局长　转呈

市长吴

　　　　　　　　重庆市警察局第四分局观音岩分驻所三等外□警士　卢炳兴

　　　　　　　　　　　　　　　　　　　　　　　　　三十年六月三日

（0061—15—2770—2）

32. 重庆市警察局第五分局为报陈卿1941年6月1日、2日空袭损失请予救济呈市警察局文（1941年6月17日）

案据金马寺分驻所所长游永举六月十五日呈称："窃据本所雇员陈卿本日报告称：窃职于去岁（二九年八月十九日）在厚慈街117号被敌机袭渝投弹,将住宅焚毁,曾经呈请发给救济费在案,至今尚未领得,嗣后迁住十八梯61号,于本年六月一、二两日空袭连中炸弹2枚,将所有衣物用具全数炸毁。值此生活高昂之际,遭受惨重损失,室家日食维艰,特填具损失报告表恳予转请发给救济费,以维现状。谨呈。等情。据此,查该员所称尚属实情,理合检同损失报告表备文呈请鉴核示遵。谨呈"。等情。附报告表2份。据此,除指令该所仰候转请核示另令饬遵外,理合检同原附件备文呈请钧局俯予转请核示祗遵。

谨呈

局长 唐

分局长　杨遇春

重庆市政府警察局员警差役空袭损失私物报告表

物品名称	品质	数量	损失程度	原价	购买年月	备考
中山服	华达呢	1套	全毁	310元	29年11月	
被面	锦地绸	1床	全毁	25元	29年10月	
被面	布	1床	全毁	16元	28年10月	
被里	布	2床	全毁	49元	28年10月	
棉絮	棉	2床	全毁	18元	28年9月	
衬衫	府绸	2件	全毁	52元	30年5月	
衬衫	绸	1件	全毁	60元	30年4月	
女夹旗袍	绸	1件	全毁	140元	30年3月	
床	木	1张	全毁	48元	30年1月	
椅子	木	3张	全毁	12元	29年4月	
桌子	木	1张	全毁			借用
箱子	木	1口	全毁	5元	29年7月	
箱子	竹	1口	全毁	7元	30年1月	
水缸	泥	1口	全毁			借用
铁锅	铁	1口	全毁	9元	29年8月	
碗	磁	11个	全毁	9.8元	29年8月	
茶壶	磁	1个	全毁	5元	29年10月	
盘子	玻璃	4个	全毁	6.4元	30年2月	
合计				772.2元		

被灾日期	30年6月2日	被灾地点	十八梯61号	房屋被炸或震毁	被炸	原支薪俸数目	80元	有无同居眷属	有

右〈上〉列物品,确系因空袭被毁,谨报告

局长唐　转呈

市长吴

第五分局金马寺分驻所雇员　陈卿

三十年六月十六日

(0061—15—2207—1)

33. 重庆市警察局为报1941年6月2日第九分局员警空袭损失请予救济呈市政府文稿(1941年7月3日)

案据第九分局分局长毕孔殷呈称:"案于本月十九日奉钧局六月十二日总庶字第5860号指令本分局呈1件,为据报本分局局员何玉麟等6员被炸,损失私有财物,拟请援例予以救济,当否?检同被炸情况调查表乞核示由。内开:呈附均悉。查该分局局员何玉麟等,所填损失表与规定不合,碍难照转,兹特检发式样1份,仰更正各填2份,迅予呈报勿延为要。等因。附表式1份,发还原表2份。奉此,遵即转饬局员何玉麟等6员将损失表分别依式填竣。奉令前因,理合检表备文呈复钧局鉴核祗遵"。等情。附损失表各2份。据此,经查属实,除各提存1份备查外,理合检附原表6份、汇报册1份,具文呈请钧府鉴核指令祗遵。

谨呈

市长吴

附呈第九分局员警损失表6份、汇报册1份

重庆市警察局局长　唐○

1)重庆市政府警察局第九分局员警差役空袭损失私物报告表

物品名称	品质	数量	损失程度	原价	购买年月	备考
蚊帐	珠罗	1床	不堪应用	36	28年5月	
棉被	棉丝	1床	不堪应用	58	29年7月	
被单	棉	1床	不堪应用	26	29年7月	
被絮	棉	1床	不堪应用	24	29年7月	
油布	布	1床	不堪应用	18	29年7月	
枕头	鹅绒	1个	不堪应用	8	28年9月	
皮鞋	香港	1双	不堪应用	56	30年3月	
绸汗衫	杭绸	2件	不堪应用	50	29年7月	
短裤	布	2条	不堪应用	7	30年2月	
黄哈机〔叽〕制服	布	1套	不堪应用	120	30年5月	
青哗呢制服	毛织	1套	不堪应用	360	30年1月	
面盆	搪瓷	1个	不堪应用	32	29年11月	

续表

物品名称	品质	数量	损失程度	原价	购买年月	备考
漱口盆	搪瓷	1个	不堪应用	3.6	29年11月	
牙刷	普通	1把	不堪应用	2.6	29年12月	
毛巾	普通	3条	不堪应用	7.2	30年4月	
武装带	普通	1条	不堪应用	16	30年3月	
青制帽	呢制	1顶	不堪应用	6	29年10月	
合计				830.4		
被灾日期	6月2日	被灾地点	九分局	房屋被炸或震毁	被炸	原支薪俸数目	每月160元	有无同居眷属	有

右〈上〉开物品,确系因空袭被毁,谨报告

分局长毕　转呈

局长唐　核转

市长吴

重庆市警察第九分局局员　何玉麟

三十年六月二日

2) 重庆市政府警察局第九分局员警差役空袭损失私物报告表

物品名称	品质	数量	损失程度	原价	购买年月	备考
面盆	磁	1个	不堪用	32	29年5月	
面巾	棉	2条	不堪用	4.8	29年5月	
漱口盅	磁	1个	不堪用	3.6	28年3月	
牙刷	牛骨猪棕〔鬃〕	1把	不堪用	2.6	29年6月	
茶瓶	锑套玻璃心	1个	不堪用	30	29年9月	
茶盅	玻璃	2个	不堪用	2.4	29年7月	
衬衫	府绸	2件	不堪用	50	29年6月	
内裤	卡〔咔〕叽	2条	不堪用	6	30年1月	
中山服	黄卡〔咔〕叽	1套	不堪用	120	30年4月	
袜子	棉	4双	不堪用	16	29年8月	
武装带	牛皮	1根	不堪用	16	28年11月	
制帽	青卡〔咔〕叽	1顶	不堪用	6	29年8月	

续表

物品名称	品质	数量	损失程度	原价	购买年月	备考
皮鞋	牛皮	1双	不堪用	56	30年3月	
毯子	卡〔咔〕叽	1床	不堪用	32	29年9月	
电筒	铜	1根	不堪用	8	28年9月	
雨衣	毛面棉底	1件	不堪用	38	29年5月	
书籍	精纸	20余册	不堪用	60	27年至30年陆续购买	
合计				483.4		
被灾日期	6月2日	被灾地点	九分局	房屋被炸或震毁	被炸	原支薪俸数目	100余元	有无同居眷属	无

右〈上〉开物品，确系因空袭被炸，谨呈

分局长毕　转呈

局长唐　核转

市长吴

　　　　　　　　填报人　重庆市警察局第九分局局员　尹靖宇

　　　　　　　　　　　　　　　　　　　　三十年六月二日

3）重庆市政府警察局第九分局员警差役空袭损失私物报告表

物品名称	品质	数量	损失程度	原价	购买年月	备考
棉被	杭绸面湖南花	1床	炸坏不堪	52	27年9月	
垫被	斜纹面湖南花	1个	炸坏不堪	21	27年9月	
枕头	十字布	1个	炸坏不堪	6	28年10月	
被单	斜纹布	1床	炸坏不堪	20	28年11月	
毛巾	裕华厂出品	3条	炸毁无存	60.6	30年3月	
府绸衬衣	杭府	2件	炸毁无存	44	29年7月	
黄哈叽制服	德国哈叽	1套	炸坏不堪	62	29年6月	
青制服	斜纹布	1套	炸毁	30	29年10月	
面盆	珐琅	1个	炸毁	25	29年12月	
漱口盅	珐琅	1个	炸毁	3	29年12月	

续表

物品名称	品质	数量	损失程度	原价	购买年月	备考
牙刷	双十牌	1把	炸毁	2.5	29年10月	
袜子	麻纱	3双	炸毁	9	29年12月	
皮鞋	黑牛皮	1双	炸毁	50	30年1月	
油布	黄布	1张	炸毁	24	29年8月	
合计				355.1		
被灾日期	6月2日	被灾地点	九分局	房屋被炸或震毁		原支薪俸数目	100元	有无同居眷属	无

右〈上〉开物品,确系因空袭被炸,谨呈

分局长毕　转呈

局长唐　核转

市长吴

填报人　重庆市警察局第九分局特务巡官　陈以汉

三十年六月二日

4)重庆市政府警察局第九分局员警差役空袭损失私物报告表

物品名称	品质	数量	损失程度	原价	购买年月	备考
被絮	丝棉〔绵〕	1床	炸坏不堪	28	28年9月	
被单	白布	1床	炸坏不堪	26	29年2月	
被面	锦机绸	1床	炸坏不堪	38	29年2月	
卧单	白棉布印花	1床	炸坏不堪	32	29年8月	
枕头	白什字布挑花	1个	炸坏不堪	12	27年10月	
黄制服	哈哔〔叽〕布	1套	炸坏不堪	120	30年4月	
草绿制服	布	1套	炸坏不堪	48	30年2月	
黑皮鞋	皮	1双	炸坏不堪	36	30年3月	
黄皮鞋	皮	1双	炸坏不堪	85	30年5月	
衬衣	府绸	2件	炸坏不堪	50	30年5月	
袜子	麻纱	3双	炸坏不堪	12	30年1月	
面盆	搪瓷	1个	炸毁无存	24	29年6月	
漱口盅	磁	1个	炸毁无存	3.2	28年11月	
牙刷	骨	1把	炸毁无存	2.6	29年12月	

续表

物品名称	品质	数量	损失程度	原价	购买年月	备考
毛巾	棉纱	2条	炸毁无存	4.8	30年5月	
牙膏	三星	1盒	炸毁无存	2.4	30年5月	
合计				566		
被灾日期	6月2日	被灾地点	九分局	房屋被炸或震毁	炸	原支薪俸数目	90元	有无同居眷属	有

右〈上〉开物品，确系因空袭被毁，谨报告

分局长毕　转呈

局长唐　核转

市长吴

重庆市警察局第九分局文书办事员　曾仲甫
三十年六月二日

5) 重庆市政府警察局第九分局员警差役空袭损失私物报告表

物品名称	品质	数量	损失程度	原价	购买年月	备考
被絮	丝棉〔绵〕	1床	炸坏不堪	58	28年6月	
垫被	布棉	1床	炸坏不堪	24	29年12月	
枕头	白什字布挑花	1个	炸坏不堪	8	28年6月	
被单	白布	1床	炸坏不堪	22	29年12月	
青制服	线布	1套	炸坏不堪	48	29年12月	
黄制服	哈哔〔叽〕布	1套	炸坏不堪	120	29年7月	
短裤	白士布	3条	炸坏不堪	9	29年12月	
黑皮鞋	皮	1双	炸坏不堪	56	30年2月	
袜子	线袜	3双	炸坏不堪	12	30年2月	
衬衣	府绸	3件	炸坏不堪	28	26年2月	
面盆	搪瓷	1个	炸毁无存	32	30年2月	
牙刷	骨	1把	炸毁无存	2.6	30年1月	
毛巾	棉纱	3条	炸毁无存	7.2	30年2月	
腰皮带	皮	1根	炸毁无存	6	27年3月	
玻杯	玻璃	2个	炸毁无存	2.4	27年6月	
黄皮鞋	皮	1双	炸坏不堪	50	29年12月	

续表

物品名称	品质	数量	损失程度	原价	购买年月	备考
合计				485		
被灾日期	6月2日	被灾地点	九分局	房屋被炸或震毁	炸	原支薪俸数目	100元	有无同居眷属	有

右〈上〉开物品,确系因空袭被炸毁,谨报告

分局长毕　转呈

局长唐　核转

市长吴

重庆市警察局第九分局户籍员　冯精卫

三十年六月二日

6) 重庆市政府警察局第九分局员警差役空袭损失私物报告表

物品名称	品质	数量	损失程度	原价	购买年月	备考
军毯	呢质	1条	炸毁	58	28年5月	
白被单	斜纹布	1条	炸毁	28	27年3月	
黄制服	卡〔咔〕叽	1套	炸毁	120	28年5月	
黑制服	斜纹布	2套	炸毁	100	27年8月	
绸衬衣	府绸	2件	炸毁	40	26年7月	
布衬衣	斜纹	2件	炸毁	28	26年7月	
棉被	绸面布底	1床	炸毁	58	26年11月	
垫被	布质	1床	炸毁	30	26年11月	
短裤	白布	3条	炸毁	15	28年7月	
枕头	府绸	1个	炸毁	10	27年3月	
黑皮鞋	牛皮	1双	炸毁	50	28年9月	
电筒	铜质	1个	炸毁	12	29年2月	
袜子	麻纱	4双	炸毁	16	28年7月	
书籍簿册	精纸	30余册	炸毁	90	27年	
合计				635		
被灾日期	6月2日	被灾地点	九分局	房屋被炸或震毁	炸毁	原支薪俸数目	90元	有无同居眷属	有

续表

右〈上〉开物品,确系因空袭被炸,谨报告
分局长毕　转呈
局长唐　核转
市长吴
填报人　重庆市警察局第九分局服务员　崔思棠
三十年六月二日

(0061—15—2733—2)

34. 重庆市警察局习艺所陈藩为报1941年6月3日空袭损失表呈市警察局文(1941年7月26日)

案奉钧局本年七月十一日总庶字第6895号指令内开:呈附均悉。查与规定格式不合,碍难转报。兹将原表发还,仰即遵照规定填报来局,以凭核办。此令。等因(原件发还,检发式样1份)。奉此。兹谨遵照式样更正完竣,理合备文检同空袭损失私物报告表1份,赍呈钧局俯赐核转,指令祇遵。

谨呈

局长唐

附呈空袭损失私物报告表2份

　　　　　　　　　　　　　　　　　　所长　陈藩

重庆市政府警察局习艺所员警差役空袭损失私物报告表

物品名称	品质	数量	损失程度	原价	购买年月	备考
床铺	木	2	不堪用	16	29年6月	
方桌	木	1	不堪用	60	29年6月	
写字台	木	1	不堪用	100	29年7月	
衣柜	木	1	不堪用	120	29年7月	
衣架	木	1	不堪用	20	29年7月	
大小木箱	木	[各]2	不堪用	60	29年7月	大木箱单价20元,小木箱单价10元

续表

蚊帐	麻	1	不堪用	120	29年6月	隆昌细麻布料
被盖	丝棉〔绵〕	1	不堪用	200	29年10月	
卧单		1	不堪用	40	29年6月	
枕头		2	不堪用	40	29年6月	
棉絮		2	不堪用	80	29年9月	
炊爨器具		全套	不堪用	300	29年5月	
藤椅		2	不堪用	56	29年5月	
方凳	木	8	不堪用	48	29年5月	单价6元
洗脸架	木	1	不堪用	30	29年5月	
面巾		2	不堪用	8	30年3月	
茶壶	瓷	1	不堪用	10	29年6月	
茶杯	瓷	4	不堪用	18	29年6月	
花瓶	瓷	2	不堪用	30	29年12月	
皮鞋		2双	不堪用	160	30年4月	
衬衣		2	不堪用	40	29年4月	已旧
短裤		2	不堪用	10	29年5月	
女绸长衫		3	不堪用	240	30年5月	
女花布衫		2	不堪用	120	30年5月	
女旗袍衫		2	不堪用	200	30年3月	
青制服		1套	不堪用	90	29年10月	
棉制服		1套	不堪用	40	28年10月	
黄制服		1套	不堪用	30	29年5月	
女皮鞋		2双	不堪用	60	29年12月	
书架	木	1	不堪用	15	29年5月	
图书		27部	不堪用	300		
门帘		1	不堪用	20	30年4月	
大衣	呢	1	不堪用	160	28年11月	
布鞋		1	不堪用	16	30年5月	
脚盆	木	2	不堪用	20	29年□月	
合计				2797		

续表

被灾日期	30年6月30日	被灾地点	枣子岚垭56号	房屋被炸或震动	被炸毁	原支薪俸数目	200元	有无同居眷属	有
右〈上〉开物品,确系因空袭被毁,谨报告 局长唐　核转 市长吴 　　　　　　　　　　　　重庆市警察局习艺所所长　　陈藩 　　　　　　　　　　　　　　　　　三十年七月　日									

（0061—15—3075）

35. 贺抚民为报1941年6月5日空袭损失请予救济的签呈（1941年6月6日）

窃职寓本市第四区骡马店属之德兴里15号,于六月五日午后10时敌机轰炸中弹,房屋倒踏〔塌〕,所有衣物用具一概损坏,理合填具表上报,签请鉴核转报救济为祷。

谨呈

局长唐

军事科长　贺抚民

重庆市政府警察局军事科员警差役空袭损失私物报告表

物品名称	品质	数量	损失程度	原价	购买年月	备考
男大衣	绒呢	2件	炸毁	各350	29年11月	
女大衣	绒呢	1件	炸毁	270	29年9月	
男皮袍	羊毛	1件	炸毁	260	29年8月	
女皮袍	羊毛	1件	炸毁	180	29年10月	
男棉袍	布	1件	炸毁	80	29年8月	
女棉袍	绸布	2件	炸毁	160 70	29年10月	
男夹衣	布	2件	炸毁	各42	29年6月	
中山服	呢	2套	炸毁	各270	29年4月	

续表

物品名称	品质	数量	损失程度	原价	购买年月	备考
家用器具	木	12件	炸毁	360	29年9月	
厨房用具		32件	炸毁	116	29年9月	
男罩衣	布	16件	炸毁	470	28年10月	
合计				3290		
被灾日期	6月5日	被灾地点	第四区德兴里15号	房屋被炸或震毁	震毁	原支薪俸数目	300元	有无同居眷属	眷属共3人

右〈上〉开物品，确系因空袭被毁，谨报告

　　转呈

局长唐　核转

市长吴

　　　　　　　　　　　　　　　　　军事科长　贺抚民
　　　　　　　　　　　　　　　　　三十年六月六日

（0061—15—2270—1）

36. 重庆市警察局保安第一大队为报1941年6月5日赵茂彬空袭损失请予救济呈市警察局保安总队文（1941年6月6日）

窃据职队办事员赵茂彬报称："昨晚7时许敌机袭渝时，上安乐洞一带落弹甚多，职宅亦被炸起火，所有家具什物均付一炬，老母弱妻，安身无处，衣食不继，痛极更复惨极，仰祈钧长俯悯下情，转请迅予设法救济，俾寡弱生活有着，以勉填于沟壑，无任感戴"。等情。附空袭损失表3份，经职复查属实，理合备文报请鉴核，仰祈俯赐救济，以安下情，并请转呈上峰按公务员空袭损失救济办法予以补助，实为德便。

　　谨呈

兼总队长唐

副总队长东方

　　　　　　　　　　　　　　　大队长　朱纯青

重庆市政府警察局保安总队第一大队员警差役空袭损失私物报告表

物品名称	品质	数量	损失程度	原价	购买年月	备考
被盖	白市布	2床	炸烧	234	29年12月	
毯子	条花卡〔咔〕叽	1床		45	29年12月	
青中山服	哔叽	1套		258	29年8月	
	卡〔咔〕叽	1套		37	29年10月	
黄中山服	卡〔咔〕叽	1套		90	30年5月	
衬衣	府绸	2件		56	30年5月	
内裤	白洋布	2条		6.2	30年5月	
面盆	洋磁	1个		18.3	29年2月	
合计				744.5		
被灾日期	30年6月5日	被灾地点	上安乐洞后街102号	房屋被炸或震毁	炸烧	原支薪俸数目	90元	有无同居眷属	母亲妻子2人

右〈上〉开物品，确系因空袭被毁，谨报告

大队长朱　转呈

局长唐　核转

市长吴

保安第一大队办事员　赵茂彬

三十年六月六日

（0061—15—2270—1）

37. 胡锡俊为报1941年6月5日空袭损失请予救济给市警察局的签呈（1941年6月6日）

窃职住通远门外上安乐洞后街28号，不幸于本月五日敌机袭渝时，殊该街被投烧弹全街焚烧，职住该号家中无人抢救，被烧衣服什物用具等项毁罄尽，刻今实无法可设，恳请钧座沐恩体恤，暂借支薪饷一月，以备安治〔置〕家室，并衣汇转上峰救济，以维护职生计。

谨呈

督察长罗、郭　转呈

处长东方　转呈

局长唐

附被烧损失表2份

二等雇员　胡锡俊　呈

重庆市政府警察局督察处员警差役空袭损失私物报告表

物品名称	品质	数量	损失程度	原价	购买年月	备考
大衣	毛呢	1件	全被烧毁	73.6	28年10月	
毛线衣	毛线	2件	全被烧毁	54.3	29年11月	
黄毛哈叽衣	棉质	1套	全被烧毁	47	29年6月	
白花府绸衬衣	棉质	2件	全被烧毁	34	29年6月	
青哈叽制服	棉质	1套	全被烧毁	30	29年2月	
被盖	棉质	2床	全被烧毁	78	29年2月	
女花格夹衫	棉质	1件	全被烧毁	34	29年12月	
女安安兰〔蓝〕色布衣	棉质	2件	全被烧毁	36	29年3月	
女原色布衣	棉质	1件	全被烧毁	16	29年2月	
青绸女裤	丝	1条	全被烧毁	18	29年5月	
脸盆	洋磁	1个	全被烧毁	26	29年2月	
毛巾	棉	1张	全被烧毁	3	29年6月	
木框床	木质	1间	全被烧毁	24	29年1月	
写字台	白木漆	1张	全被烧毁	23	28年10月	
牙刷	毛骨	1把	全被烧毁	2.5	30年5月	
合计				498.5		
被灾日期	6月5日	被灾地点	上安乐洞后街28号	房屋被炸或震毁	炸	原支薪俸数目	有无同居眷属	有

右〈上〉开物品,确系因空袭被毁,谨报告

　　　　转呈

局长唐　核转

市长吴

二等雇员　胡锡俊

三十年六月五日

（0061—15—2440）

38. 龚焕群为报鄢曾佑1941年6月5日空袭损失给重庆市警察局的签呈（1941年6月7日）

窃查职室科员鄢曾佑报称："六月五日黄昏敌机夜袭，七星岗、神仙洞新街一带同时被炸并燃烧甚久，职住神洞183号亦受波及，除将损失另列空袭损失表呈请转报伏祈救济外，理合报请察核"。迄据称各节，尚属实情，拟恳钧座迅予救济。

　　谨呈

局长唐

附空袭损失表2份

职　龚焕群

重庆市政府警察局会计室员警差役空袭损失私物报告表

物品名称	品质	数量	损失程度	原价	购买年月	备考
热水瓶	2磅半金钱牌	1个	全部震毁	39	29年7月	
茶壶	瓷	1把	全部震毁	8	29年7月	
茶杯	瓷	5个	全部震毁	12	29年7月	
菜碗	瓷	7个	全部震毁	19.6	29年7月	
饭碗	瓷	6个	全部震毁	9	29年7月	
呢帽		1顶	穿洞	65	29年7月	
裤子	白斜纹	1条	穿洞	18	29年7月	
面盆	洋磁	1个	穿洞	28	29年7月	
被灾日期	夜袭6月5日	被灾地点	神仙洞街183号楼上	房屋被炸或震毁	震坏	原支薪俸数目	200	有无同居眷属	妻1女1

右（上）开物品，确系因空袭被毁，谨报告

　　转呈

局长唐　核转

市长吴

警察局会计室科员　鄢曾佑
三十年六月七日

（0061—15—2270—1）

39. 重庆市警察局保安第一大队为报1941年6月5日员役空袭损失呈保安总队文(1941年6月11日)

案据第一中队长陈斐然报称："职队录事彭德邻、二等警长王志若等呈称：中队部驻地屋顶于六月五日夜首中一燃烧弹,当时火焰甚烈,职等以抢救文件公物,而私物营救不及,以致悉被烧尽,恳请钧座俯赐早予救济,藉免赤身枵腹之苦。等情。据此,查该员警等奋勇从公,不计私物,堪可嘉许,所请早予救济之事,理合检同私物损失表8份,随文赍请钧座俯赐早予救济,以资体恤,而励来兹"。等情。据此,经查确属实情,理合检同私物损失表8份〈原缺〉,备文转请鉴核,俯予救济,以慰下情,实为德便。

谨呈

总队长　唐

副总队长　东方

大队长　朱纯青

（0061—15—2366）

40. 重庆市警察局第四分局为报赵仲贤1941年6月5日空袭损失请予救济给市警察局的签呈(1941年6月10日)

据本分局试用巡官赵仲贤呈称："职家住上安乐洞后街2号,不幸于本年六月五日敌机投弹,房屋全被烧毁,家具动用损失净尽,造具损失私物报告表请予鉴核救济。"等情。附报告表。据此,经查该员住所被炸烧毁属实,理合备文检同附表,呈请钧局核转令遵。

谨呈

局长唐

附空袭损失私物报告表2份

分局长　郭晴岚

重庆市政府员警差役空袭损失私物报告表

物品名称	品质	数量	损失程度	原价	购买年月	备考
厂床	木	1床	全毁	48	29年12月7日	以上各物皆系去年十二月七日在渝结婚所买，合并申明
圆桌	木	1张	全毁	20	29年12月7日	
圆凳	木	4张	全毁	12	29年12月7日	
写字台	木	1张	全毁	60	29年12月7日	
衣柜	木	1个	全毁	72	29年12月7日	
洗面架	木	1个	全毁	4	29年12月7日	
洗面盆	磁	1个	全毁	18	29年12月7日	
小铁锅	铁	1个	全毁	22	29年12月7日	
白玉碗	土	10个	全毁	16	29年12月7日	
锡茶壶	锡	1把		15	29年12月7日	
花瓶	磁	2个		16	29年12月7日	
玻砖镜	玻	2面		12	29年12月7日	
白玉茶杯	磁	4个		8	29年12月7日	
米缸	瓦	1个		8	29年12月7日	
菜刀	铁	1把		1	29年12月7日	
白玉茶壶	磁	1把		1	29年12月7日	
合计				353		
被灾日期	30年6月5日	被灾地点	上安乐洞后街2号	房屋被炸或震毁	房屋被焚	原支薪俸数目 80	有无同居眷属 有

右〈上〉开物品，确系因空袭被毁，谨报告

分局长郭　转呈

局长唐　核转

市长吴

重庆市警察局第四分局巡官　赵仲贤

三十年六月五日

(0061—15—2440)

41. 重庆市警察局第二分局大阳沟所员役1941年6月7日空袭损失报告表(1941年6月19日)

1)重庆市政府警察局第二分局大阳沟所员警差役空袭损失私物报告表

物品名称	品质	数量	损失程度	原价	购买年月	备考
制服	青布	1套	炸毁	30	29年11月	
洗脸盆	瓷器	1个	炸毁	20	29年11月	
合计				50		
被灾日期	6月7日	被灾地点	至诚巷7号	房屋被炸或震毁	震毁	原支薪俸数目	40元	有无同居眷属	

右〈上〉开物品,确系因空袭被毁,谨报告
　　　转呈
局长唐　核转
市长吴

一等警士　王芝铭
三十年六月十九日

2)重庆市政府警察局第二分局大阳沟所员警差役空袭损失私物报告表

物品名称	品质	数量	损失程度	原价	购买年月	备考
西式制服	青哗叽	1套	炸毁	47	30年2月	
皮鞋	黑色	1双	炸毁	39	29年11月	
长衫	蓝布	1件	炸毁	34	29年11月	
合计				120		
被灾日期	6月7日	被灾地点	至诚巷7号	房屋被炸或震毁	震毁	原支薪俸数目		有无同居眷属	

右〈上〉开物品,确系因空袭被毁,谨报告
　　　转呈
局长唐　核转
市长吴

一等警士　康和森
三十年六月十九日

3) 重庆市政府警察局第二分局大阳沟所员警差役空袭损失私物报告表

物品名称	品质	数量	损失程度	原价	购买年月	备考
中山服	青哈叽	1套	炸毁	24	29年9月	
皮鞋	黑色	1双	炸毁	30	30年4月	
牙刷		1把	炸毁	1.5	30年4月	
袜子	青色	2双	炸毁	6.4	30年4月	
面巾	白色	1根	炸毁	3.5	30年4月	
合计				65.4		
被灾日期	6月7日	被灾地点	至诚巷7号	房屋被炸或震毁	震毁	原支薪俸数目	40元	有无同居眷属	

右〈上〉开物品,确系因空袭被毁,谨报告
　　　　转呈
局长唐　核转
市长吴

一等警士　张文华
三十年六月十九日

4) 重庆市政府警察局第二分局大阳沟所员警差役空袭损失私物报告表

物品名称	品质	数量	损失程度	原价	购买年月	备考
中山服	青哔叽	1套	炸毁	48	30年2月	
皮鞋	黑色	1双	炸毁	39	29年11月	
被盖	白洋布	1床	炸毁	40	29年11月	
衬衫	白府绸	1件	炸毁	32	30年3月	
合计				159		
被灾日期	6月7日	被灾地点	至诚巷7号	房屋被炸或震毁	震毁	原支薪俸数目	42元	有无同居眷属	

右〈上〉开物品,确系因空袭被毁,谨报告
　　　　转呈
局长唐　核转
市长吴

三等警长　郑百川
三十年六月十九日

5) 重庆市政府警察局第二分局大阳沟所员警差役空袭损失私物报告表

物品名称	品质	数量	损失程度	原价	购买年月	备考
被胎	棉	1床	遗失	40	27年12月	
面巾	棉	1根	遗失	2	30年2月	
合计				42		
被灾日期	6月7日	被灾地点	至诚巷7号	房屋被炸或震毁	震毁	原支薪俸数目	42元	有无同居眷属	有

右〈上〉开物品,确系因空袭被毁,谨报告
　　　转呈
局长唐　核转
市长吴

　　　　　　　　　　　　　　　　　　　三等警长　叶德华
　　　　　　　　　　　　　　　　　　　三十年六月十九日

6) 重庆市政府警察局第二分局大阳沟所员警差役空袭损失私物报告表

物品名称	品质	数量	损失程度	原价	购买年月	备考
被盖	市布	1床	被毁遗失	80	29年8月	
线毯		1床	被毁遗失	35	30年1月	
面巾		1根	被毁遗失	4	30年1月	
汗小衣	市布	1套	被毁遗失	45	30年1月	
合计				164		
被灾日期	6月7日	被灾地点	至诚巷7号	房屋被炸或震毁	震毁	原支薪俸数目	46元	有无同居眷属	无

右〈上〉开物品,确系因空袭被毁,谨报告
　　　转呈
局长唐　核转
市长吴

　　　　　　　　　　　　　　　　　　　二等警长　徐继彬
　　　　　　　　　　　　　　　　　　　三十年六月十九日

7）重庆市政府警察局第二分局大阳沟所员警差役空袭损失私物报告表

物品名称	品质	数量	损失程度	原价	购买年月	备考
藤床	白〔柏〕木	1架	炸毁	41.5	30年2月	因家住新生路在至诚巷7号大阳沟分所服务，家中全部被炸
写字台	白〔柏〕木	1张	炸毁	35.9	29年12月	
桌子	白〔柏〕木	1张	炸毁	13	29年10月	
板凳	白〔柏〕木	4根	炸毁	10	29年10月	
饭锅	铁器	1口	炸毁	11	30年4月	
水缸	瓦	1口	炸毁	10	30年4月	
饭碗	白玉器	2付	炸毁	16.5	29年10月	
面盆	磁器	2个	炸毁	42	29年12月	
大脚盆	白木	1个	炸毁	6.5	29年7月	
中碗	白玉器	1付	炸毁	10	29年10月	
温水瓶	磁器	1个	炸毁	21	29年12月	
女皮鞋	厂皮	1双	炸毁	50	30年1月	
中山服	青冲哔叽	1套	炸毁	90	30年4月	
帽筒	磁器	1双	炸毁	20	29年5月	
坛子	磁器	1对	炸毁	30	29年6月	
皮箱	白皮	1口	炸毁	16	29年6月	
米	白米	4斗	炸毁	26	30年6月5日	购的眷属米
合计				449.4		
被灾日期	6月7日	被灾地点	新生路特6号	房屋被炸或震毁	被炸	原支薪俸数目	50元	有无同居眷属	有

右〈上〉开物品，确系因空袭被毁，谨报告

　　　　转呈
局长唐　核转
市长吴

一等警长　贾国璋
三十年六月十九日

（0061—15—3735）

8) 重庆市政府警察局第二分局大阳沟所员警差役空袭损失私物报告表

物品名称	品质	数量	损失程度	原价	购买年月	备考
中山服	芝麻呢	1套	被炸毁	40		
衬衣	市布	1件	被炸毁	20		
面巾		1张	被炸毁	2		
鞋子	青帆布	1双	被炸毁	6		
袜子	青色	1双	被炸毁	3		
合计				71		
被灾日期	6月7日	被灾地点	至诚巷7号	房屋被炸或震毁	被炸毁	原支薪俸数目	40元	有无同居眷属

右〈上〉开物品,确系因空袭被毁,谨报告
　　　　转呈
局长唐　核转
市长吴

　　　　　　　　　　　　　　　　　　　　一等警士　罗子君
　　　　　　　　　　　　　　　　　　　　三十年六月十九日

9) 重庆市政府警察局第二分局大阳沟所员警差役空袭损失私物报告表

物品名称	品质	数量	损失程度	原价	购买年月	备考
汗小衣	市布	1套	毁坏	40	30年2月	
长衫	蓝布	1件	毁坏	40	30年4月	
合计				80		
被灾日期	6月7日	被灾地点	至诚巷7号	房屋被炸或震毁	震毁	原支薪俸数目	40元	有无同居眷属

右〈上〉开物品,确系因空袭被毁,谨报告
　　　　转呈
局长唐　核转
市长吴

　　　　　　　　　　　　　　　　　　　　一等警士　李国彬
　　　　　　　　　　　　　　　　　　　　三十年六月十九日

10）重庆市政府警察局二分局大阳沟所员警差役空袭损失私物报告表

物品名称	品质	数量	损失程度	原价	购买年月	备考
皮鞋	黑色	1双	炸毁	40	29年冬月	
衬衣	白市布	1件	炸毁	16	30年正月	
下装	黄卡机〔叽〕	1件	炸毁	17	29年12月	
绒绒汗衣	灰色	1件	炸毁	22	29年冬月	
面巾	裕华厂	1张	炸毁	3	30年4月	
合计				98		
被灾日期	6月7日	被灾地点	至诚巷7号	房屋被炸或震毁	震毁	原支薪俸数目	40元	有无同居眷属	

右〈上〉开物品，确系因空袭被毁，谨报告
　　　　转呈
局长唐　核转
市长吴

　　　　　　　　　　　　　　　一等警士　谭安澜
　　　　　　　　　　　　　　　三十年六月十九日

11）重庆市政府警察局第二分局大阳沟所员警差役空袭损失私物报告表

物品名称	品质	数量	损失程度	原价	购买年月	备考
中山服	芝麻呢	1套	被炸	52	30年1月	
磁盆		1个	被炸	10	30年2月	
府绸衬衫	白府绸	1件	被炸	20	30年2月	
青卡机〔叽〕下装		1件	被炸	20	30年4月	
合计				102		
被灾日期	6月7日	被灾地点	至诚巷7号	房屋被炸或震毁	震毁	原支薪俸数目	40元	有无同居眷属	

右〈上〉开物品，确系因空袭被毁，谨报告
　　　　转呈
局长唐　核转
市长吴

　　　　　　　　　　　　　　　一等警士　李自辉
　　　　　　　　　　　　　　　三十年□月□日

12) 重庆市政府警察局第二分局大阳沟所员警差役空袭损失私物报告表

物品名称	品质	数量	损失程度	原价	购买年月	备考
衬衣	白府绸	1件	炸毁	18	30年4月	
摇裤	白洋布	1条	炸毁	3	30年4月	
被盖	洋布	1床	炸毁	42	30年4月	
合计				63		
被灾日期	6月7日	被灾地点	至诚巷7号	房屋被炸或震毁	震毁	原支薪俸数目	40元	有无同居眷属	

右〈上〉开物品，确系因空袭被毁，谨报告

　　　转呈
局长唐　核转
市长吴

　　　　　　　　　　　　　　一等警士　邓祯祥
　　　　　　　　　　　　　　三十年六月十九日

13) 重庆市政府警察局第二分局大阳沟所员警差役空袭损失私物报告表

物品名称	品质	数量	损失程度	原价	购买年月	备考
被盖	白布	1床	被炸遗失	69	29年8月	
合计				69		
被灾日期	6月7日	被灾地点	至诚巷7号	房屋被炸或震毁	震毁	原支薪俸数目	40元	有无同居眷属	无

右〈上〉开物品，确系因空袭被毁，谨报告

　　　转呈
局长唐　核转
市长吴

　　　　　　　　　　　　　　一等警士　程玉迁
　　　　　　　　　　　　　　三十年六月十九日

14) 重庆市政府警察局第二分局大阳沟所员警差役空袭损失私物报告表

物品名称	品质	数量	损失程度	原价	购买年月	备考
皮鞋	黄色	1双	损失	45	29年6月	
衬衫	府绸	1件	损失	23	30年1月	

续表

物品名称	品质	数量	损失程度	原价	购买年月	备考
内衣	黄毛线	1件	损失	92	29年9月	
合计				160		

被灾日期	6月7日	被灾地点	至诚巷7号	房屋被炸或震毁	震毁	原支薪俸数目	40元	有无同居眷属	有

右〈上〉开物品，确系因空袭被毁，谨报告

   转呈

局长唐　核转

市长吴

           一等警士　李海忠

           三十年六月十九日

15) 重庆市政府警察局二分局大阳沟所员警差役空袭损失私物报告表

物品名称	品质	数量	损失程度	原价	购买年月	备考
中山服	人至〔字〕呢	1套	炸毁	55	30年2月	
便下装	青色	1条	炸毁	11	29年冬月	
衬衣	府绸	1件	炸毁	24	30年3月	
合计				90		

被灾日期	6月7日	被灾地点	至诚巷7号	房屋被炸或震毁	震毁	原支薪俸数目	38元	有无同居眷属	

右〈上〉开物品，确系因空袭被毁，谨报告

   转呈

局长唐　核转

市长吴

           二等警士　董绍清

           三十年六月十九日

16) 重庆市政府警察局第二分局大阳沟所员警差役空袭损失私物报告表

物品名称	品质	数量	损失程度	原价	购买年月	备考
中山服	青哈叽	1套	全部炸烂	40.2	30年4月	
衬衣	白市布	2件	全部炸烂	25	29年12月	
黑皮鞋	黑药皮	1双	全部炸烂	23	29年8月	

续表

物品名称	品质	数量	损失程度	原价	购买年月	备考
长衫	荫〔阴〕丹士林布	1件	全部炸烂	13	28年9月	
洋磁盆	洋磁	1个	全部炸烂	10	29年10月	
合计				112		
被灾日期	6月7日	被灾地点	至诚巷7号	房屋被炸或震毁	震毁	原支薪俸数目	38元	有无同居眷属	有

右〈上〉开物品,确系因空袭被毁,谨报告
　　　转呈
局长唐　核转
市长吴

二等警士　贺仁德
三十年六月十九日

17)重庆市政府警察局第二分局大阳沟所员警差役空袭损失私物报告表

物品名称	品质	数量	损失程度	原价	购买年月	备考
中山短裤	白哈叽	1条	炸毁	14	30年3月	
制服	黄哈叽	1套	炸毁	52	29年11月	
旅行袋	花布	1根	炸毁	3	30年2月	
合计				69		
被灾日期	6月7日	被灾地点	至诚巷7号	房屋被炸或震毁	震毁	原支薪俸数目	38元	有无同居眷属	

右〈上〉开物品,确系因空袭被毁,谨报告
　　　转呈
局长唐　核转
市长吴

一等警士　戴彬
三十年六月十九日

18）重庆市政府警察局第二分局大阳沟所员警差役空袭损失私物报告表

物品名称	品质	数量	损失程度	原价	购买年月	备考
被胎	棉	1床	震毁遗失	20	29年11月	
被包单	棉	1床	震毁遗失	28	29年11月	
被面	绵〔锦〕缎	1床	震毁遗失	29	29年11月	
毡子	棉	1床	震毁遗失	31	29年9月	
卫生衣	棉	1件	震毁遗失	24	29年8月	
皮鞋	皮制	1双	震毁遗失	32	29年5月	
合计				164		
被灾日期	6月7日	被灾地点	至诚巷7号	房屋被炸或震毁	震毁	原支薪俸数目	38元	有无同居眷属	无

右〈上〉开物品，确系因空袭被毁，谨报告

　　　转呈

局长唐　核转

市长吴

　　　　　　　　　　　　　　　　　　　一等警士　刘华安

　　　　　　　　　　　　　　　　　　　三十年六月十九日

19）重庆市政府警察局第二分局大阳沟所员警差役空袭损失私物报告表

物品名称	品质	数量	损失程度	原价	购买年月	备考
中山服	青布	1套	炸毁	45	29年9月	
衬衫	府绸	1件	炸毁	24	30年4月	
合计				69		
被灾日期	6月7日	被灾地点	至诚巷7号	房屋被炸或震毁	震毁	原支薪俸数目	38元	有无同居眷属	无

右〈上〉开物品，确系因空袭被毁，谨报告

　　　转呈

局长唐　核转

市长吴

　　　　　　　　　　　　　　　　　　　一等警士　简瑞卿

　　　　　　　　　　　　　　　　　　　三十年六月十九日

20) 重庆市政府警察局第二分局大阳沟所员警差役空袭损失私物报告表

物品名称	品质	数量	损失程度	原价	购买年月	备考
毛呢制服	青色	1套	被炸	60	30年2月	
衬衫	白花布	1套	被炸	20	30年5月	
合计				80		
被灾日期	6月7日	被灾地点	至诚巷	房屋被炸或震毁	震毁	原支薪俸数目	36元	有无同居眷属	有

右〈上〉开物品,确系因空袭被毁,谨报告
　　　转呈
局长唐　核转
市长吴

一等警士　蒋金全

三十年六月十九日

21) 重庆市政府警察局二分局大阳沟所员警差役空袭损失私物报告表

物品名称	品质	数量	损失程度	原价	购买年月	备考
大衣	人字呢	1件	炸毁	45	29年12月	
制服	人字呢	1套	炸毁	36	30年1月	
衬衫	花府绸	1件	炸毁	23	30年3月	
包单	白色	1张	炸毁	35	29年1月	
合计				139		
被灾日期	6月7日	被灾地点	至诚巷7号	房屋被炸或震毁	震毁	原支薪俸数目	36元	有无同居眷属	

右〈上〉开物品,确系因空袭被毁,谨报告
　　　转呈
局长唐　核转
市长吴

三等警士　港燮

三十年六月十九日

22）重庆市政府警察局第二分局大阳沟所员警差役空袭损失私物报告表

物品名称	品质	数量	损失程度	原价	购买年月	备考
衬衣	白市布	1件	被毁	14	30年4月	
下装	芝麻呢	1件	被毁	18	30年5月	
合计				32		
被灾日期	6月7日	被灾地点	至诚巷7号	房屋被炸或震毁	被毁	原支薪俸数目	有无同居眷属	有

右〈上〉开物品，确系因空袭被毁，谨报告
　　　转呈
局长唐　核转
市长吴

三等警士　唐玉成
三十年六月十九日

23）重庆市政府警察局第二分局大阳沟所员警差役空袭损失私物报告表

物品名称	品质	数量	损失程度	原价	购买年月	备考
中山服	青哈叽	1套	炸毁	59	30年3月	
衬衫	白绸	1套	炸毁	48	30年5月	
长衫	安安布	2件	炸毁	50	29年冬月	
合计				157		
被灾日期	6月7日	被灾地点	至诚巷7号	房屋被炸或震毁	震毁	原支薪俸数目	36元	有无同居眷属	无

右〈上〉开物品，确系因空袭被毁，谨报告
　　　转呈
局长唐　核转
市长吴

三等警士　冯在贵
三十年六月十九日

24）重庆市政府警察局二分局大阳沟所员警差役空袭损失私物报告表

物品名称	品质	数量	损失程度	原价	购买年月	备考
白衬衣	士〔市〕布	1套	被毁	28	28年5月	

续表

物品名称	品质	数量	损失程度	原价	购买年月	备考
灰学生服	卡机〔咔叽〕	1件	被毁	25	28年5月	
青绵〔棉〕裤子	青布	1件	被毁	34	29年3月	
黑皮鞋子	皮	1双	被毁	24	29年3月	
漱口盂	磁	1个	被毁	2	29年3月	
合计				113		
被灾日期	6月7日	被灾地点	至诚巷	房屋被炸或震毁	被毁	原支薪俸数目	36元	有无同居眷属	

右〈上〉开物品,确系因空袭被毁,谨报告
　　　　转呈
局长唐　核转
市长吴

三等警士　曾□□
三十年六月十九日

25)重庆市政府警察局二分局大阳沟所员警差役空袭损失私物报告表

物品名称	品质	数量	损失程度	原价	购买年月	备考
青衬衣	府绸	1件	炸毁	10元	29年	
中式长衫	阴丹	1件	炸毁	22.5元	29年	
洋汗衣	麻纱	1件	炸毁	8元	30年	
皮鞋	青色	1双	炸毁	33元	30年	
袜子	青色	2双	炸毁	5元	30年	
合计				78.5元		
被灾日期	6月7日	被灾地点	至诚巷7号	房屋被炸或震毁	震毁	原支薪俸数目	36元	有无同居眷属	

右〈上〉开物品,确系因空袭被毁,谨报告
　　　　转呈
局长唐　核转
市长吴

三等警士　杜炳森
三十年六月十九日

26）重庆市政府警察局第二分局大阳沟所员警差役空袭损失私物报告表

物品名称	品质	数量	损失程度	原价	购买年月	备考
中山装	青毕〔哗〕叽	1套	被炸	42	30年2月3日	
衬衣	白洋布	1套	被炸	32	30年2月3日	
皮鞋	黄色	1双	被炸	45	29年9月2日	
面盆	白磁	1个	被炸	18	29年9月2日	
合计				137		
被灾日期	6月7日	被灾地点	至诚巷	房屋被炸或震毁	震毁	原支薪俸数目	36元	有无同居眷属	无

右〈上〉开物品，确系因空袭被毁，谨报告

　　　　转呈
局长唐　核转
市长吴

　　　　　　　　　　　　　　　　三等警士　罗燕鹏
　　　　　　　　　　　　　　　　三十年六月七日

27）重庆市政府警察局第二分局大阳沟所员警差役空袭损失私物报告表

物品名称	品质	数量	损失程度	原价	购买年月	备考
被胎	棉	1床	震毁	20	29年8月	
被单	棉	1床	震毁	27	29年8月	
被面	棉	1床	震毁	19	29年8月	
鞋子	毛	1双	震毁	25	30年2月	
衬衣	棉	1件	震毁	14	30年4月	
草黄色中山服	棉	1套	震毁	42	29年10月	
合计				147		
被灾日期	6月7日	被灾地点	至诚巷7号	房屋被炸或震毁	震毁	原支薪俸数目	36元	有无同居眷属	无

右〈上〉开物品，确系因空袭被毁，谨报告

　　　　转呈
局长唐　核转
市长吴

　　　　　　　　　　　　　　　　三等警士　袁志诚
　　　　　　　　　　　　　　　　三十年六月十九日

28)重庆市政府警察局第二分局大阳沟所员警差役空袭损失私物报告表

物品名称	品质	数量	损失程度	原价	购买年月	备考
呢毯	辉〔灰〕色	1床	炸毁	30	30年正月	
长衫	蓝布	1件	炸毁	30	30年正月	
便鞋		1双		8		
合计				68		
被灾日期	30年6月7日	被灾地点	至诚巷7号	房屋被炸或震毁	震毁	原支薪俸数目	36元	有无同居眷属	有

右〈上〉开物品,确系因空袭被毁,谨报告
　　　转呈
局长唐　核转
市长吴

　　　　　　　　　　　　　二等警士　萧治成
　　　　　　　　　　　　　三十年　月　日

29)重庆市政府警察局第二分局大阳沟所员警差役空袭损失私物报告表

物品名称	品质	数量	损失程度	原价	购买年月	备考
中山装	青毕〔哔〕呢	1套	炸毁	59	29年3月2日	
衬衣	白洋布	2件	炸毁	32	29年3月2日	
面盆	白洋磁	1个	炸毁	18	29年4月3日	
线毯	白色	1床	炸毁	32	29年4月3日	
皮鞋	黑色	1双	炸毁	38	30年2月5日	
合计				179		
被灾日期	6月7日	被灾地点	至诚巷第7号	房屋被炸或震毁	震毁	原支薪俸数目	36元	有无同居眷属	无

右〈上〉开物品,确系因空袭被毁,谨报告
　　　转呈
局长唐　核转
市长吴

　　　　　　　　　　　三等警士　魏伦　呈
　　　　　　　　　　　三十年六月十九日

30）重庆市政府警察局第二分局大阳沟所员警差役空袭损失私物报告表

物品名称	品质	数量	损失程度	原价	购买年月	备考
制服	青洋布	1套	炸毁	22	30年1月	
汗衣	青洋布	1件	炸毁	18	29年7月	
中山学生服	哈叽	1套	炸毁	47	30年2月	
合计				87		
被灾日期	6月7日	被灾地点	至诚巷7号	房屋被炸或震毁	炸毁	原支薪俸数目	36元	有无同居眷属	

右〈上〉开物品，确系因空袭被毁，谨报告
　　　转呈
局长唐　核转
市长吴

　　　　　　　　　　　　　　　　　　　三等警士　高桂棠
　　　　　　　　　　　　　　　　　　　三十年六月十九日

31）重庆市政府警察局第二分局大阳沟所员警差役空袭损失私物报告表

物品名称	品质	数量	损失程度	原价	购买年月	备考
白衬衣	府绸	1件	被炸烂	22元	30年5月	
下装	青绸	1件	被炸	52		
皮鞋	黑色	1双	被炸	54		
合计				128		
被灾日期	6月7日	被灾地点	至诚巷7号	房屋被炸或震毁	震毁	原支薪俸数目	36元	有无同居眷属	无

右〈上〉开物品，确系因空袭被毁，谨报告
　　　转呈
局长唐　核转
市长吴

　　　　　　　　　　　　　　　　　　　三等警士　何汉文
　　　　　　　　　　　　　　　　　　　三十年六月十九日

32）重庆市政府警察局第二分局大阳沟所员警差役空袭损失私物报告表

物品名称	品质	数量	损失程度	原价	购买年月	备考
中山服	哈叽	1套	被炸	43	30年2月	
皮鞋	黄翻皮	1双	被炸	17	30年3月	
面巾	鸿章布厂	2根	被炸	6.5	30年5月	
牙刷	中华牙刷厂	1把	被炸	2.5	30年5月	
衬衣	白布	1套	被炸	18	30年6月	
合计				87		
被灾日期	6月7日	被灾地点	至诚巷7号	房屋被炸或震毁	震毁	原支薪俸数目	36元	有无同居眷属	无

右〈上〉开物品，确系因空袭被毁，谨报告

　　　　转呈
局长唐　核转
市长吴

　　　　　　　　　　　　　　　　　　三等警士　魏正烈
　　　　　　　　　　　　　　　　　　三十年六月十九日

33）重庆市政府警察局第二分局大阳沟所员警差役空袭损失私物报告表

物品名称	品质	数量	损失程度	原价	购买年月	备考
中山服	青绉文呢	1套	炸毁	53	29年9月	
衬衣	白哈叽	2件	炸毁	24	29年9月	
皮鞋	黑色	1双	炸毁	34	29年9月	
合计				111		
被灾日期	6月7日	被灾地点	至诚巷7号	房屋被炸或震毁	震毁	原支薪俸数目	36元	有无同居眷属	无

右〈上〉开物品，确系因空袭被毁，谨报告

　　　　转呈
局长唐　核转
市长吴

　　　　　　　　　　　　　　　　　　三等警士　郑玉弦
　　　　　　　　　　　　　　　　　　三十年六月十九日

34)重庆市政府警察局第二分局大阳沟所员警差役空袭损失私物报告表

物品名称	品质	数量	损失程度	原价	购买年月	备考
长衫	荫〔阴〕丹士林布	1件	被炸	35	29年10月	
衬衣	白市布	2件	被炸	30	30年2月	
皮鞋	黑药皮	1双	被炸	32	30年4月	
合计				97		
被灾日期	6月7日	被灾地点	至诚巷7号	房屋被炸或震毁	震毁	原支薪俸数目	36元	有无同居眷属	无

右〈上〉开物品,确系因空袭被毁,谨报告

　　　转呈

局长唐　核转

市长吴

　　　　　　　　　　　　　　　　　三等警士　赵吉玉

　　　　　　　　　　　　　　　　　三十年六月七日

35)重庆市政府警察局第二分局大阳沟所员警差役空袭损失私物报告表

物品名称	品质	数量	损失程度	原价	购买年月	备考
线毯	花色	1床	炸毁	46	29年8月	
中山服	草绿	1套	炸毁	50	29年5月	
合计				96		
被灾日期	6月7号	被灾地点	至诚巷7号	房屋被炸或震毁	炸毁	原支薪俸数目	96元	有无同居眷属	无

右〈上〉开物品,确系因空袭被毁,谨报告

　　　转呈

局长唐　核转

市长吴

　　　　　　　　　　　　　　　　　三等警士　杨荣华

　　　　　　　　　　　　　　　　　三十年六月十九日

36）重庆市政府警察局第二分局大阳沟所员警差役空袭损失私物报告表

物品名称	品质	数量	损失程度	原价	购买年月	备考
被盖	白色	1床	炸毁	65	29年冬月十五日	
便衣	蓝色	1件	炸毁	34	29年5月	
合计				99		
被灾日期	6月7号	被灾地点	至诚巷7号	房屋被炸或震毁	炸毁	原支薪俸数目		有无同居眷属	无

右〈上〉开物品，确系因空袭被毁，谨报告
　　　转呈
局长唐　核转
市长吴

三等警士　汤进泉
□□年□月□日

37）重庆市政府警察局第二分局大阳沟所员警差役空袭损失私物报告表

物品名称	品质	数量	损失程度	原价	购买年月	备考
中山服	青哔叽	1套	炸毁	40	30年3月	
衬衣	白市布	1件	炸毁	25	30年3月	
中山服	草黄布	1套	炸毁	38	29年11月	
青色短服	毛线	1件	炸毁	70	29年11月	
皮箱	黑色	1口	炸毁	20	30年1月	
合计				193		
被灾日期	6月7日	被灾地点	至诚巷7号	房屋被炸或震毁	震毁	原支薪俸数目	38元	有无同居眷属	

右〈上〉开物品，确系因空袭被毁，谨报告
　　　转呈
局长唐　核转
市长吴

二等警士　粟建中
三十年六月十九日

38)重庆市政府警察局第二分局大阳沟所员警差役空袭损失私物报告表

物品名称	品质	数量	损失程度	原价	购买年月	备考
青制服	夏河卡机〔咔叽〕	1套	炸毁	45	30年3月	
长衫	毛蓝布	1件	炸毁	38	30年正月	
洗脸盆	三号	1个	炸毁	35	29年6月	
衬衣	花交布	1件	炸毁	14	30年5月	
合计				132		
被灾日期	6月7日	被灾地点	至诚巷7号	房屋被炸或震毁	震毁	原支薪俸数目	38元	有无同居眷属	有

右〈上〉开物品,确系因空袭被毁,谨报告

　　　转呈

局长唐　核转

市长吴

　　　　　　　　　　　　　　　　　　　二等警士　马骏德

　　　　　　　　　　　　　　　　　　　三十年六月十九日

39)重庆市政府警察局第二分局大阳沟所员警差役空袭损失私物报告表

物品名称	品质	数量	损失程度	原价	购买年月	备考
中山服	青帆布	1套	被炸遗失	37	30年2月份	
衬衣	白斜纹	1件	被炸遗失	13	30年2月份	
牙刷	双十牌	1把	被炸遗失	4.5	30年5月份	
面巾	裕华布厂	1根	被炸遗失	3	30年5月份	
旅行袋	白帆布	1根	被炸遗失	3	30年4月份	
操鞋	青哔叽	1双	被炸遗失	12	30年6月份	
内衣	织纹	1套	被炸遗失	48	29年9月	
合计				20.5		
被灾日期	6月7日	被灾地点	至诚巷7号	房屋被炸或震毁	震毁	原支薪俸数目	38元	有无同居眷属	无

右〈上〉开物品,确系因空袭被毁,谨报告

　　　转呈

局长唐　核转

市长吴

　　　　　　　　　　　　　　　　　　　二等警士　周绍兴

　　　　　　　　　　　　　　　　　　　三十年六月十九日

40）重庆市政府警察局第二分局大阳沟所员警差役空袭损失私物报告表

物品名称	品质	数量	损失程度	原价	购买年月	备考
中山服	帆布青色	1套	损失	36	29年9月	
中山服下装	灰色	1件	损失	15	29年4月	
衬衫	白色	1件	损失	12	30年5月	
合计				63		
被灾日期	6月7日	被灾地点	至诚巷7号	房屋被炸或震毁	震毁	原支薪俸数目	38元	有无同居眷属	无

右〈上〉开物品，确系因空袭被毁，谨报告
　　　转呈
局长唐　核转
市长吴

　　　　　　　　　　　　　　　　二等警士　杨兴鼎
　　　　　　　　　　　　　　　　三十年□月□日

41）重庆市政府警察局第二分局大阳沟所员警差役空袭损失私物报告表

物品名称	品质	数量	损失程度	原价	购买年月	备考
中山服	灰哈叽	1套	被炸	52	30年3月	
衬衣	花府绸	1件	被炸	18	30年3月	
长裤	青布	1条	被炸	16	30年2月	
合计				86		
被灾日期	6月7日	被灾地点	至诚巷7号	房屋被炸或震毁	震毁	原支薪俸数目	30元	有无同居眷属	无

右〈上〉开物品，确系因空袭被毁，谨报告
　　　转呈
局长唐　核转
市长吴

　　　　　　　　　　　　　　　　公役　陈世昌
　　　　　　　　　　　　　　　　三十年六月十九日

42）重庆市政府警察局第二分局大阳沟所员警差役空袭损失私物报告表

物品名称	品质	数量	损失程度	原价	购买年月	备考
长衣服	蓝布	2件	被炸	42	30年2月	
汗小衣	蓝布	2套	被炸	28	30年2月	
合计				70		
被灾日期	6月7日	被灾地点	至诚巷7号	房屋被炸或震毁	震毁	原支薪俸数目	30元	有无同居眷属	有

右〈上〉开物品，确系因空袭被毁，谨报告

　　　转呈

局长唐　核转

市长吴

　　　　　　　　　　　　　　　　　　　　伕役　杨治清

　　　　　　　　　　　　　　　　　　　三十年六月十九日

43）重庆市政府警察局二分局大阳沟所员警差役空袭损失私物报告表

物品名称	品质	数量	损失程度	原价	购买年月	备考
小皮箱	白色5号	1口	炸毁	17	30年3月	
便衣	毛蓝布	1套	炸毁	50	30年1月	
衬衫	白市布	1套	炸毁	20	30年5月	
下装	青卡〔咔〕叽	1条	炸毁	20	29年冬月	
毛巾	白色	1张	炸毁	3元	30年4月	
合计				110		
被灾日期	6月7日	被灾地点	至诚巷7号	房屋被炸或震毁	炸毁	原支薪俸数目	30元	有无同居眷属	

右〈上〉开物品，确系因空袭被毁，谨报告

　　　转呈

局长唐　核转

市长吴

　　　　　　　　　　　　　　　　　　　　伕役　董开文

　　　　　　　　　　　　　　　　　　　三十年六月十九日

44）重庆市政府警察局第二分局大阳沟所员警差役空袭损失私物报告表

物品名称	品质	数量	损失程度	原价	购买年月	备考
中山服	草绿布	1套	炸毁	42	30年1月	
衬衫	白府绸	1件	炸毁	22	30年1月	
合计				64		
被灾日期	6月7日	被灾地点	至诚巷7号	房屋被炸或震毁	震毁	原支薪俸数目	38元	有无同居眷属	

右〈上〉开物品，确系因空袭被毁，谨报告

　　　　转呈

局长唐　核转

市长吴

　　　　　　　　　　　　　　　二等警士　黄志林

　　　　　　　　　　　　　　　三十年六月十九日

45）重庆市政府警察局第二分局大阳沟所员警差役空袭损失私物报告表

物品名称	品质	数量	损失程度	原价	购买年月	备考
制服	青布	1套	炸毁	46	29年10月	
衬衫	白洋布	1件	炸毁	15	30年3月	
袜子	青色	2双	炸毁	6	30年3月	
合计				67		
被灾日期	6月7日	被灾地点	至诚巷7号	房屋被炸或震毁	震毁	原支薪俸数目	38元	有无同居眷属	

右〈上〉开物品，确系因空袭被毁，谨报告

　　　　转呈

局长唐　核转

市长吴

　　　　　　　　　　　　　　　二等警士　杨吉臣

　　　　　　　　　　　　　　　三十年六月十九日

46）重庆市政府警察局第二分局大阳沟所员警差役空袭损失私物报告表

物品名称	品质	数量	损失程度	原价	购买年月	备考
党服	绿呢	1套	被炸	60	30年5月份	

续表

物品名称	品质	数量	损失程度	原价	购买年月	备考
纹皮	黑色	1双	被炸	70	30年5月份	
军服	草绿色	1套	被炸	50	30年5月份	
合计				180		
被灾日期	6月7日	被灾地点	至诚巷7号	房屋被炸或震毁	被炸	原支薪俸数目	38元	有无同居眷属	无

右〈上〉开物品,确系因空袭被毁,谨报告
　　　转呈
局长唐　核转
市长吴

二等警士　张俊杰
三十年六月十九日

47)重庆市政府警察局第二分局大阳沟所员警差役空袭损失私物报告表

物品名称	品质	数量	损失程度	原价	购买年月	备考
制服	绿洋布	1套	炸毁	42	30年2月	
合计				42		
被灾日期	6月7日	被灾地点	至诚巷7号	房屋被炸或震毁	炸毁	原支薪俸数目	38元	有无同居眷属	

右〈上〉开物品,确系因空袭被毁,谨报告
　　　转呈
局长唐　核转
市长吴

二等警士　吴树彬
三十年六月十九日

40)重庆市政府警察局第二分局大阳沟所员警差役空袭损失私物报告表

物品名称	品质	数量	损失程度	原价	购买年月	备考
白衬衣	丁绸	1件	被炸烂	25	30年5月	
毛巾	白布	1块	被炸烂	3	30年6月	
皮鞋	黄药皮	1双	被炸烂	38	30年5月20日	
合计				66		

续表

被灾日期	6月7日	被灾地点	至诚巷7号	房屋被炸或震毁	震毁	原支薪俸数目	38元	有无同居眷属	有

右〈上〉开物品,确系因空袭被毁,谨报告

　　　　转呈

局长唐　核转

市长吴

　　　　　　　　　　　　　　　　　　二等警士　丁树锡

　　　　　　　　　　　　　　　　　　　□□年□月□日

49)重庆市政府警察局第二分局大阳沟所员警差役空袭损失私物报告表

物品名称	品质	数量	损失程度	原价	购买年月	备考
制服	中山呢	1套	炸毁	42	30年4月	
衬衣	丁绸	1件	炸毁	22	30年4月	
合计				64		

被灾日期	6月7日	被灾地点	至诚巷7号	房屋被炸或震毁	震毁	原支薪俸数目	38元	有无同居眷属	有

右〈上〉开物品,确系因空袭被毁,谨报告

　　　　转呈

局长唐　核转

市长吴

　　　　　　　　　　　　　　　　　　二等警士　幸长福

　　　　　　　　　　　　　　　　　　三十年六月十九日

(0061—0015—5103)

42. 重庆市警察局第二分局员役1941年6月7日空袭损失报告表(1941年6月)

1)重庆市政府警察局第二分局员警差役空袭损失私物报告表

物品名称	品质	数量	损失程度	原价	购买年月	备考
刀带	药皮	1根	炸毁	12	29年2月	
箧席	细青蔑〔篾〕	1床	炸毁	16	30年4月	

续表

物品名称	品质	数量	损失程度	原价	购买年月	备考
鞋子	毛织贡呢	1双	炸毁	24	30年4月	
面巾		1张	炸毁	3	30年3月	
牙刷		1把	炸毁	2.5	30年5月	
牙膏	黑人牌	1盒	炸毁	2	30年5月	
大号白磁面盆		1个	炸毁	15	29年1月	
漱口钟	磁质	1个	炸毁	4	30年2月	
合计				78.5		
被灾日期	6月7日	被灾地点	中华路60号分局	房屋被炸或震毁	炸毁	原支薪俸数目	160元	有无同居眷属	有

右〈上〉开物品,确系因空袭被毁,谨报告

　　　　转呈
局长唐　核转
市长吴

　　　　　　　　　　　　　　　一等局员　陈铨方
　　　　　　　　　　　　　　　三十年六月十日

2)重庆市政府警察局第二分局员警差役空袭损失私物报告表

物品名称	品质	数量	损失程度	原价	购买年月	备考
华达呢制服	毛织	1套	炸毁	350	29年12月	连制帽
山东绸中山服	丝织	1套	炸毁	150	30年5月	
府绸衬衫	丝织	2件	炸毁	50	30年5月	
人字呢制服	棉织	1套	炸毁	70	29年12月	
梳洗用具		全套	炸毁	60	30年4月	
各种书籍		35册	炸毁	150	时间先后不一	
背带	丝织	两条	炸毁	40	30年4月	
茶杯	玻璃	两个	炸毁	3	30年3月	
相片镜框	木质玻璃	两个	炸毁	3	29年12月	
合计				426		

续表

被灾日期	30年6月7日	被灾地点	中华路60号第二分局	房屋被炸或震毁	炸毁	原支薪俸数目	120元	有无同居眷属	有弟1人
右〈上〉开物品,确系因空袭被毁,谨报告									
转呈									
局长唐　核转									
市长吴									
一等特务巡官　王香圃									
三十年六月十日									

3)重庆市政府警察局第二分局员警差役空袭损失私物报告表

物品名称	品质	数量	损失程度	原价	购买年月	备考
白衬衣	府绸	2件	炸毁	44	30年2月	
黄鸡皮外套	黄鸡皮	1件	炸毁	125	30年1月	
蓝短裤	阴丹布	2条	炸毁	9	30年4月	
茶杯	玻璃	1个	炸毁	1.6	30年4月	
合计				179.6		

被灾日期	6月7日	被灾地点	中华路60号分局	房屋被炸或震毁	炸毁	原支薪俸数目	120元	有无同居眷属	无
右〈上〉开物品,确系因空袭被毁,谨报告									
转呈									
局长唐　核转									
市长吴									
一等特务巡官　倪剑刚									
三十年六月二十日									

4)重庆市政府警察局第二分局员警差役空袭损失私物报告表

物品名称	品质	数量	损失程度	原价	购买年月	备考
青制服	斜纹布	1套	炸毁	52	30年1月	
黄制服	斜纹布	1套	炸毁	65	30年4月	
漱口盂	江西磁	1个	炸毁	6	29年7月	

续表

物品名称	品质	数量	损失程度	原价	购买年月	备考
牙刷		1把	炸毁	4	30年2月	
牙膏	三星牌	1只	炸毁	2.5	30年1月	
黑皮鞋	港皮	1双	炸毁	125	29年12月	
合计				254.5		
被灾日期	6月7日	被灾地点	中华路60号分局	房屋被炸或震毁	炸毁	原支薪俸数目	120元	有无同居眷属	

右〈上〉开物品,确系因空袭被毁,谨报告

转呈

局长唐　核转

市长吴

一等户籍员　张少良

三十年六月二十日

5)重庆市政府警察局第二分局员警差役空袭损失私物报告表

物品名称	品质	数量	损失程度	原价	购买年月	备考
六寸方镜	玻砖	1面	炸毁	14	29年10月	在贵阳购
茶壶	磁器	1个	炸毁	4.5	30年4月	
茶杯	玻璃	2个	炸毁	3.6	30年4月	
大皮箱		1口	炸毁	22	29年11月	在贵阳购
线衣	毛质	1件	炸毁	64	29年10月	在贵阳购
袜子	工字牌	2双	炸毁	9.2	29年10月	在贵阳购
牙刷		1把	炸毁	2	30年5月	
牙膏	黑人牌	1盒	炸毁	2	30年5月	
墨水		1瓶	炸毁	6	30年2月	在贵阳购
合计				127.3		
被灾日期	30年6月7日	被灾地点	中华路60号分局	房屋被炸或震毁	炸毁	原支薪俸数目	90元	有无同居眷属	无

续表

```
    右〈上〉开物品,确系因空袭被毁,谨报告
       转呈
  局长唐  核转
  市长吴
                             文书办事员  陈静
                             三十年六月十日
```

6) 重庆市政府警察局第二分局员警差役空袭损失私物报告表

物品名称	品质	数量	损失程度	原价	购买年月	备考
灰色中山服	哈叽	1套	炸毁	56	30年3月	
衬衫	府绸	2件	炸毁	30	29年8月	
短裤	标准布	2条	炸毁	10	29年5月	
茶中〔盅〕	玻璃	1个	炸毁	1.6	30年4月	
牙刷		1把	炸毁	2	30年2月	
合计				99.6		
被灾日期	6月7日	被灾地点	中华路60号分局	房屋被炸或震毁	炸毁	原支薪俸数目	80元	有无同居眷属	无

```
    右〈上〉开物品,确系因空袭被毁,谨报告
       转呈
  局长唐  核转
  市长吴
                             雇员  徐次猷
                             三十年六月十日
```

7) 重庆市政府警察局第二分局员警差役空袭损失私物报告表

物品名称	品质	数量	损失程度	原价	购买年月	备考
灰哈叽制服	绵〔棉〕	1套	炸毁	56	30年2月	
白布衬衣	绵〔棉〕	2件	炸毁	共34	30年4月	
毛巾	绵〔棉〕	2张	炸毁	共5	30年5月	
白条花布毯子	绵〔棉〕	1床	炸毁	16	29年10月	
牙刷	骨	1把	炸毁	2	30年5月	

续表

物品名称	品质	数量	损失程度	原价	购买年月	备考
皮鞋	皮	1双	炸毁	36	29年11月	
合计				149		

| 被灾日期 | 6月7日 | 被灾地点 | 中华路60号分局 | 房屋被炸或震毁 | 炸毁 | 原支薪俸数目 | 80元 | 有无同居眷属 | 无 |

右〈上〉开物品，确系因空袭被毁，谨报告

　　　　转呈
局长唐　核转
市长吴

　　　　　　　　　　　　　　雇员　吴伯阳
　　　　　　　　　　　　　　三十年六月九日

8）重庆市政府警察局第二分局员警差役空袭损失私物报告表

物品名称	品质	数量	损失程度	原价	购买年月	备考
灰哈叽制服	棉	1套	炸毁	58	30年2月	
白布衬衫	棉	1件	炸毁	15	30年4月	
白布短裤	棉	2条	炸毁	8	30年2月	
皮鞋	皮	1双	炸毁	45	30年2月	
漱口杯	玻璃	1个	炸毁	2	30年4月	
牙刷	骨	1把	炸毁	2	30年2月	
合计				130		

| 被灾日期 | 30年6月7日 | 被灾地点 | 二区署内 | 房屋被炸或震毁 | 被炸 | 原支薪俸数目 | 50元 | 有无同居眷属 | 无 |

右〈上〉开物品，确系因空袭被毁，谨报告

　　　　转呈
局长唐　核转
市长吴

　　　　　　　　第二区署录事　陈维松
　　　　　　　　三十年六月十日

9)重庆市政府警察局第二分局员警差役空袭损失私物报告表

物品名称	品质	数量	损失程度	原价	购买年月	备考
毛线汗衣	毛	1件	炸毁	90	29年9月15日	
青哈机〔叽〕中山服	布	1件	炸毁	54	30年2月27日	
黄皮鞋	皮	1双	炸毁	75	30年2月18日	
白市布衬衣	布	2件	炸毁	58	29年11月26日	
线毯	布	1床	炸烧	58	29年10月29日	
白布被盖	布	1床	炸烧	95	29年5月30日	
合计				430		
被灾日期	6月7日	被灾地点	二分局	房屋被炸或震毁	被炸毁	原支薪俸数目 50元	有无同居眷属 有、

右〈上〉开物品,确系因空袭被毁,谨报告
　　转呈
局长唐　核转
市长吴

特务一等警长　彭雨雪
三十年六月十日

10)重庆市政府警察局第二分局员警差役空袭损失私物报告表

物品名称	品质	数量	损失程度	原价	购买年月	备考
青线呢中山服	线呢	1套	炸毁	56	29年12月	
草黄色中山服	毛哈机〔叽〕	1套	炸毁	72	29年4月	
白衬衣	洋纱	1件	炸毁	28	30年5月	
白床毡	斜纹	1床	炸毁	21	29年9月	
毛线内衣	毛线	1件	炸毁	52	29年10月	
面盆	洋磁	1个	炸毁	16	29年2月	
线袜	工字牌	2双	炸毁	8	30年5月	
白皮箱	白皮	1口	炸毁	28	29年1月	
合计				281		
被灾日期	6月7日	被灾地点	二分局	房屋被炸或震毁	被炸毁	原支薪俸数目 50元	有无同居眷属 有

续表

> 右〈上〉开物品,确系因空袭被毁,谨报告
> 　　　　转呈
> 局长唐　核转
> 市长吴
>
> 　　　　　　　　　　　　　　　特务一等警长　张继良
> 　　　　　　　　　　　　　　　三十年六月十九日

11) 重庆市政府警察局第二分局员警差役空袭损失私物报告表

物品名称	品质	数量	损失程度	原价	购买年月	备考
被盖	布	1床	全炸	86元	29年12月	
皮箱	黑皮	1口	全炸	20元	29年1月	
中山服	青毛哈叽	1套	全炸	60元	28年2月	
制服	青哈叽	1套	全炸	35元	29年12月	
衬衫	白细布	2件	全炸	14元	29年7月	
短裤	白布	1件	全炸	6元	29年12月	
毛线背心	毛线	1件	全炸	40元	29年10月	
洗面巾	毛葛巾	1条		3.5元	30年4月	
袜子	青线	1双		5元	30年4月	
牙刷		1把		2元	30年4月	
操鞋	青毛哔叽	1双		25元	30年3月	
细篾席		1条		12元	30年5月	
合计				308.5元		
被灾日期	6月7日	被灾地点	中华路60号二分局	房屋被炸或震毁	炸毁	原支薪俸数目	46元	有无同居眷属	无

> 右〈上〉开物品,确系因空袭被毁,谨报告
> 　　　　转呈
> 局长唐　核转
> 市长吴
>
> 　　　　　　　　　　　　　　　二等户籍警长　蒋宪朴
> 　　　　　　　　　　　　　　　三十年六月十九日

12）重庆市政府警察局第二分局员警差役空袭损失私物报告表

物品名称	品质	数量	损失程度	原价	购买年月	备考
被盖	绵缎面	1床	毁滥〔烂〕	56元	29年9月	
毯子	花线	1床	毁滥〔烂〕	28元	29年10月	
油布毯子	油布	1床	毁滥〔烂〕	22元	29年9月	
棉絮	旧	1床	毁滥〔烂〕	12元	29年2月	
中山服	灰哈叽	1套	毁滥〔烂〕	52元	29年12月	
衬衣	虎〔府〕绸	2件	毁滥〔烂〕	36元	29年8月	
皮鞋		1双	毁滥〔烂〕	34元	29年12月	
毛巾		1张	毁滥〔烂〕	3元	30年4月	
布鞋		1双	毁滥〔烂〕	10元	30年3月	
牙刷		1把	毁滥〔烂〕	1.5元	30年1月	
漱口钟		1个	毁滥〔烂〕	1.6元	30年2月	
合计				256.1元		
被灾日期	6月7日	被灾地点	中华路60号	房屋被炸或震毁	炸毁	原支薪俸数目	46元	有无同居眷属	无

右〈上〉开物品，确系因空袭被毁，谨报告

　　　　转呈

局长唐　核转

市长吴

　　　　　　　　　　　　　　　二等外事警长　吴森民

　　　　　　　　　　　　　　　三十年六月十九日

13）重庆市政府警察局第二分局员警差役空袭损失私物报告表

物品名称	品质	数量	损失程度	原价	购买年月	备考
被盖	花洋面被面	1	炸毁	80元	民国30年1月	
布毡	白布	1	炸毁	30元	民国29年11月	
中山服	芝麻呢	1	炸毁	50元	民国29年10月	
衬衫	白洋布	2	炸毁	36元	民国30年2月	
皮箱	牛皮	1	炸毁	25元	民国29年10月	
面盆	磁铁	1	炸毁	20元	民国29年8月	
面巾	裕华厂造	1	炸毁	3元	民国30年4月	

续表

物品名称	品质	数量	损失程度	原价	购买年月	备考
牙刷	牛骨头	1	炸毁	3.2元	民国30年4月	
牙膏	黑人牌	1	炸毁	3.8元	民国30年5月	
皮鞋	中华制革厂	1	炸毁	40元	民国30年1月	
合计				291元		
被灾日期	6月7日	被灾地点	中华路60号第二分局	房屋被炸或震毁	被炸毁	原支薪俸数目	42元	有无同居眷属	有

右〈上〉开物品,确系因空袭被毁,谨报告
　　转呈
局长唐　核转
市长吴

特务三等警长　刘文彬
三十年六月十九日

14)重庆市政府警察局第二分局员警差役空袭损失私物报告表

物品名称	品质	数量	损失程度	原价	购买年月	备考
花布面被盖	棉	1床	全部被毁	43	28年11月	
白市布毯子	布	1	全部被毁	7.5	28年11月	
灰哈叽制服	布	2套	全部被毁	44	29年3月	
黑力士鞋	胶	1双	全部被毁	8	29年1月	
荷兰瓷面盆	瓷	1个	全部被毁	30	29年5月	
黑漆木箱	木	1口	全部被毁	9.5	29年5月	
合计				142		
被灾日期	6月7日	被灾地点	中华路60号	房屋被炸或震毁	被炸	原支薪俸数目	40元	有无同居眷属	无

右〈上〉开物品,确系因空袭被毁,谨报告
　　转呈
局长唐　核转
市长吴

一等文书警士　罗仁德
三十年六月二十日

15) 重庆市政府警察局第二分局员警差役空袭损失私物报告表

物品名称	品质	数量	损失程度	原价	购买年月	备考
被盖	布面	1	炸毁	54元	29年7月	
毯子	印花	1	炸毁	28元	29年10月	
面巾		1	炸毁	3.5元	29年9月	
中山服	芝麻呢	1	炸毁	58元	29年6月	
面盆	洋瓷	1	炸毁	25元	29年10月	
合计				168.5元		
被灾日期	6月7日	被灾地点	中华路60号	房屋被炸或震毁	炸毁	原支薪俸数目	40元	有无同居眷属	无

右〈上〉开物品,确系因空袭被毁,谨报告
　　　转呈
局长唐　核转
市长吴

　　　　　　　　　　　　外事警　杨仲伦
　　　　　　　　　　　　三十年六月□日

16) 重庆市政府警察局第二分局员警差役空袭损失私物报告表

物品名称	品质	数量	损失程度	原价	购买年月	备考
被盖	红毛葛面子	1床	被炸无踪影	47元	民国28年9月	购于本市
汗衣	青毛线镑〔磅〕半	1件	被炸无踪影	52元	民国28年10月	购于本市
棉背心	青蓝毛葛西式	1件	被炸无踪影	12元	民国28年10月	购于本市
中山服	旧黄呢	1套	被炸无踪影	55元	民国29年2月	购于本市
线毡	蓝提花	1床	被炸无踪影	22元	民国28年5月	购于长寿县
皮鞋	自备	1双	被炸无踪影	47元	民国29年12月	购于顺发鞋铺
铜面盆		1个	被炸无踪影	16元	民国29年12月	购于本市
茶壶	泥筋	1个	被炸无踪影	7元	民国30年2月	购于本市
合计				258元		

续表

被灾日期	民国30年6月7日	被灾地点	中华路60警察二分局	房屋被炸或震毁	炸无一存	原支薪俸数目	40元	有无同居眷属	无
右〈上〉开物品,确系因空袭被毁,谨报告 转呈 局长唐 核转 市长吴									
一等特务警士 黄国璋 三十年六月十九日									

17)重庆市政府警察局第二分局员警差役空袭损失私物报告表

物品名称	品质	数量	损失程度	原价	购买年月	备考
被盖	漂白布	1床	炸毁	112	29年11月	
电烫斗	金属	1个	炸毁	50	29年10月	
青制服	布	2套	炸毁	100	29年9月	
洗面具		1套	炸毁	35	29年5月	
书籍	纸	7本	炸毁	20	29年11月	
床毡	布	1床	炸毁	40	29年12月	
合计				357		
被灾日期	6月7日	被灾地点	中华路60号	房屋被炸或震毁	炸毁	原支薪俸数目		有无同居眷属	
右〈上〉开物品,确系因空袭被毁,谨报告 转呈 局长唐 核转 市长吴								
□□□ 三十年六月十日								

18)重庆市政府警察局第二分局员警差役空袭损失私物报告表

物品名称	品质	数量	损失程度	原价	购买年月	备考
白布被盖	布	1	炸滥〔烂〕	48	29年9月17	
白桶〔统〕绒汗衣	绒	1	炸滥〔烂〕	19	29年10月初4	
白桶〔统〕绒下装	绒	1	炸滥〔烂〕	19	29年10月初4	

续表

物品名称	品质	数量	损失程度	原价	购买年月	备考
白市布衬衫	市布	1	炸滥〔烂〕	16	30年5月初六	
青哈机〔叽〕中山服	合机〔哈叽〕	1套	炸滥〔烂〕	46	30年3月18	
洋磁脸盆	洋磁	1	炸滥〔烂〕	8	30年正月十五	
洋磁盅盅	洋磁	1	炸滥〔烂〕	2	30年正月十五	
洗脸帕子	毛巾	1	炸滥〔烂〕	25	30年正月十五	
合计				183		
被灾日期	6月7日	被灾地点	二分局	房屋被炸或震毁	炸毁	原支薪俸数目	40	有无同居眷属	有

右〈上〉开物品,确系因空袭被毁,谨报告
　　　　转呈
局长唐　核转
市长吴

特务一等警士　王雨时
三十年六月十九日

19) 重庆市政府警察局第二分局员警差役空袭损失私物报告表

物品名称	品质	数量	损失程度	原价	购买年月	备考
被盖	白布包单缎面	1床	全毁	32元	27年12月	
毛哔叽下装	毛织品	1条	全毁	22元	28年2月	
草绿中山服	布质	1套	全毁	39元	29年10月	
青哈叽中山服	布质	1套	全毁	41元	30年2月	
白皮箱	木皮	1口	全毁	25元	30年2月	
面巾	毛葛巾	1张	全毁	5元	30年5月	
合计				164元		
被灾日期	6月7日	被灾地点	第二分局	房屋被炸或震毁	被炸	原支薪俸数目	38元	有无同居眷属	无

右〈上〉开物品,确系因空袭被毁,谨报告
　　　　转呈
局长唐　核转
市长吴

二等户籍警士　黄泽锦
三十年六月二十日

20）重庆市政府警察局第二分局员警差役空袭损失私物报告表

物品名称	品质	数量	损失程度	原价	购买年月	备考
夹跑裤	大人字呢	1件	炸毁毫勿〔无〕踪迹	35.6元	民国27年8月	系脱绒里子
青紧衫	喀〔咔〕叽布	1件	炸毁毫勿〔无〕踪迹	10.7元	民国27年8月	系脱绒里子
童军服	黄喀〔咔〕叽	1套	炸毁毫勿〔无〕踪迹	26元	民国27年12月	系花布里子
席子	黄草席子	1床	炸毁毫勿〔无〕踪迹	3元	民国29年正月	部份已破滥〔烂〕
洗面巾	毛葛巾	2张	炸毁毫勿〔无〕踪迹	4元 1.8元	民国29年正月	内一张较旧滥〔烂〕
茶中〔盅〕	玻璃	1个	炸毁毫勿〔无〕踪迹	2元	民国29年4月	
牙刷	牛骨	1把	炸毁毫勿〔无〕踪迹	4元	民国29年4月	
牙膏	三星牌	1盒	炸毁毫勿〔无〕踪迹	2.2元	民国29年4月	只剩四分之二未用
操鞋	青横布	1双	炸毁毫勿〔无〕踪迹	5元	民国29年3月	部份〔分〕已破滥〔烂〕
合计				94.3元		
被灾日期	30年6月7日	被灾地点	二分局	房屋被炸或震毁	炸毁	原支薪俸数目 38元	有无同居眷属	无

右〈上〉开物品，确系因空袭被毁，谨报告

　　　　转呈
局长唐　核转
市长吴

　　　　　　　　　　　　　　　　二等户籍生　蓝锡乔
　　　　　　　　　　　　　　　　三十年六月十九日

21）重庆市政府警察局第二分局员警差役空袭损失私物报告表

物品名称	品质	数量	损失程度	原价	购买年月	备考
青哈机〔叽〕中山服	哈机〔叽〕	1套	炸毁	38	29年5月20	
白布被盖	布	1	炸毁	54	29年腊月17	
毛线汗衣	毛线	1	炸毁	50	29年10月初2	

续表

物品名称	品质	数量	损失程度	原价	购买年月	备考
花布衬衫	花布	2	炸毁	14	30年3月12	
冲织贡鞋	鞋子	1	炸毁	10	30年5月初10	
白皮衣箱	白皮	1	炸毁	18	30年4月12	
合计				184		
被灾日期	6月7日	被灾地点	二分局	房屋被炸或震毁	被炸毁	原支薪俸数目	38元	有无同居眷属	无

右〈上〉开物品,确系因空袭被毁,谨报告
　　转呈
局长唐　核转
市长吴

特务二等警士　薛寅生
三十年六月十九日

22) 重庆市政府警察局二分局员警差役空袭损失私物报告表

物品名称	品质	数量	损失程度	原价	购买年月	备考
被盖	布	1	被炸无形	60元	28年12月6日	
洗脸盆	磁	1	被炸无形	22元	29年10月10日	
黄皮鞋	皮	1	被炸无形	20元	29年12月5日	
青学生服	布	1	被炸无形	38元	29年12月5日	
白衬衫	布	1	被炸无形	18元	30年5月15日	
青下装	布	1	被炸无形	16元	30年5月15日	
明星牙刷	骨	1	被炸无形	3.5元	30年3月14日	
黑人牙膏	粉	1	被炸无形	2元	30年3月14日	
合计				179元		
被灾日期	30年6月7日	被灾地点	张爷庙后边	房屋被炸或震毁	炸毁	原支薪俸数目	38元	有无同居眷属	有

右〈上〉开物品,确系因空袭被毁,谨报告
　　转呈
局长唐　核转
市长吴

二等特务警　张义焱
三十年六月十九日

23）重庆市政府警察局二分局员警差役空袭损失私物报告表

物品名称	品质	数量	损失程度	原价	购买年月	备考
白布被盖	布	1	炸滥〔烂〕	48	29年10月5	
白桶〔统〕绒汗衣	绒	1	炸滥〔烂〕	19	29年8月15	
白桶〔统〕绒下装	绒	1	炸滥〔烂〕	18	29年9月4	
青哈机〔叽〕中山服	哈机〔叽〕	1套	炸滥〔烂〕	56	30年4月25	
洋磁脸盆	洋磁	1	炸滥〔烂〕	16	30年3月16	
洗脸面巾	毛巾	1	炸滥〔烂〕	25	30年3月16	
洋磁盅盅	洋磁	1	炸滥〔烂〕	15	30年正月15	
白市布衬衫	市布	1	炸滥〔烂〕	16	30年3月23	
合计				213		

| 被灾日期 | 6月7日 | 被灾地点 | 二分局 | 房屋被炸或震毁 | 被炸毁 | 原支薪俸数目 | 36元 | 有无同居眷属 | 无 |

右〈上〉开物品，确系因空袭被毁，谨报告

　　　　转呈
局长唐　核转
市长吴

　　　　　　　　　　　　特务三等警士　李林
　　　　　　　　　　　　三十年六月十九日

24）重庆市政府警察局第二分局员警差役空袭损失私物报告表

物品名称	品质	数量	损失程度	原价	购买年月	备考
被盖	蓝条花绵〔锦〕缎	1床	被炸无踪	62元	民国28年9月	
毡子	青提花	1床	被炸无踪	28元	民国28年7月	
箱子	黑皮1尺4寸	1口	被炸无踪	12元	民国28年7月	
中山服	灰芝麻呢	1套	被炸无踪	52元	民国29年10月	
背心	红毛线	1件	被炸无踪	25元	民国27年11月	
大衣	灰人字呢	1件	被炸无踪	38元	民国28年10月	
皮鞋	黄厂皮	1双	被炸无踪	47元	民国29年12月	

续表

物品名称	品质	数量	损失程度	原价	购买年月	备考
合计				264元		
被灾日期 6月7日	被灾地点	中华路60警察二分局	房屋被炸或震毁	寸木无存	原支薪俸数目 36元	有无同居眷属 无

　　右〈上〉开物品,确系因空袭被毁,谨报告
　　　　转呈
局长唐　核转
市长吴

特务警士　谢树藩
三十年六月十九日

25) 重庆市政府警察局二分局员警差役空袭损失私物报告表

物品名称	品质	数量	损失程度	原价	购买年月	备考
白布被盖	布	1	炸毁	58	30年3月	
白府绸衬衫	布	1	炸毁	46	30年5月	
青哈机〔叽〕中山服	布	1	炸毁	52	30年4月	
磁面盆	磁	1	炸毁	18	30年4月	
提花线毯	布	1	炸毁	58	29年6月	
阴丹士林衫子	布	1	炸毁	42	29年10月	
合计				274		
被灾日期 6月7日	被灾地点	二分局	房屋被炸或震毁	炸毁	原支薪俸数目 36元	有无同居眷属 无

　　右〈上〉开物品,确系因空袭被毁,谨报告
　　　　转呈
局长唐　核转
市长吴

特务三等警士　邓荣富
三十年六月十九日

26）重庆市政府警察局第二分局员警差役空袭损失私物报告表

物品名称	品质	数量	损失程度	原价	购买年月	备考
白布被盖	布	1床	炸滥〔烂〕	46元	29年4月1日	
白布衬衣	布	1件	炸滥〔烂〕	13元	30年5月7日	
洋磁面盆	磁	1个	炸滥〔烂〕	18元	29年6月20日	
青布鞋	布	1双	炸滥〔烂〕	13元	29年5月6日	
白布毯	布	1床	炸滥〔烂〕	17元	29年8月10日	
青布中山服	布	1套	炸滥〔烂〕	31元	29年9月21日	
洗面巾	线	1根	炸滥〔烂〕	3元	30年6月4日	
合计				141元		
被灾日期	30年6月7日	被灾地点	二分局	房屋被炸或震毁	炸毁	原支薪俸数目	36元	有无同居眷属	无

右〈上〉开物品，确系因空袭被毁，谨报告

　　　　　转呈

局长唐　核转

市长吴

　　　　　　　　　　　　　　特务警　雷逸民　呈

　　　　　　　　　　　　　　三十年六月十九日

27）重庆市政府警察局第二分局员警差役空袭损失私物报告表

物品名称	品质	数量	损失程度	原价	购买年月	备考
白布被盖	布	1床	炸毁	56元	29年12月初十	
青哔叽中山服	哔机〔叽〕	1套	炸毁	46元	29年3月15	
白花布衬衫	花布	2件	炸毁	28元	30年4月20	
黑皮鞋	皮鞋	1双	炸毁	42元	30年2月19	
白洋盆	洋盆	1个	炸毁	18元	29年10月24	
白洗脸毛巾	毛巾	1根	炸毁	3元	30年3月20	
合计				193元		
被灾日期	6月7日	被灾地点	二分局	房屋被炸或震毁	炸毁	原支薪俸数目	36元	有无同居眷属	无

续表

右〈上〉开物品,确系因空袭被毁,谨报告 　　　　转呈 局长唐　核转 市长吴 　　　　　　　　　　　　　　　三等特务警士　涂福林 　　　　　　　　　　　　　　　三十年六月十九日

28) 重庆市政府警察局第二分局员警差役空袭损失私物报告表

物品名称	品质	数量	损失程度	原价	购买年月	备考
被盖	白洋布	1床	炸毁毫勿〔无〕踪迹	80元	民国29年12月	
白衬衫	白洋布	1件	炸毁毫勿〔无〕踪迹	12元	民国29年12月	
青中山服	喀〔咔〕叽布	1套	炸毁毫勿〔无〕踪迹	53元	民国29年2月	
花布衬衫	布	2件	炸毁毫勿〔无〕踪迹	18元	民国29年2月	
洗脸盆	洋瓷	1个	炸毁毫勿〔无〕踪迹	46元	民国28年12月	系2号式样
合计				209元		
被灾日期	30年6月7日	被灾地点	二分局	房屋被炸或震毁	炸毁	原支薪俸数目	36元	有无同居眷属	无

　　右〈上〉开物品,确系因空袭被毁,谨报告
　　　　转呈
局长唐　核转
市长吴

　　　　　　　　　　　　　　　三等特务警　刘臣忠
　　　　　　　　　　　　　　　三十年六月十九日

29) 重庆市政府警察局第二分局员警差役空袭损失私物报告表

物品名称	品质	数量	损失程度	原价	购买年月	备考
被盖	锦缎面子白洋布包单	1床	炸毁毫无踪迹	70	民国30年2月	
卧褥	白帆布印花	1床	炸毁毫无踪迹	48	民国30年2月	

续表

物品名称	品质	数量	损失程度	原价	购买年月	备考
金蓝洋布单衣	布	1件	炸毁毫无踪迹	34.4	民国30年正月	
麻制服	布	1套	炸毁毫无踪迹	50	民国30年正月	
汗衣	白□纱	2件	炸毁毫无踪迹	33.6	民国30年正月	
下装	青哗叽〔叽〕	1件		42	民国30年正月	
合计				278		
被灾日期	6月7号	被灾地点	警察二分局	房屋被炸或震毁	房屋炸滥〔烂〕	原支薪俸数目	每月36元	有无同居眷属	无

右〈上〉开物品,确系因空袭被毁,谨报告

　　　转呈

局长唐　核转

市长吴

特务三等警士　王炳荣　呈

三十年六月十九日

30)重庆市政府警察局第二分局员警差役空袭损失私物报告表

物品名称	品质	数量	损失程度	原价	购买年月	备考
花布汗衣	布	1	炸毁	12	29年冬月	
花布小衣	布	1	炸毁	9	29年冬月	
白洋布汗衣	布	1	炸毁	13	30年正月	
白洋布小衣	布	1	炸毁	9	30年正月	
草黄色制服	布	1	炸毁	35	29年10月	
合计				78		
被灾日期	6月7日	被灾地点	二分局	房屋被炸或震毁	炸毁	原支薪俸数目	30元	有无同居眷属	无

右〈上〉开物品,确系因空袭被毁,谨报告

　　　转呈

局长唐　核转

市长吴

公差　王绍荣

三十年六月二十日

31) 重庆市政府警察局第二分局员警差役空袭损失私物报告表

物品名称	品质	数量	损失程度	原价	购买年月	备考
青布汗衣	布	1	炸毁	18	29年8月	
青布下装	布	1	炸毁	14	29年8月	
兰〔蓝〕布汗衣	布	1	炸毁	15	29年4月	
棉上装	棉	1	炸毁	16	29年10月	
洗脸面巾	毛巾	1	炸毁	3	30年4月	
合计				66		
被灾日期	6月7日	被灾地点	二分局	房屋被炸或震毁	被炸毁	原支薪俸数目	15元	有无同居眷属	无

右〈上〉开物品,确系因空袭被毁,谨报告

　　　转呈
局长唐　核转
市长吴

　　　　　　　　　　　　公差　杨锡章
　　　　　　　　　　　　三十年六月十九日

32) 重庆市政府警察局第二分局员警差役空袭损失私物报告表

物品名称	品质	数量	损失程度	原价	购买年月	备考
白布被盖	布	1	炸毁	67	29年1月5日	
青布汗衣	布	2	炸毁	58	30年4月11日	
合计				125		
被灾日期	6月7日	被灾地点	二分局	房屋被炸或震毁	炸毁	原支薪俸数目	30元	有无同居眷属	无

右〈上〉开物品,确系因空袭被毁,谨报告

　　　转呈
局长唐　核转
市长吴

　　　　　　　　　　　　伕伕　胡宗荣
　　　　　　　　　　　　三十年六月十九日

(0061—15—2414)

43. 重庆市警察局保安二大队五中队员役1941年6月7日空袭损失报告表(1941年6月)

1)重庆市政府警察局员警差役空袭损失私物报告表

物品名称	品质	数量	损失程度	原价	购买年月	备考
青制服	卡〔咔〕叽	1套	被炸滥〔烂〕	40	29年8月	
青胶鞋	帆布	1双	被炸滥〔烂〕	28	29年10月	
衬衣	白布	2件	被炸滥〔烂〕	24	30年6月	
衬衣	府绸	1件	被炸滥〔烂〕	28	30年5月	
短裤	黄布	2根	被炸滥〔烂〕	24	29年4月	
呢帽	灰	1顶	被炸滥〔烂〕	18	29年8月	
桶〔统〕绒汗衣		1件	被炸滥〔烂〕	20	29年10月	
背心	白线	1件	被炸滥〔烂〕	10	30年5月	
青袜子		2双	被炸滥〔烂〕	6	30年5月	
牙刷		1把	被炸滥〔烂〕	3	30年5月	
牙膏		1盒	被炸滥〔烂〕	3	30年5月	
面巾		1张	被炸滥〔烂〕	3	30年5月	
合计				207		

| 被灾日期 | 6月7日 | 被灾地点 | 本局内寝室 | 房屋被炸或震毁 | 炸毁 | 原支薪俸数目 | 40元 | 有无同居眷属 | 无 |

右〈上〉开物品,确系因空袭被毁,谨报告

大队长 转呈

局长唐 核转

市长吴

　　　　　　　　　　　保安二大队五中队一分队一班 刘文斌

　　　　　　　　　　　三十年六月七日

2)重庆市政府警察局员警差役空袭损失私物报告表

物品名称	品质	数量	损失程度	原价	购买年月	备考
白士〔市〕布衬衣		1件	滥〔烂〕不堪用	12元	30年4月18日	
青袜子		2双	滥〔烂〕不堪用	各3.2元	30年5月10日	
青胶鞋		1双	滥〔烂〕不堪用	26元	30年5月10日	
青下装		1条	滥〔烂〕不堪用	6元	30年4月初七	

续表

物品名称	品质	数量	损失程度	原价	购买年月	备考
青便鞋		1双	滥〔烂〕不堪用	7.5元	30年5月初一	
青布衬衣		1件	滥〔烂〕不堪用	11元	30年6月1日	
面巾		1张	滥〔烂〕不堪用	3.5元	30年6月1日	
合计				72.4元		
被灾日期	6月7日	被灾地点	总局内寝室	房屋被炸或震毁	炸毁	原支薪俸数目	36元	有无同居眷属	无

右〈上〉开物品,确系因空袭被毁,谨报告

大队长　转呈

局长唐　核转

市长吴

　　　　　　　　　　　保安二大队第五中队第一分队　韩绍明

　　　　　　　　　　　　　　　　　三十年六月七日

3)重庆市政府警察局员警差役空袭损失私物报告表

物品名称	品质	数量	损失程度	原价	购买年月	备考
衬衣	白土布	2件	滥〔烂〕不堪用	24元	30年4月	
摇裤		2根〔条〕	滥〔烂〕不堪用	12元	30年4月	
制服		1套	滥〔烂〕不堪用	40元	29年4月	
面盆	洋磁	1个	滥〔烂〕不堪用	20元	29年冬月	
面巾		1张	滥〔烂〕不堪用	4元	30年3月	
皮鞋	黄色	1双	滥〔烂〕不堪用	38元	29年冬月	
袜子		2双	滥〔烂〕不堪用	12元	30年正月	
合计				150元		
被灾日期	6月7日	被灾地点	本局	房屋被炸或震毁	炸毁	原支薪俸数目	40元	有无同居眷属	

右〈上〉开物品,确系因空袭被毁,谨报告

大队长　转呈

局长唐　核转

市长吴

　　　　　　　　　　保安二大队五中队一分队一班警士　王丰武

　　　　　　　　　　　　　　　　　三十年六月七日

4)重庆市政府警察局员警差役空袭损失私物报告表

物品名称	品质	数量	损失程度	原价	购买年月	备考
中山服	青呢子	1套	炸毁	176元	29年10月份制	
衬衣	府绸	2件	炸毁	36元	30年1月制	
短裤	青哈叽	1件	炸毁	8.5元	30年2月制	
袜子	棉织	2双	炸毁	8.4元	30年4月制	
合计				228.9元		
被灾日期	6月7日	被灾地点	寝室	房屋被炸或震毁	被炸	原支薪俸数目	36元	有无同居眷属	无

右〈上〉开物品,确系因空袭被毁,谨报告

大队长　转呈

局长唐　核转

市长吴

保安警察总队第二大队五中队一分队　陈洪彬

三十年六月七日

5)重庆市政府警察局员警差役空袭损失私物报告表

物品名称	品质	数量	损失程度	原价	购买年月	备考
制服	线哔叽	1套	被炸滥〔烂〕	58	30年1月	
衬衣	白府绸	2件	被炸滥〔烂〕	54	30年4月	
摇裤	白市布	3根	被炸滥〔烂〕	20	30年4月	
制服	帆布	1套	被炸滥〔烂〕	50	30年3月	
被盖	白布	1床	被炸滥〔烂〕	80	28年10月	
皮鞋	黑色	1双	被炸滥〔烂〕	60	28年9月	
面盆	白花色	1个	被炸滥〔烂〕	30	28年11月	
胶鞋	青色	1双	被炸滥〔烂〕	24	30年2月	
面巾	白花色	2张	被炸滥〔烂〕	5.5	30年5月	
便服	安安兰〔蓝〕	2件	被炸滥〔烂〕	56	28年冬月	
便下装	青色	2条	被炸滥〔烂〕	66	28年12月	
皮箱	黑色	1口	被炸滥〔烂〕	□5	28年8月	
合计				578		
被灾日期	6月7日	被灾地点	总局内寝室	房屋被炸或震毁	炸毁	原支薪俸数目	40元	有无同居眷属	无

续表

右〈上〉开物品,确系因空袭被毁,谨报告 大队长　转呈 局长唐　核转 市长吴 　　　　　　　　　　　　保安二大队五中队一分队一班警士　王树章 　　　　　　　　　　　　三十年六月七日	

6)重庆市政府警察局员警差役空袭损失私物报告表

物品名称	品质	数量	损失程度	原价	购买年月	备考
青色上装	毛质工	1套	炸滥〔烂〕不能用	40元	30年正月购	
便长衫	安安兰〔蓝〕	1件	炸滥〔烂〕不能用	36元	29年5月	
皮鞋	黄色	1双	炸滥〔烂〕不能用	50元	30年3月	
袜子	丝光	1双	炸滥〔烂〕不能用	24元	30年3月	
被盖	全白	1床	炸滥〔烂〕不能用	50元	29年6月	
卧单	红花	1床	炸滥〔烂〕不能用	26元	28年冬月	
牙刷	白玉牌	1把	炸滥〔烂〕不能用	3元	30年5月	
牙膏	白玉牌	1□	炸滥〔烂〕不能用	3元	30年5月	
面巾	裕华	1根	炸滥〔烂〕不能用	3元	30年5月	
制服	青毕机〔哔叽〕	1套	炸滥〔烂〕不能用	40元	29年10月	
合计				279元		
被灾日期	6月7日	被灾地点	总局内宿舍	房屋被炸或震毁	炸毁	原支薪俸数目	40元	有无同居眷属	无

右〈上〉开物品,确系因空袭被毁,谨报告
　　　　转呈
局长唐　核转
市长吴
　　　　　　　　　　　　保安二大队五中队一分队二班警士　谭天鹏
　　　　　　　　　　　　三十年六月七日

7) 重庆市政府警察局员警差役空袭损失私物报告表

物品名称	品质	数量	损失程度	原价	购买年月	备考
青制服	哈叽	1套	被炸震毁	25	29年8月	
便制服	哔叽	1套	被炸震毁	18	28年12月	
白衬衣	府绸	1件	被炸震毁	14	30年5月	
青汗衣	洋布	1件	被炸震毁	8	29年6月	
白摇裤	洋布	1件	被炸震毁	5	29年4月	
袜子	洋线	2双	被炸震毁	8	30年2月	
鞋子	帆布	1双	被炸震毁	10	29年12月	
被盖	包心	1床	被炸震毁	13	28年4月	
线毯		1床	被炸震毁	9	28年9月	
毛线上下装		1套	被炸震毁	25	28年8月	
合计				135		

| 被灾日期 | 6月7日 | 被灾地点 | 本局 | 房屋被炸或震毁 | | 原支薪俸数目 | 46元 | 有无同居眷属 | 无 |

右〈上〉开物品，确系因空袭被毁，谨报告

大队长　转呈

局长唐　核转

市长吴

　　　　　　　　　　　　保安警察总队二大队五中队警长　孙梁

　　　　　　　　　　　　三十年六月十日

8) 重庆市政府警察局员警差役空袭损失私物报告表

物品名称	品质	数量	损失程度	原价	购买年月	备考
背盖	白士〔市〕布	1床	滥〔烂〕不堪用	78元	29年10月	
青制服	哈机〔叽〕	2套	滥〔烂〕不堪用	各45元	29年冬月	
中山服	黄哈机〔叽〕	1套	滥〔烂〕不堪用	55元	30年1月	
衬衣	士〔市〕布	2件	滥〔烂〕不堪用	各20元	30年2月	
袜子	丝光	2双	滥〔烂〕不堪用	各23元	30年3月	
合计				309元		

| 被灾日期 | 6月7日 | 被灾地点 | 总局寝室 | 房屋被炸或震毁 | 被炸 | 原支薪俸数目 | 36元 | 有无同居眷属 | 无 |

续表

右〈上〉开物品，确系因空袭被毁，谨报告	
大队长　转呈	
局长唐　核转	
市长吴	
	保安警察二大队五中队一分队　黄久成　呈
	三十年六月十日

9) 重庆市政府警察局员警差役空袭损失私物报告表

物品名称	品质	数量	损失程度	原价	购买年月	备考
制服	青哔机〔叽〕	1套	滥〔烂〕得无用	53元		
皮鞋	纹皮	1双	滥〔烂〕得无用	45元		
衬衣	白虎〔府〕绸	2件	滥〔烂〕得无用	41元		
短裤	白市布	3件	滥〔烂〕得无用	13元		
袜子	丝光	3双	滥〔烂〕得无用	15元		
合计				167元		
被灾日期	6月7日	被灾地点	寝室	房屋被炸或震毁	被炸	原支薪俸数目	36元	有无同居眷属	无

右〈上〉开物品，确系因空袭被毁，谨报告
大队长　转呈
局长唐　核转
市长吴

保安警察总队第二大队第五中队一分队　朱尧波
三十年六月七日

10) 重庆市政府警察局员警差役空袭损失私物报告表

物品名称	品质	数量	损失程度	原价	购买年月	备考
被盖	洋布	1床	破烂不能用	54	29年10月	
青制服	帆布	1套	破烂不能用	45	29年8月	
黄制服	哈叽	1套	破烂不能用	40	29年4月	
白衬衣	府绸	2件	破烂不能用	42	30年3月	
面盆	搪瓷	1个	破烂不能用	12	29年1月	
短裤	洋布	2条	破烂不能用	9	29年11月	

续表

物品名称	品质	数量	损失程度	原价	购买年月	备考
袜子	神鱼	3双	破烂不能用	12	30年2月	
皮鞋	厂皮	1双	破烂不能用	35	29年3月	
布鞋	帆布	1双	破烂不能用	8	30年4月	
箱子	木质	1口	破烂不能用	13	30年1月	
毛巾	线质	2张	破烂不能用	4	30年5月	
合计				273		
被灾日期	6月7日	被灾地点	总局	房屋被炸或震毁	炸毁	原支薪俸数目	每月50元	有无同居眷属	无

右〈上〉开物品,确系因空袭被毁,谨报告

大队长 转呈

局长唐 核转

市长吴

　　　　　　　　　　　　保安警察总队二大队五中队　赵震远

　　　　　　　　　　　　三十年六月十日

11)重庆市政府警察局员警差役空袭损失私物报告表

物品名称	品质	数量	损失程度	原价	购买年月	备考
衬衣	府绸	1件	全炸毁	20	本年5月	
青制服	哔机〔叽〕	1套	全炸毁	54	本年3月	
被盖	原白布包单花哔机〔叽〕里子	1床	全炸毁	85	29年8月	
短裤	市布	2根	全炸毁	10	本年5月	
毛巾	皇后	2张	全炸毁	5.4	本年6月	
力士鞋	金钱牌	1双	全炸毁	22	本年1月	
袜子	三羊牌	2双	全炸毁	8.4	本年4月	
牙刷	三星牌	1把	全炸毁	3	本年3月	
合计				207		
被灾日期	6月7日	被灾地点	警总局	房屋被炸或震毁	被炸毁	原支薪俸数目	40元	有无同居眷属	无

续表

右〈上〉开物品,确系因空袭被毁,谨报
大队长　转呈
局长唐　核转
市长吴
警察局保安警察总队二大队五中队一分队　刘俊州
三十年六月七日

12)重庆市政府警察局员警差役空袭损失私物报告表

物品名称	品质	数量	损失程度	原价	购买年月	备考
青制服	线哔机〔叽〕	1套	被炸滥〔烂〕	46	30年1月	
灰制服	帆布	1套	被炸滥〔烂〕	38	30年2月	
衬衣	白市布	2件	被炸滥〔烂〕	32	30年3月	
摇裤	标准布	3根	被炸滥〔烂〕	20	30年4月	
被盖	生白布	1根	被炸滥〔烂〕	50	去岁9月	
毛制□便鞋		1双	被炸滥〔烂〕	28	30年5月	
合计				214		
被灾日期	6月7日	被灾地点	本局内寝室	房屋被炸或震毁	炸毁	原支薪俸数目	40元	有无同居眷属	无

右〈上〉开物品,确系因空袭被毁,谨报
大队长　转呈
局长唐　核转
市长吴
保安二大队五中队一分队二班警士　尤焕堂
三十年六月七日

13)重庆市政府警察局员警差役空袭损失私物报告表

物品名称	品质	数量	损失程度	原价	购买年月	备考
青虎〔府〕绸	虎〔府〕绸	1套	被炸	45元	30年5月份制	
草绿制服	草绿	1套	被炸	56元	30年2月份制	
灰长衫	灰哈机〔叽〕	2件	被炸	79元	30年3月份制	
青甲衫	青哔机〔叽〕	1件	被炸	57元	29年11月份制	
黑胶鞋	胶鞋	1双	被炸	26元	30年5月份制	

续表

物品名称	品质	数量	损失程度	原价	购买年月	备考
合计				263元		

被灾日期	6月7日	被灾地点	寝室	房屋被炸或震毁	被炸	原支薪俸数目	36元	有无同居眷属	无

右〈上〉开物品,确系因空袭被毁,谨报告

大队长　转呈

局长唐　核转

市长吴

　　　　　　　　　　　保安警察总队第二大队第五中队一分队警士　胡庆荣

　　　　　　　　　　　　　　　　　　　　　　　　　三十年六月七日

14）重庆市政府警察局员警差役空袭损失私物报告表

物品名称	品质	数量	损失程度	原价	购买年月	备考
衬衣	布质	2件	炸坏	28	30年4月	
青中山服	布质	1套	炸坏	50	30年3月	
夹被	布质	1床	炸坏	52	30年5月	
牙缸	磁质	1个	炸坏	3	30年5月	
牙刷	毛质	1把	炸坏	3	30年5月	
被单	布质	1床	炸坏	11	30年5月	
箱子	木质	1个	炸坏	7	30年4月	
胶鞋	布质	1双	炸坏	24	30年5月	
合计				178		

被灾日期	6月7日	被灾地点	总局	房屋被炸或震毁	炸毁	原支薪俸数目	40元	有无同居眷属	

右〈上〉开物品,确系因空袭被毁,谨报告

大队长方　转呈

局长唐　核转

市长吴

　　　　　　　　　　重庆市警察局保安第二大队第五中队第三分队　刘连海

　　　　　　　　　　　　　　　　　　　　　　　　　三十年六月十日

15) 重庆市政府警察局员警差役空袭损失私物报告表

物品名称	品质	数量	损失程度	原价	购买年月	备考
被单	布质	1条		11元	30年2月3日	
力士鞋	布质	1双		20元	30年1月9日	
袜子	线质	2双		3.5元	30年5月9日	
牙缺〔缸〕	磁质	1口		4.6元	29年5月9日	
便服	布质	1套		45元	29年8月4日	
衬衣	布质	1套		18元	30年5月2日	
布鞋	布质	1双		9.5元	30年5月1日	
皮鞋	皮质	1双		30元	29年3月8日	
毛衣	毛质	1件		40元	28年3月5日	
合计				180元		

被灾日期	6月7日	被灾地点	警察局内	房屋被炸或震毁	正中	原支薪俸数目	160元	有无同居眷属	无

右〈上〉开物品,确系因空袭被毁,谨报告

大队长方　转呈

局长唐　核转

市长吴

　　　　　　　　　　　　　　保安二大队五中队三分队　包德胜

　　　　　　　　　　　　　　三十年六月十日

16) 重庆市政府警察局五中队员警差役空袭损失私物报告表

物品名称	品质	数量	损失程度	原价	购买年月	备考
衬衣	布质	1套	炸没	19元	30年1月1日	
裘〔球〕鞋	胶质	1双	炸没	24元	30年3月1日	
青便衣	布质	1套	炸没	40元	30年2月1日	
被毯子	木质	1床	炸没	23元	30年3月30日	
牙膏		1平〔瓶〕	炸没	2.7元	30年6月1日	
牙刷		1个	炸没	3.5元	30年6月1日	
面盆	磁质	1个	炸没	18.5元	30年5月1日	
袜子	绵〔棉〕质	2双	炸没	1元	30年6月1日	
合计				191.5元		

续表

被灾日期	6月7日	被灾地点	总局	房屋被炸或震毁	炸毁	原支薪俸数目		有无同居眷属	
右〔上〕开物品,确系因空袭被毁,谨报告									
大队长方　转呈									
局长唐　核转									
市长吴									

保安二大队五中队三分队　姜永端
三十年六月十日

17）重庆市政府警察局五中队三分队员警差役空袭损失私物报告表

物品名称	品质	数量	损失程度	原价	购买年月	备考
牙刷	毛质	1把	炸坏	2.5元	30年5月	
牙膏		1瓶	炸坏	2元	30年5月	
袜子	线质	2双	炸坏	8元	30年5月	
力士鞋	布质	1双	炸坏	24元	30年6月	
夹被	布质	1床	炸坏	60元	29年12月	
衬衣	布质	2件	炸坏	28元	30年5月	
衬裤	布质	2件	炸坏	9元		
共计洋				133〔133.5〕元		

被灾日期	6月7日	被灾地点	总局内寝室	房屋被炸或震毁	炸毁	原支薪俸数目	40元	有无同居眷属	
右〔上〕开物品,确系因空袭被毁,谨报告									
大队长方　转呈									
局长唐　核转									
市长吴									

重庆市警察局保安第二大队五中队三分队　李明清
三十年六月十日

18）重庆市政府警察局五中队员警差役空袭损失私物报告表

物品名称	品质	数量	损失程度	原价	购买年月	备考
甲被	布质	1床	炸没	50元	30年1月1日	
青便衣	布质	1套	炸没	30元	30年3月1日	

续表

物品名称	品质	数量	损失程度	原价	购买年月	备考
衬衣	布质	1套	炸没	19元	30年5月12日	
胶革〔鞋〕	胶质	1双	炸没	23元	30年6月1日	
绵〔棉〕毯	绵〔棉〕质	1床	炸没	20元	29年10月20日	
皮革〔鞋〕	皮质	1双	炸没	48元	30年5月10日	
面盆		1个	炸没	16元	30年3月1日	
牙刷		1把	炸没	45元	30年4月3日	
共计洋				251元		
被灾日期	6月7日	被灾地点	警察局内	房屋被炸或震毁	正中	原支薪俸数目	40元	有无同居眷属	无

右〈上〉开物品,确系因空袭被毁,谨报告

大队长方　转呈

局长唐　核转

市长吴

　　　　　　　　　　　　　　保安二大队五中队三分队　刘瑞庭

　　　　　　　　　　　　　　　　　　　　三十年六月十日

19）重庆市政府警察局保安五中队员警差役空袭损失私物报告表

物品名称	品质	数量	损失程度	原价	购买年月	备考
黄制服	棉质	1套	炸毁	140元	30年5月	
被盖		上下各1	炸毁	120元	29年冬月	
纹皮鞋	皮质	1双	炸毁	200元	30年1月	
腰皮带	皮质	1付	炸毁	38元	30年3月	
大皮箱	皮质	1口	炸毁	45元	28年秋	
篮球鞋	胶质	1双	炸毁	60元	30年3月	
面盆	铁质	1只〔个〕	炸毁	40元	30年4月	
蚊帐	纱质	1顶	炸毁	30元	30年4月	
雨衣	胶质	1件	炸毁	35元	29年秋	
合计				708元		
被灾日期	6月7日	被灾地点	总局内	房屋被炸或震毁	炸毁	原支薪俸数目	150元	有无同居眷属	无

续表

右〈上〉开物品,确系因空袭被毁,谨报告
大队长方　转呈
局长唐　核转
市长吴
重庆市警察局保安五中队长　吴必信
三十年六月七日

20）重庆市政府警察局保安第五中队员警差役空袭损失私物报告表

物品名称	品质	数量	损失程度	原价	购买年月	备考
被盖	棉质	2床	炸坏	共80	27年10月	
铁床	铁质	1间	炸坏	150	28年2月	
皮鞋	黑纹皮	1双	炸坏	120	28年4月	
长衫	布质	2件	炸坏	共100	28年7月	
制服	黄毛哈叽〔叽〕	1套	炸坏	100	29年2月	
摇裤	开世〔司〕咪〔米〕	2条	炸坏	60	29年4月	
衬衫	花府绸	4件	炸坏	100	30年2月	
汗衣	府绸	2件	炸坏	40	29年8月	
便鞋	毛贡呢	1双	炸坏	36	30年4月	
白跑鞋	胶质	1双	炸坏	24	29年10月	
面盆	磁质	1个	炸坏	20	28年11月	
面巾	棉质	2块	炸坏	10	30年5月	
合计				840		
被灾日期	6月7日	被灾地点	总局内	房屋被炸或震毁	炸毁	原支薪俸数目	80元	有无同居眷属	无

右〈上〉开物品,确系因空袭被毁,谨报告
大队长方　转呈
局长唐　核转
市长吴

　　　　　　　　　　　重庆市警局保安五中队雇员　胡孝贤
　　　　　　　　　　　　　　　　　　　　　三十年六月十日

21) 重庆市政府警察局保安第五中队员警差役空袭损失私物报告表

物品名称	品质	数量	损失程度	原价	购买年月	备考
被盖	丝	1床	炸滥〔烂〕	70	30年4月3日	
衬单	布	1床	炸滥〔烂〕	20	29年11月4日	
衬衣	丝	2件	炸滥〔烂〕	36	29年11月5日	
青服便衣	布	1套	炸滥〔烂〕	40	28年9月	
面巾	毛	2条	炸滥〔烂〕	6	30年3月	
牙刷	毛	1把	炸滥〔烂〕	3	30年3月	
箱子	皮	1口	炸滥〔烂〕	30	29年8月	
合计				205		
被灾日期	6月7日	被灾地点	警察局	房屋被炸或震毁	正中	原支薪俸数目	100元	有无同居眷属	无

右〈上〉开物品,确系因空袭被毁,谨报告

大队长方　转呈

局长唐　核转

市长吴

　　　　　　　　　　　　保安第二大队五中队三分队　王炳英

　　　　　　　　　　　　　　　　　　三十年六月十日

22) 重庆市政府警察局员警差役空袭损失私物报告表

物品名称	品质	数量	损失程度	原价	购买年月	备考
青毛毕机〔哔叽〕制服	毛质	1套	炸滥〔烂〕不堪用	320元	30年1月份制	
大洋磁盆	磁	1个	不堪用	32元	30年1月份制	
洋磁漱口钟〔盅〕	磁	1个	不堪用	15元	30年1月份制	
锦缎被盖	缎	1床	炸飞〔毁〕	120元	29年9月份制	
府绸衬衣	绸	2件	炸飞〔毁〕	各23元	30年4月份制	
短裤	布	1根	炸毁	18元	30年2月份制	
合计				551元		
被灾日期	6月7日	被灾地点	总局	房屋被炸或震毁		被炸	原支薪俸数目	每月120元	有无同居眷属	

续表

> 右〈上〉开物品,确系因空袭被毁,谨报告
> 中队长　转呈
> 局长唐　核转
> 市长吴
>
> 　　　　　　　　保安警察总队第二大队五中队一分队队长　王星辉
> 　　　　　　　　三十年六月七日

23) 重庆市政府警察局员警差役空袭损失私物报告表

物品名称	品质	数量	损失程度	原价	购买年月	备考
礼帽	灰呢	1顶	被炸滥〔烂〕	50	30年1月	
青制服	线哔机〔叽〕	1套	被炸滥〔烂〕	52	30年2月	
青胶鞋	帆布	1双	被炸滥〔烂〕	20	30年3月	
制服	芝麻呢	1套	被炸滥〔烂〕	45	30年3月	
衬衣	标准布	2件	被炸滥〔烂〕	36	30年3月	
摇裤	府绸	3根	被炸滥〔烂〕	25	30年4月	
面巾		2根	被炸滥〔烂〕	8	30年4月	
毛线汗衣	□色	2件	被炸滥〔烂〕	90	30年1月	
皮鞋	黑色	1双	被炸滥〔烂〕	55	28年9月	
面盆		1个	被炸滥〔烂〕	35	28年8月	
牙膏		1盒	被炸滥〔烂〕	3	30年5月	
牙刷		2把	被炸滥〔烂〕	2	30年5月	
安安蓝便服		1件	被炸滥〔烂〕	25	28年10月	
便下装	青卡〔咔〕机〔叽〕	1根	被炸滥〔烂〕	18	28年11月	
被盖	白市布	1床	被炸滥〔烂〕	80	28年10月	
合计				460		
被灾日期	6月7日	被灾地点	本局内寝室	房屋被炸或震毁	炸毁	原支薪俸数目	40元	有无同居眷属	有

> 右〈上〉开物品,确系因空袭被毁,谨报告
> 大队长方　转呈
> 局长唐　核转
> 市长吴
>
> 　　　　　　　　保安二大队五中队一分队三班　陈新民
> 　　　　　　　　三十年六月七日

24）重庆市政府警察局员警差役空袭损失私物报告表

物品名称	品质	数量	损失程度	原价	购买年月	备考
青制服	卡〔咔〕叽	1套	被炸滥〔烂〕	40	29年8月	
衬衣	白布	3件	被炸滥〔烂〕	24	29年6月	
衬衣	府绸	1件	被炸滥〔烂〕	28	29年9月	
青胶鞋	帆布	1双	被炸滥〔烂〕	26	29年10月	
短裤	黄□	2根	被炸滥〔烂〕	24	30年4月	
呢帽	灰色	1顶	被炸滥〔烂〕	18	29年9月	
背心	白线	1件	被炸滥〔烂〕	10	30年5月	
青袜子		2双	被炸滥〔烂〕	6	30年5月	
面巾		1张	被炸滥〔烂〕	3	30年4月	
牙刷		1把	被炸滥〔烂〕	3	30年4月	
牙膏		1盒	被炸滥〔烂〕	3	30年5月	
桶〔统〕绒汗衣		1件	被炸滥〔烂〕	20	29年9月	
合计				205		
被灾日期	6月7日	被灾地点	本局寝室	房屋被炸或震毁	炸毁	原支薪俸数目	40元	有无同居眷属	无

右〈上〉开物品，确系因空袭被毁，谨报告

大队长　转呈
局长唐　核转
市长吴

　　　　　　　　　　　　　　保安二大队五中队一分队一班　汪文彬
　　　　　　　　　　　　　　三十年六月七日

25）重庆市政府警察局员警差役空袭损失私物报告表

物品名称	品质	数量	损失程度	原价	购买年月	备考
青制服	卡〔咔〕叽	1套	被炸滥〔烂〕	30	29年8月	
衬衣	府绸	1件	被炸滥〔烂〕	12	29年6月	
长衫	安布	1件	被炸滥〔烂〕	28	29年9月	
毛线衣	青	1套	被炸滥〔烂〕	50	28年10月	
合计				120		
被灾日期	6月7日	被灾地点	本局寝室	房屋被炸或震毁	炸毁	原支薪俸数目	46元	有无同居眷属	无

续表

右〈上〉开物品,确系因空袭被毁,谨报告 大队长　转呈 局长唐　核转 市长吴 　　　　　　　　　　　保安二大队五中队一分队警　彭传富 　　　　　　　　　　　　　　　　　　三十年六月七日

26)重庆市政府警察局员警差役空袭损失私物报告表

物品名称	品质	数量	损失程度	原价	购买年月	备考
青制服	哔叽	1套	炸不堪用	40	29年12月	
长衫	士〔土〕布	1件	炸不堪用	25	30年2月	
下装	士〔土〕布	2根	炸不堪用	20	30年2月	
白衬衣	府绸	2件	炸不堪用	24	30年3月	
呢帽		1顶	炸不堪用	15	29年11月	
皮鞋		1双		26	30年4月	
青袜子		2双		5	30年4月	
白短裤		2根		5	30年5月	
面巾		1根		2	30年5月	
牙刷		1把		2.5	30年5月	
牙膏		1瓶		2.5	30年5月	
面盆		1个		1.5	29年9月	
绒绒汗衣		1件		1.5	29年12月	
合计				170		

被灾日期	6月7日	被灾地点	寝室	房屋被炸或震毁	被炸	原支薪俸数目		有无同居眷属	无

　　右〈上〉开物品,确系因空袭被毁,谨报告
大队长　转呈
局长唐　核转
市长吴
　　　　　　　　　保安二大队五中队一分队三班警士　罗德元
　　　　　　　　　　　　　　　　　　三十年六月七日

27）重庆市政府警察局员警差役空袭损失私物报告表

物品名称	品质	数量	损失程度	原价	购买年月	备考
青制服	帆布	1套	被炸滥〔烂〕	50	30年4月	
衬衣	府绸	1件	被炸滥〔烂〕	28	30年3月	
衬衣	标准布	1件	被炸滥〔烂〕	18	30年2月	
青胶鞋	帆布	1双	被炸滥〔烂〕	20	30年2月	
摇裤	白市布	2根	被炸滥〔烂〕	8	30年1月	
桶〔统〕绒汗衣		1件	被炸滥〔烂〕	20	去岁10月	
合计				144		
被灾日期	6月7日	被灾地点	本局寝室	房屋被炸或震毁	被炸	原支薪俸数目	40元	有无同居眷属	无

右〈上〉开物品,确系因空袭被毁,谨报告

大队长　转呈

局长唐　核转

市长吴

　　　　　　　　　　保安二大队五中队一分队一班警士　陈永寿

　　　　　　　　　　　　　　　　　　　　三十年六月七日

28）重庆市政府警察局员警差役空袭损失私物报告表

物品名称	品质	数量	损失程度	原价	购买年月	备考
夹被	布质	1床	炸滥〔烂〕	70	30年5月	
衬衣	布质	1件	炸滥〔烂〕	18	30年5月	
衬裤	布质	2件	炸滥〔烂〕	9	30年5月	
被单	布质	1床	炸滥〔烂〕	12	30年5月	
袜子	线质	2双	炸滥〔烂〕	10	30年5月	
胶鞋	胶质	1双	炸滥〔烂〕	24	30年6月	
毛巾	线质	2条	炸滥〔烂〕	6	30年5月	
皮鞋	皮质	1双	炸滥〔烂〕	40	29年12月	
合计				189		
被灾日期	6月7日	被灾地点	警察局	房屋被炸或震毁	正中	原支薪俸数目	40元	有无同居眷属	

续表

右〈上〉开物品,确系因空袭被毁,谨报告
大队长方　转呈
局长唐　核转
市长吴
警察局保安警察总队二大队五中队三分队　李松山
三十年六月七日

29)重庆市政府警察局保安第五中队员警差役空袭损失私物报告表

物品名称	品质	数量	损失程度	原价	购买年月	备考
绵〔棉〕单	绵〔棉〕质	1条	炸滥〔烂〕	15	29年11月1日	
衬衣	布质	1套	炸滥〔烂〕	14	30年5月1日	
袜子	绵〔棉〕质	2双	炸滥〔烂〕	5	30年6月1日	
牙缸	磁质	1个	炸滥〔烂〕	3.5	30年5月2日	
鞋子	布质	2双	炸滥〔烂〕	3.5	30年3月1日	
便衣	布质	1套	炸滥〔烂〕	30	30年2月1日	
被单	布质	1条	炸滥〔烂〕	8	30年1月1日	
牙粉	粉质	1瓶	炸滥〔烂〕	0.5	30年6月1日	
力士鞋	布质	1双	炸滥〔烂〕	23	30年5月1日	
合计				101.5		
被灾日期	6月7日	被灾地点	警察局	房屋被炸或震毁	正中	原支薪俸数目	40元	有无同居眷属	无

　　右〈上〉开物品,确系因空袭被毁,谨报告
大队长方　转呈
局长唐　核转
市长吴
　　　　　　　　　警局保安警察总队二大队五中队三分队　生群财
　　　　　　　　　　　　　　　　　　　　　三十年六月七日

30)重庆市政府警察局保安第五中队员警差役空袭损失私物报告表

物品名称	品质	数量	损失程度	原价	购买年月	备考
衬衣	布质	3件	炸滥〔烂〕	48	30年5月10日	
便鞋	布质	1双	炸滥〔烂〕	18	30年5月14日	

续表

物品名称	品质	数量	损失程度	原价	购买年月	备考
腰〔摇〕裤	布质	3条	炸滥〔烂〕	12	30年5月14日	
牙刷	骨质	1把	炸滥〔烂〕	3.8	30年5月14日	
牙膏	膏质	1瓶	炸滥〔烂〕	3	30年5月14日	
毛巾	布质	2条	炸滥〔烂〕	8.5	30年5月14日	
背心	布质	2件	炸滥〔烂〕	8.5	30年5月30日	
便服	布质	1套	炸滥〔烂〕	65	30年4月1日	
袜子	线质	2双	炸滥〔烂〕	9	30年6月3日	
合计				169.8		
被灾日期	6月7日	被灾地点	警察局	房屋被炸或震毁	正中	原支薪俸数目	40元	有无同居眷属	无

右〈上〉开物品,确系因空袭被毁,谨报告

大队长方　转呈

局长唐　核转

市长吴

　　　　　　　　　　　警察局保安警察总队二大队五中队三分队　孙同礼

　　　　　　　　　　　　　　　　　　　　　　　三十年六月十日

31）重庆市政府警察局保安第五中队员警差役空袭损失私物报告表

物品名称	品质	数量	损失程度	原价	购买年月	备考
夹被	布质	1床	炸滥〔烂〕	49元	30年5月5日	
胶鞋	胶质	1双	炸滥〔烂〕	26元	30年4月9日	
汗衫	线质	2件	炸滥〔烂〕	36元	30年5月22日	
袜子	线质	3双	炸滥〔烂〕	13元	30年5月18日	
牙膏	膏质	1瓶	炸滥〔烂〕	3元	30年5月19日	
毛巾	线质	2条	炸滥〔烂〕	7元	30年5月30日	
漱口罐	铁质	1个	炸滥〔烂〕	5元	30年2月20日	
衬衣	线质	1套	炸滥〔烂〕	36元	30年5月23日	
合计				175元		
被灾日期	6月7日	被灾地点	警察局	房屋被炸或震毁	正中	原支薪俸数目	40元	有无同居眷属	无

续表

右〈上〉开物品，确系因空袭被毁，谨报告
大队长方　转呈
局长唐　核转
市长吴

警察局保安警察总队二大队五中队三分队　尹文志

三十年六月十日

32）重庆市政府警察局保安第五中队员警差役空袭损失私物报告表

物品名称	品质	数量	损失程度	原价	购买年月	备考
被子	布质	1床	炸滥〔烂〕	70	30年5月6日	
军毯	布质	1床	炸滥〔烂〕	25	30年3月5日	
被单子	布质	1床	炸滥〔烂〕	15	30年6月1日	
皮鞋	皮质	1双	炸滥〔烂〕	45	30年5月20日	
布鞋	布质	1双	炸滥〔烂〕	13	30年5月15日	
衬衣	布质	2套	炸滥〔烂〕	38	30年5月15日	
手电	锡质	1个	炸滥〔烂〕	8	29年11月1日	
脸盆	铁质	1个	炸滥〔烂〕	12	30年1月1日	
袜子	线质	2双	炸滥〔烂〕	5	30年6月1日	
青便衣	布质	1套	炸滥〔烂〕	44	29年11月1日	
合计				275		
被灾日期	6月7日	被灾地点	警察局	房屋被炸或震毁	正中	原支薪俸数目	40元	有无同居眷属	无

右〈上〉开物品，确系因空袭被毁，谨报告
大队长方　转呈
局长唐　核转
市长吴

警察局保安警察总队二大队五中队三分队　赵志祥

三十年六月十日

33)重庆市政府警察局保安第五中队员警差役空袭损失私物报告表

物品名称	品质	数量	损失程度	原价	购买年月	备考
牙刷	毛质	1把	炸坏	3元	30年5月	
牙膏		1瓶	炸坏	2元	30年6月	
毛巾	线质	2条	炸坏	7元	30年5月	
胶鞋	布质	1双	炸坏	24元	30年5月	
皮鞋	皮质	1双	炸坏	40元	29年12月	
衬衣	府绸	3件	炸坏	60元	29年11月	
衬裤	布质	2件	炸坏	9元	30年5月	
黄短裤	咔叽	1件	炸坏	16元	29年6月	
袜子	纱质	3双	炸坏	15元	30年5月	
毛毯	毛质	1床	炸坏	30元	29年9月	
夹被	布质	1床	炸坏	70元	30年5月	
合计				276元		
被灾日期	6月7日	被灾地点	总局	房屋被炸或震毁	炸毁	原支薪俸数目	46元	有无同居眷属	

右〈上〉开物品,确系因空袭被毁,谨报告

大队长方　转呈

局长唐　核转

市长吴

　　　　　　　　　　重庆市警察保安第二大队五中队三分队　谭云山

　　　　　　　　　　三十年六月十日

34)重庆市政府警察局保安第五中队员警差役空袭损失私物报告表

物品名称	品质	数量	损失程度	原价	购买年月	备考
洗脸盆	铁质	1个	炸滥〔烂〕	25	30年3月	
胶鞋	胶质	1双	炸滥〔烂〕	23	30年5月4日	
牙刷	骨质	1把	炸滥〔烂〕	3.6	30年5月4日	
牙膏	膏质	1瓶	炸滥〔烂〕	2.8	30年5月4日	
毛巾	线质	1条	炸滥〔烂〕	4	30年5月4日	
皮鞋	皮质	1双	炸滥〔烂〕	36	30年2月8日	
袜子	线质	2双	炸滥〔烂〕	7.6	30年5月19日	

续表

物品名称	品质	数量	损失程度	原价	购买年月	备考
衬衣	布质	2件	炸滥〔烂〕	32	30年5月20日	
合计				134		

被灾日期	6月7日	被灾地点	警察局	房屋被炸或震毁	正中	原支薪俸数目	40元	有无同居眷属	无

右〈上〉开物品,确系因空袭被毁,谨报告

大队长方　转呈

局长唐　核转

市长吴

警察局保安警察总队二大队五中队三分队　赵康福

三十年六月十日

35)重庆市政府警察局保安第五中队员警差役空袭损失私物报告表

物品名称	品质	数量	损失程度	原价	购买年月	备考
军毯	线质	1床	炸滥〔烂〕	6	30年5月4日	
夹被	布质	1床	炸滥〔烂〕	49	30年5月20日	
袜子	线质	2双	炸滥〔烂〕	6.7	30年5月20日	
衬衣	布质	2套	炸滥〔烂〕	44	30年5月30日	
便鞋	布质	1双	炸滥〔烂〕	17	30年5月30日	
手巾	布质	1条	炸滥〔烂〕	3.2	30年6月2日	
牙刷	骨质	1把	炸滥〔烂〕	4.4	30年5月5日	
牙膏	膏质	1瓶	炸滥〔烂〕	2.8	30年5月5日	
合计				155.1		

被灾日期	6月7日	被灾地点	警察局	房屋被炸或震毁	正中	原支薪俸数目	40元	有无同居眷属	无

右〈上〉开物品,确系因空袭被毁,谨报告

大队长方　转呈

局长唐　核转

市长吴

警察局保安警察总队二大队五中队三分队　刘诗和

三十年六月十日

36) 重庆市政府警察局保安第五中队员警差役空袭损失私物报告表

物品名称	品质	数量	损失程度	原价	购买年月	备考
线毯	线质	1条	炸坏	29	29年6月初八	
衬衣	布质	1套	炸坏	22	30年元月初八	
皮鞋	皮质	1双	炸坏	45	30年3月19日	
袜子		2双	炸坏	11	30年3月19日	
牙刷		1把	炸坏	2	30年3月19日	
牙膏		1瓶	炸坏	3	30年3月19日	
被单		1条	炸坏	18	30年4月15日	
手灯		1枝〔个〕	炸坏	15	30年4月15日	
共计				140.5		
被灾日期	6月7日	被灾地点	总局	房屋被炸或震毁	炸毁	原支薪俸数目	40元	有无同居眷属	

右〈上〉开物品,确系因空袭被毁,谨报告

大队长方　转呈

局长唐　核转

市长吴

　　　　　　　　　　　重庆市警察局保安第二大队五中队三分队　王俊
　　　　　　　　　　　　　　　　　　　　　　　　三十年六月十日

37) 重庆市政府警察局保安第五中队员警差役空袭损失私物报告表

物品名称	品质	数量	损失程度	原价	购买年月	备考
夹被	洋哔机〔叽〕呢洋布里子	1床	炸坏	60	30年5月	
毡子	线布	1床	炸坏	16	29年7月	
衬衣裤头	白标准布	1身	炸坏	22	30年2月	
学生装	黑□哔叽	1身	炸坏	38	29年5月	
力士鞋子	胶	1双	炸坏	22	30年5月	
合计				158		
被灾日期	6月7日	被灾地点	总局	房屋被炸或震毁	炸毁	原支薪俸数目	50元	有无同居眷属	

续表

右〈上〉开物品，确系因空袭被毁，谨报告
大队长方　转呈
局长唐　核转
市长吴
重庆市警察局保安第二大队五中队三分队　李正清
三十年六月十日

38）重庆市政府警察局三分队员警差役空袭损失私物报告表

物品名称	品质	数量	损失程度	原价	购买年月	备考
□单子	布质	1床	炸没	15元	30年4月1日	
鞋子	布质	1双	炸没	8元	30年5月1日	
牙刷		1把	炸没	2.2元	30年6月1日	
牙膏		1平〔瓶〕	炸没	3.5元	30年6月1日	
毛巾	绵〔棉〕质	1条	炸没	2.5元	30年6月1日	
牙缸	磁质	1个	炸没	5元	30年6月1日	
青便衣	布质	1套	炸没	40元	30年5月19日	
衬衣	布质	1套	炸没	24元	30年5月10日	
合计				97.7元		
被灾日期	30年6月7日	被灾地点	总局	房屋被炸或震毁	正中	原支薪俸数目	40元	有无同居眷属	无

右〈上〉开物品，确系因空袭被毁，谨报告
大队长方　转呈
局长唐　核转
市长吴
保安二大队五中队三分队　夏荣秋
三十年六月七日

39）重庆市政府警察局员警差役空袭损失私物报告表

物品名称	品质	数量	损失程度	原价	购买年月	备考
制服	毕机〔哔叽〕	1套	炸滥〔烂〕无用	38元	29年10月	
衬衣	白条子府绸	2件	炸滥〔烂〕无用	40元	30年3月	

续表

物品名称	品质	数量	损失程度	原价	购买年月	备考
摇裤	白士〔市〕布	2根	炸滥〔烂〕无用	12元	30年4月	
便长衫	裕华布	1件	炸滥〔烂〕无用	32元	30年正月	
学生服	芝麻呢	1套	炸滥〔烂〕无用	40元	30年2月	
卧单	三友社	1床	炸滥〔烂〕无用	28元	29年冬月	
被盖	□士林全包单	1床	炸滥〔烂〕无用	39元	29年冬月	
□□	□□	1口	炸滥〔烂〕无用	24元	29年3月	
□□	□□	□□	炸滥〔烂〕无用	2.6元	30年5月	
牙刷	鱼□	1把	炸滥〔烂〕无用	4.5元	30年5月	
磁钟	洋磁	1个	炸滥〔烂〕无用	7元	30年5月	
皮鞋	制革	1双	炸滥〔烂〕无用	35元	30年正月	
袜子	墨菊牌	2双	炸滥〔烂〕无用	18元	29年□月	
被灾日期	6月7日	被灾地点	总局寝室	房屋被炸或震毁	炸毁	原支薪俸数目	□	有无同居眷属	□

右〈上〉开物品，确系因空袭被毁，谨报告

大队长方　转呈

局长唐　核转

市长吴

　　　　　　　　　　　保安二大队五中队一分队二班警士　谭润苍　呈

　　　　　　　　　　　三十年六月七日

40）重庆市政府警察局员警差役空袭损失私物报告表

物品名称	品质	数量	损失程度	原价	购买年月	备考
中山服	青织贡	1套	滥〔烂〕不堪用	76元	29年10月	
中山服上装	灰哈机〔叽〕	1件	滥〔烂〕不堪用	18元	29年12月	
衬衣	白士〔市〕布	2件	滥〔烂〕不堪用	22元	30年1月	
摇裤	黄哈几〔叽〕	1件	滥〔烂〕不堪用	8元	30年1月	
藤包	藤子	1个	滥〔烂〕不堪用	12元	30年3月	
面巾	棉织	1张	滥〔烂〕不堪用	3.5元	30年4月	
袜子	棉纱	2双	滥〔烂〕不堪用	8.5元	30年4月	
□衫	天津兰〔蓝〕	1件	滥〔烂〕不堪用	24元	30年2月	

续表

物品名称	品质	数量	损失程度	原价	购买年月	备考
绵〔棉〕毯		1床	滥〔烂〕不堪用	34元	29年10月	
合计				206元		

| 被灾日期 | 6月7日 | 被灾地点 | 总局寝室 | 房屋被炸或震毁 | 炸毁 | 原支薪俸数目 | 40元 | 有无同居眷属 | 无 |

右〈上〉开物品，确系因空袭被毁，谨报告

大队长方　转呈

局长唐　核转

市长吴

保安二大队五中队一分队二班警士　冯明良

三十年六月□日

41）重庆市政府警察局员警差役空袭损失私物报告表

物品名称	品质	数量	损失程度	原价	购买年月	备考
灰制服	卡机〔咔叽〕	1套	滥〔烂〕不堪用	32元	29年5月	
白衬衫	漂布	4件	滥〔烂〕不堪用	36元	29年3月	
青制服	卡机〔咔叽〕	1套	滥〔烂〕不堪用	42元	30年3月2日	
洋汗衣	线	1件	滥〔烂〕不堪用	32元	30年3月2日	
毛线衣	毛	1件	滥〔烂〕不堪用	83.7元	29年9月	
被盖		1床	滥〔烂〕不堪用	62元	29年10月2日	
毯子	毛	1床	滥〔烂〕不堪用	43元	29年7月8日	
合计				330.7元		

| 被灾日期 | 6月7日 | 被灾地点 | 本局 | 房屋被炸或震毁 | 炸滥 | 原支薪俸数目 | 44元 | 有无同居眷属 | 无 |

右〈上〉开物品，确系因空袭被毁，谨报告

大队长方　转呈

局长唐　核转

市长吴

杜宗汉

三十年六月十日

42）重庆市政府警察局员警差役空袭损失私物报告表

物品名称	品质	数量	损失程度	原价	购买年月	备考
青制服	卡机〔咔叽〕	1套	滥〔烂〕不堪用	28元	29年7月8日	
青大衣	呢子	1件	滥〔烂〕不堪用	123元	29年5月3日	
鞋子	皮	1双	滥〔烂〕不堪用	28元	28年9月4日	
衬衫	线	3件	滥〔烂〕不堪用	63元	29年6月8日	
夹衣	布	1件	滥〔烂〕不堪用	23元	28年6月7日	
礼帽	呢子	1顶	滥〔烂〕不堪用	50元	28年8月7日	
牙刷		1把	滥〔烂〕不堪用	1.6元	30年3月	
服务呢制服	毛	1套	滥〔烂〕不堪用	45元	28年3月2日	
面盆	磁	1个	滥〔烂〕不堪用	3元	29年元月	
皮箱	皮	1口	滥〔烂〕不堪用	30元	29年3月5日	
袜子	线	3双	滥〔烂〕不堪用	23元	29年6月7日	
合计				414.6元		
被灾日期	6月7日	被灾地点	本局	房屋被炸或震毁	炸滥〔烂〕不堪	原支薪俸数目	40元	有无同居眷属	无

右〈上〉开物品，确系因空袭被毁，谨报告

大队长方　转呈

局长唐　核转

市长吴

保安第五中队一分队　邓钧

三十年六月七日

43）重庆市政府警察局员警差役空袭损失私物报告表

物品名称	品质	数量	损失程度	原价	购买年月	备考
制服	青哗叽	1套	被炸滥〔烂〕	58	30年1月	
制服	黄哈机〔叽〕	1套	被炸滥〔烂〕	55	30年2月	
被盖	白包单	1床	被炸滥〔烂〕	80	28年9月	
大衣	青毛呢	1件	被炸滥〔烂〕	100	28年8月	
便鞋	青毛贡	1双	被炸滥〔烂〕	28	30年3月	
面盆	白花色	1个	被炸滥〔烂〕	35	28年9月	
毛巾	白花色	2张	被炸滥〔烂〕	8	30年3月	
汗衣	白市布	3件	被炸滥〔烂〕	52	30年3月	

续表

物品名称	品质	数量	损失程度	原价	购买年月	备考
短裤	白府绸	3根	被炸滥〔烂〕	25	30年4月	
衬衣	白市布	2件	被炸滥〔烂〕	55	30年4月	
皮鞋	黑色	1双	被炸滥〔烂〕	60	28年12月	
毛线汗衣	蓝色	1件	被炸滥〔烂〕	90	28年12月	
皮箱	黑色	1口	被炸滥〔烂〕	30	28年11月	
袜子	黑色	3双	被炸滥〔烂〕	15	30年5月	
合计				586		
被灾日期	6月7日	被灾地点	本局寝室	房屋被炸或震毁	炸毁	原支薪俸数目	40	有无同居眷属	无

右〈上〉开物品，确系因空袭被毁，谨报告

大队长方　转呈

局长唐　核转

市长吴

保安二大队五中队一分队二班　胡荣声

三十年六月七日

44）重庆市政府警察局员警差役空袭损失私物报告表

物品名称	品质	数量	损失程度	原价	购买年月	备考
中山服	黄哈机〔叽〕	1套	炸毁	52元	30年3月份制	
青胶鞋	黑胶	1双	炸毁	18元	29年11月份制	
桶绸汗衫	桶绸	1件	炸毁	28元	29年11月份制	
市布衬衫	市布	2件	炸毁	32元	30年4月份制	
草绿衬裤	草绿	1条	炸毁	8.5元	30年5月份制	
合计				138.5元		
被灾日期	6月7日	被灾地点	寝室	房屋被炸或震毁	被炸	原支薪俸数目	40元	有无同居眷属	无

右〈上〉开物品，确系因空袭被毁，谨报告

大队长　转呈

局长唐　核转

市长吴

保安警察总队第二大队第五中队一分队　刘德全

三十年六月七日

45) 重庆市政府警察局员警差役空袭损失私物报告表

物品名称	品质	数量	损失程度	原价	购买年月	备考
被盖		1床	炸滥〔烂〕	26.5	29年5月	
青制服		1套	炸滥〔烂〕	17	29年正月	
黄布摇裤		1根	炸滥〔烂〕	12	30年4月	
白市布衬衣		1件	炸滥〔烂〕	13	30年5月	
面巾		1根	炸滥〔烂〕	1.7	30年5月	
青操鞋		1双	炸滥〔烂〕	5.9	30年3月	
袜子		2双	炸滥〔烂〕	4.5	30年2月	
合计				80.6		
被灾日期	6月7日	被灾地点	本局	房屋被炸或震毁	炸滥	原支薪俸数目	36元	有无同居眷属	

右〈上〉开物品,确系因空袭被毁,谨报告

大队长方　转呈

局长唐　核转

市长吴

　　　　　　　　　　　　　警察保安二大队五中队一分队队员　曾骏修

　　　　　　　　　　　　　　　　　　　　　　　三十年六月七日

46) 重庆市政府警察局员警差役空袭损失私物报告表

物品名称	品质	数量	损失程度	原价	购买年月	备考
长衫	阴丹	2件	被炸	76元	29年冬月份制	
毛线背心	毛织	1张	被炸	42元	30年1月份制	
皮鞋	纹皮	1双	被炸	48元	30年2月份制	
青制服	青哔叽	1套	被炸	62元	29年8月份制	
衬衣	白市布	1件	被炸	14元	30年4月份制	
合计				241元		
被灾日期	6月7日	被灾地点	寝室	房屋被炸或震毁	被炸	原支薪俸数目	36元	有无同居眷属	无

右〈上〉开物品,确系因空袭被毁,谨报告

大队长　转呈

局长唐　核转

市长吴

　　　　　　　　　　　　保安警察总队二大队五中队一分队警士　王俊钦

　　　　　　　　　　　　　　　　　　　　　　　三十年六月七日

47）重庆市政府警察局员警差役空袭损失私物报告表

物品名称	品质	数量	损失程度	原价	购买年月	备考
中山服	青哈机〔叽〕	1套	炸毁	48元	30年2月份制	
白衬衣	市布	2件	炸毁	23元	30年4月份制	
黄尧〔摇〕裤	哈机〔叽〕	1条	炸毁	12元	30年4月份制	
胶鞋	白色	1双	炸毁	19元	30年1月份制	
长衫	安安兰〔蓝〕	1件	炸毁	32元	29年11月份制	
合计				134元		
被灾日期	6月7日	被灾地点	寝室	房屋被炸或震毁	被炸	原支薪俸数目 36元	有无同居眷属 无

右〈上〉开物品，确系因空袭被毁，谨报告

大队长方　转呈

局长唐　核转

市长吴

　　　　　　　　　保安警察总队二大队五中队一分队　王兴淮

　　　　　　　　　　　　　　　三十年六月七日

48）重庆市政府警察局员警差役空袭损失私物报告表

物品名称	品质	数量	损失程度	原价	购买年月	备考
青中山服	毛哗机〔叽〕	1套	炸滥〔烂〕不能用	75	29年12月份制	
衬衣	府绸	2件	炸滥〔烂〕不能用	共46	30年3月份制	
黄皮鞋	厂皮	1双	炸滥〔烂〕不能用	45	29年11月份制	
面盆	洋磁	1个	炸滥〔烂〕不能用	16	30年1月份制	
被盖	棉织	1床	炸滥〔烂〕不能用	64	30年1月份制	
黄哈机〔叽〕	制服	1套	炸滥〔烂〕不能用	49	30年2月份制	
线毯	白料	1张	炸滥〔烂〕不能用	32	29年10月份制	
皮箱	黑皮	1口	炸滥〔烂〕不能用	24	30年2月份制	
合计				351		
被灾日期	6月7日	被灾地点	总局	房屋被炸或震毁	炸毁	原支薪俸数目 42元	有无同居眷属 无

续表

右〈上〉开物品,确系因空袭被毁,谨报告

大队长　转呈

局长唐　核转

市长吴

　　　　　　　　　　　　　　　保安警察总队二大队五中队　冯启明
　　　　　　　　　　　　　　　　　　　　　　三十年六月七日

49)重庆市政府警察局员警差役空袭损失私物报告表

物品名称	品质	数量	损失程度	原价	购买年月	备考
棉背盖	白士〔市〕布	1床	炸滥〔烂〕	60元	29年冬月份制	
长衫	鹰〔阴〕丹布	1件	炸滥〔烂〕	32元	29年腊月份制	
汗小衣	毛兰〔蓝〕布	3件	炸滥〔烂〕	各7.8元	29年9月份制	
合计				115.4元		
被灾日期	6月7日	被灾地点	寝室	房屋被炸或震毁	被炸	原支薪俸数目	36元	有无同居眷属	无

右〈上〉开物品,确系因空袭被毁,谨报告

大队长　转呈

局长唐　核转

市长吴

　　　　　　　　　　　　　保安警察总队二大队五中队一分队　唐长富
　　　　　　　　　　　　　　　　　　　　　　三十年六月七日

(0061—15—2511)

44.重庆市警察局张寿新为报1941年6月7日空袭损失请予救济给市警察局的报告(1941年6月7日)

窃职住宅新生路84号附14号,于本日敌机袭渝时,职住宅为敌弹所中,所有衣物等件损失惨重,理合将损失情形报请钧长体恤下情,予以救济。是否有当,恳请钧核。

　　谨呈

督察长罗、郭　转呈

处长东方　转呈

局长唐

　　　　　　　　　　　　　督察员　张寿新　呈

附空袭损失报告表2份

重庆市政府警察局督察处员警差役空袭损失私物报告表

物品名称	品质	数量	损失程度	原价	购买年月	备考
黑色西服	毛绒	1套	炸毁	155	28年8月	
草绿军服	哔叽	1套	炸毁	140	29年3月	
军帽	哔叽	1顶	炸毁	5	29年3月	
草黄军服	士林布	1套	炸毁	45	29年6月	
西式青衣	绸布	1条	炸毁	12.2	28年6月	
西式短裤	斜文〔纹〕布	1条	炸毁	8	29年10月	
电灯泡	玻璃	2个	炸毁	3.2	30年4月	
看面镜	玻璃	1个	炸毁	4.5	30年2月	
梳子		1把	炸毁	2	30年2月	
茶杯	玻璃	2个	炸毁	1.6	29年9月	
洗面盆		1个	炸毁	2.5	27年2月	
床敷	竹	1床	炸毁	8	29年11月	
□袜	线	2双	炸失	6.4	30年4月	
红格棉被	布	1床	炸失	60	29年8月	
黄色皮鞋	皮	1双	炸毁	40	30年3月	
军毡	粗毛	1床	炸失	9.5	27年5月	
武装带	皮	1条	炸失	4	27年7月	
合计				506.9		
被灾日期	30年6月7日	被灾地点	新生路84号附14号	房屋被炸或震毁	被炸	原支薪俸数目	150元	有无同居眷属

右（上）开物品,确系因空袭被毁,谨报告

处长东方　转呈

局长唐　核转

市长吴

　　　　　　　　　　　督察员　张寿新

　　　　　　　　　　三十年六月七日

（0061—15—2440）

45. 重庆市警察局刘洪清为报1941年6月7日空袭损失请予救济给市警察局的签呈(1941年6月7日)

窃本日敌机袭渝,局内被炸,公役衣物被炸,遵令填具私人损失报告表2份(原缺),签请钧座鉴核,准予从优救济,不胜感戴。

谨呈

局长

工役 刘洪清

(0061—15—3079)

46. 重庆市警察局消防警察总队谯楷1941年6月7日空袭损失报告表(1941年6月8日)

重庆市政府警察局消防警察总队第四队员役空袭损失私物报告表

物品名称	品质	数量	损失程度	原价	购买年月	备考
女衫	蓝布	3件	全烧	30	28年5月	
女棉袍	充哔叽	1件	全烧	30	28年10月	
中山服	充呢子	2套	全烧	18	27年6月	
学生服	帆布	1套	全烧	16	28年7月	
大衣	青哈叽	1件	全烧	30	27年7月	
被盖	白布	1床	全烧	90	29年8月	
皮鞋		1双	全烧	20	27年8月	
木器			全烧	65	29年6月	
铁锅		1口	全烧	26	27年6月	
合计				325		
被灾日期	6月7日	被灾地点	上安乐洞街12号	房屋被炸或震毁	全烧	原支薪俸数目	40元	有无同居眷属	有

右〈上〉物品确系因空袭被烧,谨报告

总队长李 转呈

局长唐 核转

市长吴

填报人 一等警 谯楷
三十年六月八日

(0061—15—2207—1)

47. 重庆市警察局刘锦麟为报1941年6月7日空袭损失请予救济给市警察局的签呈（1941年6月8日）

窃职有皮箱1口，铺盖1个，于空袭时由宿舍移置本局前机车队门侧，不幸于六月七日敌机空袭时全部炸毁。兹填具空袭损失私物报告表2份，备文呈请转呈核发救济费，实为德便。

谨呈

科长梁　转呈

局长唐

附空袭损失私物报告表2份

行政科科员　刘锦麟　呈

重庆市政府警察局行政科员警差役空袭损失私物报告表

物品名称	品质	数量	损失程度	原价	购买年月	备考
棉絮		1条	被炸毁	40元	29年8月	
被壳	布质	1条	被炸毁	30元	30年3月	
被面	花布	1条	被炸毁	20元	29年元月	
青布制服	布质	1套	被炸毁	25元	29年9月	
被单	布质	1条	被炸毁	30元	29年元月	
黄制服	布质	1套	被炸毁	60元	29年3月	
皮箱	皮质	1只	被炸毁	60元	27年	
衬衣	布质	2件	被炸毁	30元	29年3月	
背心		2件	被炸毁	10元	29年	
短裤	布质	3条	被炸毁	15元	29年	
瓷杯	瓷资〔质〕	1个	被炸毁	10元	30年	
皮鞋		1双	被炸毁	60元	30年	
大衣	呢质	1件	被炸毁	100元	29年	
合计				490元		
被灾日期	6月7日	被灾地点	总局	房屋被炸或震毁	炸	原支薪俸数目	140元	有无同居眷属	无

续表

右〈上〉开物品,确系因空袭被毁,谨报告 科长梁　转呈 局长唐　核转 市长吴 　　　　　　　　　　　　　行政科科员　刘锦麟 　　　　　　　　　　　　　三十年六月八日

(0061—15—2440)

48. 重庆市政府警察局督察处罗仁杰为报1941年6月7日空袭损失请予救济给市警察局的报告(1941年6月8日)

本月七日敌机袭渝时,职因住本局被炸,致将衣物面〔用〕具炸毁一部,刻今物价高昂,实难购制,拟请钧座按例救济,用示体恤。

谨呈

处长东方　转呈

局长唐

附损失私物表2份

　　　　　　　　　　　　　　　　　督察长　罗仁杰

重庆市政府警察局督察处员警差役空袭损失私物报告表

物品名称	品质	数量	损失程度	原价	购买年月	备考
被盖	棉质锦缎被面	1床	全炸	56	28年3月	
皮鞋	纹皮	1只	全炸	120	28年3月	
被毯	棉质	1床	全炸	27	29年4月	
白府绸衬衣	棉质	1件	全炸	24	29年5月	
洋汗衣	棉质	2件	全炸	24	29年5月	
短布裤	棉质	2条	全炸	13	29年5月	
脸盆	洋磁	1个	全炸	33	29年9月	
漱口盂	洋磁	1个	全炸	4	29年9月	

续表

物品名称	品质	数量	损失程度	原价	购买年月	备考
毛巾	棉质	1张	全炸	3.8	30年5月	
牙刷	毛骨	1把	全炸	3.4	30年6月	
牙膏	黑人牌	1瓶	全炸	2.8	30年6月	
温水瓶	金钱牌	1个	全炸	60	30年2月	
合计				371		
被灾日期	30年6月7日	被灾地点	渝市警察局内	房屋被炸或震毁	房屋炸毁一半	原支薪俸数目	260	有无同居眷属	同事

右〈上〉开物品,确系因空袭被毁,谨报告

　　　　转呈

局长唐　核转

市长吴

　　　　　　　　　　　　　　督察长　罗仁杰
　　　　　　　　　　　　　　三十年六月八日

（0061—15—2440）

49. 重庆市警察局督察处罗文宾为报1941年6月7日空袭损失请予救济给市警察局的报告（1941年6月10日）

本月七日敌机袭渝时,差住本局被炸,致将衣服面〔用〕具炸毁一部,刻因物价高昂,实难购制,拟请钧座沐恩体恤,援例救济,用示体恤。

　　谨呈

督察长罗、郭　转呈

处长东方　转呈

局长唐

附损失表2份

　　　　　　　　　　　　　公差　罗文宾　呈

重庆市政府警察局督察处员警差役空袭损失私物报告表

物品名称	品质	数量	损失程度	原价	购买年月	备考
青哈叽制服	棉质	1套	全炸	35	29年5月	
黄哈叽制服	棉质	1套	全炸	25	29年8月	
白衬衣	棉质	1件	全炸	11	30年6月	
被盖	棉质	1床	全炸	52	29年12月	
毛线衣	毛织	1件	全炸	36	28年11月	
合计				159		
被灾日期	30年6月7日	被灾地点	渝警察局地坝	房屋被炸或震毁	毁大半	原支薪俸数目	30元	有无同居眷属	有同事

右〈上〉开物品，确系因空袭被毁，谨报告

　　　　转呈

局长唐　核转

市长吴

　　　　　　　　　　　　　　　公差　罗文宾

　　　　　　　　　　　　　　　三十年六月八日

（0061—15—2440）

50. 重庆市警察局总务科段则鸣等为报1941年6月2日、6月7日空袭损失给市警察局的签呈（1941年6月8日）

窃职眷属居住下安乐洞街28号楼上，六月二日及六月七日两次遭敌机投弹，住屋受破片将家用器具打毁。理合填具空袭损失私物报告表2份，恳祈钧座鉴核备查示遵。

　　谨呈

主任罗　核转

局长唐

　　　　　　　　　　　　　　　　职　段则鸣

重庆市政府警察局总务科员警差役空袭损失私物报告表

物品名称	品质	数量	损失程度	原价	购买年月	备考
2磅温水瓶	金钱牌	1个	破片打毁	40	30年4月	
加大朱红面盆	金钱牌	1个	破片打毁	52	30年4月	
茶杯	玻璃	4个	震毁	6.4	30年4月	
菜碗	细瓷	6个	震毁	18	30年4月	
饭碗	细瓷	5个	震毁	12.5	30年4月	
方桌	木质	1张	破片打毁	32	30年4月	
蚊帐	夏布	1笼	破片打毁	76	30年2月	
痰盂	陶瓷	2个	破片打毁	8	30年4月	
方凳	木质	4根	破片打毁	32	30年4月	
合计				276.9		
被灾日期	6月2日6月7日	被灾地点	下安乐洞街28号	房屋被炸或震毁	震毁	原支薪俸数目	82	有无同居眷属	母张氏妻李淑媛

右〈上〉开物品,确系因空袭被毁,谨报告

主任罗　转呈
局长唐　核转
市长吴

库房管理员(一等办事员)　段则鸣

三十年六月八日

（0061—15—2440）

51. 重庆市警察局杨元辉为报1941年6月7日空袭损失给市警察局的报告（1941年6月8日）

窃士六月一日局长室被炸后,搬回秘书室为局长临时办公地点,士前次未被炸之物件,完全放置室内,昨(七)日敌机肆虐,本局秘书室被中一巨弹,所有衣物等件全部炸毁,兹特造具损失清单表2份〈原缺〉,理合报乞鉴核。

谨呈

局长唐

卫士　杨元辉

（0061—15—3079）

52. 重庆市警察局王柏清为报1941年6月7日空袭损失给市警察局的报告(1941年6月8日)

窃警因无寝室,所有私人各物完全放于秘书室,每日下办公后寄住该室,不幸于本月七日敌机袭渝,将内部中一巨弹,私人各物全部被炸。兹特造具损失表2份〈原缺〉,恳请转报以资救济,实为公便。

谨呈

主任秘书李　核转

局长唐

警　王柏清　呈

(0061—15—3079)

53. 重庆市警察局统计股程汝玉为报1941年6月7日空袭损失请予救济给市警察局的签呈(1941年6月8日)

窃查本月七日敌机袭渝,局内房屋被炸,职置放衣物之皮箱1口全部炸毁,理合填具私物损失表2份,赍请钧座鉴核,俯予救济,不胜德便。

谨呈

科长刘　核转

局长唐

附呈损失私物报告表2份〈原缺〉

主任　程汝玉

(0061—15—3079)

54. 重庆市警察局行政科伍煌为报1941年6月7日空袭损失请予救济给市警察局的签呈(1941年6月8日)

窃员有皮箱1口,铺盖卷1个,置于保安路212号宋同志安民寓处,箱内有黑色华达呢、布制服各1套与日用什物等件,铺盖卷内有棉被1床、被褥、卫生衣等件。该号房屋于六月七日被敌机完全炸毁,员之行李什物化为乌有。用特填具空袭损失物件报告表两纸,报请钧座鉴核,并恳迅转市府救济,实为德便。

  谨呈

主任林 核转

科长梁 核转

局长唐

行政科员 伍煌

重庆市政府警察局员警差役空袭损失私物报告表

物品名称	品质	数量	损失程度	原价	购买年月	备考
黑色华达呢	呢质	1套	完全炸滥〔烂〕	250	29年11月	
黑色布制服	布质	1套	完全炸滥〔烂〕	50	29年10月	
白被毯	布质	1床	完全炸滥〔烂〕	20	29年11月	
棉被盖	棉质 布质	1床	完全炸滥〔烂〕	60	29年8月	
红色线毯	纱质	1床	完全炸滥〔烂〕	30	28年3月	
纯索裤	羊毛质	1条	完全炸滥〔烂〕	50	28年1月	
卫生衣	绒质	1件	完全炸滥〔烂〕	20	28年1月	
皮箱	皮质	1口	完全炸滥〔烂〕	40	29年9月	
汗衣	纱质	2件	完全炸滥〔烂〕	15	28年6月	
布鞋	布质	1双	完全炸滥〔烂〕	7	30年4月	
袜子	纱质	2双	完全炸滥〔烂〕	7	30年4月	
虎〔府〕绸衬衣	绸质	1件	完全炸滥〔烂〕	25	28年5月	
布衬裤	布质	2条	完全炸滥〔烂〕	10	28年5月	
牙刷		1个	完全炸滥〔烂〕	3	28年5月	
牙膏		1盒	完全炸滥〔烂〕	2	28年5月	
合计				609		
被灾日期	30年6月7日	被灾地点	保安路23号	房屋被炸或震毁	房屋完全炸毁	原支薪俸数目	140	有无同居眷属	无

续表

> 右〈上〉开物品,确系因空袭被毁,谨报告
> 主任林　转呈
> 科长梁　转呈
> 局长唐　核转
> 市长吴
>
> 行政科科员　伍煌
> 三十年六月八日

（0061—15—2440）

55. 重庆市警察局行政科宋安民为报1941年6月7日空袭损失请予救济给市警察局的签呈(1941年6月8日)

窃职自去年被炸后即迁居保安路212号,不幸竟于昨(七)日敌机狂炸后被炸毁,衣物书籍损失逾400元,值此物价高涨之际,添制倍感不易,理合按照规定填列空袭损失报告表□□赍请钧座鉴核,并迅赐救济,实为公便。

　　谨呈
主任林、科长梁　核转
局长唐
附空袭损失报告表2份

科员　宋安民

重庆市政府警察局员警差役空袭损失私物报告表

物品名称	品质	数量	损失程度	原价	购买年月	备考
被盖	棉	1床	全毁	40	29年9月	
枕头	棉	1个	全毁	20	29年9月	
盥具	搪瓷	全套	全毁	40	29年9月	
书籍		1箱	炸失	150	一年来所积	
蚊帐	棉织	1顶	炸失	40	29年9月	
书箱	竹	1个	炸失	10	29年10月	

续表

物品名称	品质	数量	损失程度	原价	购买年月	备考
黄制服	棉织	1套	全毁	55	29年9月	
衬衣裤	棉织	1套	全毁	35	29年11月	
背心	棉织	2件	全毁	20	30年5月	
合计				410		
被灾日期	6月7日	被灾地点	保安路212号	房屋被炸或震毁	被炸	原支薪俸数目	150	有无同居眷属	无

右〈上〉开物品，确系因空袭被毁，谨报告

科长梁　转呈

局长唐　核转

市长吴

　　　　　　　　　　　　　　　科员　宋安民

　　　　　　　　　　　　　　　三十年六月八日

（0061—15—2440）

56. 重庆市警察局督察处邵元彬为报1941年6月7日空袭损失请予救济给市警察局的签呈（1941年6月8日）

窃职原住总局职员宿舍，本月七日敌机袭渝时，总局房屋被炸，致将职衣物面〔用〕具炸毁一部，处今物价高昂，实难购制，恳请钧座按例救济，用示体恤。

　　谨呈

督察长罗、郭　转呈

处长东方　转呈

局长唐

附表2份

　　　　　　　　　　　　　　督察员　邵元彬　谨呈

重庆市政府警察局员警差役空袭损失私物报告表

物品名称	品质	数量	损失程度	原价	购买年月	备考
府绸衬衣	白府绸	1件	被炸不知去向	35元	今年5月	
钢笔	金星	1支	佩于衬衣上	60元	去年10月	
皮鞋	牛皮	1双	1只炸失	45元	今年2月	
背心	麻纱	1件	被炸不知去向	14元	今年2月	
毛巾毯	棉纱	1床	被炸滥〔烂〕	75元	今年元月	
面盆	搪磁	1只	被炸滥〔烂〕	50元	今年5月	
短裤	白布	1条	炸失	4元	今年4月	
袜子	麻纱	1双	炸滥〔烂〕	7元	今年6月	
毛巾	棉纱	1条		3元	今年4月	
合计				293元		
被灾日期	6月7日	被灾地点	总局宿舍	房屋被炸或震毁	被炸及震毁	原支薪俸数目	98元	有无同居眷属	无

右〈上〉开物品,确系因空袭被毁,谨报告
　　　转呈
局长唐　核转
市长吴

　　　　　　　　　　　　　　　　督察员　邵元彬
　　　　　　　　　　　　　　　　三十年六月十日

(0061—15—2440)

57. 重庆市警察局秘书室刘敬之为报1941年6月7日空袭损失请予救济给市警察局的签呈(1941年6月9日)

窃本月七日敌机袭渝,局内被炸,公差衣物等件亦被炸毁,遵令造具私人损失报告表2份,签请鉴核,准予从速救济,不胜沾感。

　　谨呈
主任秘书李　转呈
局长

　　　　　　　　　　　　　　　　公差　刘敬之

重庆市政府警察局员警差役空袭损失私物报告表

物品名称	品质	数量	损失程度	原价	购买年月	备考
夹衫	布	1	全毁	40元	29年4月	
单衫	布	2	全毁	60元	29年4月	
毛绒大衣	呢	1	全毁	70元	29年9月	
被盖	棉	1	全毁	60元	29年9月	
毯子	绒	1	全毁	70元	29年10月	
衬裤	布	2	全毁	24元	30年3月	
磁盆	洋磁	1	全毁	30元	30年3月	
胶鞋	布	1	全毁	22元	30年4月	
皮鞋	皮	1	全毁	30元	30年5月	
合计				406元		

被灾日期	30年6月7日	被灾地点	警察总局秘书室	房屋被炸或震毁	炸毁	原支薪俸数目	37.56元	有无同居眷属	无

右〈上〉开物品，确系因空袭被毁，谨报告

　　　　转呈

局长唐　核转

市长吴

　　　　　　　　　　　　重庆市警察局秘书室工役　刘敬之

　　　　　　　　　　　　　　　　　　　　　三十年六月九日

（0061—15—2440）

58. 重庆市警察局警察训练所为报韩一苏1941年6月7日空袭损失请予救济呈市警察局文（1941年6月9日）

窃据本所教官韩一苏报称："窃职因于前保安警察第二中队长任内尚有各项手续未曾□清，暂留居该中队驻地保安路212号，以便继续处理，不幸竟于昨（七日）于敌机狂炸下，所有房屋行李书箱什物悉遭炸毁无遗，损失至为惨重。理合遵照规定缮具损失报告表一式三纸随文赍请钧座鉴核，俯赐转请总局迅予救济，实为德便。谨呈"。等情前来。理合备文转请钧长鉴核。

　　谨呈

局长唐

计呈空袭损失报告表3份

兼所长 唐 毅

教育长 李知章

重庆市政府警察局警察训练所员警差役空袭损失私物报告表

物品名称	品质	数量	损失程度	原价	购买年月	备考
棉被	棉织	1件	全毁(埋没)	50	29年9月	系于二十九年八月廿日烧后购买,搬放室外,弹正中其上
棉絮	棉织	1件	全毁(埋没)	20	29年10月	
军毯	毛织	1件	全毁(埋没)	50	29年9月	
白被单	棉织	1件	全毁(埋没)	25	29年9月	
皮鞋	牛皮	1双	全毁(埋没)	35	29年9月	
床铺	木质	1张	全毁(埋没)	10	29年9月	
竹席	竹织	1条	全毁(埋没)	13	30年5月	
木箱	木质	1只	炸毁	30	30年元月	搬放室外,弹正中其上
篮球鞋	胶质	1双	失落	32	30年4月	搬放室外,弹正中其上
衬衣	棉织	2件	飞扬	30	30年3月	搬放室外,弹正中其上
背心	棉织	2件	飞扬	10	30年4月	搬放室外,弹正中其上
短裤	棉织	3件	飞扬	15	30年4月	搬放室外,弹正中其上
黄制服	棉织	1套	失落	60	29年6月	搬放室外,弹正中其上
面盆	搪瓷	1个	全毁	15	29年9月	
口杯	搪瓷	1个	全毁	5	30年1月	
书籍		全部	飞散	100	年来所集	
合计				490		
被灾日期	6月7日	被灾地点	保安路212号	房屋被炸或震毁	全毁	原支薪俸数目	160元	有无同居眷属

续表

右〈上〉开物品,确系因空袭被毁,谨报告
教育长李　转呈
局长唐　核转
市长吴
警训所教官　韩一苏
三十年六月八日

（0061—15—2207—1）

59. 重庆市警察局督察处张九皋为报1941年6月7日空袭损失请予救济给市警察局的签呈(1941年6月9日)

窃职家住本市和平路182号,不幸于本月七日敌机袭渝时被炸,家中老幼衣服什物用具等项完全损失罄尽,在此薪赀微薄百物昂贵之际,另制实感困难,拟恳准暂垫发去岁空袭损失费两月,一俟领下,即行照扣归垫,以资救济。如蒙俯准,实沾德便。

谨呈

督察长罗、郭

处长东方

局长唐

附表2份

　　　　　　　　　　　　　　　　　职　张九皋　呈

重庆市政府警察局督察处员警差役空袭损失私物报告表

物品名称	品质	数量	损失程度	原价	购买年月	备考
大衣	青呢	1件	炸毁	120	28年10月	
制服	青呢	1套	炸毁	140	28年9月	
被盖	布棉	2套	炸毁	150	28年7月	
女旗袍	驼绒	1件	炸毁	90	28年9月	
女夹衫	线质	1件	炸毁	78	29年2月	

续表

物品名称	品质	数量	损失程度	原价	购买年月	备考
衬衣	府绸	2套	炸毁	80	29年3月	
铁锅碗盏	不等	全套	炸毁	70	29年6月	
合计				728		
被灾日期	6月7日	被灾地点	和平路182号	房屋被炸或震毁		原支薪俸数目	130	有无同居眷属	有

右〈上〉开物品,确系因空袭被毁,谨报告
　　　　转呈
局长唐　核转
市长吴

　　　　　　　　　　保安警察总队部副官　张九皋
　　　　　　　　　　三十年六月九日

(0061—15—2440)

60. 重庆市警察局行政科李泽民为报1941年6月7日空袭损失请予救济给市警察局的签呈(1941年6月9日)

窃职家住至诚巷16号,于本月七日敌机袭渝时房屋被震,损坏什物甚多,理合填具空袭损失私物报告表签请钧座鉴核,拟恳准予转请救济,实为公便。

　　谨呈
主任崔
科长梁　核转
局长唐
附呈报告表2份

　　　　　　　　　　　　　　　　职　李泽民

重庆市政府警察局行政科员警差役空袭损失私物报告表

物品名称	品质	数量	损失程度	原价	购买年月	备考
房上瓦		200多块	不能用	20		现住房系租的,房主不修理,要自己修理
双扇窗门		4页	1页能修 3页不能修	25		
黄色大玻璃杯		1个	不能用	4	29年1月	
白玻璃杯		1个	不能用	1.5	29年12月	
沙炉		1个	不能用	3	30年2月	
瓷碗		9个	不能用	26	29年6月	
牙刷		1把	不能用	2.3	30年5月	
油布		1床	不能用	17	29年1月	
墙壁			四周震坏	20		
布毯		1床	不能用	28	29年8月	
合计				146.8		
被灾日期	6月7日	被灾地点	至诚巷16号	房屋被炸或震毁	震坏	原支薪俸数目 70元	有无同居眷属	有

右〈上〉开物品,确系因空袭被毁,谨报告

主任崔

科长梁　转呈

局长唐　核转

市长吴

　　　　　　　　　　　行政科户籍股　李泽民
　　　　　　　　　　　三十年六月九日

(0061—15—2440)

61. 重庆市警察局行政科苟成俊为报1941年6月7日空袭损失请予救济给市警察局的签呈(1941年6月9日)

窃职前住宿于本局行政科三楼上女职员宿舍,因人多难于相住,于本月一日移往本局消费合作社住,不幸于本月七日敌机袭渝,将本局合作社全部炸毁,职所有衣物等件概行炸毁,恳请钧座俯准转报救济,实感公便。

谨呈

科长梁　转呈

局长唐

附损失表2份

职　苟成俊

重庆市政府警察局员警差役空袭损失私物报告表

物品名称	品质	数量	损失程度	原价	购买年月	备考
棉被		2床	炸毁	79	27年1月	
枕头		2个	炸毁	9	26年2月	
布毯		1床	炸毁	39	29年5月	
毛巾		2条	炸毁	10	28年3月	
面盆		2个	炸毁	50	30年1月	
布衣服		3件	炸毁	49	30年2月	
短裤		2条	炸毁	10	29年1月	
内衣		2件	炸毁	29	30年4月	
袜子		3双	炸毁	19	30年5月	
茶杯		2个	炸毁	3	30年6月5日	
漱口盂		1个	炸毁	2	27年9月	
皮鞋		1双	炸毁	50	30年3月	
布鞋		2双	炸毁	29	30年4月	
手巾		2条	炸毁	7	30年5月	
布大衣		1件	炸毁	39	30年1月	
合计				424		

| 被灾日期 | 6月7日 | 被灾地点 | 警局合作社 | 房屋被炸或震毁 | 损坏 | 原支薪俸数目 | 85元 | 有无同居眷属 | |

右〈上〉开物品，确系因空袭被毁，谨报告。

主任崔、科长梁　转呈

局长唐　核转

市长吴

大阳沟镇第七保保长　第八甲甲长[证明]

苟成俊

三十年六月七日

（0061—15—2440）

62. 重庆市警察局行政科夏先程、蔡泽河、王荫笙、彭玉莲等为报1941年6月7日空袭损失请予救济给市警察局的签呈（1941年6月9日）

窃职等住宿于本局三楼女职员宿舍，不幸于六月七日敌机狂势轰炸，职等一切衣物等件多置于三楼和地坝，损坏和炸毁甚多，理合填具空袭损失私物报告表签请钧座鉴核，拟恳准予转请救济，以示体恤，实沾恩便。

　　谨呈

科长梁　转呈

局长唐

　　　　　　　　　　　　　　　　　职等　夏先程

　　　　　　　　　　　　　　　　　　　　蔡泽河

　　　　　　　　　　　　　　　　　　　　王荫笙

　　　　　　　　　　　　　　　　　　　　彭玉莲

附空袭损失表8份

1) 重庆市政府警察局员警差役空袭损失私物报告表

物品名称	品质	数量	损失程度	原价	购买年月	备考
被单	市布	1床	炸毁	22	29年10月	
毯子	漂布	1床	炸毁	15	29年10月	
絮盖	棉	1床	炸毁	25	29年10月	
箱子	皮	1支	炸破	18	29年10月	
长衫	蓝布	2件	炸毁	30	30年1月	
袜子	麻纱	1双	炸毁	7	30年4月	
面盆	瓷	1个	炸毁	20	29年11月	
衬衣	府绸	1件	炸毁	25	30年4月	
漱口盅	瓷	1个	炸毁	5	30年1月	
面巾	线织	1张	炸毁	2.5	30年4月	
枕头	府绸	1对	炸毁	18	29年10月	
汗衣	市布	2件	炸毁	12	30年3月	
合计				199.5		

续表

| 被灾日期 | 30年6月7日 | 被灾地点 | 本局三楼 | 房屋被炸或震毁 | 炸毁 | 原支薪俸数目 | 70元 | 有无同居眷属 | |

右〈上〉开物品,确系因空袭被毁,谨报告

　　　　转呈

局长唐　核转

市长吴

　　　　　　　　　　　　　　　　　行政科雇员　夏先程
　　　　　　　　　　　　　　　　　三十年六月十日

2) 重庆市政府警察局行政科员警差役空袭损失私物报告表

物品名称	品质	数量	损失程度	原价	购买年月	备考
蓝府绸长衣		1件	失去	20	29年8月	
白市布汗衣		1件	失去	10	30年3月	
白市布背心		1件	失去	5	30年3月	
黄色麻纱长衫		1件	失去	7	30年4月	
白麻纱袜		1件	失去	5	29年9月	
漱口中〔盅〕		1个	震坏	3	30年3月	
面巾		2张	失去	6	30年4月	
牙刷		1把	失去	4	30年4月	
牙膏		1盒	失去	2.8	30年4月	
白玻璃杯		1个	震坏	2.5	29年12月	
蓝布长衣	布	1件	失去	25	30年3月	
洗面盆		1个	震坏	35	29年11月	
合计				100.3		

| 被灾日期 | 30年6月7日 | 被灾地点 | 本局三楼女职员宿舍 | 房屋被炸或震毁 | 震毁 | 原支薪俸数目 | 65元 | 有无同居眷属 | |

右〈上〉开物品,确系因空袭被毁,谨报告

　　　　转呈

局长唐　核转

市长吴

　　　　　　　　　　　　　　行政科保甲股雇员　蔡泽河
　　　　　　　　　　　　　　三十年六月九日

3)重庆市政府警察局员警差役空袭损失私物报告表

物品名称	品质	数量	损失程度	原价	购买年月	备考
毯子	布	1床	炸破	28	30年6月	
面巾	毛	2张	炸破	5	30年5月	
毛线衣	毛	1件	炸破	62	29年12月	
蓝布衫	布	1件	炸破	27	30年4月	
合计				122		
被灾日期	30年6月7日	被灾地点	警察局三楼宿舍	房屋被炸或震毁	原支薪俸数目	65元	有无同居眷属	

右〈上〉开物品,确系因空袭被毁,谨报告
科长梁　转呈
局长唐　核转
市长吴

王荫笙
三十年六月十日

4)重庆市政府警察局员警差役空袭损失私物报告表

物品名称	品质	数量	损失程度	原价	购买年月	备考
布衣		2件	炸毁	31		
皮鞋		1双	炸毁	58		
漱口盂		1个	炸毁	3		
牙刷		1把	炸毁	2		
茶杯		1个	炸毁	2.5		
镜子		1把	炸毁	15		
洗面盆		1个	炸毁	32		
合计				143.5		
被灾日期	6月7日	被灾地点	警局	房屋被炸或震毁	原支薪俸数目	85元	有无同居眷属	

右〈上〉开物品,确系因空袭被毁,谨报告
主任崔
科长梁　转呈
局长唐　核转
市长吴

彭玉莲
三十年六月十日

(0061—15—2440)

63. 重庆市警察局局长室丁国光为报1941年6月7日空袭损失请予救济给市警察局的报告(1941年6月9日)

窃司机眷属住中华路67号,于六月七日敌机袭渝该处全部烧毁,所有行李损失殆尽,理合造具私物损失报告表2份,随文报请钧座俯赐救济,沾感无既。

谨呈

局长唐

司机　丁国光　呈

重庆市政府警察局局长室司机员警差役空袭损失私物报告表

物品名称	品质	数量	损失程度	原价	购买年月	备考
被盖	棉质	1床	焚毁	80	29年10月	
油布	布质	1张	焚毁	26	30年2月	
帆布上装	麻质	1件	焚毁	53	29年9月	
女印花衣服	国货料	1件	焚毁	36	30年5月	
皮鞋	文皮	1双	焚毁	120	30年5月	
牙膏		1包	焚毁	1.9	30年6月	
牙刷		两把	焚毁	4	30年6月	
毯子	哈叽	1床	焚毁	45	29年12月	
布鞋		两双	焚毁	16	30年5月	
合计				381.9		
被灾日期	30年6月7日	被灾地点	中华路67号	房屋被炸或震毁	全部焚毁	原支薪俸数目 130元	有无同居眷属	有

右〈上〉开物品,确系因空袭被毁,谨报告

　　转呈

局长唐　核转

市长吴

司机　丁国光
三十年六月九日

(0061—15—2207—2)

64. 重庆市警察局秘书室王光祖为报1941年6月7日空袭损失请予救济给市警察局的报告（1941年6月9日）

窃职住本局秘书室隔壁宿舍内，本月七日敌机袭渝，秘书室及宿舍正中重量炸弹一颗，所有公私物品炸毁无存，职受损失特别惨重，现在衣被俱无，孑然一身，形同无告，谨填损失报告表请予转请市府从优救济，无任感祷。

谨呈

局长唐

附报告表3份

秘书 王光祖

六月九日

重庆市政府警察局员警差役空袭损失私物报告表

物品名称	品质	数量	损失程度	原价	购买年月	备考
衣箱	皮质	1口	毁灭	80	29年10月	
中山服	全毛呢	1套	毁灭	480	29年8月	
西装	马裤呢	1套	毁灭	400	28年10月	
中山服	白绸	1套	毁灭	60	27年6月	
中山服	冲法兰绒	1套	毁灭	20	25年4月	
中山服	灰哈机〔叽〕	1套	毁灭	8	25年2月	
大衣（冬季用）	厚毛呢	1件	毁灭	650	29年12月	缎里和驼绒里
大衣（秋季用）	人字呢	1件	毁灭	500	28年9月	
毛线衫裤	鸭绒	2件	毁灭	400	28年12月	
毛线背心	毛线	1件	毁灭	40	28年1月	
绒汗衫裤	棉质	2件	毁灭	20	28年2月	
衬衫	棉质	4件	毁灭	20	27年、28年月份不一	
皮衫	白羊皮	1件	毁灭	100	26年12月	
单衫	华丝纱 杭纺	1件 1件	毁灭	300	27年6月 28年5月	

续表

物品名称	品质	数量	损失程度	原价	购买年月	备考
被盖	市布包单蜀锦面子丝棉絮	1床	无用	200	29年1月	
毛毡	俄国出品	1床	尚存零角	200	29年12月	无用
毡子	布质	1根	无用	20	29年1月	
枕头	芦花	1对	无用	100	29年9月	
洗面具	洋磁	共4件	无用	60	27年、28年、29年月份不一	
茶具	本国磁	共5件	无用	20	27年3月	
合计				3678		
被灾日期	6月7日	被灾地点	本局秘书室	房屋被炸或震毁	正中炸毁	原支薪俸数目	300元	有无同居眷属	无

右〈上〉开物品,确系因空袭被毁,谨报告
　　　转呈
局长唐　核转
市长吴

警察局秘书　王光祖
三十年五〔六〕月□日

(0061—15—2440)

65. 重庆市警察局军事科王伟儒为报1941年6月7日空袭损失请予救济给市警察局的签呈(1941年6月9日)

窃查本月七日敌机袭渝,本科办公室及寝室悉被震毁,职私人所有衣物致被炸遗失或炸毁,理合遵照规定填具损失私物报告表2份,赍呈钧座俯赐鉴核,恳予救济为祷。

　　谨呈
科长贺　核转
局长唐
附呈私人损失报告表2份

职　王伟儒

重庆市政府警察局军事科员警差役空袭损失私物报告表

物品名称	品质	数量	损失程度	原价	购买年月	备考
锦缎被盖	布	1	炸坏	76	29年11月	
油布		1	炸坏	13	28年9月	
印花布毯	布	1	炸坏	42	30年2月	
枕头	布	2	炸坏	18	29年8月	
白衬衫	府绸	1	被炸遗失	36	30年3月	
短裤汗衣	麻纱	1	被炸遗失	15	30年3月	
白短裤	布	1	被炸遗失	5	30年3月	
黄皮鞋	纹皮	1	被炸遗失	95	29年12月	
黑胶鞋	布	1	被炸遗失	18	30年3月	
袜子	麻纱	1	被炸遗失	6	30年4月	
棉絮		1	炸坏	13	28年11月	
呢帽		1	被炸遗失	65	29年12月	
面盆	洋磁	1	炸坏	20	30年5月	
漱口盂	洋磁	1	被炸遗失	9	30年3月	
肥皂盒	磁	1	炸坏	5	29年8月	
毛巾		1	被炸遗失	4	30年3月	
合计		17		440		
被灾日期	30年6月7日	被灾地点	本局三楼	房屋被炸或震毁	震毁	原支薪俸数目	150元	有无同居眷属	

右〈上〉开物品，确系因空袭被毁，谨报告

科长贺　转呈

局长唐　核转

市长吴

科员　王伟儒

三十年六月九日

（0061—15—2440）

66. 重庆市警察局为报消费合作社员役1941年6月7日空袭损失请予救济给市政府的呈稿(1941年6月9日)

案据本局消费合作社经理陆绍基呈称："查六月七日敌机袭渝，本社房屋被炸，所有全体职工私有财物均被损失，当由各被灾职工填具空袭损失报告表各2份前来。旋据报称：职工等此次被炸衣物损失殆尽，拟请先由社方垫发救济费，以便购买衣被应用物件等情。理合检同各员工私物损失报告表14份各2张，签请钧座恳乞俯念下情予以核发"。等情。附损失表各2份。据此。查该社于六月七日中重量炸弹1枚，所有职员遭受损失属实，理合检附原表14份、汇报册1份，具文呈请钧府鉴核，予以救济，借资激励。

谨呈

市长吴

附呈损失表14份、汇报册1份

重庆市警察局局长　唐○

1)重庆市政府警察局消费合作社员警差役空袭损失私物报告表

物品名称	品质	数量	损失程度	原价	购买年月	备考
洗面具	瓷	1只	全毁	50	30年元月	
黑皮鞋	皮	1双	全毁	30	30年7月[①]	
黑布鞋	布	1双	全毁	5	30年2月	
毛巾	纱质	1床	全毁	2	30年5月	
合计				87		
被灾日期	6月7日	被灾地点	保安路152号	房屋被炸或震毁	被炸	原支薪俸数目	200元	有无同居眷属	有

右〈上〉开物品，确系因空袭被毁，谨报告

处长东方　转呈

局长唐　核转

市长吴

专员兼经理　陆绍基
三十年六月九日

[①]此时间有误。

2）重庆市政府警察局消费合作社员警差役空袭损失私物报告表

物品名称	品质	数量	损失程度	原价	购买年月	备考
棉被	丝	1床	全毁	100	29年10月	
垫被		1床	全毁	60	29年11月	
羊毛毯	毛	1条	全毁	120	29年12月	
皮鞋	皮质	1双	全毁	80	29年8月	
礼帽	呢质	1顶	全毁	60	29年9月	
被单	布质	1条	全毁	30	29年9月	
洗面具		全套	全毁	60	29年9月	
热水瓶	玻质 铁质	1只	全毁	35	29年8月	
枕头	布质	1对	全毁	30	29年9月	
玻璃杯		1只	全毁	2.2	30年2月	
合计				577.2		

| 被灾日期 | 6月7日 | 被灾地点 | 保安路152号 | 房屋被炸或震毁 | 被炸 | 原支薪俸数目 | 200元 | 有无同居眷属 | 无 |

右〈上〉开物品，确系因空袭被毁，谨报告

处长东方　转呈
局长唐　核转
市长吴

　　　　　　　　　　　　　　　　督察员兼出纳股长　吕宜廷
　　　　　　　　　　　　　　　　　　　　三十年六月九日

3）重庆市政府警察局消费合作社员警差役空袭损失私物报告表

物品名称	品质	数量	损失程度	原价	购买年月	备考
青呢大衣	呢质	1件	炸毁	180	29年12月	
黑制服	哔叽	1套	炸毁	140	29年10月	
精装会计学	纸质	3册	炸毁	6	30年3月	
高级会计学	纸质	1册	炸毁	14	30年2月	
白裤褂	布质	两套	炸毁	26	29年11月	
力士鞋	布质	1双	炸毁	22	30年3月	
墨盒	铜质	1个	炸毁	10	30年1月	
洗面盆	搪瓷	1个	炸毁	35	30年5月	

续表

物品名称	品质	数量	损失程度	原价	购买年月	备考
合计				455		
被灾日期	6月7日	被灾地点	保安路152号	房屋被炸或震毁	炸毁	原支薪俸数目	150元	有无同居眷属	无

右〈上〉开物品,确系因空袭被毁,谨报告

处长东方 转呈

局长唐 核转

市长吴

会计股长 葛保黄

三十年六月八日

4) 重庆市政府警察局消费合作社员警差役空袭损失私物报告表

物品名称	品质	数量	损失程度	原价	购买年月	备考
毛贡呢	毛	1件	全毁	60	29年9月	
马褂呢	毛	1套	全毁	50	29年10月	
黑哔叽	毛	1套	全毁	35	29年4月	
蚊帐	纱质	1床	全毁	30	29年5月	
被盖	绸	1床	全毁	60	29年元月	
毛毯	毛	1床	全毁	100	29年10月	
毛巾毯		1床	全毁	50	29年12月	
白哔叽裤子	毛	2条	全毁	50	28年6月	
衬衫	布	2件	全毁	40	30年3月	
卫生绒衣	绒	1套	全毁	40	29年9月	
洗面具		1套	全毁	70	29年8月	
仁皮箱	皮质	1只	全毁	70	30年元月	
合计				196		
被灾日期	6月7日	被灾地点	保安路152号	房屋被炸或震毁	被炸	原支薪俸数目	160元	有无同居眷属	无

右〈上〉开物品,确系因空袭被毁,谨报告

处长东方 转呈

局长唐 核转

市长吴

督察员兼营业主任 陶承干

三十年六月九日

5)重庆市政府警察局消费合作社员警差役空袭损失私物报告表

物品名称	品质	数量	损失程度	原价	购买年月	备考
被盖	布质 棉质	1床	全毁	80	29年12月	
垫被	布质 棉质	1条	全毁	60	29年12月	
毯子	布	2床	全毁	80	29年12月	
青呢大衣	毛	1件	全毁	120	29年12月	
青哔叽中山装	毛	1套	全毁	280	29年11月	
府绸汗衫	布	3件	全毁	90	29年11月	
麻纱汗衫	麻	3件	全毁	45	29年11月	
长统皮鞋	港皮	1双	全毁	115	29年11月	
黄皮鞋	纹皮	1双	全毁	130	29年11月	
洗面具	磁	1套	全毁	60	29年11月	
青制服	布	1套	全毁	75	29年11月	
书籍文具				400	29年11月	黄埔丛书
合计				1535		
被灾日期	6月7日	被灾地点	保安路152号	房屋被炸或震毁	被炸	原支薪俸数目	140元	有无同居眷属	无

右(上)开物品,确系因空袭被毁,谨报告

处长东方　转呈
局长唐　核转
市长吴

督察员兼保管股长　刘振武
三十年六月九日

6)重庆市政府警察局消费合作社员警差役空袭损失私物报告表

物品名称	品质	数量	损失程度	原价	购买年月	备考
棉衣裤	青布	1套	炸毁	60	29年10月	
夹衣裤	青布	1套	炸毁	56	29年9月	
黄制服	哔叽	1套	炸毁	47	29年7月	
青布棉外套	青布	1件	炸毁	50	29年11月	
白大布汗衣裤	白布	3件	炸毁	27	29年7月	

续表

物品名称	品质	数量	损失程度	原价	购买年月	备考
棉絮		1床	炸毁	10	29年11月	
棉盖被		1床	炸毁	60	29年11月	
皮鞋	纹皮	1双	炸毁	80	30年3月	
黑皮外衣	纹皮	1件	炸毁	200	29年12月	
皮箱		1口	炸毁	75	29年9月	
衣包	白布	1大块	炸毁	3	29年2月	
另物		不计件	炸毁	50	29年	
合计				718		
被灾日期	6月7日	被灾地点	保安路152号	房屋被炸或震毁	炸毁	原支薪俸数目	160元	有无同居眷属	有

右〈上〉开物品，确系因空袭被毁，谨报告

　　　　转呈
局长唐　核转
市长吴

采购股长　何秉坤

三十年六月七日

7) 重庆市政府警察局消费合作社员警差役空袭损失私物报告表

物品名称	品质	数量	损失程度	原价	购买年月	备考
被盖	棉	1床	全毁	100	30年2月	
垫被	棉	1床	全毁	40	30年3月	
洗面具		1套	全毁	60	30年2月	
制服	棉	1套	全毁	70	29年12月	
枕头	棉	2个	全毁	30	30年2月	
合计				300		
被灾日期	6月7日	被灾地点	保安路152号	房屋被炸或震毁	被炸	原支薪俸数目	120元	有无同居眷属	

右〈上〉开物品，确系因空袭被毁，谨报告

处长东方　转呈
局长唐　核转
市长吴

办事员兼文书　余鹤亭

三十年六月九日

8) 重庆市政府警察局消费合作社员警差役空袭损失私物报告表

物品名称	品质	数量	损失程度	原价	购买年月	备考
被盖	布	2床	全毁	130	30年元月	
毛毯	毛	1床	全毁	90	30年元月	
衬衫	布	2件	全毁	50	30年3月	
卧单	布	1床	全毁	40	30年2月	
洗面具		全套	全毁	70	29年9月	
枕头	布	1对	全毁	25	30年4月	
黑皮鞋	厂皮	1双	全毁	52	30年4月	
青制服	布	1套	全毁	45	30年2月	
呢帽	呢	1顶	全毁	50	29年12月	
呢大衣	呢	1件	全毁	80	29年9月	
合计				632		
被灾日期	6月7日	被灾地点	保安路152号	房屋被炸或震毁	被炸	原支薪俸数目	90元	有无同居眷属	有

右〈上〉开物品，确系因空袭被毁，谨报告

处长东方 转呈

局长唐 核转

市长吴

　　　　　　　　　　　　　　　　　　　雇员兼营业员　李鹏□

　　　　　　　　　　　　　　　　　　　三十年六月九日

9) 重庆市政府警察局消费合作社员警差役空袭损失私物报告表

物品名称	品质	数量	损失程度	原价	购买年月	备考
被盖	布	2床	全毁	130	29年	
卧单	布	2床	全毁	90	29年7月	
毯子	线	1床	全毁	60	30年元月	
衬衫	布	2件	全毁	20.6	29年8月	
长衫	布	3件	全毁	54.7	29年7月	
大衣	呢	1件	全毁	100	28年12月	
枕头	布	2个	全毁	20	28年12月	
皮鞋		1双	全毁	50	30年元月	
洗面具		全套	全毁	70	30年6月	
合计				595.3		

续表

被灾日期	6月7日	被灾地点	保安路152号	房屋被炸或震毁	被炸	原支薪俸数目	90元	有无同居眷属	有

右〈上〉开物品,确系因空袭被毁,谨报告

处长东方　转呈

局长唐　核转

市长吴

　　　　　　　　　　　　　　　雇员兼营业员　张杏荪

　　　　　　　　　　　　　　　三十年六月九日

10) 重庆市政府警察局消费合作社员警差役空袭损失私物报告表

物品名称	品质	数量	损失程度	原价	购买年月	备考
被盖	绸	1床	全毁	80	29年9月	
垫被	棉	2床	全毁	80	29年9月	
制服	青	2套	全毁	94	29年9月	
毯子	毛	1床	全毁	85	30年2月	
衬衫	绸	2件	全毁	60	30年2月	
衬绒袍子	绸	1件	全毁	60	29年4月	
野鸭绒大衣	毛	1件	全毁	120	29年12月	
纹皮箱	皮	1只	全毁	50	28年12月	
纹皮鞋	皮	1双	全毁	58	29年12月	
洗面具		1套	全毁	60	29年9月	
裙子	绸	1件	全毁	16	30年6月	
哔吱〔叽〕大衣	毛	1件	全毁	125	30年元月	
枕头	布	1对	全毁	20	29年7月	
合计				1008		

被灾日期	6月7日	被灾地点	保安路152号	房屋被炸或震毁	被炸	原支薪俸数目	90元	有无同居眷属	无

右〈上〉开物品,确系因空袭被毁,谨报告

处长东方　转呈

局长唐　核转

市长吴

　　　　　　　　　　　　　　　雇员兼营业员　胡开玉

　　　　　　　　　　　　　　　三十年六月九日

11）重庆市政府警察局消费合作社员警差役空袭损失私物报告表

物品名称	品质	数量	损失程度	原价	购买年月	备考
被盖	布	2床	全毁	120		
卧单	布	1床	全毁	40		
面盆	瓷	1个	全毁	20		
漱口盅	瓷	1个	全毁	5		
皮鞋	皮	1双	全毁	50		
衣服	布	2件	全毁	40		
枕头	布	1对	全毁	20		
皮箱	皮	1个	全毁	60		
大衣	呢	1件	全毁	80		
合计				435		
被灾日期	6月7日	被灾地点	保安路152号	房屋被炸或震毁	被炸	原支薪俸数目	90元	有无同居眷属	有

右〈上〉开物品，确系因空袭被毁，谨报告

处长东方　转呈

局长唐　核转

市长吴

营业员　张德芳

三十年六月九日

12）重庆市政府警察局消费合作社员警差役空袭损失私物报告表

物品名称	品质	数量	损失程度	原价	购买年月	备考
被盖	布	2床	全毁	80	29年8月	
毯子	布	1床	全毁	50	29年8月	
衣服	布	4件	全毁	80	29年8月	
枕头	布	1对	全毁	20	29年12月	
油布	布	1床	全毁	15	30年元月	
洗面具		全套	全毁	50	30年2月	
皮箱	皮	1只	全毁	50	29年12月	
合计				355		
被灾日期	6月7日	被灾地点	保安路152号	房屋被炸或震毁	被炸	原支薪俸数目	40元	有无同居眷属	有

续表

```
右〈上〉开物品,确系因空袭被毁,谨报告
处长东方  转呈
局长唐  核转
市长吴
                                    公差  邱云山
                                    三十年六月九日
```

13)重庆市政府警察局消费合作社员警差役空袭损失私物报告表

物品名称	品质	数量	损失程度	原价	购买年月	备考
被盖	布	2床	全毁	130	29年10月	
被单	布	2床	全毁	60	29年11月	
棉袄	布	1件	全毁	50	29年11月	
衣服	布	2套	全毁	90	29年11月	
洗面具		全套	全毁	65	30年元月	
黑皮鞋	皮	1双	全毁	10	29年11月	
油布		1床	全毁	30	30年4月	
合计				435		
被灾日期	6月7日	被灾地点	保安路152号	房屋被炸或震毁	被炸	原支薪俸数目	40元	有无同居眷属	无

```
右〈上〉开物品,确系因空袭被毁,谨报告
处长东方  转呈
局长唐  核转
市长吴
                                    公差  陈文秋
                                    三十年六月九日
```

14)重庆市政府警察局消费合作社员警差役空袭损失私物报告表

物品名称	品质	数量	损失程度	原价	购买年月	备考
被盖	布	2床	全毁	130	29年8月	
衣服	布	3件	全毁	45	29年12月	
洗面具		全套	全毁	50	30年元月	
皮鞋	厂皮	1双	全毁	40	30年元月	

续表

物品名称	品质	数量	损失程度	原价	购买年月	备考
枕头	布	1对	全毁	20		
合计				285		

被灾日期	6月7日	被灾地点	保安路152号	房屋被炸或震毁	被炸	原支薪俸数目	40元	有无同居眷属	无

右〈上〉开物品，确系因空袭被毁，谨报告

处长东方　转呈

局长唐　核转

市长吴

女公差　汪云章

三十年六月九日

(0061—15—2733—1)

67. 重庆市警察局第二分局桂花街分所员警1941年6月7日空袭损失私物报告表(1941年6月9日)

1)重庆市政府警察局第二分局桂花街分所员警差役空袭损失私物报告表

物品名称	品质	数量	损失程度	原价	购买年月	备考
被盖	棉	1床	炸毁	64	29年10月	
皮箱	皮	1口	炸毁	20	29年11月	
衬衫	丁绸	1件	炸毁	18	30年3月	
手巾	布	1幅	炸毁	2	30年4月	
袜子	线	2双	炸毁	5.6	30年5月	
牙刷	骨	1把	炸毁	2	30年5月	
牙膏	三星	1只	炸毁	2.6	30年5月	
合计				114.2		

被灾日期	30年6月7日	被灾地点	中华路96号	房屋被炸或震毁	炸毁	原支薪俸数目	36元	有无同居眷属	无

续表

右〈上〉开物品,确系因空袭被毁,谨报告	
分局长王　转呈	
局长唐　核转	
市长吴	
	三等警士　刘清池
	三十年六月八日

2)重庆市政府警察局第二分局桂花街所员警差役空袭损失私物报告表

物品名称	品质	数量	损失程度	原价	购买年月	备考
被盖	布料	1床	被炸无踪	40.6	28年9月	
棉布长衫	布料	1件	被炸无踪	17	27年1月	
青制服	哈机〔叽〕	1套	被炸无踪	38	29年8月	
市布衬衫	布料	1件	被炸无踪	17	30年5月	
蓝色衬衫	布料	1件	被炸无踪	15	30年5月	
帆布鞋子	布	1双	被炸无踪	5	30年元月	
合计				132		
被灾日期	5〔6〕月7日	被灾地点	中华路98号	房屋被炸或震毁	被毁又被烧	原支薪俸数目	36元	有无同居眷属	无

右〈上〉开物品,确系因空袭被毁,谨报告	
转呈	
局长唐　核转	
市长吴	
	警士　汤林
	三十年□月□日

3)重庆市政府警察局第二分局桂花街分所员警差役空袭损失私物报告表

物品名称	品质	数量	损失程度	原价	购买年月	备考
被盖	棉	1床	炸毁	60	30年1月	
青制服	棉	1套	炸毁	52	29年4月	
皮鞋	青	1双	炸毁	50	29年10月	
汗衣	棉	1件	炸毁	15	30年1月	

续表

物品名称	品质	数量	损失程度	原价	购买年月	备考
合计				11[7]7		
被灾日期	6月7日	被灾地点	中华路96号	房屋被炸或震毁	被炸	原支薪俸数目	36元	有无同居眷属	无

右〈上〉开物品，确系因空袭被毁，谨报告

分局长王　转呈

局长唐　核转

市长吴

三等警士　何文星

三十年六月八日

4) 重庆市政府警察局第二分局桂花街分所员警差役空袭损失私物报告表

物品名称	品质	数量	损失程度	原价	购买年月	备考
被盖	南〔蓝〕布	1床	炸	40	29年2月	
衬衣	士〔土〕布	2件	炸	36	30年1月	
中山〔服〕	青□	1件	炸	20	29年9月	
鞋子		1双	炸	12	30年5月	
面巾		1根	炸	5	30年3月	
皮箱		1口	炸	20	29年6月	
牙膏		1件	炸	5	30年4月	
合计				137[8]		
被灾日期	30年6月7日	被灾地点	中华路69号	房屋被炸或震毁	被炸	原支薪俸数目	36元	有无同居眷属	有

右〈上〉开物品，确系因空袭被毁，谨报告

分局长王　转呈

局长唐　核转

市长吴

三等警士　□志轩　押

三十年六月七日

5)重庆市政府警察局二分局桂花街分所员警差役空袭损失私物报告表

物品名称	品质	数量	损失程度	原价	购买年月	备考
被盖	棉质	1床	被炸毁	50	29年9月	
青中山服哔叽	棉质	1套	被炸毁	48	29年7月	
白府绸衬衣	绸质	2件	被炸毁	40	30年3月	
磁盆	磁质	1个	被炸毁	38	29年8月	
牙刷	三星牌	1把	被炸毁	2	30年3月	
牙膏	三星牌	1盒	被炸毁	2	30年3月	
袜子	棉质	2双	被炸毁	5	30年1月	
面巾	棉质	1张	被炸毁	3	30年3月	
合计				185		
被灾日期	6月7日	被灾地点	中华路96号	房屋被炸或震毁	被炸	原支薪俸数目	36元	有无同居眷属	无

右〈上〉开物品,确系因空袭被毁,谨报告

分局长王　转呈

局长唐　核转

市长吴

三等警士　傅伯超

三十年六月八日

6)重庆市政府警察局第二分局桂花街分所员警差役空袭损失私物报告表

物品名称	品质	数量	损失程度	原价	购买年月	备考
被盖	棉	1床	炸毁	65	30年2月	
衬衣	白土〔市〕布	2件	炸毁	32	30年3月	
长衫		2件	炸毁	50	29年正月	
夹裤		1件	炸毁	24	29年8月	
面巾		2根	炸毁	12	30年4月	
变〔便〕鞋		1双	炸毁	15	30年4月	
袜子		2双	炸毁	8	30年4月	
合计				205		
被灾日期	30年6月7日	被灾地点	中华路96号	房屋被炸或震毁	炸毁	原支薪俸数目	46元	有无同居眷属	有

续表

右〈上〉开物品,确系因空袭被毁,谨报告 分局长　转呈 局长唐　核转 市长吴 　　　　　　　　　　　　　　　　三等警士　方伟 　　　　　　　　　　　　　　　　三十年六月八日

7) 重庆市政府警察局员警差役空袭损失私物报告表

物品名称	品质	数量	损失程度	原价	购买年月	备考
白汉衣	洋布	3件	炸毁	45	29年5月14日	
灰制服	洋布	1套	炸毁	50	29年1月19日	
袜子	洋纱	3双	炸毁	9	28年7月15日	
面盆	磁质	1个	炸毁	18	29年8月14日	
面巾	洋纱	1张	炸毁	3	30年2月21日	
牙刷	毛质	1把	炸毁	2	30年2月21日	
牙膏		1盒	炸毁	3	30年2月21日	
合计				130		
被灾日期	6月7日	被灾地点	中华路96号	房屋被炸或震毁	炸毁	原支薪俸数目	36元	有无同居眷属	无

右〈上〉开物品,确系因空袭被毁,谨报告

分局长王　转呈

局长唐　核转

市长吴

　　　　　　　　　　　　　　　　三等警士　胡海江
　　　　　　　　　　　　　　　　三十年六月八日

8) 重庆市政府警察局第二分局桂花街分所员警差役空袭损失私物报告表

物品名称	品质	数量	损失程度	原价	购买年月	备考
衬衫	白市布	1件	炸毁	14	30年2月	
包单	白洋布	1床	炸毁	20	29年腊月	
短裤	青洋布	1条	炸毁	3.5	30年3月	
绒衫	灰色	1件	炸毁	24	29年10月	

续表

物品名称	品质	数量	损失程度	原价	购买年月	备考
行军袋	白条花	1个	炸毁	3.5	30年1月	
合计				64		

被灾日期	30年6月7日	被灾地点	中华路96号	房屋被炸或震毁	炸毁	原支薪俸数目	36元	有无同居眷属	无

右〈上〉开物品，确系因空袭被毁，谨报告

分局长王　转呈

局长唐　核转

市长吴

三等警士　陈埠车
三十年六月九日

9) 重庆市政府警察局第二分局桂花街分驻所员警差役空袭损失私物报告表

物品名称	品质	数量	损失程度	原价	购买年月	备考
衬衫	花虎〔府〕绸	2件	被炸毁	42	30年2月	
袜子	麻纱	2双	被炸毁	8	30年3月	
青毕几〔哔叽〕中山服	棉质	1套	被炸毁	56	29年10月	
牙刷	三星牌	1把	被炸毁	2.5	30年5月	
牙膏	黑人	1套	被炸毁	2.5	30年5月	
合计				111		

被灾日期	6月7日	被灾地点	中华路96号本所	房屋被炸或震毁	被炸	原支薪俸数目	36元	有无同居眷属	无

右〈上〉开物品，确系因空袭被毁，谨报告

分局长王　转呈

局长唐　核转

市长吴

三等警士　周湘濂
三十年六月八日

10) 重庆市政府警察局第二分局桂花街分驻所员警差役空袭损失私物报告表

物品名称	品质	数量	损失程度	原价	购买年月	备考
桶〔统〕绒汗衣	绒	1件	被炸成渣	20	29年8月	
白哈机〔叽〕下装	哈机〔叽〕	1条	被炸成渣	23	30年5月	
被盖	棉	1床	被炸成渣	48	29年2月	
青哈机〔叽〕上装	哈机〔叽〕	1件	被炸成渣	18	29年4月	
蓝布长衫	棉	1件	被炸成渣	30	29年12月	
衬衣	布	1件	被炸成渣	18	30年5月	
共计				147		
被灾日期	6月7日	被灾地点	中华路96号	房屋被炸或震毁	炸毁	原支薪俸数目	36元	有无同居眷属	无

右〈上〉开物品,确系因空袭被毁,谨报告

分局长王　转呈

局长唐　核转

市长吴

　　　　　　　　　　　三等警士　沈雪甫

　　　　　　　　　　　三十年六月八日

11) 重庆市政府警察局第二分局桂花街分所员警差役空袭损失私物报告表

物品名称	品质	数量	损失程度	原价	购买年月	备考
皮箱	皮	1口	炸毁	12	30年1月	
面盆	磁	1口	炸毁	18	29年6月	
皮鞋	青	1双	炸毁	45	29年3月	
青制服	棉	1套	炸毁	42	29年4月	
毯子	棉	1床	炸毁	25	29年4月	
桶〔统〕绒汗衣	毛	1件	炸毁	35	29年6月	
芝麻色制服	棉	1套	炸毁	45	29年11月	
合计				222		
被灾日期	30年6月7日	被灾地点	中华路96号	房屋被炸或震毁	被炸	原支薪俸数目	36元	有无同居眷属	无

续表

右〈上〉开物品,确系因空袭被毁,谨报告
分局长王　转呈
局长唐　核转
市长吴
三等警士　毕兴懿
三十年六月八日

12) 重庆市政府警察局员警差役空袭损失私物报告表

物品名称	品质	数量	损失程度	原价	购买年月	备考
被盖	棉	1床	被炸	51	28年3月	
花虎〔府〕绸	青花	1件	被炸	25	29年5月	
服装	青卡机〔咔叽〕	1套	被炸	42	29年4月	
皮鞋	黄色	1双	被炸	42	28年1月	
合计				160		
被灾日期	30年6月7日	被灾地点	中华路96号	房屋被炸或震毁	炸毁	原支薪俸数目	36元	有无同居眷属	

右〈上〉开物品,确系因空袭被毁,谨报告

分局长王　转呈

局长唐　核转

市长吴

　　　　　　　　　　　　　三等警士　彭荣

民国二十九〔三十〕年　月　日

13) 重庆市政府警察局员警差役空袭损失私物报告表

物品名称	品质	数量	损失程度	原价	购买年月	备考
被盖	白布	1床	被炸	41	20年2月	
毯子	印花	1床	被炸	18	29年5月	
衬衫	白市布	2件	被炸	24	30年4月	
中山服	青哔叽	1套	被炸	48	29年10月	
短裤	青色白色	2条	被炸	8	30年5月	
合计				139		

续表

| 被灾日期 | 30年6月7日 | 被灾地点 | 中华路96号 | 房屋被炸或震毁 | 炸毁 | 原支薪俸数目 | 36元 | 有无同居眷属 | 无 |

右〈上〉开物品,确系因空袭被毁,谨报告

分局长王　转呈

局长唐　核转

市长吴

　　　　　　　　　　　　　　　　　　三等警　刘云

　　　　　　　　　　　　　　　　　　三十年六月九日

14)重庆市政府警察局第二分局桂花街分所员警差役空袭损失私物报告表

物品名称	品质	数量	损失程度	原价	购买年月	备考
被盖	棉	1床	炸成渣	60	29年11月	
皮鞋	青	1双	炸成渣	60	29年12月	
磁盆	磁	1个	炸成渣	18	29年6月	
毯子	棉	1床	炸成渣	25	29年8月	
青哔叽	毛	1套	炸成渣	180	30年1月	
芝麻色制服	棉	1套	炸成渣	45	29年7月	
合计				388		

| 被灾日期 | 30年6月7日 | 被灾地点 | 中华路96号 | 房屋被炸或震毁 | 被炸 | 原支薪俸数目 | 36元 | 有无同居眷属 | |

右〈上〉开物品,确系因空袭被毁,谨报告

　　　转呈

局长唐　核转

市长吴

　　　　　　　　　　　　　　　　　　警士　杨良

　　　　　　　　　　　　　　　　　　三十年六月九日

15)重庆市政府警察局第二分局桂花街分所员警差役空袭损失私物报告表

物品名称	品质	数量	损失程度	原价	购买年月	备考
被盖	棉	1床	炸毁	60	29年8月	

一、警察局部分 333

续表

物品名称	品质	数量	损失程度	原价	购买年月	备考
青制服	布	1套	炸毁	20	30年4月	
合计				80		

被灾日期	30年6月7日	被灾地点	中华路96号	房屋被炸或震毁	被炸	原支薪俸数目		有无同居眷属	

右〈上〉开物品,确系因空袭被毁,谨报告

　　　转呈

局长唐　核转

市长吴

　　　　　　　　　　　　　　工役　谢福生

　　　　　　　　　　　　　　三十年六月八日

16)重庆市政府警察局第二分局桂花街分所员警差役空袭损失私物报告表

物品名称	品质	数量	损失程度	原价	购买年月	备考
棉衣	棉	1件	炸毁	30	29年9月	
棉裤	棉	1条	炸毁	20	29年9月	
长衫	布	1件	炸毁	28	30年2月	
合计				78		

被灾日期	30年6月7日	被灾地点	中华路69号	房屋被炸或震毁	被炸	原支薪俸数目	30元	有无同居眷属	无

右〈上〉开物品,确系因空袭被毁,谨报告

分局长王　转呈

局长唐　核转

市长吴

　　　　　　　　　　　　　　伙佚　王兴发

　　　　　　　　　　　　　　三十年六月九日

17)重庆市政府警察局第二分局桂花街分所员警差役空袭损失私物报告表

物品名称	品质	数量	损失程度	原价	购买年月	备考
棉长衫	棉质	1件	炸毁	52	29年5月6日	
棉裤	棉质	1条	炸毁	18	29年5月6日	
青布长衫	棉质	1件	炸毁	28	29年8月3日	

续表

物品名称	品质	数量	损失程度	原价	购买年月	备考
青布裤子	棉质	1条	炸毁	10	29年8月3日	
合计				108		
被灾日期	6月7日	被灾地点	中华路96号	房屋被炸或震毁	被炸	原支薪俸数目	50元	有无同居眷属	妻

右〈上〉开物品，确系因空袭被毁，谨报告

分局长王　转呈

局长唐　核转

市长吴

伙伕　胡宗荣　呈

三十年六月九日

18）重庆市政府警察局第二分局桂花街分所员警差役空袭损失私物报告表

物品名称	品质	数量	损失程度	原价	购买年月	备考
棉长衫	棉质	1件	炸毁	54	29年6月1日	
棉裤	棉质	1条	炸毁	12	29年6月1日	
青布长衫	棉质	1件	炸毁	20	29年12月7日	
青布裤子	棉质	1条	炸毁	8	29年12月7日	
合计				94		
被灾日期	6月7日	被灾地点	中华路96	房屋被炸或震毁	炸毁	原支薪俸数目	50元	有无同居眷属	妻

右〈上〉开物品，确系因空袭被毁，谨报告

分局长王　转呈

局长唐　核转

市长吴

伙伕　熊幸发

三十年六月九日

（0061—15—1127）

68. 重庆市警察局总务科装械股为报1941年6月7日员役空袭损失请予救济给市警察局的签呈（1941年6月10日）

查六月七日本局及四周均被投弹，本股职员私人损失尤重。兹填具职员空袭损失私物表12份，签请钧座察核，俯予救济。

　　谨呈

科长刘　转呈

局长唐

附私物损失报告表12份

主任　罗君实

1）重庆市政府警察局总务科装械股员警差役空袭损失私物报告表

物品名称	品质	数量	损失程度	原价	购买年月	备考
棉被	棉	1	炸毁	120	29年10月	
毡子	棉	1	炸毁	40	29年10月	
枕头	棉	2	炸毁	60	29年10月	
油布	布	1	炸毁	24	29年12月	
毛毡	毛	1	炸毁	32	29年10月	
皮鞋	革	1	炸毁	130	30年2月	
汗衣	棉	2	炸毁	84	30年4月	
马靴	革	1	炸毁	230	29年12月	
刀带	革	1	炸毁	26	30年3月	
面盆	磁	1	炸毁	38	29年10月	
呢帽	呢	1	炸毁	86	30年1月	
袜子	棉	3	炸毁	12	30年4月	
镜子	玻	1	炸毁	22	29年10月	
毛线背心	毛	1	炸毁	8	27年12月	
鸭绒下装	毛	1	炸毁	16	27年12月	
磁钟	磁	1	炸毁	16	29年10月	
哔叽制服	毛	1	炸毁	270	30年2月	
制帽	毛	1	炸毁	28	30年2月	
网篮	竹	1	炸毁	5	29年12月	
合计				1247		
被灾日期	6月7日	被灾地点	本局	房屋被炸或震毁	炸	原支薪俸数目	170	有无同居眷属	无

续表

> 右〈上〉开物品,确系因空袭被毁,谨报告
> 科长　转呈
> 局长唐　核转
> 市长吴
>
> 　　　　　　　　　　　　　装械股主任　罗君实
> 　　　　　　　　　　　　　　　　三十年六月八日

2) 重庆市政府警察局总务科装械股员警差役空袭损失私物报告表

物品名称	品质	数量	损失程度	原价	购买年月	备考
蓝布衣	布	2	震毁	50元	29年12月	
皮鞋	皮	1	震毁	76元	29年12月	
面盆	磁	2	震毁	54元	29年12月	
洋磁盅	磁	1	震毁	12元	29年12月	
面巾	毛	2	震毁	7元	30年5月	
被盖	棉	1	震毁	132元	29年10月	
白布单	布	1	震毁	30元	29年10月	
合计				361元		
被灾日期	6月7日	被灾地点	总局三楼	房屋被炸或震毁	震毁	原支薪俸数目	75元	有无同居眷属	

> 右〈上〉开物品,确系因空袭被毁,谨报告
> 主任罗
> 科长刘　转呈
> 局长唐　核转
> 市长吴
>
> 　　　　　　　　　　　　　装械股雇员　吴家瑜
> 　　　　　　　　　　　　　　　　三十年六月八日

3) 重庆市政府警察局总务科装械股员警差役空袭损失私物报告表

物品名称	品质	数量	损失程度	原价	购买年月	备考
被盖	布棉	1床	全部炸毁	90	29年8月	
白卧单	布	1床	全部炸毁	28	30年2月	
黄哈叽制服	布	1套	全部炸毁	50	30年4月	

续表

物品名称	品质	数量	损失程度	原价	购买年月	备考
面盆	洋磁	1只	全部炸毁	32	30年3月	
油绸		1床	全部炸毁	23	30年4月	
便鞋	呢	1只	全部炸毁	28	30年2月	
青制服下装	布	1件	全部炸毁	20	30年4月	
蓝布长衫	布	1件	全部炸毁	32	29年3月	
合计				303		
被灾日期	30年6月7日	被灾地点	本局装械股	房屋被炸或震毁	被炸	原支薪俸数目	70元	有无同居眷属	有

右〈上〉开物品,确系因空袭被毁,谨报告

主任罗

科长刘　转呈

局长唐　核转

市长吴

重庆市警察局总务科装械股二等雇员　邓伯勋

三十年六月七日

4)重庆市政府警察局员警差役空袭损失私物报告表

物品名称	品质	数量	损失程度	原价	购买年月	备考
套鞋	胶	1双	炸毁	25	本年6月1日	
阴丹布长衣	兰〔蓝〕布	1件	炸毁	34	29年11月	
青线袜	黑纱	2双	炸毁	8	30年3月	
白布蚊帐	布	1床	炸毁	34	28年7月	
绸布衬衣	布	1件	炸毁	12	30年5月	
牙刷		各1件	炸毁	6	30年5月	
黄制服	斜纹布	1套	炸毁	50	30年4月	
黄呢服	乙种呢	1套	炸毁	190	28年12月	
合计				356		
被灾日期	6月7日	被灾地点	本局	房屋被炸或震毁	炸毁	原支薪俸数目	75元	有无同居眷属	有

续表

右〈上〉开物品,确系因空袭被毁,谨报告
主任罗　核转
科长刘　转呈
局长唐　核转
市长吴
重庆市警察局总务科装械股一等雇员　朱德胜
三十年六月八日

5) 重庆市政府警察局总务科装械股员警差役空袭损失私物报告表

物品名称	品质	数量	损失程度	原价	购买年月	备考
青粗毛哔叽制服	毛	1	炸毁	320	29年5月	
银灰呢帽	呢	1	炸毁	70	30年1月	
毛线衣裤	毛	1	炸毁	120	29年10月	
衬衣	棉	2	炸毁	40	30年3月	
旅行袋	棉	1	炸毁	4	30年1月	
合计				554		
被灾日期	30年6月7日	被灾地点	本局	房屋被炸或震毁	原支薪俸数目	120	有无同居眷属	无

右〈上〉开物品,确系因空袭被毁,谨报告
主任罗　转呈
科长刘　转呈
局长唐　核转
市长吴
总务科装械股办事员　鲁三荣
三十年六月九日

6) 重庆市政府警察局装械股员警差役空袭损失私物报告表

物品名称	品质	数量	损失程度	原价	购买年月	备考
皮箱	白皮	1个	破烂	20	30年1月	
衬衣	府绸	2件	破烂	50	30年5月	
花衬衣	麻纱	2件	破烂	42	30年4月	
镜屏	玻璃	2块	破烂	20	29年11月	

续表

物品名称	品质	数量	损失程度	原价	购买年月	备考
茶盅	玻璃	1个	破烂	1	30年5月	
脸盆	洋磁	1个	破烂	20	29年11月	
卧单	洋纺	1床	破烂	30	29年12月	
绒毯	绒	1床	破烂	45	29年12月	
衬裤	市布	2条	破烂	10	30年4月	
袜子	丝光	2双	破烂	14	29年5月	
合计				252		
被灾日期	6月7日	被灾地点	总局坪坝	房屋被炸或震毁	原支薪俸数目	110元	有无同居眷属	无

右〈上〉开物品,确系因空袭被毁,谨报告

主任罗　转呈

局长唐　核转

市长吴

装械股二等办事员　程钧

三十年六月九日

(0061—15—2440)

69. 重庆市警察局司法科赵宗道为报1941年6月7日空袭损失请予救济给市警察局的签呈(1941年6月10日)

窃职住居之至诚巷第5号房舍于本月七日被敌机炸毁,用俱〔具〕损坏殆尽,理合将损毁情形遵式表报,伏乞俯赐救济,实沾德便。

谨呈

主任徐　核转

科长朱　核转

局长唐

附呈表2份

司法科二等科员　赵宗道

重庆市政府警察局员警差役空袭损失私物报告表

物品名称	品质	数量	损失程度	原价	购买年月	备考
衣箱	皮	1	毁坏	78	29年9月	
大衣	青呢	1	毁坏	216	29年10月	
中山服	哈吱〔叽〕	2	毁坏	120	29年11月	
衬衣	标准布	2	毁坏	32	30年3月	
被盖	棉	1	毁坏	85	29年9月	
毯子	哈吱〔叽〕	1	毁坏	35	29年9月	
洗面盆	洋磁	1	毁坏	24	29年9月	
温水瓶	德制	1	毁坏	32	29年11月	
合计				622		
被灾日期	30年6月7日	被灾地点	至诚巷第5号	房屋被炸或震毁	震毁	原支薪俸数目	150元	有无同居眷属	有

右〈上〉开物品，确系因空袭被毁，谨报告

科长朱　转呈
局长唐　核转
市长吴

重庆市警察局司法科二等科员　赵宗道

三十年六月十日

（0061—15—2440）

70. 重庆市警察局总务科李定荣为报1941年6月7日空袭损失请予救济给市警察局的签呈（1941年6月10日）

窃查本（六）月七日敌机袭渝，本局书记室全被炸毁，所有私人衣物概被损失。理合填具私人空袭损失衣物报告表2份，随文呈请钧座鉴核，予以救济，不胜沾感。

谨呈

科员黎　转呈
主任李　转呈
科长刘　核转
局长唐

附呈空袭损失私人衣物报告表2份

职　李定荣

重庆市政府警察局总务科书记室员警差役空袭损失私物报告表

物品名称	品质	数量	损失程度	原价	购买年月	备考
毯子	印花卡〔咔〕叽	1床	炸毁	24	30年5月	
油布	布	1张	炸毁	18	29年12月	
衣服	中山布	1套	炸毁	50	30年3月	
衬衣	府绸	1件	炸毁	25	30年4月	
面盆	洋磁	1个	炸毁	12	29年11月	
力士鞋	胶底	1双	炸毁	24	30年4月	
面巾	棉纱	1张	炸毁	3.5	30年5月	
漱口盅	洋磁	1个	炸毁	8.5	30年2月	
牙刷	标准	1把	炸毁	2	30年4月	
牙膏	黑人	1盒	炸毁	3	30年5月	
合计				170		
被灾日期	6月7日	被灾地点	本局	房屋被炸或震毁	炸毁	原支薪俸数目	80元	有无同居眷属	无

右〈上〉开物品,确系因空袭被毁,谨报告

科员黎
主任李
科长刘　转呈
局长唐　核转
市长吴

　　　　　　　　　　总务科文书股书记室三等雇员　李定荣
　　　　　　　　　　三十年六月九日

（0061—15—2440）

71. 重庆市警察局总务科蓝伯夷为报1941年6月7日空袭损失请予救济给市警察局的签呈（1941年6月10日）

窃查本（六）月七日敌机袭渝,本局书记室不幸被炸,波及所有物件悉被炸毁。丁兹物价高昂之际,实无法添制,理合填具空袭私物损失报告表2份,随文呈请钧座鉴核,设法救济,是沾德便。

谨呈

科员黎　转呈

主任李　转呈

科长刘　核转

局长唐

附呈空袭损失私物报告表2份

一等雇员　蓝伯夷

重庆市政府警察局总务科书记室员警差役空袭损失私物报告表

物品名称	品质	数量	损失程度	原价	购买年月	备考
毯子	织花	1床	炸破	25	29年10月中	
被盖	□□棉花	1床	炸破	45	29年10月中	
被面	鸡皮绉	1床	炸破	38	29年10月中	
油布		1张	炸破	10	29年10月中	
白力士鞋		1双	炸飞	20	30年2月中	
衬衫	府绸	1件	炸飞	25	29年11月	
衬衫	标准布	1件	炸飞	18	30年1月	
短裤	哈吱〔叽〕	2条	炸飞	20	29年9月	
面盆	磁	1个	炸飞	16	28年7月	
制服	□哈吱〔叽〕	1套	炸飞	50	30年5月	
制服	灰哈吱〔叽〕	1套	炸飞	35	29年11月	
箱子	木质	1口	炸飞	9	29年9月	
合计				311		

被灾日期	30年6月7日	被灾地点	本局	房屋被炸或震毁		被炸	原支薪俸数目	90元	有无同居眷属	

右〈上〉开物品，确系因空袭被毁，谨报告

科员黎

主任李

科长刘　转呈

局长唐　核转

市长吴

总务科文书股书记室一等雇员　蓝伯夷

三十年六月九日

(0061—15—2440)

72. 重庆市警察局军事科焦代发为报1941年6月7日空袭损失请予救济给市警察局的签呈(1941年6月10日)

窃公差服务本局军事科历经数月,不幸于五〔六〕月七日敌机袭渝,谨将衣物被盖炸失无余,理合报请钧座恩于救济,候令示遵。

谨呈

科长贺　核转

局长唐

附损表2份

公差　焦代发

重庆市政府警察局军事科员警差役空袭损失私物报告表

物品名称	品质	数量	损失程度	原价	购买年月	备考
蓝布长衫	布	1	炸毁	26	30年1月	
蓝布中衣	布	2	炸毁	12	30年3月	
青布棉袄	棉	1	炸毁	40	29年冬月	
青布棉裤	棉	1	炸毁	20	29年冬月	
棉絮	棉	1	炸毁	16	30年1月	
黄制服	哈叽	1	炸毁	45	30年4月	
合计				179		
被灾日期	6月7日	被灾地点	警察局	房屋被炸或震毁	被炸	原支薪俸数目	30元	有无同居眷属	无

右〈上〉开物品,确系因空袭被毁,谨报告

科长贺　转呈

局长唐　核转

市长吴

军事科公差　焦代发

三十年六月十日

(0061—15—2440)

73. 重庆市警察局督察处王成周、朱耀逵、杜显达为报1941年6月7日空袭损失请予救济给市警察局的签呈(1941年6月10日)

窃职住总局三楼宿舍,本月七日空袭,不幸被炸,职衣物大部损失,值此物价高昂之际,购买诚属不易,为此,恳祈钧座恩准援例救济,则感德无既矣。

谨呈

督察长罗、郭　转呈

处长东方　转呈

局长唐

附呈损失报告表6份

督察员　王成周

朱耀逵

杜显达呈

1)重庆市政府警察局督察处员警差役空袭损失私物报告表

物品名称	品质	数量	损失程度	原价	购买年月	备考
青制服	哔叽	1套	炸毁	120	29年9月	
大衣	棉布	1件	炸毁	65	29年10月	
背心	毛	1件	炸毁	20.4	29年1月	
棉被	布	1条	炸毁	35	29年11月	
面盆	瓷铁	1口	炸毁	14	29年4月	
口盂	瓷铁	1个	炸毁	3.5	29年4月	
衬衣	布	1件	炸毁	11	29年6月	
衬衣	府绸	1件	炸毁	25	30年5月	
短裤	布	2条	炸毁	7	29年12月	
布毯	布	1条	炸毁	20	30年1月	
合计				302.9		
被灾日期	6月7日	被灾地点	警察局	房屋被炸或震毁	被炸	原支薪俸数目	140元	有无同居眷属	无

续表

> 右〈上〉开物品,确系因空袭被毁,谨报告
>
> 处长东方　转呈
>
> 局长唐　核转
>
> 市长吴
>
> 　　　　　　　　　　　　　　　　　　　　　　督察员　王成周
> 　　　　　　　　　　　　　　　　　　　　　　三十年六月八日

2) 重庆市政府警察局督察处员警差役空袭损失私物报告表

物品名称	品质	数量	损失程度	原价	购买年月	备考
棉絮	棉	1床	炸毁	20	29年10月	
卧单	竹布	1床	炸毁	30	29年10月	
枕头	竹布	1对	炸毁	30	29年8月	
制服帽	哈叽	1顶	炸毁	15	30年4月	
制服	黄哈叽	1套	炸毁	80	29年8月	
黄皮鞋	牛皮	1双	炸毁	55	30年2月	
汗衣	纱	2件	炸毁	30	30年4月	
短裤	竹布	2条	炸毁	10	30年4月	
背心	线	1件	炸毁	8	30年5月	
衬衫	府绸	1件	炸毁	22	30年4月	
共计损失				300		
被灾日期	6月7日	被灾地点	本局	房屋被炸或震毁	炸毁	原支薪俸数目	90元	有无同居眷属	无

> 右〈上〉开物品,确系因空袭被毁,谨报告
>
> 处长东方　转呈
>
> 局长唐　核转
>
> 市长吴
>
> 　　　　　　　　　　　　　　　　　　　　　　督察员　朱耀逵
> 　　　　　　　　　　　　　　　　　　　　　　三十年六月七日

3) 重庆市政府警察局员警差役空袭损失私物报告表

物品名称	品质	数量	损失程度	原价	购买年月	备考
羊毛衫	羊毛	1件	炸毁	40	29年春	
黄制服	卡〔咔〕叽	1套	炸毁	55	29年春	
青制服	哔叽	1套	炸毁	160	29年9月	
草黄制服	哔叽	1套	炸毁	180	29年9月	
毛毡	羊毛	1床	炸毁	80	27年春	
丝棉〔绵〕被	丝棉〔绵〕	1床	炸毁	90	28年春	附面里包被全套
衬衣	府绸	2件	炸毁	62	30年2月	
紫色运动衣	绒	1件	炸毁	32	29年秋	警官局发（篮球队用）
背心	线	6件	炸毁	20	时间不一	
短裤	布	3条	炸毁	12	30年春	
黑皮鞋	皮	1双	炸毁	70	29年7月	
篮球鞋	胶	1双	炸毁	32	30年4月	
合计				833		
被灾日期	6月7日	被灾地点	警察局	房屋被炸或震毁	被炸	原支薪俸数目 140元	有无同居眷属	无

右〈上〉开物品，确系因空袭被毁，谨报告

处长东方　转呈

局长唐　核转

市长吴

督察员　杜显达
三十年六月八日

(0061—15—2440)

74. 重庆市警察局为报1941年6月7日员警空袭损失请予救济呈市政府文稿（1941年6月13日）

案查本局于六月七日第三次被炸，所有房屋用具、私人财物损失甚巨。兹据各该员警按照规定填报空袭损失表请予救济前来，经查属实，理合检同原损失表75份，汇报册1份，具文呈请钧座鉴核，予以救济，以示体恤。

谨呈

市长吴

附本局六月七日被炸员警空袭损失表75份、汇报册1份

重庆市警察局局长　唐〇

1) 重庆市政府警察局总务科员警差役空袭损失私物报告表

物品名称	品质	数量	损失程度	原价	购买年月	备考
镜子	玻璃	1把	完全炸毁	8	30年1月	
蓝布衫		2件	完全炸毁	25	29年12月	
标准布长衫	洋布	1件	完全炸毁	15	30年4月	
白布汗衣	洋布	2件	完全炸毁	20	30年4月	
下装	洋布	2条	完全炸毁	8	29年12月	
漱口盅	洋磁	1个	完全炸毁	6	29年11月	
洗脸盆	洋磁	1个	完全炸毁	20	30年2月	
毯子	线	1床	完全炸毁	25	30年1月	
棉絮		1床	完全炸毁	26	29年10月	
被盖	毛葛面	1床	完全炸毁	80	28年10月	
牙刷		1把	完全炸毁	3	30年5月	
牙膏		1只	完全炸毁	2.5	30年5月	
香皂		1块	完全炸毁	5	30年5月	
白府绸汗衫		1件	完全炸毁	15	30年3月	
面巾		2条	完全炸毁	7	30年4月	
皮鞋		1双	完全炸毁	30	30年4月	
布鞋		1双	完全炸毁	15	30年5月	
枕头		2个	完全炸毁	20	30年1月	
合计				330.5		
被灾日期	30年6月7日	被灾地点	保安路警察局	房屋被炸或震毁	被炸	原支薪俸数目	65元	有无同居眷属	无

右〈上〉开物品，确系因空袭被毁，谨报告

主任程　转呈

科长刘　转呈

局长唐　核转

市长吴

总务科统计股雇员　周冰凝
三十年六月七日

2) 重庆市政府警察局总务科统计股员警差役空袭损失私物报告表

物品名称	品质	数量	损失程度	原价	购买年月	备考
棉被	棉	1床	炸毁	27	29年10月	
包单	棉	1床	炸毁	23	29年10月	
被面	丝	1床	炸毁	43.8	29年7月	
布毯	棉	1床	炸毁	38	29年1月	
枕头	棉	2个	炸毁	14	29年12月	
衣箱	皮	1口	炸毁	32	29年9月	
蓝长衫	棉	2件	炸毁	27	29年1月	
花麻纱长衫	棉	1件	炸毁	34.8	30年5月	
汗衣	棉	2件	炸毁	8.5	30年4月	
大衣	毛	1件	炸毁	178	30年1月	
绒线衣	毛	1件	炸毁	55	29年11月	
洗脸盆	磁	1口	炸毁	18.5	29年4月	
漱口钟	磁	1个	炸毁	3	30年2月	
合计				502.6		
被灾日期	30年6月7日	被灾地点	警察总局	房屋被炸或震毁	炸毁	原支薪俸数目	65元	有无同居眷属	

右〈上〉开物品,确系因空袭被毁,谨报告

主任程　转呈
科长刘　转呈
局长唐　核转
市长吴

统计股雇员　李华琪
三十年六月八日

3) 重庆市政府警察局总务科员警差役空袭损失私物报告表

物品名称	品质	数量	损失程度	原价	购买年月	备考
被盖	土布	1床	炸散	44	29年8月	
黄制服	土布	1套	炸散	20	29年5月	
青制服	洋布	1套	炸散	36	29年10月	
衬衣裤	土布	1套	炸散	15	30年3月	
操鞋	帆布	1双	炸散	8	30年2月	

续表

物品名称	品质	数量	损失程度	原价	购买年月	备考
毛巾	线	1条	炸散	3	30年5月	
合计				126		

| 被灾日期 | 30年6月7日 | 被灾地点 | 保安路警察局 | 房屋被炸或震毁 | 炸毁 | 原支薪俸数目 | 30元 | 有无同居眷属 | 无 |

右〈上〉开物品,确系因空袭被毁,谨报告

主任程　转呈

科长刘　转呈

局长唐　核转

市长吴

　　　　　　　　　　　　　　总务科公差　龚锡光

三十年六月七日

4) 重庆市政府警察局总务科员警差役空袭损失私物报告表

物品名称	品质	数量	损失程度	原价	购买年月	备考
套鞋	胶	1双	焚毁	24	30年2月	
长衫	蓝布	1件	焚毁	30	29年3月	
棉被	布棉	1床	焚毁	45	29年8月	
被单	布	1条	焚毁	15	29年7月	
簸席	簸	1条	焚毁	5	29年6月	
线毯	线	1条	焚毁	20	29年3月	
蚊帐	纱	1顶	焚毁	25	29年6月	
中山装	布	2套	焚毁	55	29年1月	
皮箱	皮	1只	焚毁	26	29年4月	
大衣	呢	1件	焚毁	42	29年10月	
毛线衣	毛	1件	焚毁	32	29年1月	
礼帽	呢	1顶	焚毁	20	29年10月	
卫生衫裤	绒	1套	焚毁	40	29年9月	
衬衣	布	2套	焚毁	54	30年3月	
油绸	绸	1条	焚毁	15	29年8月	
夹衫裤	布	1套	焚毁	30	29年3月	
合计				478		

续表

被灾日期	30年6月7日	被灾地点	保安路198号	房屋被炸或震毁	焚毁	原支薪俸数目	90元	有无同居眷属	无
右〈上〉开物品,确系因空袭被毁,谨报告 主任李　转呈 科长刘　转呈 局长唐　核转 市长吴									
档卷室一等雇员　蒋泽民 三十年六月七日									

5) 重庆市政府警察局员警差役空袭损失私物报告表

物品名称	品质	数量	损失程度	原价	购买年月	备考
被盖棉絮	缎面丝绵	1床	全损	100	29年8月	
蓝花毯子	白哈机〔叽〕	1床	全损	36	29年8月	
油布	布	1床	全损	20	29年8月	
枕头	白市布	2个	全损	24	29年8月	
面盆	洋磁	1个	全损	20	29年8月	
面巾	毛葛巾	2张	全损	5	29年8月	
漱口钟	洋磁	1个	全损	8	29年8月	
牙刷		1把	全损	3	29年8月	
大衣	青呢	1件	全损	180	29年11月	
党服	青呢	1套	全损	160	29年11月	
衬衣	市布	2件	全损	40	30年5月	
短裤	市布	2根	全损	16	30年5月	
合计				612		

被灾日期	6月7日	被灾地点	局长室	房屋被炸或震毁	炸毁	原支薪俸数目	120	有无同居眷属	
右〈上〉开物品,确系因空袭被毁,谨报告 　　　转呈 局长唐　核转 市长吴									
重庆市警察局长室办事员　徐善祥 三十年六月八日									

6) 重庆市政府警察局总务科员警差役空袭损失私物报告表

物品名称	品质	数量	损失程度	原价	购买年月	备考
被盖	白洋布	2床	炸飞〔毁〕	180	29年10月	
毡子	印花协〔斜〕纹	1床	炸飞〔毁〕	40	29年10月	
面盆	洋磁	1个	炸飞〔毁〕	20	30年1月	
皮鞋	黑纹皮	1双	炸飞〔毁〕	145	30年3月	
洋磁茶钟	洋磁	1个	炸飞〔毁〕	9	29年4月	
洗面帕	线质	1张	炸飞〔毁〕	4	30年4月	
牙刷	毛质	1把	炸飞〔毁〕	2.5	30年5月	
牙膏	粉质	1盒	炸飞〔毁〕	3.5	30年5月	
皮箱	白皮	1口	炸飞〔毁〕	70	29年12月	
合计				474		
被灾日期	30年6月7日	被灾地点	至诚巷第5号	房屋被炸或震毁	被炸	原支薪俸数目	300元	有无同居眷属	有

右〈上〉开物品,确系因空袭被毁,谨报告
　　　　转呈
局长唐　核转
市长吴

　　　　　　　　　　　　总务科科长　刘啸秋
　　　　　　　　　　　　三十年六月八日

7) 重庆市政府警察局总务科统计股员警差役空袭损失私物报告表

物品名称	品质	数量	损失程度	原价	购买年月	备考
草绿哔叽制服	毛呢	1套	炸毁	165	29年7月	
青直贡呢制服	毛呢	1套	炸毁	245	29年9月	
大衣	毛呢	1件	炸毁	140	28年10月	
绒线衣	毛线	1件	炸毁	95	29年11月	
绒线裤	毛线	1件	炸毁	92	29年11月	
皮衣箱	皮	1口	炸毁	72	29年8月	
布毯	棉	1床	炸毁	35	29年12月	
白府绸衬衫	棉	2件	炸毁	36	30年3月	
洋锁	铁	1把	炸毁	3.4	30年5月	

续表

物品名称	品质	数量	损失程度	原价	购买年月	备考
合计				883.4		

| 被灾日期 | 30年6月7日 | 被灾地点 | 警察总局 | 房屋被炸或震毁 | 炸毁 | 原支薪俸数目 | 200元 | 有无同居眷属 | |

右〈上〉开物品,确系因空袭被毁,谨报告

　　　　转呈
局长唐　核转
市长吴

统计股主任　程汝玉

三十年六月八日

8) 重庆市政府警察局外事股员警差役空袭损失私物报告表

物品名称	品质	数量	损失程度	原价	购买年月	备考
篾箱	竹	1个	全炸	16元	30年1月	
黄制服	哈叽	1套	全炸	85元	30年4月	
黑皮鞋	香港皮	1双	全炸	55元	29年10月	
棉被	棉	1床	全炸	75元	29年7月	
被单	布	1张	全炸	24元	30年4月	
袜子	纱	两双	全炸	7元	30年2月	
短裤	布	两条	全炸	8元	30年1月	
黑制服	哔叽	1套	全炸	120元	29年4月	
合计				390元		

| 被灾日期 | 30年6月7日 | 被灾地点 | 警察局 | 房屋被炸或震毁 | 炸毁 | 原支薪俸数目 | | 有无同居眷属 | 无 |

右〈上〉开物品,确系因空袭被毁,谨报告

主任秘书李　转呈
局长唐　核转
市长吴

试用科员　郭道熹

三十年六月八日

9) 重庆市政府警察局外事股员警差役空袭损失私物报告表

物品名称	品质	数量	损失程度	原价	购买年月	备考
皮箱	皮质	2只	毁失	共90元	29年9月	
棉被	绸质	2条	毁失	共110元	一条29年9月 一条27年	
毯子	细斜纹	2条	毁失	共30元	29年9月	
哔叽中山装	毛质	1套	毁失	120元	29年9月	
雨衣	皮质	1件	毁失	30元	28年12月	
皮鞋	皮质	2双	毁失	共70元	29年9月 30年3月	
黄制服	哈叽	1套	毁失	90元	30年5月	
衬衣	府绸	3件	毁失	共70元	四月来络续购置	
毛线内衣	绒线	2件	毁失	共60元	一〔件〕29年9月 一〔件〕27年	
毛巾袜子等		8件	毁失	共30元	新近络续购置	
书籍		50余本	毁失	共100余元	新近络续购进,并借来	
合计				800元		
被灾日期 6月7日	被灾地点	警局及宿舍	房屋被炸或震毁	炸毁	原支薪俸数目	90元	有无同居眷属	无

右〈上〉开物品,确系因空袭被毁,谨报告

主任秘书李　转呈

局长唐　核转

市长吴

郦俊厚

三十年六月八日

10) 重庆市政府警察局外事股员警差役空袭损失私物报告表

物品名称	品质	数量	损失程度	原价	购买年月	备考
皮箱	皮	1只	全毁	14元	29年5月	
棉絮	棉	1床	全毁	10元	29年10月	
印花毯子	斜纹	1床	全毁	16元	28年9月	
皮鞋	皮	1双	全毁	26元	29年8月	

续表

物品名称	品质	数量	损失程度	原价	购买年月	备考
毛巾	棉	2张	全毁	6元	30年3月	
长袜	麻纱	1双	全毁	10元	30年2月	
兰〔蓝〕布长衫	布	1件	全毁	22元	29年9月	
毛线	毛	半磅	全毁	23元	29年9月	
浅兰〔蓝〕标准布衫	布	1件	全毁	24元	30年2月	
棉袄	布	1件	全毁	39元	29年10月	
军毯	毛	1床	全毁	29元	29年10月	
合计				219元		
被灾日期	6月7日	被灾地点	警察局	房屋被炸或震毁	被炸	原支薪俸数目	80元	有无同居眷属	

右〈上〉开物品,确系因空袭被毁,谨报告

主任秘书李　转呈

局长唐　核转

市长吴

雇员　龚麟书

三十年六月八日

11) 重庆市政府警察局外事股员警差役空袭损失私物报告表

物品名称	品质	数量	损失程度	原价	购买年月	备考
黄制服	哈叽	1套	全毁	140元	30年5月	
雨衣	橡皮呢	1身	全毁	100元	30年4月	
西服	西服料	1套	全毁	150元	29年12月	
衬衫	服绸	2件	全毁	75元	30年5月	
黑呢大衣	呢	1件	全毁	180元	29年9月	
被(棉的)	斜纹呢	1床	全毁	94元	29年8月	
毛巾被	毛巾	1床	全毁	85元	30年5月	
垫被	白市布	1床	全毁	65元	29年10月	
床单	印花布	2床	全毁	75元	29年10月	
合计				964元		

续表

被灾日期	6月7日	被灾地点	警察局	房屋被炸或震毁	被炸	原支薪俸数目	140元	有无同居眷属	有眷属
右〈上〉开物品,确系因空袭被毁,谨报告 主任秘书李　转呈 局长唐　核转 市长吴 　　　　　　　　　　　　　　　　　马振山 　　　　　　　　　　　　　　三十年六月八日									

12）重庆市政府警察局总务科员警差役空袭损失私物报告表

物品名称	品质	数量	损失程度	原价	购买年月	备考
天津毯	线	1床	焚毁	52	29年7月	
被盖	棉布	1床	焚毁	38	28年7月	
被盖	棉布	1床	焚毁	96	29年7月	
卧单	油布	1床	焚毁	7.5	29年7月	
凉席	竹	1床	焚毁	8	29年7月	
面盆	洋磁	1个	焚毁	16	29年1月	
镜子	玻璃	1个	焚毁	35	30年5月	
土磁杯	磁	1桌	焚毁	4.8	30年5月	
圆帐	棉纱	1床	焚毁	28	30年5月	
衬衣	府绸	2件	焚毁	40	29年12月	
黄制服	哈叽	1套	焚毁	45	29年7月	
短裤	布	3件	焚毁	18	29年9月	
中山服	毛	1套	焚毁	150	29年4月	
女棉袍	缎	1件	焚毁	72	28年10月	
女夹衫	丝	1件	焚毁	68	29年3月	
女袜	丝	1双	焚毁	17	30年2月	
男袜	棉	1双	焚毁	5	30年3月	
女鞋	皮	1双	焚毁	65	30年5月	
衣箱	皮	1口	焚毁	32	30年4月	
合计				797.5		

续表

被灾日期	30年6月7日	被灾地点	中华路67号	房屋被炸或震毁	焚毁	原支薪俸数目	160元	有无同居眷属	有

右〈上〉开物品,确系因空袭被毁,谨报告

　　　　转呈

局长唐　核转

市长吴

　　　　　　　　　　　　　　　　总务科一等科员　陆毅良
　　　　　　　　　　　　　　　　　　　　三十年六月七日

13）重庆市政府警察局员警差役空袭损失私物报告表

物品名称	品质	数量	损失程度	原价	购买年月	备考
被盖		1床	全毁	70元	30年1月	
被毯	白花哈机〔叽〕	1床	全毁	35元	30年2月	
衬衣	白布	2件	全毁	38元	30年5月	
制服	灰麻呢	1张	全毁	50元	30年3月	
短裤	白布	2条	全毁	12元	30年5月	
面巾		2张	全毁	6.5元	30年4月	
面盆		1个	全毁	30元	30年3月	
合计				241.5元		

被灾日期	6月7日	被灾地点	秘书室	房屋被炸或震毁	全毁	原支薪俸数目	30元	有无同居眷属	

右〈上〉开物品,确系因空袭被毁,谨报告

　　　　转呈

局长唐　核转

市长吴

　　　　　　　　　　　　　　　　　　　　公差　周培荣
　　　　　　　　　　　　　　　　　　　　三十年六月八日

14) 重庆市政府警察局秘书室员警差役空袭损失私物报告表

物品名称	品质	数量	损失程度	原价	购买年月	备考
绣花被面	丝质	1床		85	29年10月	
湖棉被条	丝质	1床		74	29年10月	
白布包单	棉质	1床		36	29年10月	
绸汗衫裤	丝质	1套		105	30年5月	
华丝纱长衫	丝质	1件		126	30年5月	
麻纱汗衫	棉质	2件		52	30年5月	
罗纹蚊帐	麻质	1床		75	30年6月	
绸女旗袍	丝质	1件		64	29年5月	
丁绸女衫裤	棉质	2套		120	30年5月	
罗纹皮鞋	皮质	1双		160	29年8月	
女纹皮鞋	皮质	1双		96	30年2月	
制革皮箱	皮质	1口		112	29年10月	
厨房用具		全套		145	29年8月	
卧单	棉质	1床		45	29年8月	
毯子	毛质	1床		64	25年9月	
丁绸汗衫裤	棉质	1件		56	30年5月	
麻布长衫	麻质	1件		24	24年6月	
合计				1439		
被灾日期	30年6月7日	被灾地点	至诚巷第五组	房屋被炸或震毁	炸毁	原支薪俸数目	300元	有无同居眷属	配偶蒲辑英

右（上）开物品,确系因空袭被毁,谨报告

　　　　转呈
局长唐　核转
市长吴

　　　　　　　　　　重庆市警察局秘书　陈浴风
　　　　　　　　　　三十年六月八日

15) 重庆市政府警察局员警差役空袭损失私物报告表

物品名称	品质	数量	损失程度	原价	购买年月	备考
被盖	锦缎	1床	全毁	69元	30年1月	
毡子	线	1床	全毁	25元	30年1月	

续表

物品名称	品质	数量	损失程度	原价	购买年月	备考
青制服	青哈机〔叽〕	2套	全毁	97元	30年2月	
皮鞋	蚊皮	1双	全毁	52元	30年4月	
麻制服	哈机〔叽〕	1套	全毁	57元	29年12月	
白衬衣	白布	2件	全毁	36元	30年4月	
短裤	布	2条	全毁	15元	30年2月	
帆布鞋	帆布	1双	全毁	9.5元	30年3月	
拖鞋		1双	全毁	4.5元	30年2月	
面巾	裕华厂	2张	全毁	8.5元	30年4月	
礼帽	青呢	1顶	全毁	35元	29年11月	
汗背心	帆布	2件	全毁	22元	30年2月	
瓷盆	瓷	1口	全毁	35元	30年1月	
枕头	白哈机〔叽〕	1个	全毁	12元	30年1月	
合计				477.5元		
被灾日期	6月7日	被灾地点	秘书室	房屋被炸或震毁	全毁	原支薪俸数目	38元	有无同居眷属	

右〈上〉开物品,确系因空袭被毁,谨报告

　　　　　转呈
局长唐　核转
市长吴

警士　王柏□
三十年六月八日

16)重庆市政府警察局总务科员警差役空袭损失私物报告表

物品名称	品质	数量	损失程度	原价	购买年月	备考
青毛哔叽中山服	毛	1套	完全炸滥〔烂〕	250	29年10月	
青哔叽服装	布	2套	完全炸滥〔烂〕	22	28年10月	每一套原价22
俄国草黄色哈叽服装	布	1套	完全炸滥〔烂〕	105	29年11月	
青呢大衣	毛	1件	完全炸滥〔烂〕	152	28年11月	
真毛绒汗衣	毛	1件	完全炸滥〔烂〕	72	29年9月	

续表

物品名称	品质	数量	损失程度	原价	购买年月	备考
真毛绒小衣	毛	1件	完全炸滥〔烂〕	58	29年9月	
白府绸衬衫	半丝	1件	完全炸滥〔烂〕	30	30年3月	每一件原价30
白布衬衫	布	2件	完全炸滥〔烂〕	12	29年6月	每一件原价12
青布摇裤	布	2根	完全炸滥〔烂〕	5	30年3月	每一根原价5
阴丹士林布长衫	布	2件	完全炸滥〔烂〕	62	29年12月	
绣缎被面	丝	1床	完全炸毁	30	27年12月	
白市布包单被盖	布	1幅	完全炸毁	52.5	27年12月	
棉絮	棉	1床	完全炸毁	16	27年12月	
棉絮	棉	1床	完全炸毁	30	30年3月	
皮箱	厂皮	1口	完全炸毁	50	29年10月	
油绸	丝	1床	完全炸毁	8	27年12月	
线毯	线	1床	完全炸毁	12	27年12月	
洋瓷盆	瓷	1个	完全炸毁	8	27年12月	
洋枕	布	2个	完全炸毁	10	30年3月	
面巾	绵〔棉〕	2张	完全炸毁	3	30年3月	每张原价3
合计		31		1059.5		
被灾日期	30年6月7日	被灾地点	收发室及审讯处	房屋被炸或震毁	被炸	原支薪俸数目	50元	有无同居眷属	

右〈上〉开物品,确系因空袭被毁,谨报告

科员顾　转呈

科长刘

局长唐　核转

市长吴

收发室雇员　李芳毓

三十年六月八日

17）重庆市政府警察局总务科员警差役空袭损失私物报告表

物品名称	品质	数量	损失程度	原价	购买年月	备考
白府绸衬衫	府绸	2件	炸飞	48	本年4月	单价24元
短桶皮鞋	皮质	1双	炸飞	72	本年1月	
黄制服	哈叽	1套	炸飞	25	29年1月	
便鞋	贡呢	1双	炸飞	32	29年6月	
脸盆	洋磁	1个	炸毁	45	29年10月	
袜子	丝质	3双	炸飞	30	29年4月	单价10元
面巾	毛质	2张	炸飞	8	29年6月	
牙刷		1把	炸飞	4	本年3月	
漱口盅	洋磁	1个	炸飞	12	本年1月	
睡鞋	缎子	1双	炸飞	15	29年10月	
制帽	呢质	1顶	炸飞	20	29年8月	
白药水	西药	1瓶	炸飞	7	本年3月	
背带	丝质	1根	炸飞	22	29年7月	
洋汗衫	线质	2件	炸飞	24	本年3月	单价12元
饭碗	江西磁	1个	炸飞	5	29年7月	
胰子盒	树胶	1个	炸飞	7	29年9月	
短裤	洋布	1条	炸飞	8	本年4月	
胰子牙膏		各1个	炸飞	7	本年4月	
靴油	钻石牌	1盒	炸飞	2.2	本年3月	
合计				393.2		
被灾日期	6月7日	被灾地点	保安路警总局	房屋被炸或震毁	被炸	原支薪俸数目	170元	有无同居眷属	无

右（上）开物品，确系因空袭被毁，谨报告

科长刘　转呈

局长唐　核转

市长吴

总务科文书股主任　李培金

三十年六月八日

18) 重庆市政府警察局收发室办事员警差役空袭损失私物报告表

物品名称	品质	数量	损失程度	原价	购买年月	备考
天蓝毛哔机〔叽〕	西装	1套	碎块	280	29年9月	
元青毛哔机〔叽〕	西式下装	2条	碎块	220	29年4月	
白府绸	衬衫	2件	碎块	56	30年1月	
丝光白帆布	西式下装	1条	全部碎洞	42	30年4月	
白丝光	洋汗衣	1件	全部碎洞	16	30年3月	
青色鸭绒线	男背心	1件	全部碎洞	34	29年9月	
元青卡〔咔〕机〔叽〕布	西式下装	1条	全部碎洞	32	29年3月	
灰黄色全丝	男袜	2双	无踪	14	29年6月	
白色花印度绸	女衫	1件	碎块	35	29年6月	
阴丹色洋布	女衫	2件	全部碎洞	42	30年3月	
蓝花色麻纱	女衫	1件	碎块	28	30年3月	
红色花丁绸	女衫	1件	全部碎眼	29	29年8月	
杏黄色鸭绒线	女背心	1件	碎块	36	29年8月	
印花白卡〔咔〕机〔叽〕	毯子	2床	碎块	64	29年□月	
珠红色缎子	被面	1床	碎块	58	29年12月	
白洋布	被单	1床	碎块	32	29年12月	
雪白花	棉絮	1床	碎块	22	29年12月	
雪白花	棉絮	1床	碎块	16	29年8月	
白丝光丁绸	绣花枕头	2个	碎块	16	29年11月	
女袜	米黄色丝	3双	碎块	21	29年7月	
合计						
被灾日期	30年6月7日	被灾地点	警察局	房屋被炸或震毁	被炸	原支薪俸数目	12元	有无同居眷属

右〈上〉开物品,确系因空袭被毁,谨报告

科员颜
科长刘　转呈
局长唐　核转
市长吴

收发室办事员　谭国煊

三十年六月八日

19)重庆市政府警察局总务科监印室员警差役空袭损失私物报告表

物品名称	品质	数量	损失程度	原价	购买年月	备考
制服	毛质	1套	炸飞	120	29年9月	
衬衣	哈叽	2件	炸飞	40	30年1月	单价20元
短裤	哈叽	2条	炸飞	16	30年1月	单价8元
长衫	蓝布	2件	炸飞	50	29年10月	单价25元
草帽	毛〔茅〕草	1顶	炸飞	45	30年1月	
棉袍	布	1件	炸飞	48	29年11月	
镜子	玻砖	1面	炸飞	30	29年9月	
牙刷	骨质	1把	炸飞	4	30年1月	
牙膏	军人	1瓶	炸飞	2.8	30年4月	
挂表	钢壳	1个	炸飞	80	20年12月	
合计				435.8		
被灾日期	30年6月7日	被灾地点	保安路警总局	房屋被炸或震毁	被炸	原支薪俸数目	98元	有无同居眷属	无

右〈上〉开物品,确系因空袭被毁,谨报告

科长刘　转呈
局长唐　核转
市长吴

　　　　　　　　　　　　　　总务科监印室科员　龚裕耕
　　　　　　　　　　　　　　三十年六月八日

20)重庆市政府警察局员警差役空袭损失私物报告表

物品名称	品质	数量	损失程度	原价	购买年月	备考
被毯	白哈机〔叽〕	1床	全毁	45元	30年3月	
被絮	棉絮	2床	全毁	40元	30年2月	
被面	锦缎	1床	全毁	42元	30年2月	
被包单	白市布	1床	全毁	36元	30年2月	
制服	黄哈机〔叽〕	1套	全毁	90元	30年5月下旬	
面盆	磁器	1个	全毁	50元	29年11月	

续表

物品名称	品质	数量	损失程度	原价	购买年月	备考
面巾	裕华厂	2张	全毁	8元	30年5月	
枕头	白哈机〔叽〕	1个	全毁	10元	30年2月	
合计				321元		
被灾日期	6月7日	被灾地点	秘书室	房屋被炸或震毁	全毁	原支薪俸数目	50元	有无同居眷属

右〈上〉开物品,确系因空袭被毁,谨报告

转呈

局长唐　核转

市长吴

警士　杨文辉

三十年六月八日

21) 重庆市政府警察局秘书室员警差役空袭损失私物报告表

物品名称	品质	数量	损失程度	原价	购买年月	备考
哔叽中山服	毛质	1套	全毁	150	29年10月	
织贡呢中山服	毛质	1套	全毁	240	29年12月	
府绸衬衫	麻质	2套	全毁	64	30年4月	
皮鞋	纹皮	1双	全毁	192	30年3月	
女皮鞋	汉皮	2双	全毁	92	30年4月	
斜纹毡子	棉质	2床	全毁	84	29年11月	
蓝布旗袍	棉质	2件	全毁	52	29年10月	
花布旗袍	棉质	2件	全毁	48	30年5月	
被盖	棉质	2床	全毁	326	29年9月	绣花被面被胎包单计如上数
女大衣	毛质	1件	全毁	320	30年3月	
洗脸盆	洋磁	1个	全毁	46	30年1月	
牙刷	猪鬃	3把	全毁	9	30年5月	
鞋刷	猪鬃	1把	全毁	4	29年10月	

续表

物品名称	品质	数量	损失程度	原价	购买年月	备考
漱口盅	洋磁	1个	全毁	16	29年5月	
牙膏		1个	全毁	3	30年6月	
力士皂		1个	全毁	5	30年6月	
合计				1651		
被灾日期	30年6月7日	被灾地点	志〔至〕诚巷5号	房屋被炸或震毁	被炸	原支薪俸数目	月薪300元	有无同居眷属	有眷属

右〈上〉开物品,确系因空袭被毁,谨报告

　　　　转呈
局长唐　核转
市长吴

秘书主任　李良辅
三十年六月九日

22）重庆市政府警察局秘书室员警差役空袭损失私物报告表

物品名称	品质	数量	损失程度	原价	购买年月	备考
锦缎被盖	缎质	1床	毁坏	125	29年9月	
皮鞋	牛皮	1双	毁坏	64	30年4月	
花毯	棉	1床	毁坏	38	29年11月	
面盆	瓷	1个	毁坏	45	30年2月	
府绸衬衣		1件	毁坏	23	30年5月	
毛哔叽下装	毛	1件	毁坏	130	29年12月	
力士香皂	油	1个	毁坏	5	30年5月	
牙刷		1把	毁坏	4.5	30年5月	
牙膏		1个	毁坏	2.5	30年5月	
面巾	线	1根	毁坏	4.2	30年5月	
合计				441.2		
被灾日期	6月7日	被灾地点	本局	房屋被炸或震毁	被炸	原支薪俸数目	120元	有无同居眷属	

续表

右〈上〉开物品,确系因空袭被毁,谨报告
主任秘书李　转呈
局长唐　核转
市长吴
重庆市警察局秘书室办事员　张抟霄
三十年六月七日

23)重庆市政府警察局监印室员警差役空袭损失私物报告表

物品名称	品质	数量	损失程度	原价	购买年月	备考
衬衣	棉布	2件	破滥〔烂〕	30	30年5月	
被盖	棉质	1床	破滥〔烂〕	70	30年5月	
短裤	棉质	2条	破滥〔烂〕	8	30年5月	
皮箱	白皮	1口	破滥〔烂〕	20	30年5月	
皮鞋	牛皮	1双	破滥〔烂〕	40	30年5月	
牙刷	骨质	1把	破滥〔烂〕	3	30年5月	
牙膏		1筒	破滥〔烂〕	3	30年5月	
洋磁面盆		1个	破滥〔烂〕	25	30年5月	
合计				199		
被灾日期	6月7日	被灾地点	警总局	房屋被炸或震毁	被炸	原支薪俸数目	98元	有无同居眷属	无

右〈上〉开物品,确系因空袭被毁,谨报告
科长刘　转呈
局长唐　核转
市长吴
科员　龚裕耕
三十年六月八日

24)重庆市政府警察局监印室员警差役空袭损失私物报告表

物品名称	品质	数量	损失程度	原价	购买年月	备考
被盖	棉质	1床	损毁	65		
凉席	竹	1床	损毁	15		
衬衣	棉布	1件	损毁	15		

续表

物品名称	品质	数量	损失程度	原价	购买年月	备考
面巾	棉质	1张	损毁	6		
牙刷	骨质	1把	损毁	2		
牙膏		1筒	损毁	3		
合计				106		
被灾日期	6月7日	被灾地点	警总局	房屋被炸或震毁	炸毁	原支薪俸数目	42元	有无同居眷属	无

右〈上〉开物品，确系因空袭被毁，谨报告

科长　转呈

局长唐　核转

市长吴

印工　罗士华

三十年六月八日

25) 重庆市政府警察局监印室员警差役空袭损失私物报告表

物品名称	品质	数量	损失程度	原价	购买年月	备考
面巾	棉质	1	损毁	3	30年5月	
牙刷	骨质	1	损毁	5		
牙膏		1	损毁	3		
衬衣	布	1	损毁	15		
被盖	布	1	损毁	55		
短裤	布	1	损毁	4		
合计				83		
被灾日期	6月7日	被灾地点	警总局	房屋被炸或震毁	炸损	原支薪俸数目	42元	有无同居眷属	无

右〈上〉开物品，确系因空袭被毁，谨报告

科长　转呈

局长唐　核转

市长吴

印工　罗成品

三十年六月八日

26)重庆市政府警察局员警差役空袭损失私物报告表

物品名称	品质	数量	损失程度	原价	购买年月	备考
被盖	白洋布	1床	炸滥〔烂〕	80	29年10月	
毡子	线质	1床	炸滥〔烂〕	32	29年10月	
油布	油质	1床	炸滥〔烂〕	15	29年8月	
衬衫	府绸	2件	炸滥〔烂〕	56	30年4月	
黄短裤	哈叽	1条	炸滥〔烂〕	14.5	30年5月	
枕头	府绸	1个	炸滥〔烂〕	8	30年2月	
棉絮	棉花	1床	炸滥〔烂〕	20	29年12月	
合计				225		
被灾日期	30年6月7日	被灾地点	警察局集合场左边	房屋被炸或震毁	被炸	原支薪俸数目	200元	有无同居眷属

右〈上〉开物品，确系因空袭被毁，谨报告

科长刘　转呈

局长唐　核转

市长吴

　　　　　　　　　　　　总务科文书股主任　李培金

　　　　　　　　　　　　三十年六月八日

27)重庆市政府警察局员警差役空袭损失私物报告表

物品名称	品质	数量	损失程度	原价	购买年月	备考
花毡子	线质	1床	炸滥〔烂〕	32	29年12月	
被盖	洋布	1床	炸滥〔烂〕	100	29年10月	
棉絮	棉花	1床	炸滥〔烂〕	28	29年10月	
白衬衣	府绸	1件	炸滥〔烂〕	25	30年4月	
呢帽	呢质	1顶	炸滥〔烂〕	40	29年10月	
黄制服	德国哈叽	1套	炸滥〔烂〕	44	29年4月	
皮鞋	黑皮	1双	炸滥〔烂〕	18.5	28年12月	
洋磁茶钟	洋磁	1个	炸滥〔烂〕	5	29年8月	
牙刷	白毛	1把	炸飞	2	30年2月	
牙膏	粉质	1盒	炸飞	3.5	30年2月	
伞	油纸	1把	炸飞	3	29年9月	

续表

物品名称	品质	数量	损失程度	原价	购买年月	备考
洗脸帕	棉质	1张	炸飞	3	30年5月	
合计				304		

被灾日期	30年6月7日	被灾地点	书记室后面球场右边	房屋被炸或震毁	炸毁	原支薪俸数目	90元	有无同居眷属	

右〈上〉开物品,确系因空袭被毁,谨报告

主任李

科长刘　转呈

局长唐　核转

市长吴

　　　　　　　　　　　　　　总务科文书股一等雇员　马伯骥

　　　　　　　　　　　　　　　　　　三十年六月八日

28) 重庆市政府警察局总务科文书股员警差役空袭损失私物报告表

物品名称	品质	数量	损失程度	原价	购买年月	备考
被盖	棉	1床	炸洞	70	29年10月	
毯子	布	1床	炸洞	30	29年10月	
箱子	皮	1口	炸破	28	29年3月	
棉衣	丝	1件	炸洞	90	29年11月	
夹衣	丝	1件	炸洞	80	28年2月	
蓝布衣服	布	2件	炸洞	65	29年11月	
合计				363		

被灾日期	30年6月7日	被灾地点	本局操场墙侧	房屋被炸或震毁		原支薪俸数目	75元	有无同居眷属	无

右〈上〉开物品,确系因空袭被毁,谨报告

主任李

科长刘　转呈

局长唐　核转

市长吴

　　　　　　　　　　　　　　　　　　一等雇员　王镇勤

　　　　　　　　　　　　　　　　　　三十年六月八日

29）重庆市政府警察局总务科员警差役空袭损失私物报告表

物品名称	品质	数量	损失程度	原价	购买年月	备考
被盖	丝织	1床	炸毁	100	民国30年2月	
被盖	棉质	1床	炸毁	60	民国29年10月	
毯子	棉质	1床	炸毁	30	民国29年12月	
油布		1床	炸毁	15	民国30年1月	
枕头	布质	2个	炸毁	10	民国30年1月	
面盆	洋磁	1个	炸毁	13	民国30年1月	
藤箱		1口	炸毁	20	民国28年1月	
小孩皮鞋		1双	炸毁	10	民国30年1月	
中人毛线衣裤		1套	炸毁	70	民国29年10月	
女毡鞋		1双	炸毁	30	民国29年10月	
皮拖鞋		1双	炸毁	13	民国30年1月	
鸭绒内衣		1件	炸毁	60	民国29年10月	
呢帽		1顶	炸毁	30	民国29年10月	
女夹衫	国货料	1件	炸毁	60	民国29年10月	
漱口盅		1个	炸毁	6	民国29年6月	
合计				527		
被灾日期	6月7日	被灾地点	中营街山城公寓3号	房屋被炸或震毁	炸毁	原支薪俸数目	150元	有无同居眷属	于5月24日同眷属移居，由左营街4号迁出

右〈上〉开物品，确系因空袭被毁，谨报告

主任李
科长刘　转呈
局长唐　核转
市长吴

　　　　　　　　　　　　　　　　　　总务科文书股　徐晓村
　　　　　　　　　　　　　　　　　　三十年六月八日

30）重庆市政府警察局总务科庶务股员警差役空袭损失私物报告表

物品名称	品质	数量	损失程度	原价	购买年月	备考
中山服	毛呢	1套	炸坏	350	29年2月	
衬衣	标准布	2件	炸滥〔烂〕	150	30年4月	
皮箱	牛皮	1口	炸滥〔烂〕	40	29年2月	
中山服	黄哈几〔叽〕	1套	炸滥〔烂〕	48	30年6月	
口盂	洋磁	1只	炸滥〔烂〕	10	30年4月	
袜子	棉线	3双	炸滥〔烂〕	13	30年2月	
胶鞋	帆布	1双	炸滥〔烂〕	20	30年4月	
合计				531		
被灾日期	6月7日	被灾地点	总局庶务股	房屋被炸或震毁	完全炸滥〔烂〕	原支薪俸数目	120元	有无同居眷属	有5人

右〈上〉开物品，确系因空袭被毁，谨报告

主任陆

科长刘　转呈

局长唐　核转

市长吴

庶务股办事员　张星樵

三十年六月八日

31）重庆市政府警察局总务科庶务股员警差役空袭损失私物报告表

物品名称	品质	数量	损失程度	原价	购买年月	备考
被盖	软缎面布包单	1	破片打滥〔烂〕，不能再用	140	29年9月份	
洗面盆	磁质	1	破片打滥〔烂〕，不能再用	20	29年10月份	
洗脚盆	磁质	1	破片打滥〔烂〕，不能再用	12	29年7月份	
毯子	白印花	2	破片打滥〔烂〕，不能再用	83	29年11月份	
麻布衣	麻质	3	破片打滥〔烂〕，不能再用	70	30年4月份	

续表

物品名称	品质	数量	损失程度	原价	购买年月	备考
衬衣	绸质	2	破片打滥〔烂〕,不能再用	60	30年4月份	
袜套	丝质	2	破片打滥〔烂〕,不能再用	12	30年5月份	
镜子	玻片	1	破片打滥〔烂〕,不能再用	20	29年12月份	
枕头	白市布	1	破片打滥〔烂〕,不能再用	10	29年12月份	
漱口盅	磁质	1	破片打滥〔烂〕,不能再用	6	29年10月份	
合计				433		

| 被灾日期 | 30年6月7日 | 被灾地点 | 警局庶务股 | 房屋被炸或震毁 | 中弹倒塌 | 原支薪俸数目 | 每月支薪110元 | 有无同居眷属 | 无眷 |

右〈上〉开物品,确系因空袭被毁,谨报告

科长刘　转呈

局长唐　核转

市长吴

总务科庶务股二等办事员　□□□

三十年六月八日

32)重庆市政府警察局总务科庶务股员警差役空袭损失私物报告表

物品名称	品质	数量	损失程度	原价	购买年月	备考
中山服	毛质	1套	炸毁	220	20年4月	
白衬衣	府绸	2件	炸毁	32	30年2月	
短裤	府绸	2条	炸毁	16	30年2月	
大衣	毛呢	1件	炸毁	165	29年9月	
被盖	胡〔湖〕棉	1床	炸毁	56	29年4月	
呢帽		1顶	炸毁	18	29年1月	
线毯	棉	1床	炸毁	34	29年9月	
油布	棉	1床	炸毁	12	29年1月	
棉絮	棉	1床	炸毁	10.5	29年11月	

续表

物品名称	品质	数量	损失程度	原价	购买年月	备考
皮鞋	皮	1双	炸毁	70	29年12月	
拖鞋	皮	1双	炸毁	15	30年4月	
面巾	棉	1张	炸毁	2.5	30年5月	
袜子	纱	2双	炸毁	9	30年4月	
面盆	瓷	1个	炸毁	18	29年4月	
牙刷胰皂		各1	炸毁	8	30年5月	
合计				686		
被灾日期	6月7日	被灾地点	本局	房屋被炸或震毁	被炸	原支薪俸数目	150元	有无同居眷属	无

右〈上〉开物品，确系因空袭被毁，谨报告

科长刘　转呈

局长唐　核转

市长吴

重庆市警察局总务科庶务股三等科员　马育□

三十年六月八日

33）重庆市政府警察局总务科员警差役空袭损失私物报告表

物品名称	品质	数量	损失程度	原价	购买年月	备考
棉被	绸布	1床	炸毁	160	29年12月	
竹席	竹质	1床	炸毁	18	30年5月	
枕头	布质	1个	炸毁	8	30年1月	
线毡	棉质	1床	炸毁	35	29年12月	
皮鞋	皮质	1双	炸毁	70	29年12月	
大衣	呢质	1件	炸毁	300	29年10月	
青制服	斜纹	1套	炸毁	60	29年12月	
合计				651		
被灾日期	30年6月7日	被灾地点	本股寄宿舍	房屋被炸或震毁	炸毁	原支薪俸数目	150元	有无同居眷属	无

续表

右〈上〉开物品,确系因空袭被毁,谨报告
　　　转呈
局长唐　核转
市长吴

　　　　　　　　　　　　　　　　庶务股二等科员　王毅
　　　　　　　　　　　　　　　　三十年六月九日

34)重庆市政府警察局员警差役空袭损失私物报告表

物品名称	品质	数量	损失程度	原价	购买年月	备考
衣箱	皮质	1口	炸毁	65	28年12月	
中山服	毛织	1套	炸毁	32	28年4月	
衬衣	府绸	2件	炸毁	18	29年12月	
中山服	毛织	1套	炸毁	310	29年11月	
手提包	皮制	1个	炸毁	32	29年5月	
被单	绵〔棉〕织	1件	炸毁	55	30年2月	
被盖	绵〔棉〕织	1床	炸毁	90	29年6月	
面盆	瓷类	1口	炸毁	12	29年5月	
帐子	绵〔棉〕织	1件	炸毁	28	30年5月	
毛毯	毛织	1件	炸毁	35	26年5月	
黄制服	绵〔棉〕织	1套	炸毁	40	29年6月	
短裤	绵〔棉〕织	2件	炸毁	22	29年7月	
毛汗衣	鸭绒	1套	炸毁	120	29年12月	
合计				859		
被灾日期	30年6月7日	被灾地点	重庆市警察局	房屋被炸或震毁	炸毁	原支薪俸数目	160元	有无同居眷属	无

右〈上〉开物品,确系因空袭被毁,谨报告
　　　转呈
局长唐　核转
市长吴

　　　　　　　　　　　重庆市警察局总务科一等科员　何廷玛
　　　　　　　　　　　三十年六月八日

35）重庆市政府警察局总务科庶务股员警差役空袭损失私物报告表

物品名称	品质	数量	损失程度	原价	购买年月	备考
青呢大衣	毛	1件	炸毁	200	28年9月	
青呢中山服	毛	1套	炸毁	230	29年8月	
黄呢中山服	毛	1套	炸毁	170	29年4月	
锦缎被盖	丝	1床	炸毁	65	28年9月	
毛毯	毛	1床	炸毁	85	29年10月	
呢礼帽	毛	1顶	炸毁	50	29年10月	
皮鞋	皮	1双	炸毁	75	30年4月	
绸衬衣	丝	2件	炸毁	50	30年3月	
面盆	磁	1个	炸毁	15	28年6月	
面巾	棉	1张	炸毁	3	30年5月	
袜子	棉	3双	炸毁	9	30年4月	
合计				952		

| 被灾日期 | 30年6月7日 | 被灾地点 | 重庆市警察局 | 房屋被炸或震毁 | 炸毁 | 原支薪俸数目 | 200元 | 有无同居眷属 | 无 |

右〈上〉开物品，确系因空袭被毁，谨报告

科长刘　转呈
局长唐　核转
市长吴

重庆市警察局总务科庶务股一等办事员　杨月中

三十年六月八日

36）重庆市政府警察局总务科庶务股员警差役空袭损失私物报告表

物品名称	品质	数量	损失程度	原价	购买年月	备考
中山服	绵〔棉〕质	1套	炸毁	58	30年5月	
面盆	洋瓷	1个	炸毁	16	29年9月	
衬衣	绵〔棉〕质	2件	炸毁	34	30年5月	
篾席	竹质	1张	炸毁	12	30年4月	
摇裤	哈机〔叽〕	1根	炸毁	14	30年5月	
被盖	绵〔棉〕质	1床	炸毁	106	29年10月	
油布		1张	炸毁	20	29年11月	
牙刷		1支	炸毁	3	30年5月	

续表

物品名称	品质	数量	损失程度	原价	购买年月	备考
牙膏		1支	炸毁	2.4	30年4月	
皮鞋	皮质	1双	炸毁	50	30年3月	
面巾		1张	炸毁	3	30年2月	
袜子	线质	1双	炸毁	3	30年5月	
合计				321.4		
被灾日期	30年6月7日	被灾地点	警察局庶务股	房屋被炸或震毁	炸毁	原支薪俸数目	100元	有无同居眷属	无

右〈上〉开物品,确系因空袭被毁,谨报告

　　　　转呈
局长唐　核转
市长吴

重庆市警察局总务科庶务股三等办事员　尹治中
三十年六月七日

37)重庆市政府警察局总务科庶务股员警差役空袭损失私物报告表

物品名称	品质	数量	损失程度	原价	购买年月	备考
被盖	棉	1床	炸毁	50	29年9月	
冲毛车□	棉毛	1床	炸毁	20	28年10月	
青哈吱〔叽〕中山服	棉	1套	炸毁	32	29年5月	
皮鞋	皮质	1双	炸毁	35	30年1月	
女子府绸衬衣	棉	1件	炸毁	16.5	29年11月	
黄摇裤	棉	1根	炸毁	9	30年4月	
面巾	棉	1张	炸毁	2	30年4月	
袜子	棉	2双	炸毁	8	30年4月	
呢帽	呢	1顶	炸毁	38	29年10月	
合计				210.5		
被灾日期	30年6月7日	被灾地点	警察局	房屋被炸或震毁	被炸	原支薪俸数目	70元	有无同居眷属	无

续表

右〈上〉开物品,确系因空袭被毁,谨报告
科长刘　转呈
局长唐　核转
市长吴
总务科庶务股二等雇员　　王明文
三十年六月七日

38)重庆市政府警察局员警差役空袭损失私物报告表

物品名称	品质	数量	损失程度	原价	购买年月	备考
布衬衣	绵〔棉〕质	1件	炸毁	16	30年3月	
皮鞋	皮制	2双	炸毁	30	29年12月	
中山装	布质	2套	炸毁	62	29年11月	
被盖		1床	炸毁	70	29年7月	
面巾		1张	炸毁	3	30年1月	
合计				181		
被灾日期	30年6月7日	被灾地点	警察局	房屋被炸或震毁	炸毁	原支薪俸数目	30元	有无同居眷属	无

右〈上〉开物品,确系因空袭被毁,谨报告
转呈
局长唐　核转
市长吴
警察局总务科庶务股公差　喻步洲
三十年六月七日

39)重庆市政府警察局总务科庶务股员警差役空袭损失私物报告表

物品名称	品质	数量	损失程度	原价	购买年月	备考
被盖	棉	1床	炸滥〔烂〕	50	29年9月	
青哈机〔叽〕	棉	2套	损失	40	28年10月	
黄哈机〔叽〕	棉	2套	损失	40	28年6月	
白布衬衣	棉	2件	损失	30	29年5月	
皮鞋	皮	1双	损失	30	29年4月	

续表

物品名称	品质	数量	损失程度	原价	购买年月	备考
呢礼帽	呢	1顶	炸滥〔烂〕	20	29年10月	
合计				210		

被灾日期	30年6月7日	被灾地点	警察局	房屋被炸或震毁	被炸	原支薪俸数目	40元	有无同居眷属	无

右〈上〉开物品,确系因空袭被毁,谨报告

　　　　转呈

局长唐　核转

市长吴

　　　　　　　　　　　重庆市警察局总务科庶务股一等警士　罗官金
　　　　　　　　　　　　　　　　　　　　三十年六月七日

40)重庆市政府警察局总务科庶务股员警差役空袭损失私物报告表

物品名称	品质	数量	损失程度	原价	购买年月	备考
被盖	棉	1床	炸滥〔烂〕	55	29年10月	
青哈机〔叽〕	棉	2套	损失	52	29年6月	
白布衬衣	棉	1件	损失	16	29年9月	
皮鞋	皮	1双	损失	20	29年11月	
面巾	棉	1张	损失	3	29年8月	
合计				146		

被灾日期	30年6月7日	被灾地点	警察局	房屋被炸或震毁	被炸	原支薪俸数目	30元	有无同居眷属	

右〈上〉开物品,确系因空袭被毁,谨报告

　　　　转呈

局长唐　核转

市长吴

　　　　　　　　　　　重庆市警察局总务科庶务股公差　刘大方
　　　　　　　　　　　　　　　　　　　三十年六月七日

41）重庆市政府警察局员警差役空袭损失私物报告表

物品名称	品质	数量	损失程度	原价	购买年月	备考
被盖	花布心白布面	1床	炸毁	50	29年10月	
汗衣	兰〔蓝〕布	1套	炸毁	32	30年3月	
长衫	毛兰〔蓝〕	1件	炸毁	34	29年7月	
合计				116		
被灾日期	6月7日	被灾地点	本局机车队	房屋被炸或震毁	原支薪俸数目	30元	有无同居眷属

右〈上〉开物品，确系因空袭被毁，谨报告
　　　转呈
局长唐　核转
市长吴

　　　　　　　　　　　　　　　　　　夫役　李晓成
　　　　　　　　　　　　　　　　　　三十年六月七日

42）重庆市政府警察局员警差役空袭损失私物报告表

物品名称	品质	数量	损失程度	原价	购买年月	备考
制服	青哈儿〔叽〕	1套	炸毁	41	29年冬月	
被盖	花布心白布面	1床	炸毁	53	29年9月	
长衫	毛兰〔蓝〕布	2件	炸毁	95	30年2月	
绵裤	哈儿〔叽〕面花布里	1条	炸毁	25	29年4月	
共计				214		
被灾日期	6月7日	被灾地点	本局机车队	房屋被炸或震毁	被炸	原支薪俸数目	30元	有无同居眷属

右〈上〉开物品，确系因空袭被毁，谨报告
　　　转呈
局长唐　核转
市长吴

　　　　　　　　　　　　　　　　　　夫役　邱德江
　　　　　　　　　　　　　　　　　　三十年六月七日

43)重庆市政府警察局员警差役空袭损失私物报告表

物品名称	品质	数量	损失程度	原价	购买年月	备考
制服	青哈叽	1套	炸坏	32	30年2月	
被盖	花布心白布里	1床	炸坏	42	29年9月	
棉夹袄	青布面兰〔蓝〕布里	1件	炸坏	36	28年9月	
棉夹裤	哈叽面花布里	1条	炸坏	25	28年9月	
共计				135		
被灾日期	6月7日	被灾地点	本局	房屋被炸或震毁	原支薪俸数目	30元	有无同居眷属	

右〈上〉开物品,确系因空袭被毁,谨报告

　　　转呈

局长唐　核转

市长吴

　　　　　　　　　　　　　　　夫役　杨先道

　　　　　　　　　　　　　　　三十年六月七日

44)重庆市政府警察局员警差役空袭损失私物报告表

物品名称	品质	数量	损失程度	原价	购买年月	备考
工人服	兰〔蓝〕布	1套	炸坏	28	30年正月	
遥〔摇〕裤	草绿哈叽	2根	炸坏	13	29年4月	
袜子	洋纱	2双	炸坏	6.5	30年3月	
桶〔统〕绒汗衣	洋线	1件	炸坏	15	29年9月	
制服	芝麻呢	1套	炸坏	24	29年7月	
共计				86.5		
被灾日期	6月7日	被灾地点	本局	房屋被炸或震毁	原支薪俸数目	30元	有无同居眷属	

右〈上〉开物品,确系因空袭被毁,谨报告

　　　转呈

局长唐　核转

市长吴

　　　　　　　　　　　　　　　夫役　何子荣

　　　　　　　　　　　　　　　三十年六月七日

45) 重庆市政府警察局员警差役空袭损失私物报告表

物品名称	品质	数量	损失程度	原价	购买年月	备考
制服	青哈叽	1套	炸毁	31	30年4月	
工人服	白布	2件	炸毁	21	29年6月	
遥〔摇〕裤	黄哈叽	2条	炸毁	17	29年4月	
洋纱汗衣	洋线	1件	炸毁	6.5	29年4月	
绒绒汗衣	洋线	1件	炸毁	16	29年10月	
长衫	毛兰〔蓝〕布	1件	炸毁	25	29年8月	
共计				115.5		

| 被灾日期 | 6月7日 | 被灾地点 | 本局 | 房屋被炸或震毁 | | 原支薪俸数目 | 30元 | 有无同居眷属 | |

右〈上〉开物品,确系因空袭被毁,谨报告

　　　　转呈

局长唐　核转

市长吴

　　　　　　　　　　　　　　　　　　　　　夫役　罗辅澄
　　　　　　　　　　　　　　　　　　　　　三十年六月七日

46) 重庆市政府警察局员警差役空袭损失私物报告表

物品名称	品质	数量	损失程度	原价	购买年月	备考
被盖	毛兰〔蓝〕布	1床	被炸	36	29年9月	
棉袄	青布面花布里	2件	被炸	62	29年10月	
棉裤	青布面花布里	2根	被炸	36	29年10月	
				134		

| 被灾日期 | 6月7日 | 被灾地点 | 三教堂内 | 房屋被炸或震毁 | 被炸 | 原支薪俸数目 | 36元 | 有无同居眷属 | |

右〈上〉开物品,确系因空袭被毁,谨报告

　　　　转呈

局长唐　核转

市长吴

　　　　　　　　　　　　　　　　　　　　　夫头　秦海山
　　　　　　　　　　　　　　　　　　　　　三十年六月七日

47）重庆市政府警察局司法科员警差役空袭损失私物报告表

物品名称	品质	数量	损失程度	原价	购买年月	备考
大衣	呢	1	炸毁	120	28年11月	
皮箱	红皮	1	炸毁	60	28年9月	
衬衫	副〔府〕绸	2	炸毁	56	30年5月	
茶杯	瓷质	1	炸毁	3	30年4月	
雨衣	防雨布	1	炸毁	20	27年5月	
皮鞋		2	炸毁	50	29年12月 30年2月	
棉被	绸面布里	1	炸坏	60	28年4月	
脚气病药针		3盒12针	炸毁	24	27年3月	
中国通史	西装纸质	1	炸毁	12	29年12月	
政治学科与政府	平装纸质	1	炸毁	20	29年1月	
铜版四书五经	平装纸质	1	炸毁	15	30年2月	
牙刷		1	炸毁	3	30年5月	
六法全书	西装纸质	1	炸毁	6	29年5月	
经济学原理	西装纸质	1	炸毁	15	29年1月	
练习簿	平装纸质	2	炸毁	12	29年2月	
中山装	草绿华达呢	1套	炸毁	160	28年3月	
面盆		1	炸毁	15	29年1月	
镜子		1	炸毁	12	30年2月	
袜子		3	炸毁	15	30年3月	
衬裤		3	炸毁	15	30年3月	
夹元色中山装	华达呢	1	炸毁	150	28年2月	
合计				708		
被灾日期	6月7日	被灾地点	中华路三教堂	房屋被炸或震毁	炸毁	原支薪俸数目	300元	有无同居眷属	无

续表

右〈上〉开物品,确系因空袭被毁,谨报告 　　　　转呈 局长唐　核转 市长吴 　　　　　　　　　　　　　　　　　　司法科科长　朱刚 　　　　　　　　　　　　　　　　　　三十年六月八日

48)重庆市政府警察局司法科员警差役空袭损失私物报告表

物品名称	品质	数量	损失程度	原价	购买年月	备考
热水瓶	铝质	1个	全毁	35元	29年8月	
衬衫	绸	1件	全毁	25元	29年9月	
背心	线	1件	全毁	7元	30年1月	
短裤	布	1条	全毁	5元	30年1月	
茶杯	瓷	1个	全毁	3元	30年5月	
皮鞋		1双	全毁	90元	30年3月	
刑法		1本	全毁	9元	30年7月	
六法全书		1本	全毁	20元	30年8月	
雨衣		1件	全毁	100元	29年	
日记簿	洋纸	1本	全毁	14元	30年1月	
袜子	白线	1双	全毁	4元	30年2月	
合计				312元		
被灾日期	6月7日	被灾地点	三教堂司法科内	房屋被炸或震毁	炸毁	原支薪俸数目	140元	有无同居眷属	无

　　右〈上〉开物品,确系因空袭被毁,谨报告
科长朱　转呈
局长唐　核转
市长吴
　　　　　　　　　　　　　　　　　　司法科科员　陆侠
　　　　　　　　　　　　　　　　　　三十年六月八日

49）重庆市政府警察局员警差役空袭损失私物报告表

物品名称	品质	数量	损失程度	原价	购买年月	备考
棕床	木质	1架	不堪使用	26	29年10月	
铁锅	铁质	1口	不堪使用	14	29年7月	
茶杯	瓷质	6个	不堪使用	4.8	29年7月	每个8角
菜碗	瓷	8个	不堪使用	8	29年7月	每个1元
饭碗	瓷	6个	不堪使用	6	29年7月	每个1元
水缸	烧料	1个	不堪使用	14	29年7月	
脸盆	瓷	1个	不堪使用	22	29年8月	
衬衣	府绸	1件	不堪使用	32	30年5月	
木桌	木质	2张	不堪使用	30	29年8月	两张
凳子	木质	4个	不堪使用	20	29年10月	计4个
康熙字典	旧版	1部	不堪使用	12	16年	因门炸开被人拿去
六法全书	洋纸	1部	不堪使用	20	29年11月	因门炸开被人拿去
合计				210.8		
被灾日期	6月7日	被灾地点	大阳沟七保九甲	房屋被炸或震毁	被破片打坏	原支薪俸数目	120元	有无同居眷属	

右〈上〉开物品，确系因空袭被毁，谨报告

科长朱　转呈
局长唐　核转
市长吴

　　　　　　　　　　　　　　司法科办事员　张其成
　　　　　　　　　　　　　　　　　　三十年六月八日

50）重庆市政府警察局司法科员警差役空袭损失私物报告表

物品名称	品质	数量	损失程度	原价	购买年月	备考
被盖	布面	1床	全毁	60	29年6月	
毯子		1床	全毁	20	29年8月	
白府绸衬衣		2件	全毁	44	30年1月	

续表

物品名称	品质	数量	损失程度	原价	购买年月	备考
充毛呢中山服		1套	全毁	50	29年8月	
袜子	丝	2双	全毁	10	29年9月	
皮鞋		1双	全毁	40	29年7月	
茶杯	磁	1个	全毁	3	30年2月	
面盆	磁	1个	全毁	22	29年10月	
竹席		1床	全毁	12	30年5月	
毛毯		1床	全毁	200	29年2月	
合计				461		
被灾日期	6月7日	被灾地点	三教堂司法科内	房屋被炸或震毁	炸毁	原支薪俸数目	90元	有无同居眷属	无

右〈上〉开物品，确系因空袭被毁，谨报告

科长朱　转呈

局长唐　核转

市长吴

　　　　　　　　　　　　　　　　　　雇员　唐世杰

　　　　　　　　　　　　　　　　　　三十年六月八日

51）重庆市政府警察局司法科员警差役空袭损失私物报告表

物品名称	品质	数量	损失程度	原价	购买年月	备考
毛毡	毛	1条	炸毁	180	29年7月	
夹被	绸	1床	炸毁	100	30年4月	
线毯	纱	1床	炸毁	40	29年2月	
被单	布	1条	炸毁	35	30年2月	
皮鞋	皮	2双	炸毁	100	30年2月	
洗面盆	磁	1只	炸毁	15	29年5月	
漱口杯	磁	1只	炸毁	4	29年12月	
单长衫	纱	2件	炸毁	80	30年4月	
合计				554		
被灾日期	30年6月7日	被灾地点	中华路三教堂司法科	房屋被炸或震毁	炸毁	原支薪俸数目	140	有无同居眷属	有

续表

右〈上〉开物品,确系因空袭被毁,谨报告

科长朱　转呈

局长唐　核转

市长吴

　　　　　　　　　　　　　　　司法科科员　关秀如
　　　　　　　　　　　　　　　　　三十年六月八日

52)重庆市政府警察局司法科员警差役空袭损失私物报告表

物品名称	品质	数量	损失程度	原价	购买年月	备考
中山服	黄哈机〔叽〕	2套	炸毁	50元	29年正月	
中山下装	元青毛哔机〔叽〕	1根	炸毁	100元	30年正月	
衬衣	条花府绸	2件	炸毁	42元	30年2月	
男长衫	毛兰〔蓝〕布	2件	炸毁	52元	29年11月	
洗面帕	毛巾	2张	炸毁	6元	30年2月	
短裤	白哈机〔叽〕	2根	炸毁	8元	30年2月	
茶钟〔盅〕	□瓷	1个	炸毁	3元	30年2月	
牙刷		1把	炸毁	2元	30年1月	
牙膏	黑人	1瓶	炸毁	1.8元	30年1月	
黑皮鞋		1双	炸毁	50元	30年1月	
毯子	白市布	1床	炸毁	22元		
合计				336.8元		
被灾日期	30年6月7日	被灾地点	中华路三教堂司法科	房屋被炸或震毁	全部炸毁	原支薪俸数目	85元	有无同居眷属	

右〈上〉开物品,确系因空袭被毁,谨报告

科长朱　转呈

局长唐　核转

市长吴

　　　　　　　　　　　　　　　司法科雇员　张思赞
　　　　　　　　　　　　　　　　　三十年六月八日

53）重庆市政府警察局司法科员警差役空袭损失私物报告表

物品名称	品质	数量	损失程度	原价	购买年月	备考
棉絮		1床	全毁	10	29年11月	
毯子		1床	全毁	60	29年9月	
面盆		1个	全毁	22	29年5月	
皮鞋		1双	全毁	50	29年元月	
面巾		1张	全毁	4	29年5月	
茶盅		1个	全毁	3	29年2月	
牙刷		1把	全毁	5	29年4月	
牙膏		1瓶	全毁	1.9	29年4月	
共计				155.9		
被灾日期	6月7日	被灾地点	三教堂司法科	房屋被炸或震毁	炸毁	原支薪俸数目	110元	有无同居眷属	无

右〈上〉开物品，确系因空袭被毁，谨报告

科长朱　转呈

局长唐　核转

市长吴

二等办事员　王绍权

三十年六月八日

54）重庆市政府警察局司法科员警差役空袭损失私物报告表

物品名称	品质	数量	损失程度	原价	购买年月	备考
大棉被	棉与布	1条	全毁	150	29年12月	
小棉被	棉与布	1条	全毁	100	29年12月	
白布毯	客机〔咔叽〕	1条	全毁	50	30年3月	
面巾	棉	2条	全毁	6	30年4月	
面盆	洋磁	1个	半毁	30	29年11月	
皮鞋	皮	1双	全毁	95	29年9月	
帆布胶底鞋	布与胶	1双	全毁	20	29年8月	
草帽	草	1顶	全毁	30	30年4月	
磁罐	洋磁	1个	全毁	5	29年9月	
牙刷		1个	全毁	2	30年1月	
三星牙膏		1罐	全毁	2	30年5月	

续表

物品名称	品质	数量	损失程度	原价	购买年月	备考
黑猫皂		1块	全毁	0.8	30年5月	
雨伞		1把	全毁	5	30年4月	
玻璃茶杯	玻璃	2个	全毁	4	30年4月	
照人镜	玻璃	1面	全毁	5	29年10月	
饭碗	磁	1只	全毁	2	30年6月	
磁茶壶	磁	1只	全毁	5	26年7月	
合计				511.8		
被灾日期	30年6月7日	被灾地点	三教堂巷5号	房屋被炸或震毁	炸毁	原支薪俸数目	200元	有无同居眷属	无

右〈上〉开物品,确系因空袭被毁,谨报告

科长朱　转呈

局长唐　核转

市长吴

司法科指纹股主任　王江盛

三十年六月八日

55) 重庆市政府警察局司法科员警差役空袭损失私物报告表

物品名称	品质	数量	损失程度	原价	购买年月	备考
呢大衣	呢	1件	炸毁	180	29年10月	
白毯子	布	1件	炸毁	30	30年1月	
黄制服	布	1套	炸毁	25	29年5月	
礼帽	呢	1顶	炸毁	15	29年3月	
皮鞋	皮	1双	炸毁	56	30年4月	
棉服	棉	1条	炸毁	58	29年5月	
面盆	磁	1个	炸毁	30	30年5月	
玻璃杯	玻璃	2个	炸毁	3	30年6月	
蚊帐	纱	1顶	炸毁	18	30年4月	
布鞋	布	1双	炸毁	15	30年5月	
胶鞋	胶	1双	炸毁	22	30年4月	
合计				452		

续表

| 被灾日期 | 30年6月7日 | 被灾地点 | 中华路三教堂司法科 | 房屋被炸或震毁 | 炸毁 | 原支薪俸数目 | 140 | 有无同居眷属 | 无 |

| 右〈上〉开物品,确系因空袭被毁,谨报告 |
| 科长朱　转呈 |
| 局长唐　核转 |
| 市长吴 |
| 　　　　　　　　　　　　　　　司法科科员　周辰 |
| 　　　　　　　　　　　　　　　三十年六月八日 |

56)重庆市政府警察局司法科员警差役空袭损失私物报告表

物品名称	品质	数量	损失程度	原价	购买年月	备考
白被盖	丝棉〔绵〕	1床	炸毁	98	民国29年9月	
毯子	线	1床	炸毁	36	民国29年9月	
青制服	哔叽	1套	炸毁	60	民国30年3月	
衬衫	布	1件	炸毁	15	民国30年5月	
短裤	哈机〔叽〕	1根	炸毁	9.2	民国30年4月	
白皮箱	厂皮	1口	炸毁	44	民国29年9月	
广锁	铜	1只	炸毁	2.5	民国29年9月	
茶壶	瓷	1把	炸毁	6	民国29年9月	
茶钟	瓷	1个	炸毁	3	民国30年5月	
长服	孔雀蓝	1件	炸毁	31.2	民国29年12月	
汗衣	毛线	1件	炸毁	96	民国29年10月	
中衣	孔雀蓝	1根	炸毁	13	民国29年6月	
皮鞋		1双	炸毁	46	民国30年4月	
单夹裤	毛哔叽	1根	炸毁	52	民国29年1月	
合计				505.9		
被灾日期	6月7日	被灾地点	中华路三教堂司法科	房屋被炸或震毁	炸毁	原支薪俸数目	85	有无同居眷属	

续表

右〈上〉开物品,确系因空袭被毁,谨报告
科长朱　转呈
局长唐　核转
市长吴
司法科雇员　唐钦闻
三十年六月八日

57) 重庆市政府警察局员警差役空袭损失私物报告表

物品名称	品质	数量	损失程度	原价	购买年月	备考
杯盘碗盏	瓷与瓦	数十个	破坏	共约20余元	先后不一	
瓦水缸	瓦	1个	破	15元	本年5月	
木桌	木	1个	滥〔烂〕	约30元	借用	
椅子	木	2把	滥〔烂〕	约30余元	借用	
房屋震坏				修整费40余元		
合计				135元		
被灾日期	6月7日	被灾地点	三教堂	房屋被炸或震毁	震毁	原支薪俸数目	114	有无同居眷属	有

右〈上〉开物品,确系因空袭被毁,谨报告

　　转呈

局长唐　核转

市长吴

　　　　　　　　　　　　　　　司法科一等科员　王汝为

　　　　　　　　　　　　　　　三十年六月八日

58) 重庆市政府警察局司法科员警差役空袭损失私物报告表

物品名称	品质	数量	损失程度	原价	购买年月	备考
帐子	罗纹	1床	破滥〔烂〕	20	29年12月	
毯子	棉质花	1床	破滥〔烂〕	30		系借过期赃物室

续表

物品名称	品质	数量	损失程度	原价	购买年月	备考
被盖	充毛葛	1床	破滥〔烂〕	120	29年12月	充毛葛被面系借赃物
鞋子	充毛织贡	1双	破滥〔烂〕	16	30年4月	
合计				186		
被灾日期	30年6月7日	被灾地点	三教堂临时办公处	房屋被炸或震毁	全部炸塌	原支薪俸数目	90元	有无同居眷属	

右〈上〉开物品,确系因空袭被毁,谨报告

科长朱　转呈

局长唐　核转

市长吴

周华伟

三十年六月八日

59)重庆市政府警察局司法科员警差役空袭损失私物报告表

物品名称	品质	数量	损失程度	原价	购买年月	备考
洗脸盆	磁	1个	全毁	22元	29年10月	
茶杯	磁	1个	全毁	5元	29年10月	
皮鞋	黑皮	1双	全毁	32元	29年12月	
被盖	布面	1床	全毁	85元	29年9月	
青呢大衣	青呢	1件	全毁	180元	29年10月	
中山服	青线哔叽布	1套	全毁	58元	29年8月	
中山服	黄哈叽	1套	全毁	40元	29年5月	
白衬衣	白市布	2件	全毁	20元	29年6月	
短裤	白市布	2条	全毁	8元	30年5月	
绒汗衣	白绒	1件	全毁	15元	29年9月	
袜子	线	2双	全毁	8元	30年4月	
中国分省地图	洋纸	1本	全毁	7.5元	30年1月	
日记簿	洋纸	1本	全毁	8元	30年1月	

续表

物品名称	品质	数量	损失程度	原价	购买年月	备考
白背心	白棉纱	2件	全毁	20元	30年5月	
毯子	白布	1张	全毁	28元	30年2月	
合计				531.5元		
被灾日期	6月7日	被灾地点	三教堂司法科	房屋被炸或震毁	全部炸毁	原支薪俸数目	85元	有无同居眷属	无

右〈上〉开物品,确系因空袭被毁,谨报告

科长朱　转呈

局长唐　核转

市长吴

雇员　杨荣先

三十年六月八日

60）重庆市政府警察局司法科员警差役空袭损失私物报告表

物品名称	品质	数量	损失程度	原价	购买年月	备考
棉被	布面里	1床	全毁	140元	向友人借用	
被絮		1床	全毁	40元	30年5月	
皮鞋	翻皮	1双	全毁	60元	30年2月	
漱口杯	瓷质	1个	全毁	3元	30年5月	
卫生衣	线质	1件	全毁	20元	29年	
短裤	白布	1条	全毁	4元	30年5月	
草席		1床	全毁	6元	30年5月	
布鞋		1双	全毁	8元	30年6月	
制服	黑哈叽〔叽〕	1套	全毁	90元	29年9月	
牙刷		1把	全毁	3元	30年5月	
牙膏		1个	全毁	3元	30年5月	
毛巾		1条	全毁	3元	30年5月	
面盆		1个	全毁	15元	30年5月	
书籍	关于法令	38本	全毁	约200元	28年、29年逐渐购买	
合计				595元		
被灾日期	6月7日	被灾地点	三教堂司法科内	房屋被炸或震毁	炸毁	原支薪俸数目	140元	有无同居眷属	无

续表

右〈上〉开物品,确系因空袭被毁,谨报告 科长朱　转呈 局长唐　核转 市长吴 　　　　　　　　　　　　　　　　司法科科员　张文郁 　　　　　　　　　　　　　　　　三十年六月八日

61)重庆市政府警察局司法科员警差役空袭损失私物报告表

物品名称	品质	数量	损失程度	原价	购买年月	备考
白布毯子	布	1床	炸为十数小块	35	29年11月	已不能应用
枕头	布	1个	炸为十数小块	10	29年11月	已不能应用
皮鞋	香港皮	1双	炸为十数小块	45	29年12月	已不能应用
被盖	布	1床	炸为十数小块	98	29年2月	已不能应用
被絮	棉	1床	炸为十数小块	10	29年12月	已不能应用
合计				198	以上各物俱在本科临时办公处被炸,其他零星小物未计	
被灾日期	6月7日	被灾地点	三道堂5号	房屋被炸或震毁	被炸	原支薪俸数目	120元	有无同居眷属	无

　　右〈上〉开物品,确系因空袭被毁,谨报告
科长朱　转呈
局长唐　核转
市长吴

　　　　　　　　　　　　　　　　一等办事员　高闻准
　　　　　　　　　　　　　　　　三十年六月八日

(0061—15—3079上)

75. 重庆市警察局行政科张烈光为报1941年6月7日空袭损失请予救济给市警察局的签呈(1941年6月13日)

本月七日敌机轰炸本市,本市保安路212号宋科员安民住处被炸,职原存宋处白皮箱1只,内装物除如表列各物外,余为书籍,均被炸毁,理合填表报请核转。

　　谨呈

主任韦　转呈

科长梁　核转

局长唐

附损失表1份

科员　张烈光

重庆市政府警察局行政科员警差役空袭损失私物报告表

物品名称	品质	数量	损失程度	原价	购买年月	备考
青制服	布质	1套	全毁	40	28年底	
蓝制服	华达呢	1套	全毁	200	28年底	
短裤	布质	2件	全毁	10	30年	
皮箱	皮质	1个	全损	100	29年	
合计				350		
被灾日期	30年6月7日	被灾地点	保安路保安第二中队部212号	房屋被炸或震毁	炸毁	原支薪俸数目	130元	有无同居眷属

右〈上〉开物品,确系因空袭被毁,谨报告

科长梁　转呈

局长唐　核转

市长吴

填报人　行政科科员　张烈光
三十年六月十日

(0061—15—2440)

76. 重庆市警察局司法科赵默雅为报1941年6月7日空袭损失请予救济给市警察局的报告（1941年6月13日）

窃职佃居中华路76号，于本年六月七日敌机袭渝不幸烧毁，所有不动产尽行损失无遗，理合报请鉴核，转请救济，实为公便。

谨呈

科长朱　核转

局长唐

附呈空袭私物损失报告表2份

司法科科员　赵默雅

重庆市政府警察局司法科员警差役空袭损失私物报告表

物品名称	品质	数量	损失程度	原价	购买年月	备考
床	木	3〔张〕	被焚	200	28年2月 29年10月	
写字台	木	1〔张〕	被焚	30	29年10月	
八仙桌	木	1〔张〕	被焚	30	29年10月	
椅子	木	6〔把〕	被焚	90	28年2月	
凳子	木	8〔张〕	被焚	56	28年2月	
衣架	木	1〔个〕	被焚	10	28年2月	
茶几	木	2〔个〕	被焚	20	28年2月	
雨衣	布	3〔件〕	被焚	120	29年5月	
棉被	绸	1〔床〕	被焚	30	29年5月	
棉被胎	棉	3〔床〕	被焚	30	27、28、29年	
地毯	羊毛	2〔张〕	被焚	50	29年1月	
皮鞋	皮	5〔双〕	被焚	300	29、30年	
白皮鞋	皮	1〔双〕	被焚	40	28年	
小孩皮鞋	皮	3〔双〕	被焚	17	30年5月	
袜子	丝 麻纱	2〔双〕 4〔双〕	被焚	60	30年5月	
皮箱	皮	1〔个〕	被焚	40	30年5月	
银盾	银	1〔个〕	被焚	30	26年10月	

续表

玻璃柜	玻璃	8〔个〕	被焚	80	29年11月	
端砚	瓦	1〔个〕	被焚	20	27年	
面盆	珐琅	3〔个〕	被焚	50	28、29年	
皮包	皮	2〔个〕	被焚	60	28年	
痰盂	磁	2〔个〕	被焚	20	29年夏	
茶壶	磁	2〔把〕	被焚	18	29年夏	
杯子	磁	12〔个〕	被焚	36	30年春	
碗	磁	大8〔个〕 小10〔个〕	被焚	20 15	29年	
碟子	磁	12〔个〕	被焚	30	29年	
铁锅	铁	1〔个〕	被焚	15	29年夏	
铜锅	铜	2〔个〕	被焚	20	29、30年	
菜刀	铁	2〔把〕	被焚	16	29、30年	
锅铲	铁	1〔把〕	被焚	2	29年	
炒勺	铁	1〔把〕	被焚	5	29年	
大木盆	木	2〔个〕	被焚	20	29年	
雨伞	纸	1〔把〕	被焚	5	30年	
缸	瓦	5〔个〕	被焚	40	29年	
米	米	5〔个〕	被焚	324	30年5月	
白面	麦	1〔袋〕	被焚	75	30年5月	
猪油	油	2〔斤〕	被焚	9	30年5月	
煤炭	炭	2〔担〕	被焚	24	30年5月	
麻油	油	2〔斤〕	被焚	11	30年6月	
花瓶	磁	2〔个〕	被焚	45	27年春	
花盆	磁	2〔个〕	被焚	32	27年春	
青梅酒	酒	2〔瓶〕	被焚	15	30年5月	
红茶	茶	1〔斤〕	被焚	17	30年5月	
□糖	糖	2〔斤〕	被焚	15	30年5月	
小藤推车	藤	1〔个〕	被焚	20	29年夏	此车系推小孩用
合计				1870		
被灾日期	6月7日	被灾地点	中华路76号	房屋被炸或震毁	被焚	原支薪俸数目	140元	有无同居眷属	有

续表

右〈上〉开物品,确系因空袭被毁,谨报告 科长朱　转呈 局长唐　核转 市长吴 　　　　　　　　　　　　　　司法科科员　赵默雅 　　　　　　　　　　　　　　三十年六月八日

(0061—15—2440)

77. 重庆市警察局行政科梁尔恭为报1941年6月7日空袭损失请予救济给市警察局的签呈(1941年6月13日)

窃职寓居保安路212号,于本年六月七日敌机袭渝,不幸房屋被炸,所有物品尽被炸毁,理合填具空袭私物损失报告表签请鉴核,转请救济,实为公便。

谨呈

局长唐

附空袭私物损失报告表2份

职　梁尔恭

重庆市政府警察局行政科员警差役空袭损失私物报告表

物品名称	品质	数量	损失程度	原价	购买年月	备考
木床	木质	1	全被毁	90	30年1月	
方桌	木质	1	全被毁	30	30年1月	
小长桌	木质	2	全被毁	40	29年6月	
圆凳	木质	4	全被毁	40	30年5月	
长凳	木质	2	全被毁	20	30年5月	
小板床	木质	1	全被毁	25	30年4月	
碗厨	木质	1	全被毁	24	29年6月	
饭桶	木质	1	全被毁	8	29年6月	
水缸	瓷	1	全被毁	15	29年6月	
铁锅	铁质	2	全被毁	30	29年6月	
菜饭碗	瓷	20	全被毁	30	29年6月	

续表

物品名称	品质	数量	损失程度	原价	购买年月	备考
刀叉	铁质	2	全被毁	9	29年6月	
棉被	绸面布里	2	全被毁	150	29年9月	
裤子	棉布	2	全被毁	50	29年11月	
绒毯	粗毛	1	全被毁	40	28年3月	
席子	竹子	2	全被毁	36	29年7月	
皮鞋	皮	2	全被毁	85	30年4月	
洗脸盆	珐琅	2	全被毁	70	29年6月	
白米		4斗	全被毁	26	30年6月2日	平价米
米坛	瓷	2	全被毁	16	29年7月	
茶壶	瓷	2	全被毁	12	29年6月	
茶杯	玻璃	8	全被毁	16	29年6月	
木盆	木	2	全被毁	22	29年4月	
镜子	玻璃	1	全被毁	13	29年11月	
电灯泡	玻璃	2	全被毁	6	29年12月	
电灯罩	玻璃	2	全被毁	9	29年12月	
书架	木	1	全被毁	19	29年7月	
藤椅	藤	1	全被毁	18	29年10月	
大沐盆	木	1	全被毁	22	29年10月	
洋铁壶	铁	1	全被毁	15	29年9月	
合计				986		
被灾日期	29〔30〕年6月7日	被灾地点	保安路212号	房屋被炸或震毁	被炸	原支薪俸数目	300元	有无同居眷属	有

右〈上〉开物品,确系因空袭被毁,谨报告
　　　　转呈
局长唐　核转
市长吴

　　　　　　　　　　　　　　行政科长　梁尔恭
　　　　　　　　　　　　　　三十年六月八日

（0061—15—2440）

78. 重庆市警察局行政科林树文为报1941年6月7日空袭损失请予救济给市警察局的报告（1941年6月13日）

窃职佃居中华路76号，于本年六月七日敌机袭渝不幸炸毁，所有不动产尽行损失无遗，理合报请鉴核，转请救济，实为公便。

谨呈

科长梁　核转

局长唐

附呈空袭损失私物报告表2份

治安股主任　林树文

重庆市政府警察局行政科员警差役空袭损失私物报告表

物品名称	品质	数量	损失程度	原价	购买年月	备考
夹大衣	华达呢	1件	烧毁	50	26年9月	
西装	花呢 哔叽	2套 1套	烧毁	70 30	25年11月 26年9月	
单西装	毛织 大丝绸	1套 1套	烧毁	25 20	25年夏 26年夏	
单西装	派力士	1套	烧毁	120	29年5月	
中山装	哔叽	2套	烧毁	60 120	27年秋 29年秋	
中山装	咖〔咔〕叽	2套	烧毁	20 45	28年夏 29年夏	
中山装	白帆布	1套	烧毁	20	27年夏	
衬衫	绸 府绸	2件 4件	烧毁	65 30	29年 30年	
领带	丝	6条	烧毁	40	26、27、29年	
鞋	布 皮	2双 3双	烧毁	20 170	30年 28、29、30年	

续表

物品名称	品质	数量	损失程度	原价	购买年月	备考
背心	线	4件	烧毁	48	29、30年	
袜子	线麻纱	6双	烧毁	25	30年	
军帽	哔叽	1顶	烧毁	20	29年	
礼帽	呢	1顶	烧毁	25	28年	
白盔	白布	1顶	烧毁	10	28年	
图章	石	6方	烧毁	80	25年	
字帖	纸	6块	烧毁	48	25年 30年	
印色盒	瓷	2盒	烧毁	30	26年	古瓷购于南京
军毯	毛	1床	烧毁	30	30年	
洗脸用具		7件	烧毁	120	29年	
武装带	皮	1条	烧毁	20	29年	
书籍		2箱	烧毁	400	29年	
合计				1761		
被灾日期	6月7日	被灾地点	中华路76号	房屋被炸或震毁	烧毁	原支薪俸数目	200元	有无同居眷属	妻子女及佣人共计6人

右〈上〉开物品,确系因空袭被毁,谨报告

科长梁　转呈

局长唐　核转

市长吴

　　　　　　　　　　　　　行政科治安股主任　林树文
　　　　　　　　　　　　　三十年六月九日

（0061—15—2440）

79. 重庆市警察局行政科张柱堂为报1941年6月5日、6月7日空袭损失请予救济给市警察局的报告（1941年6月13日）

窃职佃居本市神仙洞街第119号,于六月五、七两日敌机先后袭渝时,不幸住宅附近多遭炸毁,以致屋之四周均受波及炸坏,所有未及携带衣物行李用具等件多被炸毁与震坏,理合填具空袭损失私物报告表2份,恳请钧座鉴核，俯准转请市政府从优救济，无深德便。

　　　　谨呈

主任林　转呈

科长梁　核转

局长唐

附呈空袭损失私物报告表2份

　　　　　　　　　　　　　　职　张柱堂　呈

重庆市政府警察局行政科员警差役空袭损失私物报告表

物品名称	品质	数量	损失程度	原价	购买年月	备考
帐子	麻	1〔床〕	破坏	25	28年5月	
被胎	棉	1〔床〕	破坏	25	28年2月	
包单	布	1〔床〕	破坏	18	27年4月	
被面	布	1〔床〕	破坏	12	27年4月	
热水瓶		1〔个〕	不能应用	30	29年8月	
电灯泡	玻璃	2〔个〕	全坏	8	29年8月	
帽筒	瓷	1〔对〕	折断	10	27年2月	
青哗叽制服	毛	1〔套〕	破滥〔烂〕	150	28年3月	
茶盅	瓷	1〔个〕	震毁	6	28年6月	
玻杯	玻璃	4〔个〕	震毁	6	29年8月	
面镜	玻璃	1〔面〕	破滥〔烂〕	10	29年11月	
包帕	布	1〔张〕	破滥〔烂〕	10	30年1月	
牙刷	毛	1〔把〕	震毁	2	30年4月	
牙膏		1〔支〕	震毁	3	30年5月	
洗面盆	洋瓷	1〔个〕	震坏	20	29年10月	
饭碗菜碗	瓷	8〔个〕	破滥〔烂〕	6	29年8月	
合计				341		
被灾日期	6月5日	被灾地点	神仙洞街第119号	房屋被炸或震毁	震毁	原支薪俸数目	100	有无同居眷属	有

> 　　　　右〈上〉开物品，确系因空袭被毁，谨报告
> 科长梁　转呈
> 局长唐　核转
> 市长吴
> 　　　　　　　　　　　　　重庆市警察局行政科三等办事员　张柱堂
> 　　　　　　　　　　　　　三十年六月七日

（0061—15—2440）

80. 重庆市警察局行政科周云蒸为报1941年6月7日空袭损失请予救济给市警察局的签呈（1941年6月13日）

查此次本局被炸，员棉被置放三楼炸毁，原物尚在，可供查考。又皮箱1口，存置保安路宋寓（212号宋安民舍），便于空袭置放空坪，适该处命中一弹，物箱全毁，些末微积，尽为乌有，言之殊堪痛恨。今填具空袭损失报告表2份，恳予转呈核发救济，实深德感。

谨呈

科长梁　转呈

局长唐

　　　　　　　　　　　　　行政科服务员　周云蒸

重庆市政府警察局行政科员警差役空袭损失私物报告表

物品名称	品质	数量	损失程度	原价	购买年月	备考
青呢制服	华达呢	1套	烧毁	200	29年	
棉絮		2床	烧毁	50	29年	
被壳	白绒布	1床	烧毁	60	29年	
被面	花布	1面	烧毁	20	29年	
洋绳衣	洋毛	1件	烧毁	70	29年	
青布制服	青线布	1套	炸毁	70	30年	
衬衣	府绸	3件	炸毁	80	30年	
短裤	白布	2件	炸毁	14	30年	
线布毡	白布	1件	炸毁	40	30年	

续表

物品名称	品质	数量	损失程度	原价	购买年月	备考
垫被	白线布	1床	炸毁	80	29年	
皮箱	红皮	1口	炸毁	70	29年	
茶杯	磁质	1〔个〕	炸毁	7	30年	
牙刷		1〔把〕	炸毁	2	30年	
牙膏		1〔支〕	炸毁	3	30年	
毛巾		2〔张〕	炸毁	6	30年	
合计				672		
被灾日期	6月7日	被灾地点	总局	房屋被炸或震毁	被炸	原支薪俸数目	90元	有无同居眷属	无

右〈上〉开物品,确系因空袭被毁,谨报告

科长梁　转呈

局长唐　核转

市长吴

服务员　周云蒸

三十年六月八日

(0061—15—2440)

81. 重庆市警察局行政科户籍股崔震权为报1941年6月7日空袭损失请予救济给市警察局的报告(1941年6月14日)

窃职住中华路76号二楼,于六月七日下午2时许被敌机投弹起火,所有一切应用物件均成灰烬,拟请钧长抚念下情,准予转请救济。理合检呈空袭损失私物报告表2份,报请鉴核示遵。

谨呈

科长　转呈

局长唐

职　崔震权　呈

重庆市政府警察局户籍股员警差役空袭损失私物报告表

物品名称	品质	数量	损失程度	原价	购买年月	备考
木床		1间	焚毁	40	29年4月	
写字台		1张	焚毁	30	29年4月	
椅子		2把	焚毁	60	29年4月	
凳子		4个	焚毁	20	29年4月	
衣架		1座	焚毁	20	29年4月	
电表	新	1个	焚毁	25	29年4月	
茶几		2个	焚毁	30	29年4月	
皮大衣	纹皮绒里	1件	焚毁	120	26年3月	
雨衣	橡皮	1件	焚毁	60	26年3月	
黄制服	卡机〔咔叽〕	2套	焚毁	100	26年3月	
黑呢制服	平呢	1套	焚毁	140	26年3月	
纺绸衬衣	小纺	4件	焚毁	80	28年9月	
短裤	电光丝	2件	焚毁	30	28年9月	
呢帽	兔子呢	1顶	焚毁	40	28年9月	
盔帽	轻木	1顶	焚毁	30	28年9月	
制帽		2顶	焚毁	30	28年9月	
皮鞋	纹皮港皮各一	2双	焚毁	100	29年5月	
布鞋	制服呢	2双	焚毁	50	29年5月	
皮拖鞋	小牛皮	1双	焚毁	20	29年5月	
绒衬衣	丝绒	1套	焚毁	50	29年5月	
黑制服	哔叽	1套	焚毁	120	29年5月	
毛毯子	羊毛	1床	焚毁	80	29年10月	
线毯	电光丝	1床	焚毁	120	25年1月	
狗皮褥		1件	焚毁	80	25年2月	
驼毛褥		1件	焚毁	360	25年2月	
床单	斜纹布	2件	焚毁	70	25年2月	
枕头	白市布	2个	焚毁	50	25年2月	
棉被	花缎	1床	焚毁	150	25年2月	

续表

物品名称	品质	数量	损失程度	原价	购买年月	备考
窗帘	布	1件	焚毁	15	30年3月	
毛巾		4条	焚毁	10	30年3月	
面盆		2个	焚毁	50	29年3月	
漱口盂		1个	焚毁	10	29年3月	
茶杯		4个	焚毁	20	29年3月	
书籍			焚毁	250	29年3月	
合计				2685		

被灾日期	6月7日	被灾地点	中华路76号	房屋被炸或震毁	焚毁	原支薪俸数目	200元	有无同居眷属

右〈上〉开物品,确系因空袭被毁,谨报告

科长梁　转呈

局长唐　核转

市长吴

户籍股主任　崔震权
三十年六月八日

（0061—15—2440）

82. 重庆市警察局第四分局为报贾玉印1941年6月7日空袭损失请予救济呈市警察局文（1941年6月17日）

案据观音岩分所所长贾玉印呈,以本月七日敌机袭渝,将私物置于中一路瑞诚商行防空洞,因火灾延烧洞内,损失一部,造具私物损失报告表前来,理合具文呈送钧局核转令遵。

谨呈

局长唐

附私物损失报告表3份

分局长　郭晴岚

重庆市政府员役空袭损失私物报告表

物品名称	品质	数量	损失程度	原价	购买年月	备考
皮箱	普通	1	毁坏	150	30年3月	
皮箱	普通	1	烧毁	150	30年3月	
男大衣	二等呢	1	烧毁	380	29年10月	
女大衣	二等呢	1	烧毁	340	29年10月	
中山服	黑呢	2	烧毁	640	29年11月	
绒毯	黑色	1	烧毁	120	30年3月	
棉被	红缎面白布里	1	烧毁	250	30年3月	
棉絮		3	烧毁	90	30年3月	
被单	白市布	4	烧毁	160	30年3月	
马靴	黑皮	1	烧毁	240	30年1月	
皮鞋		2	烧毁	250	30年3月	
女皮鞋		2	烧毁	200	30年3月	
玻璃茶杯		16	烧毁	240	30年3月	
玻璃花瓶		2	烧毁	20	30年3月	
木器		16	炸毁	325	30年3月	木床1木凳10五抽柜1藤椅4,共16件
合计				3339		
被炸日期	30年6月7日	被炸地点	中一路瑞诚商行防空洞	房屋被炸或震塌	被炸	原支薪给数目	120元	有无同居眷属	有

右〈上〉开物品,确系因空袭被毁,谨报告

分局长郭　转呈

局长唐　转呈

市长吴

重庆市警察局第四分局观音岩分驻所所长贾玉印　呈

中华民国三十年六月□日

(0061—15—2207—1)

83. 重庆市警察局保安五中队1941年5月3日、6月7日空袭损失报告表(1941年6月)

1) 重庆市政府警察局保安五中队员警差役空袭损失私物报告表

物品名称	品质	数量	损失程度	原价	购买年月	备考
黑呢大衣	毛质	1件	炸碎	200元	29年秋	
紫绒篮球衣	棉质	1件	炸碎	16元	29年秋	
毛线衣	毛质	1件	炸碎	38元	27年冬	
□哔吱〔叽〕西服	毛质	1套	炸碎	240元	29年春	
篮球鞋	胶质	1双	炸碎	32元	29年春	
黄纹皮鞋	皮质	1双	炸碎	80元	28年冬	
府绸衬衣	丝质	2件	炸碎	共48元	29年夏	
哈吱〔叽〕制服	棉质	1套	炸碎	60元	30年春	
□色皮箱	皮质	1只	炸碎	40元	29年冬	
被单	棉质	2条	炸碎	共4□元	29年春	
□褥	棉质	1床	炸碎	20元	28年春	
□被	棉质	1床	炸碎	20元	27年冬	
皮带	皮质	1根	炸碎	20元	29年春	
蚊帐	□质	1顶	炸碎	2□元	29年夏	
合计				881元		
被灾日期	5月3日	被灾地点	房屋被炸或震毁	正中炸弹被毁	原支薪俸数目	150元	有无同居眷属

右〈上〉开物品,确系因空袭被毁,谨报告

　　　转呈
局长唐　核转
市长吴

保安警察总队第二大队五中队中队长　吴必信
三十年五月五日

2) 重庆市政府警察局五中队三分队员警差役空袭损失私物报告表

物品名称	品质	数量	损失程度	原价	购买年月	备考
被子	布质	1床		50元	29年5月	

续表

物品名称	品质	数量	损失程度	原价	购买年月	备考
皮鞋子	布质	1双		46元	30年3月	
布衬衣	布质	1套		24元	30年2月	
袍单子	布质	1床		16元	28年4月	
脸盆子	磁质	1个		24元	29年9月	
袜子	线质	2双		5元	30年□月	
呢大衣	呢质	1件		60元	□□□□	
军毯子	毯质	1床		20元	□□□□	
便衣	布质	1套		40元	□□□□	
合计				□□□		
被灾日期	30年5月3日	被灾地点	警察局机车队	房屋被炸或震毁	正中炸坏	原支薪俸数目	40元	有无同居眷属	无

右〈上〉开物品,确系因空袭被毁,谨报告

大队长方　转呈

局长唐　核转

市长吴

警察局保安警察总队五中队三分队　包德胜

三十年五月五日

3)重庆市政府警察局保安第五中队员警差役空袭损失私物报告表

物品名称	品质	数量	损失程度	原价	购买年月	备考
线毯	线质	1床		25元	去年5月	
被单	布质	1床		30元	30年元月	
便衣	布质	1套		58元	30年4月1日	
力士鞋	布质	1双		18元	去年9月	
胶鞋	胶质	1双		30元	去年冬月	
衬衣	布质	2套		46元	去年7月	
被子	布质	1床		70元	□□□□	
合计				277元		
被灾日期	30年5月3日	被灾地点	警总局	房屋被炸或震毁	正中炸毁	原支薪俸数目	40元	有无同居眷属	无

续表

右〈上〉开物品,确系因空袭被毁,谨报告
大队长方　转呈
局长唐　核转
市长吴
警察局保安警察总队五中队三分队　刘诗和
三十年五月卅日

4)重庆市政府警察局保安五中队三分队员警差役空袭损失私物报告表

物品名称	品质	数量	损失程度	原价	购买年月	备考
被子	布质	1床		56元	29年9月10日	
皮鞋	皮质	1双		45元	30年3月1日	
衬衣	布质	2套		42元	29年11月8日	
被子	线质	2双〔床〕		6元	30年4月16日	
便衣	布质	1套		38元	29年12月20日	
袍单	布质	1床		25元	29年11月□日	
合计				212元		
被灾日期	30年5月3日	被灾地点	警察总局	房屋被炸或震毁	正中炸坏	原支薪俸数目	40元	有无同居眷属	无

　　右〈上〉开物品,确系因空袭被毁,谨报告
大队长方　转呈
局长唐　核转
市长吴
　　　　　　　　　　　　　警察局保安二大队五中队三分队　夏威振
　　　　　　　　　　　　　　　　　　　　　　　　三十年五月五日

5)重庆市政府警察局保安第五中队员警差役空袭损失私物报告表

物品名称	品质	数量	损失程度	原价	购买年月	备考
被子	布质	1床		70元	去年8月1日	
线毯	线质	1床		20元	去年9月3日	
便衣	布质	1套		56元	29年1月1日	
衬衣	布质	1套		30元	29年2月6日	

续表

物品名称	品质	数量	损失程度	原价	购买年月	备考
力士鞋	布质	1双		18元	29年4月1日	
合计				194元		
被灾日期	30年5月3日	被灾地点	警察局机车队	房屋被炸或震毁	正中炸坏	原支薪俸数目 40元	有无同居眷属 无

右〈上〉开物品,确系因空袭被毁,谨报告

大队长方　转呈

局长唐　核转

市长吴

　　　　　　　　　警察局保安警察二大队五中队三分队　刘瑞庭

　　　　　　　　　　　　　　　　　　　　　　　三十年五月五日

6) 重庆市政府警察局五中队三分队员警差役空袭损失私物报告表

物品名称	品质	数量	损失程度	原价	购买年月	备考
布衬衣	布质	1套		22元	29年10月7日	
便衣	布质	1套		56元	29年11月4日	
利〔力〕士鞋子	布质	1双		13元	29年12月5日	
布衬单子	布质	1床		24元	29年10月10日	
被子	布质	1床		57元	29年10月2日	
袜子	绵〔棉〕质	2双		8元	30年□月	
合计				180元		
被灾日期	30年5月3日	被灾地点	警察局机车队	房屋被炸或震毁	正中炸坏	原支薪俸数目 40元	有无同居眷属 无

右〈上〉开物品,确系因空袭被毁,谨报告

大队长方　转呈

局长唐　核转

市长吴

　　　　　　　　　警察局保安警察总队二大队五中队三分队　王俊

　　　　　　　　　　　　　　　　　　　　　　　三十年五月五日

7）重庆市政府警察局五中队三分队员警差役空袭损失私物报告表

物品名称	品质	数量	损失程度	原价	购买年月	备考
被子	布质	1床		60元	29年10月	
毯子	线质	1床		20元	28年9月	
被单	布质	1床		10元	29年4月	
毛绒衣	绒质	1套		60元	29年12月	
面盆	搪瓷质	1个		18元	29年5月	
中山服	布质	1套		50元	29年7月	
衬衣	布质	2件		16元	30年□月	
合计				234元		
被灾日期	30年5月3日	被灾地点	警察局机车队	房屋被炸或震毁	正中炸坏	原支薪俸数目	40元	有无同居眷属	无

右〈上〉开物品，确系因空袭被毁，谨报告

大队长方　转呈

局长唐　核转

市长吴

　　　　　　　　　警察局保安警察总队二大队五中队三分队　刘运海

　　　　　　　　　　　　　　　　　　　　　　　三十年五月五日

8）重庆市政府警察局五中队三分队员警差役空袭损失私物报告表

物品名称	品质	数量	损失程度	原价	购买年月	备考
被子	布质	1床		69元	29年7月	
褥子	布质	1床		40元	29年7月	
衬单	布质	1床		24元	29年9月	
毛衣	毛质	1件		30元	29年元月	
线衣	线质	1件		25元	29年3月	
脸盆	铁质	1个		28元	28年10月	
长衫	布质	1件		36元	29年2月15日	
便衣	布质	1套		69元	30年2月	
衬衣	布质	2件		28元	30年4月	
皮鞋	皮质	1双		38元	29年4月	
合计				387元		

续表

被灾日期	30年5月3日	被灾地点	警察局机车队	房屋被炸或震毁	正中炸坏	原支薪俸数目	40元	有无同居眷属	无
右〈上〉开物品,确系因空袭被毁,谨报告 大队长方　转呈 局长唐　核转 市长吴 　　　　　　　　　　警察局保安警察总队第二大队五中队三分队　李松山 　　　　　　　　　　　　　　　　　　　　　　　　三十年五月五日									

9)重庆市政府警察局保安第五中队员警差役空袭损失私物报告表

物品名称	品质	数量	损失程度	原价	购买年月	备考
被子	布质	1床	炸坏	70元	29年12月	
被单	布质	1床	炸坏	24元	28年9月	
毛绒衣	绒质	1套	炸坏	80元	30年元月	
青中山服	绵〔棉〕麻交织质	1套	炸坏	70元	30年3月	
灰中山服	面质	1套	炸坏	40元	29年2月	
府绸衬衣	绸麻质	2件	炸坏	40元	29年11月	
衬衣	布质	2件	炸坏	30元	30年4月	
袜子	线质	2双	炸坏	5元	30年4月	
力士鞋	胶质	1双	炸坏	50元	29年9月	
面盆	搪磁质	1个	炸坏	25元	28年4月	
皮箱	皮质	1口	炸坏	7元	26年元月	
合计				407元		

被灾日期	30年5月3日	被灾地点	警总局	房屋被炸或震毁	正中	原支薪俸数目	46元	有无同居眷属	
右〈上〉开物品,确系因空袭被毁,谨报告 大队长方　转呈 局长唐　核转 市长吴 　　　　　　　　　　警察局保安警察总队二大队五中队三分队　谭云山 　　　　　　　　　　　　　　　　　　　　　　　三十年五月五日									

10) 重庆市政府警察局五中队三分队员警差役空袭损失私物报告表

物品名称	品质	数量	损失程度	原价	购买年月	备考
呢子大衣	呢质	1身		46元	29年2月1日	
袜〔被〕子	布质	1床		57元	29年10月2日	
被单子	布质	1床		16元	29年9月12日	
便衣	布质	1套		75元	30年1月20日	
衬衣	布质	2套		48元	30年3月11日	
皮鞋子	皮质	1双		36元	29年7月4日	
力士鞋子	布质	1双		22元	30年4月7日	
面盆	铁质	1个		16元	29年4月23日	
毛线衣	毛质	1套		42元	28年10月11日	
合计				358元		
被灾日期	30年5月3日	被灾地点	警察总局	房屋被炸或震毁	正中炸坏	原支薪俸数目	50元	有无同居眷属	无

右〈上〉开物品,确系因空袭被毁,谨报告

大队长方　转呈
局长唐　核转
市长吴

　　　　　　　警察总局保安警察大队二大队五中队三分队　李正清
　　　　　　　　　　　　　　　　　　　　　　　　　三十年五月五日

11) 重庆市政府警察局保安第五中队员警差役空袭损失私物报告表

物品名称	品质	数量	损失程度	原价	购买年月	备考
线毯	线质	1床		25元	29年8月	
衬衣	布质	1件		15元	30年4月	
长衫	布质	1件		24元	30年4月	
短便衣	布质	1套		32元	29年6月	
皮鞋	皮质	1双		35元	29年10月	
被子	布质	1床		49元	29年9月	
青制服	布质	1套		45元	29年2月	
鞋子	皮质	1双		16元	30年2月	
合计				241元		

续表

| 被灾日期 | 30年5月3日 | 被灾地点 | 警总局 | 房屋被炸或震毁 | 正中 | 原支薪俸数目 | 40元 | 有无同居眷属 | 无 |

右〈上〉开物品,确系因空袭被毁,谨报告

大队长方　转呈

局长唐　核转

市长吴

　　　　　　　　　警察局保安警察总队二大队五中队二分队　刘义庆

　　　　　　　　　　　　　　　　　　　　　　　　三十年五月五日

12)重庆市政府警察局五中队三分队员警差役空袭损失私物报告表

物品名称	品质	数量	损失程度	原价	购买年月	备考
被子	布质	1床		56元	29年11月3日	
皮鞋子	布质	1双		48元	30年4月17日	
布衬衣	布质	1套		30元	30年4月17日	
袍单	布质	1床		35元	29年10月3日	
袜子	绵〔棉〕质	2双		6元	30年3月3日	
合计				175元		

| 被灾日期 | 30年5月3日 | 被灾地点 | 警察局 | 房屋被炸或震毁 | 正中 | 原支薪俸数目 | 40元 | 有无同居眷属 | 无 |

右〈上〉开物品,确系因空袭被毁,谨报告

大队长方　转呈

局长唐　核转

市长吴

　　　　　　　　　警察局保安警察总队第二大队五中队三分队　赵康福

　　　　　　　　　　　　　　　　　　　　　　　　三十年五月五日

13)重庆市政府警察局五中队三分队员警差役空袭损失私物报告表

物品名称	品质	数量	损失程度	原价	购买年月	备考
力士鞋	布质	1双		22元	30年3月	
皮鞋	皮质	1双		55元	30年1月	
衬衣	布质	2件		28元	29年11月	
青便衣	布质	1套		58元	29年9月	

续表

物品名称	品质	数量	损失程度	原价	购买年月	备考
被子	布质	1床		45元	28年12月	
毯子	线质	1床		20元	28年7月	
合计				220元		

被灾日期	30年5月3日	被灾地点	警察局机车队	房屋被炸或震毁	正中炸坏	原支薪俸数目	40元	有无同居眷属	无

右〈上〉开物品，确系因空袭被毁，谨报告

大队长方　转呈

局长唐　核转

市长吴

　　　　　　　　　警察局保安警察总队第二大队五中队三分队　赵志祥

　　　　　　　　　　　　　　　　　　　　　三十年五月五日

14）重庆市政府警察局保安第五中队员警差役空袭损失私物报告表

物品名称	品质	数量	损失程度	原价	购买年月	备考
被子	布质	1床		71元	29年10月	
线毯	线质	1床		29元	29年12月	
便衣	布质	1套		58元	29年12月	
衬衣	布质	3件		45元	30年元月	
被单	布质	1张		25元	30年3月8日	
皮鞋	皮质	1双		48元	29年6月	
袜子	线质	3双		9.9元	30年2月和4月	
单鞋	布质	1双		18元	30年4月30号	
洗脸盆	铁质	1个		20元	28年9月	
草绿制服	布质	1套		34元	29年4月	
合计				357.9元		

被灾日期	30年5月3日	被灾地点	警察总局	房屋被炸或震毁	正中炸坏	原支薪俸数目	40元	有无同居眷属	无

续表

右〈上〉开物品,确系因空袭被毁,谨报告

大队长方　转呈

局长唐　核转

市长吴

　　　　　　　警察局保安警察总队二大队五中队三分队　孙同礼

　　　　　　　三十年五月五日

15)重庆市政府警察局保安第五中队员警差役空袭损失私物报告表

物品名称	品质	数量	损失程度	原价	购买年月	备考
衬衣	布质	1套		25元	29年11月	
军毯	呢质	1床		25元	29年9月	
被单	布质	1床		8元	29年元月	
卫生衣	布质	1件		18元	29年8月	
皮鞋	皮质	1双		40元	30年2月	
被子	布质	1床		60元	29年7月	
合计				176元		
被灾日期	30年5月3日	被灾地点	警总局	房屋被炸或震毁	正中	原支薪俸数目	40元	有无同居眷属

右〈上〉开物品,确系因空袭被毁,谨报告

大队长方　转呈

局长唐　核转

市长吴

　　　　　　　警察局保安警察总队二大队五中队三分队　姜永端

16)重庆市政府警察局五中队三分队员警差役空袭损失私物报告表

物品名称	品质	数量	损失程度	原价	购买年月	备考
衬衣	布质	2套		58元	30年2月	
力士鞋	布质	1双		20元	30年1月	
电筒		1个		12元	30年4月	
被单	布质	1床		10元	29年12月	
合计				100元		

续表

被灾日期	30年5月3日	被灾地点	警察局机车队	房屋被炸或震毁	正中炸坏	原支薪俸数目	40元	有无同居眷属	无

右〈上〉开物品,确系因空袭被毁,谨报告

大队长方　转呈

局长唐　核转

市长吴

　　　　　　　　　　　　警察局警察总队第二大队五中队三分队　李明清

　　　　　　　　　　　　　　　　　　　　　　　　　三十年五月五日

17) 重庆市政府警察局保安五中队员警差役空袭损失私物报告表

物品名称	品质	数量	损失程度	原价	购买年月	备考
被盖	棉	1床	炸毁	35元	29年10月	
汗衣	白布	2件	炸毁	25元	30年2月	
长女衫	兰〔蓝〕布	2件	炸毁	50元	29年12月	
袜子	棉	2双	炸毁	10元	30年1月	
合计				120元		

被灾日期	30年5月3日	被灾地点	警察局司法队	房屋被炸或震毁	房屋完全炸毁	原支薪俸数目	36元	有无同居眷属	

右〈上〉开物品,确系因空袭被毁,谨报告

大队长方　转呈

局长唐　核转

市长吴

　　　　　　　　　　　　重庆警察局保安五中队(原司法队)二分队三等女警　周良玉

　　　　　　　　　　　　　　　　　　　　　　　　　　　　　三十年五月三日

18) 重庆市政府警察局员警差役空袭损失私物报告表

物品名称	品质	数量	损失程度	原价	购买年月	备考
青制服	哔叽	1套	全被炸毁	35元	29年10月	
衫衣	白洋布	2件	全被炸毁	32元	30年4月1日	
袜子	线	2双	全被炸毁	5元正	30年2月1日	
合计				72元		

续表

| 被灾日期 | 5月3日 | 被灾地点 | 本局 | 房屋被炸或震毁 | 全毁 | 原支薪俸数目 | 38元 | 有无同居眷属 | |

右〈上〉开物品,确系因空袭被毁,谨报告

　　　转呈
局长唐　核转
市长吴

　　　　　　　　警察局保安五中队(原司法队)二分队三[等]警士　郭重远
　　　　　　　　　　　　　　　　　　　　　　　　　三十年五月五日

19)重庆市政府警察局保安五中队员警差役空袭损失私物报告表

物品名称	品质	数量	损失程度	原价	购买年月	备考
白布包毯	布	1床	完全炸毁	26元	29年9月	
棉絮		1床	完全炸毁	22元	29年9月	
青哈机〔叽〕服装	布	2套	完全炸毁	25元	28年8月	
白市布衬衣	布	2件	完全炸毁	18元	27年3月	
毛线汗衣	毛	1件	完全炸毁	50元	29年10月	
合计				141元		
被灾日期	30年5月3日	被灾地点	警察局司法队	房屋被炸或震毁	完全炸毁	原支薪俸数目	36元	有无同居眷属	

右〈上〉开物品,确系因空袭被毁,谨报告

大队长方　转呈
局长唐　核转
市长吴

　　　　　　　　保安二大队五中队二分队(即司法队)警士　何志超
　　　　　　　　　　　　　　　　　　　　　　　　三十年五月五日

20)重庆市政府警察局员警差役空袭损失私物报告表

物品名称	品质	数量	损失程度	原价	购买年月	备考
白布被盖	棉	1床	完全炸毁	28元	29年12月	
棉絮		1床	完全炸毁	17元	29年12月	
印花毯子	棉	1床	完全炸毁	38元	29年11月	
白衬衫	布	1件	完全炸毁	13元	30年1月	

续表

物品名称	品质	数量	损失程度	原价	购买年月	备考
黄哈机〔叽〕摇裤	布	1根	完全炸毁	11元	30年1月	
中山服装	布	1套	完全炸毁	45元	30年2月	
合计				152元		
被灾日期	30年5月3日	被灾地点	警察局司法队	房屋被炸或震毁	完全炸毁	原支薪俸数目	有无同居眷属

右〈上〉开物品,确系因空袭被毁,谨报告

　　　　转呈

局长唐　核转

市长吴

　　　　　　　　　　保安二大队五中队二分队三等警士　郑柏林

　　　　　　　　　　　　　　　　　　　三十年五月五日

21)重庆市政府警察局员警差役空袭损失私物报告表

物品名称	品质	数量	损失程度	原价	购买年月	备考
衬衣	白市布	1件	炸毁	19元	30年2月	
被盖	白市布	1床	炸毁	80元	30年2月	
皮鞋	厂皮	1双	炸毁	50元	30年2月	
中山服	青卡机〔咔叽〕	1套	炸毁	50元	30年2月	
呢帽	小吕宋灰的	1顶	炸毁	30元	30年2月	
合计				229元		
被灾日期	5月3日	被灾地点	警察总局司法队	房屋被炸或震毁	全被炸毁	原支薪俸数目	36元	有无同居眷属

右〈上〉开物品,确系因空袭被毁,谨报告

大队长方　转呈

局长唐　核转

市长吴

　　　　　　　　　重庆市警察局保安五中队二分队三等警士　范承礼

　　　　　　　　　　　　　　　　　　　三十年五月五日

22)重庆市政府警察局员警差役空袭损失私物报告表

物品名称	品质	数量	损失程度	原价	购买年月	备考
被盖	白洋布	1床	完全炸毁	35元	29年9月	
军毯	灰色	1床	完全炸毁	17.5元	29年9月	
枕头	白洋布	1对	完全炸毁	8元	29年10月	
白衬衫	哈叽	1件	完全炸毁	16元	30年3月	
面巾		1张	完全炸毁	3元	30年3月	
芝麻呢	中山服	1套	完全炸毁	40元	30年1月	
黑皮鞋	番〔翻〕皮	1双	完全炸毁	22元	29年12月	
白摇裤		1条	完全炸毁	4元	30年4月	
青袜子		2双	完全炸毁	9元	30年3月	
合计				153元		
被灾日期	5月3日	被灾地点		房屋被炸或震毁	原支薪俸数目	有无同居眷属

右〈上〉开物品,确系因空袭被毁,谨报告
　　转呈
局长唐　核转
市长吴

　　　　　　　　　　　　　　　　　填报人　□□□
　　　　　　　　　　　　　　　　　三十年五月五日

（0061—15—4367—1）

84. 重庆市警察局第六分局为报胡文明1941年6月14日空袭损失请予救济给市警察局的签呈（1941年6月14日）

案据张家花园分所三等警士胡明文〔文明〕填报空袭损失私物表请予核转前来,理合具文呈请钧局鉴核救济令遵。

　　谨呈

局长唐

附损失私物表2份

　　　　　　　　　　　　　　　　　分局长　周继昌

重庆市政府警察局第六分局张家花园所员警差役空袭损失私物报告表

物品名称	品质	数量	损失程度	原价	购买年月	备考
铁锅	铁	1	震毁	25	30年4月	
大水缸	瓦	1	震毁	20	30年3月	
缸钵	瓦	3	震毁	15	30年3月	
大小碗	土	20	震毁	10	30年3月	
被盖	布	1	炸毁	56	29年12月	
木床	木	1	炸毁	25	29年12月	
桌凳	木	桌1凳5	炸毁	35	29年12月	
皮箱	皮	1	炸毁	30	30年2月	
合计				216		
被灾日期	30年6月14日	被灾地点	黄花园	房屋被炸或震毁	炸毁	原支薪俸数目		有无同居眷属	

右〈上〉开物品，确系因空袭被毁，谨报告

分局长周　转呈

局长唐　核转

市长吴

　　　　　　　　重庆市警察局六分局张家花园分所三等警士　胡文明

　　　　　　　　三十年六月十日

(0061—15—2366)

85. 重庆市警察局第三分局为报1941年6月14日员役空袭损失请予救济给市警察局的呈（1941年6月17日）

窃查本月十四日午后2时，本分局及段牌坊分驻所正中敌弹2枚，局所址几遭全毁，公私各物损失殆尽，除公物损失业经呈报外，复查值兹米珠薪桂，各员警月入微薄，遭此损失，殊堪悯怜，经饬据各员警先后将损失情形依式填表3份，报请救济到局复查属实。除各提留1份外，理合汇报2份，具文赍请钧局鉴核令遵。

谨呈

局长唐

附汇呈报告表2份

分局长　刘磊

1)重庆市政府警察局第三分局段牌坊分驻所员役空袭损失私物报告表

物品名称	品质	数量	损失程度	原价	购买年月	备考
箱子	皮	1口	全毁	15	29年9月	
内衣	绒	1件	全毁	40	29年9月	
被盖	棉布	1床	全毁	70	29年11月	
合计				125		
被灾日期	6月14日	被灾地点	林森路409号	房屋被炸或震塌	被炸	原支薪俸数目	36元	有无同居眷属	无

右〈上〉开物品,确系因空袭被炸毁,谨报告

分局长刘　转呈

局长唐　转呈

市长吴

　　　　　　　　　　　　填报人　三等警士　徐俊夫

2)重庆市政府警察局第三分局段牌坊分驻所员役空袭损失私物报告表

物品名称	品质	数量	损失程度	原价	购买年月	备考
制服	卡织〔咔叽〕	1套	全毁	75	30年2月	
衬衫	府绸	2件	全毁	35	30年2月	
合计				110		
被灾日期	6月14日	被灾地点	林森路409号	房屋被炸或震塌	被炸	原支薪俸数目	36元	有无同居眷属	无

右〈上〉开物品,确系因空袭被炸,谨报告

分局长刘　转呈

局长唐　转呈

市长吴

　　　　　　　　　　　　填报人　三等警士　田期金

3)重庆市政府警察局第三分局段牌坊分驻所员役空袭损失私物报告表

物品名称	品质	数量	损失程度	原价	购买年月	备考
被盖	棉贡呢	1床	全毁	82	29年10月	

续表

物品名称	品质	数量	损失程度	原价	购买年月	备考
卧单	布	1床	全毁	12	29年10月	
制服	芝麻呢	1套	全毁	60	30年3月	
牙刷	毛骨	1把	全毁	5	30年1月	
合计				159		
被炸日期	6月14日	被炸地点	林森路409号	房屋被炸或震塌	被炸	原支薪俸数目 36元	有无同居眷属 无

右（上）开物品,确系因空袭被炸毁,谨报告

分局长刘　转呈

局长唐　转呈

市长吴

　　　　　　　　　　　填报人　三等警士　王友成

4) 重庆市政府警察局第三分局段牌坊分驻所员役空袭损失私物报告表

物品名称	品质	数量	损失程度	原价	购买年月	备考
被盖	棉布	1床	全毁	80	29年10月	
毡子	绒	1床	全毁	70	29年10月	
箱子	皮	1口	全毁	18	29年10月	
礼帽	青呢	1顶	全毁	58	29年9月	
制服	哔叽	1套	全毁	92	29年9月	
合计				318		
被炸日期	6月14日	被炸地点	林森路409号	房屋被炸或震塌	被炸	原支薪俸数目 38元	有无同居眷属 无

右（上）开物品,确系因空袭被炸毁,谨报告

分局长刘　转呈

局长唐　转呈

市长吴

　　　　　　　　　　　填报人　二等警士　裴新文

5) 重庆市政府警察局第三分局段牌坊分驻所员役空袭损失私物报告表

物品名称	品质	数量	损失程度	原价	购买年月	备考
被盖	棉布	1床	全毁	80	29年10月	

续表

物品名称	品质	数量	损失程度	原价	购买年月	备考
毡子	绒	1床	全毁	70	29年10月	
箱子	皮	1口	全毁	18	29年10月	
礼帽	青呢	1顶	全毁	58	29年9月	
制服	哔叽	1套	全毁	91	29年9月	
合计				318		
被炸日期	6月14日	被炸地点	林森路409号	房屋被炸或震塌	被炸	原支薪俸数目 36元	有无同居眷属 无

右〈上〉开物品,确系因空袭被炸毁,谨报告

分局长刘　转呈

局长唐　转呈

市长吴

　　　　　　　　　　　　　填报人　三等警士　陈冲钧

6)重庆市政府警察局第三分局段牌坊分驻所员役空袭损失私物报告表

物品名称	品质	数量	损失程度	原价	购买年月	备考
被盖	布棉	1床	全毁	52	29年8月	
制服	充呢	1套	全毁	45	30年1月	
合计				97		
被炸日期	6月14日	被炸地点	林森路409号	房屋被炸或震塌	被炸	原支薪俸数目 36元	有无同居眷属 无

右〈上〉开物品,确系因空袭被毁,谨报告

分局长刘　转呈

局长唐　转呈

市长吴

　　　　　　　　　　　　　填报人　三等警士　张浩然

7)重庆市政府警察局第三分局段牌坊分驻所员役空袭损失私物报告表

物品名称	品质	数量	损失程度	原价	购买年月	备考
被盖	棉布	1床	全毁	67	29年9月	
皮鞋	皮	1双	全毁	48	29年10月	
制服	芝麻呢	1套	全毁	45	30年3月	

续表

物品名称	品质	数量	损失程度	原价	购买年月	备考
衬衫	洋布	1件	全毁	14	30年4月	
合计				174		
被炸日期	6月14日	被炸地点	林森路409号	房屋被炸或震塌	被炸	原支薪俸数目	36元	有无同居眷属	无

右〈上〉开物品，确系因空袭被毁，谨报告

分局长刘　转呈

局长唐　转呈

市长吴

　　　　　　　　　　　　　填报人　三等警士　蒋委明

8) 重庆市政府警察局第三分局段牌坊分驻所员役空袭损失私物报告表

物品名称	品质	数量	损失程度	原价	购买年月	备考
被盖	锦缎	1床	全毁	120	29年4月	
箱子	皮	1口	全毁	18	29年4月	
内衣	线	1件	全毁	30	29年10月	
制服	花斜纹	1套	全毁	84	29年10月	
皮鞋	皮	1双	全毁	46	30年2月	
衬衫	府绸	2件	全毁	43	30年5月	
合计				331		
被炸日期	6月14日	被炸地点	林森路409号	房屋被炸或震塌	被炸	原支薪俸数目	38元	有无同居眷属	无

右〈上〉开物品，确系因空袭被毁，谨报告

分局长刘　转呈

局长唐　转呈

市长吴

　　　　　　　　　　　　　填报人　二等警士　王锡鹏

9) 重庆市政府警察局第三分局段牌坊分驻所员役空袭损失私物报告表

物品名称	品质	数量	损失程度	原价	购买年月	备考
被盖	布棉	1床	全毁	80	30年5月	
制服	芝麻呢	1套	全毁	30	29年9月	

续表

物品名称	品质	数量	损失程度	原价	购买年月	备考
合计				110		
被炸日期	6月14日	被炸地点	林森路409号	房屋被炸或震塌	被炸	原支薪俸数目 30元	有无同居眷属	无

右〈上〉开物品,确系因空袭被炸,谨报告

分局长刘　转呈

局长唐　转呈

市长吴

　　　　　　　　　　　　　　　填报人　公差　李洪顺

10)重庆市政府警察局第三分局段牌坊分驻所员役空袭损失私物报告表

物品名称	品质	数量	损失程度	原价	购买年月	备考
被盖	布缎	1床	全毁	87	29年10月	
内衣	毛线	1件	全毁	50	29年10月	
合计				137		
被炸日期	6月14日	被炸地点	林森路409号	房屋被炸或震塌	被炸	原支薪俸数目 36元	有无同居眷属	无

右〈上〉开物品,确系因空袭被毁,谨报告

分局长刘　转呈

局长唐　转呈

市长吴

　　　　　　　　　　　　　　　填报人　三等警士　黄安禄

11)重庆市政府警察局第三分局段牌坊分驻所员役空袭损失私物报告表

物品名称	品质	数量	损失程度	原价	购买年月	备考
衬衫	布	1件	全毁	18	30年4月	
皮鞋	皮	1双	全毁	40	30年4月	
面盆	瓷	1个	全毁	29	29年12月	
合计				87		
被炸日期	6月14日	被炸地点	林森路409号	房屋被炸或震塌	被炸	原支薪俸数目 36元	有无同居眷属	无

续表

右〈上〉开物品,确系因空袭被毁,谨报告
分局长刘　转呈
局长唐　转呈
市长吴
填报人　三等警士　郭在宇

12）重庆市政府警察局第三分局段牌坊分驻所员役空袭损失私物报告表

物品名称	品质	数量	损失程度	原价	购买年月	备考
面盆	瓷	1个	全毁	15	29年12月	
衬衫	布	2件	全毁	40	30年2月	
被盖	布棉	1床	全毁	78	29年9月	
合计				132		
被炸日期	6月14日	被炸地点	林森路409号	房屋被炸或震塌	被炸	原支薪俸数目	36元	有无同居眷属	无

右〈上〉开物品,确系因空袭被炸,谨报告

分局长刘　转呈

局长唐　转呈

市长吴

　　　　　　　　　　　　　　　　填报人　三等警士　高明德

13）重庆市政府警察局第三分局段牌坊分驻所员役空袭损失私物报告表

物品名称	品质	数量	损失程度	原价	购买年月	备考
制服	哈哔〔叽〕	1套	全毁	46	30年1月	
衬衫	白布	2件	全毁	20	30年4月	
卧单	布	1床	全毁	16	29年10月	
被盖	棉布	1床	全毁	50	29年10月	
合计				132		
被炸日期	6月14日	被炸地点	林森路409号	房屋被炸或震塌	被炸	原支薪俸数目	36元	有无同居眷属	无

续表

右〈上〉开物品,确系因空袭被毁,谨报告
分局长刘　转呈
局长唐　转呈
市长吴
填报人　三等警士　侯锡成

14)重庆市政府警察局第三分局段牌坊分驻所员役空袭损失私物报告表

物品名称	品质	数量	损失程度	原价	购买年月	备考
卧单	线	1床	全毁	16	29年8月	
被盖	棉布	1床	全毁	60	29年8月	
衬衫	布	2件	全毁	32	30年5月	
合计				108		
被炸日期	6月14日	被炸地点	林森路409号	房屋被炸或震毁	被炸	原支薪俸数目	36元	有无同居眷属	无

右〈上〉开物品,确系因空袭被毁,谨报告

分局长刘　转呈

局长唐　转呈

市长吴

　　　　　　　　　　　　　　　填报人　三等警士　颜树深

15)重庆市政府警察局第三分局段牌坊分驻所员役空袭损失私物报告表

物品名称	品质	数量	损失程度	原价	购买年月	备考
制服	芝麻呢	1套	全毁	30	28年10月	
被盖	布棉	1床	全毁	50	29年8月	
合计				80		
被炸日期	6月14日	被炸地点	林森路409号	房屋被炸或震塌	被炸	原支薪俸数目	36元	有无同居眷属	无

右〈上〉开物品,确系因空袭被毁,谨报告

分局长刘　转呈

局长唐　转呈

市长吴

　　　　　　　　　　　　　　　填报人　三等警士　杨东海

16) 重庆市警察局第三分局员役空袭损失报告表

物品名称	品质	数量	损失程度	原价	购买年月	备考
房屋	竹瓦砖木	2间	全部屋顶	300	29年8月	
菜饭碗	瓷	大小20个	炸毁	30	29年9月	
温水瓶	铁玻璃	1个	炸毁	50	30年1月	
方桌	木	1张	炸毁	50	30年2月	
椅	木	4张	炸毁	20	30年2月	
木凳	木	1张	炸毁	10	30年2月	
镜子	玻璃	1张	炸毁	15	29年10月	
皮衣箱	皮	1口	炸毁	170	29年8月	
便衣	布	6套	炸毁	300	29年9月	
黄制服	布	2套	炸毁	100	30年3月	
合计				892		
被炸日期	6月14日	被炸地点	林森路409号	房屋被炸或震塌	炸毁	原支薪俸数目	240元	有无同居眷属

右〈上〉开物品系因空袭被毁,谨报告

局长唐　转呈

市长吴

　　　　　　　　　　　　　填报人　分局长　刘磊

　　　　　　　　　　　　　　　　　　六月十七日

17) 重庆市警察局第三分局员役空袭被炸报告表

物品名称	品质	数量	损毁程度	原价	购买年月	备考
青哈机〔叽〕制服	棉	1套	全毁	56	29年12月	
床	铁	1架	全毁	80	29年9月	
面盆	浪〔琅〕磁	1个	全毁	24	29年12月	
面巾	棉	1条	全毁	2.4	28年10月	
衣架	木	1座	全毁	26	29年5月	
麻布木靠椅	木	1架	全毁	17	28年7月	
皮鞋	皮	1双	全毁	60	29年10月	
雨衣	胶布	1件	全毁	80	28年7月	

续表

物品名称	品质	数量	损毁程度	原价	购买年月	备考
温水瓶	玻璃	1个	全毁	24	28年7月	
茶杯	磁	4个	全毁	8	29年3月	
被盖	棉	1床	全毁	80	29年4月	
棉毯	棉	1床	全毁	32	28年11月	
合计				482.4		
被炸日期	民国30年6月14日	被炸地点	警察第三分局	房屋被炸或震倒	炸毁	原支薪俸数目	160元	有无同居眷属	

右〈上〉列物品因空袭被炸毁,谨报告

分局长刘　转呈

局长唐　转呈

市长吴

　　　　　　　　　　　　　　填报人　一等警员　杨逢春

　　　　　　　　　　　　　　三十年六月十五日

18) 重庆市警察局第三分局员役空袭损失私物报告表

物品名称	品质	数量	损失程度	原价	购买年月	备考
青哗叽制服	毛	两件	全炸毁	240	29年9月	
白哗叽下装	毛	1件	全炸毁	100	30年5月	
胶雨衣	胶	1件	全炸毁	25	29年9月	
黄哈叽上装	棉	1件	全炸毁	22	29年4月	
刀带	纹皮	1根	全炸毁	12	29年4月	
防毒面具	德国出品	1个	全炸毁	70	29年4月	
白锑锅	锑	1个	全炸毁	25	30年3月	
饭碗	白磁	10个	全炸毁	25	30年2月	因家住分局侧,碗存洞内,全损失
呢帽	毛	1顶	全炸毁	40	30年3月	
皮鞋	纹皮	1双	全炸毁	80	29年4月	
棉絮	棉	1床	全炸毁	25	29年4月	

续表

物品名称	品质	数量	损失程度	原价	购买年月	备考
书籍	洋装	100余本	全炸毁	300	29年	所存书籍皆系29年各月所购
合计				964元		
被炸日期	6月14日	被炸地点	警察第三分局	房屋被炸或震塌	全炸毁	原支薪俸数目	150元	有无同居眷属	分局后侧有

右〈上〉列物品系因空袭被毁,谨报告

分局长刘　转呈

局长唐　转呈

市长吴

填报人　二等局员　廖大联
三十年六月十七日

19) 重庆市警察第三分局员役空袭被炸私物报告表

物品名称	品质	数量	损毁程度	原价	购买年月	备考
青哗叽中山服	毛	1套	全毁	360	29年8月	
黄卡〔咔〕叽中山服	棉	1套	全毁	52	29年3月	
白府绸衬衣	丝	1件	全毁	36	30年3月	
白洋布短裤	棉	1条	全毁	8	30年4月	
白花布毯	棉	1床	全毁	47	30年3月	
白被胎	棉	1床	全毁	25	29年9月	
黑皮鞋	皮	1双	全毁	74	30年4月	
雨鞋	胶	1双	全毁	30	30年2月	
洗面盆	磁	1个	全毁	34	29年10月	
刷口磁钟〔盅〕	磁	1个	全毁	5	30年2月	
合计				661元		
被炸日期	6月14日	被炸地点	林森路409号	房屋被炸或震倒	炸毁	原支薪俸数目	100元	有无同居眷属	无

续表

右〈上〉列物品系因空袭被毁，谨报告

分局长刘　转呈

局长唐　转呈

市长吴

　　　　　　　　　　　　　填报人　三等巡官　钟肇卿

　　　　　　　　　　　　　三十年六月十六日

20) 重庆市警察局第三分局员役空袭被炸私物报告表

物品名称	品质	数量	损毁程度	原价	购买年月	备考
面盆	磁	1个	全毁	23	29年10月	
皮鞋	皮	1双	全毁	42	30年2月	
手巾	线	1张	全毁	3	30年5月	
漱[口]盂	磁	1只	全毁	4	30年5月	
牙刷	骨	1只	全毁	2	30年5月	
木床	木	1架	全毁	24	29年4月	
胶鞋	胶	1双	全毁	26	30年3月	
被絮	棉	1床	全毁	18	29年9月	
毡	麻	1床	全毁	16	29年9月	
铺盖	棉	1床	全毁	90	29年10月	
卧单	棉	1床	全毁	32	29年10月	
枕头	棉	1双	全毁	24	29年10月	
衬衣	布绸	1件	全毁	30	30年3月	
短裤	布	1件	全毁	8	30年3月	
合计				342元		

| 被炸年月 | 30年6月14日 | 被炸地点 | 警察第三分局 | 房屋被炸或震倒 | 炸毁 | 原支薪俸数目 | 100元 | 有无同居眷属 | |

右〈上〉列物品系因空袭炸毁，谨报告

分局长刘　转呈

局长唐　转呈

市长吴

　　　　　　　　　　　　　填报人　三等巡官　夏俊臣

　　　　　　　　　　　　　三十年六月十五日

21) 重庆市警察局第三分局员役空袭私物报告表

物品名称	品质	数量	损毁程度	原价	购买年月	备考
皮箱	皮	1只	全毁	10.2	29年12月	
蓝布衫	棉	2件	全毁	60	29年11月	
府绸汗衣	棉	2件	全毁	50	30年3月	
府绸中衣	棉	2件	全毁	38	30年3月	
洋汗衣	棉	1件	全毁	6	30年3月	
皮鞋	皮	1双	全毁	80	30年1月	
被盖	棉	1床	全毁	120	29年9月	
面盆	磁	1只	全毁	12	29年9月	
枕头	棉	1对	全毁	8	30年2月	
水瓶	磁	1个	全毁	18	30年2月	
合计				402.2		
被炸日期	30年6月14日	被炸地点	警察第三分局	房屋被炸或震倒	炸毁	原支薪俸数目	90元	有无同居眷属

右〈上〉列物品系因空袭被毁,谨报告

分局长刘　转呈

局长唐　转呈

市长吴

　　　　　　　　　　　填报人　会计办事员　陈铸鋆

　　　　　　　　　　　　　三十年六月十六日

22) 重庆市警察局第三分局员役空袭损失私物报告表

物品名称	品质	数量	损失程度	原价	购买年月	备考
被盖	棉	1床	全毁	78	29年1月	
棉毯	棉	1床	全毁	30	29年10月	
枕头	棉	1双	全毁	12	29年10月	
皮鞋	皮	1双	全毁	55	30年3月	
面盆	瓷	1个	全毁	32	29年7月	
漱口筒	瓷	1个	全毁	2.2	29年1月	
皮箱	皮	1口	全毁	32	29年1月	
黄制服	哈叽	1套	全毁	120	30年5月	

续表

物品名称	品质	数量	损失程度	原价	购买年月	备考
青制服	哗叽	1套	全毁	245	29年10月	
白衬衫	府绸	2件	全毁	54	30年4月	
汗衣	绒	1件	全毁	7.5	29年9月	
合计				667.7		
被炸日期	30年6月14日	被炸地点	警官〔察〕局第三分局内	房屋被炸或震倒	炸毁	原支薪俸数目	90元	有无同居眷属	无

右〈上〉列物品因空袭被炸毁,谨报告

分局长刘　转呈

局长唐　转呈

市长吴

　　　　　　　　　填报人　文书办事员　罗依炳

　　　　　　　　　三十年六月十六日

23) 重庆市警察局第三分局员役空袭损失私物报告表

物品名称	品质	数量	损失程度	原价	购买年月	备考
黄皮箱	皮	1只	全毁	50	29年6月	
黄哈叽中山服	棉	2套	全毁	70	29年6月	
青毛哗叽	毛	1套	全毁	240	29年9月	
黑皮鞋	皮	1双	全毁	42	30年2月	
面盆	磁	1只	全毁	20	29年4月	
被盖	棉	1床	全毁	70	29年9月	
线毯	棉	1床	全毁	20	28年10月	
雨衣	胶	1件	全毁	80	29年4月	
毛线汗衣	毛	1件	全毁	40	29年8月	
合计				622元		
被炸日期	30年6月14日	被炸地点	警察局第三分局	房屋被炸或震倒	炸毁	原支薪俸数目	100元	有无同居眷属	

续表

右〈上〉列物品系因空袭被毁,谨报告
分局长刘　转呈
局长唐
市长吴
填报人　户籍员　唐志远　刘磊代　此人在总局办公
三十年六月十六日

24) 重庆市警察局第三分局员役损失私物报告表

物品名称	品质	数量	损失程度	原价	购买年月	备考
草黄制服	哈哗〔叽〕	1套	炸毁	55	29年6月	
人字呢大衣	冲呢	1件	炸毁	85	29年11月	
标准布衬衫	布	1件	炸毁	18	30年3月	
青中山服	斜文〔纹〕	1套	炸毁	45	29年12月	
洗脸盆	洋磁	1个	炸毁	24	29年5月	
洗脸帕	线织	1张	炸毁	3.5	30年4月	
洋枕头	洋布	1付〔对〕	炸毁	8	29年9月	
玻璃茶杯	玻璃	1个	炸毁	1.5	30年5月	
合计				240		
被炸日期	6月14日	被炸地点	林森路409号	房屋被炸或震倒	全部炸毁	原支薪俸数目	80元	有无同居眷属	□□子等共40

右〈上〉开物品系因空袭被毁,谨报告呈
分局长刘　转呈
局长唐　转呈
市长吴
填报人　雇员　萧汉良
三十年六月十五日

25) 重庆市警察局第三分局员役空袭损失私物报告表

物品名称	品质	数量	损失程度	原价	购买年月	备考
棉絮	棉	1床	被炸毁	10元	29年12月	
被单	布	1床	被炸毁	30元	29年12月	
被面	标布	1床	被炸毁	30.5元	29年12月	

续表

物品名称	品质	数量	损失程度	原价	购买年月	备考
面盆	搪瓷	1个	被炸毁	28元	29年2月	
青呢大衣	呢	1件	被炸毁	120元	29年11月	
青制服	哔叽	1套	被炸毁	104元	28年12月	
黄中山服	布	1套	被炸毁	30元	29年10月	
皮箱	皮	1口	被炸毁	60元	29年10月	
皮鞋	皮	1双	被炸毁	45元	29年12月	
衬衫	布	2件	被炸毁	50元	30年6月	
毛巾		1条	被炸毁	3元	30年6月	
袜		3双		6元	30年6月	
绒背心	绒	1件		60元	30年6月	
合计				693.5元		
被炸日期	6月14日〔午后〕2时	被炸地点	林森路409号	房屋被炸或震塌	全部炸毁	原有薪俸数目	80元	有无同居眷属	无

右〈上〉列物品系因空袭被毁，谨报告

分局长刘　转呈

局长唐　转呈

市长吴

　　　　　　　　　　　　填报人　雇员　周宗佑　呈

三十年六月十六日

26) 重庆市警察局第三分局员役空袭损失报告表

物品名称	品质	数量	损失程度	原价	购买年月	备考
被盖	布里红绸面	2床	炸毁	30	29年10月	
皮箱	黄牛皮包口	1只	炸毁	40	30年2月	
中山服	黑色斜纹布	1套	炸毁	30	29年10月	
中山服	藏青哔叽	1套	炸毁	90	29年11月	

续表

物品名称	品质	数量	损失程度	原价	购买年月	备考
背心	黄色□绒织	1件	炸毁	20	28年10月	
线毯	白色毛线	1件	炸毁	25	29年9月	
被毯	白色印花布织	1床	炸毁	35	30年3月	
合计				200		
被炸日期	6月14日	被炸地点	林森路三分局	房屋被炸或震塌	炸毁	原支薪俸数目	90元	有无同居眷属	无

右（上）开物品系因空袭被毁，谨报告

分局长刘　转呈

局长唐　转呈

市长吴

　　　　　　　　　　　　服务员　劳敬甫

　　　　　　　　　　　　三十年六月十七日

27）重庆市警察局第三分局员役空袭损失私物报告表

物品名称	品质	数量	损失程度	原价	购买年月	备考
被盖	毛葛面	1床	全部	50	25年3月份	
皮箱	白皮	1只	全部	19	30年1月份	
油布	黄	1床	全部	30.5	26年4月份	
军毯	灰色	1床	全部	30	26年5月份	
青哔叽	青	1套	全部	100.3	29年6月份	
皮鞋	黄色	1双	全部	60	29年6月份	
西装	草绿哔叽	1套	全部	300.5	30年1月13日	
毯子	印花	1床	全部	40	30年4月份	
□□	□□	□□	全部	□□	□□□□□	
合计				714		
被炸日期	6月14日	被炸地点	三分局林森路	房屋被炸或震塌	全体房屋炸毁	原支薪俸数目	42元	有无同居眷属	无

续表

右〈上〉开物品系因空袭被毁，谨报告
分局长刘　转呈
局长唐　转呈
市长吴
填报人　三等警长　刘浩然
三十年六月

28) 重庆市警察局第三分局员役损失私物报告表

物品名称	品质	数量	损失程度	原价	购买年月	备考
房屋	竹草	1间	震坏	75	29年7月	
被盖	白洋布包单哔叽面子白棉花	1全床	全部炸毁	49	29年3月	
毯子	线织	1床	全部炸毁	17	29年4月	
枕头	白洋仿	1个	全部炸毁	7.3	29年4月	
席子	青篾	1床	全部炸毁	19.5	30年5月	
面盆	洋磁	1个	全部炸毁	9.2	28年1月	
衬衣	白府绸	1件	全部炸毁	24.6	30年5月	
摇裤	黄哈叽	1件	全部炸毁	9.5	30年4月	
摇裤	青哔叽	1件	全部炸毁	3.8	28年2月	
中山服	青帆布	1套	全部炸毁	40	30年4月	
袜子	线织	2双	全部炸毁	4.5	30年1月	
长衫	蓝布	1件	全部炸毁	33.6	29年12月	
下装	毛哔叽	1条	全部炸毁	24.5	27年5月	
箱子	黄皮	1口	全部炸毁	25	29年6月	
合计				共563.9[①]		
被灾日期	民国30年6月14日午后2时	被灾地点	林森路409号警察三分局内	房屋被炸或震塌	震塌	原支饷额	月支50元	有无眷属同居	内助2人

[①] 该数字有误。

续表

右〈上〉开物品系因空袭被毁,谨报告
分局长　转呈
局长唐　转呈
市长吴
一等警长　陈寿锠
三十年六月十□日

29)重庆市警察局第三分局员役空袭被炸报告表

物品名称	品质	数量	损失程度	原价	购买年月	备考
木箱	木	1只	全毁	14	28年2月	
衬衫	布绸	1件	全毁	20	30年4月	
牙刷	骨	1把	全毁	2	30年5月	
牙粉	无瑕	1筒〔桶〕	全毁	4	30年4月	
面盆	磁	1个	全毁	8	28年3月	
手巾	线	1张	全毁	2	30年2月	
青哈叽下装	棉	1件	全毁	18	29年11月	
洋汗衣	棉	1件	全毁	7	30年2月	
合计				75元		
被炸日期	6月14日	被炸地点	林森路409号三分局	房屋被炸或震倒	被炸	原支薪俸数目	46元	有无同居眷属	无

右〈上〉列物品系空袭被炸,谨报告
分局长刘　转呈
局长唐　转呈
市长吴
　　　　　　　　　　　填报人　二等户籍警长　魏重持
　　　　　　　　　　　三十年六月十六日

30)重庆市警察局第三分局员役空袭被炸报告表

物品名称	品质	数量	损失程度	原价	购买年月	备考
青卡机〔咔叽〕军服	棉	1套	全毁	51	29年7月	

续表

物品名称	品质	数量	损失程度	原价	购买年月	备考
中山呢西装	棉	1套	全毁	72	29年9月	
青哔叽西装	棉	1套	全毁	62	29年全月	
白式〔市〕布衬衣	棉	2件	全毁	36	30年4月	
白布毯	棉	1床	全毁	22	29年7月	
白被盖	棉	1床	全毁	51	29年5月	
黄皮鞋		1双	全毁	45	30年2月	
合计				339		
被炸日期	6月14日	被炸地点	三分局	房屋被炸或震倒	全毁	原支薪俸数目	36元	有无同居眷属	无

右〈上〉列物品系空袭被炸,谨报告

分局长刘　转呈

局长唐　转呈

市长吴

　　　　　　　　　　　　　被炸人　三等警士　王建国

　　　　　　　　　　　　　　　　　　三十年六月十六日

31)重庆市警察局第三分局员役空袭损失私物报告表

物品名称	品质	数量	损失程度	原价	购买年月	备考
制服	青哈叽	1套	全毁	36	29年10月	
皮箱	黄色	1只	全毁	46	30年3月	
被盖	白包单	1床	全毁	40	29年4月	
油绸	黄色	1根	全毁	15	30年1月	
毯子	线	1根	全毁	26	29年12月	
面盆	红花	1只	全毁	18	29年12月	
合计				181		
被炸日期	6月14日	被炸地点	三分局	房屋被炸或震塌	全毁	原支薪俸数目	40元	有无同居眷属	无

续表

右〈上〉开物品系因空袭被毁，谨报告
分局长刘　转呈
局长唐　转呈
市长吴
填报人　一等警士　李忠植
三十年六月

32）重庆市警察局第三分局员役空袭被炸报告表

物品名称	品质	数量	损失程度	原价	购买年月	备考
皮箱	白	1只	全毁	21	30年1月	
制服	青	1套	全毁	45	30年1月	
面盆	红花	1只	全毁	23	29年9月	
皮鞋	黑色	1双	全毁	37	29年9月	
合计				126		
被炸日期	6月14日	被炸地点	三分局	房屋被炸或震倒	全毁	原支薪俸数目	40元	有无同居眷属	太平门外□□□29号

右〈上〉开物品系因空袭被毁，谨报告

分局长刘　转呈

局长唐　转呈

市长吴

　　　　　　　　　　　　　填报人　一等警士　萧南钧

　　　　　　　　　　　　　　　　　三十年六月十七日

33）重庆市警察局第三分局员役空袭被炸报告表

物品名称	品质	数量	损毁程度	原价	购买年月	备考
青制服	单	1套	全毁	58	30年2月	
皮鞋	黄	1双	全毁	42	29年10月	
衬衣	白	1件	全毁	15	30年3月	
被盖	锦缎	1床	全毁	85	29年7月	
花毯	棉	1床	全毁	2	28年10月	
面盆		1个	全毁	12	29年10月	

续表

物品名称	品质	数量	损毁程度	原价	购买年月	备考
皮箱		1个	全毁	24	30年1月	
青卡〔咔〕叽裤		1条	全毁	25	30年6月	
漱口杯		1个	全毁	2	29年8月	
直贡呢礼帽		1顶	全毁	32	29年9月	
合计				217		
被炸日期	6月14日	被炸地点	警察第三分局	房屋被炸或震倒	全毁	原支薪俸数目	36元	有无同居眷属

右〈上〉列各物系空袭被炸,谨报告

分局长刘　转呈

局长唐　转呈

市长吴

　　　　　　　　　　　　填报人　三等警士　龚璧辉

　　　　　　　　　　　　三十年六月十四日

34)重庆市警察局第三分局员役空袭被炸报告表

物品名称	品质	数量	损毁程度	原价	购买年月	备考
芝麻呢制服	棉	1套	全毁	62	30年5月份	
灰衬衫	棉	1套	全毁	47	30年1月份	
白衬衫	棉	1件	全毁	16	30年5月份	
白被条	棉	1床	全毁	28	30年4月份	
礼帽	呢	1鼎〔顶〕	全毁	36	29年11月份	
面盆	磁	1口	全毁	25	29年10月份	
皮鞋	皮	1双	全毁	36	30年2月份	
全胶鞋	胶	1双	全毁	18	29年12月份	
合计				268		
被炸日期	6月14日	被炸地点	三分局	房屋被炸或震倒	全毁	原支薪俸数目	36元	有无同居眷属	千厮门水巷子汲泉巷7号附2号

续表

右〈上〉列物品系空袭被炸，谨报告
分局长刘　转呈
局长唐　转呈
市长吴
填报人　三等警士　杨宗铨
三十年六月十六日

35）重庆市警察局第三分局员役空袭被炸报告表

物品名称	品质	数量	损毁程度	原价	购买年月	备考
被盖	棉	1床	全毁	68	29年11月份	
青卡机〔咔叽〕制服	棉	1套	全毁	55	30年2月份	
黄皮鞋	皮	1双	全毁	48	30年5月份	
芝麻呢制服	棉	1套	全毁	68	30年5月份	
灰衬衫	棉	1件	全毁	20	30年4月份	
青呢子上装	呢	1件	全毁	58	29年10月份	
合计				317		
被炸日期	6月14日	被炸地点	三分局	房屋被炸或震倒	全毁	原支薪俸数目	36元	有无同居眷属	九道门30号

　　右〈上〉列物品系空袭被炸，谨报告

分局长刘　转呈

局长唐　转呈

市长吴

　　　　　　　　　　　　　　　　填报人　三等警士　肖海林

　　　　　　　　　　　　　　　　三十年六月十六日

36）重庆市警察局第三分局员役空袭被炸报告表

物品名称	品质	数量	损毁程度	原价	购买年月	备考
竹箱	竹	1口	全毁	8	30年1月份	
青制服	哔叽	1套	全毁	65	30年3月份	
皮鞋	皮	1双	全毁	42	30年2月份	
白衬衫	棉	1件	全毁	18	30年5月份	

续表

物品名称	品质	数量	损毁程度	原价	购买年月	备考
毛线汗衣	毛	1件	全毁	36	29年9月份	
合计				167		
被炸日期	6月14日	被炸地点	三分局	房屋被炸或震塌	全毁	原支薪俸数目	36元	有无同居眷属	无

右〈上〉列物品系空袭被炸,谨报告

分局长刘　转呈

局长唐　转呈

市长吴

　　　　　　　　　　　填报人　三等警士　陈志忠

　　　　　　　　　　　三十年六月十六日

37）重庆市警察局第三分局员役损失私物报告表

物品名称	品质	数量	损失程度	原价	购买年月	备考
箱子	白皮	1口	全部被炸	60	29年11月	
面镜	玻砖	1张	全部被炸	20	30年1月	
下装	条子呢	1条	损坏八程〔成〕	25	29年7月	
下装	芝麻呢	1条	全毁	20	28年6月	
西式短裤	黄哗叽	1条	全毁	16	29年11月	
鞋子	青哗叽	1双	全毁	8	30年5月	
包帕	白市布	1根	全毁	9	29年7月	
衬衫	白府绸	1件	全毁	26	29年4月	
合计				152		
被炸日期	6月14日	被炸地点	火神庙三分局	房屋被炸或震塌	被炸	原支薪俸数目	36元	有无同居眷属	无

右〈上〉开品物因空袭被毁,谨报告

分局长刘　转呈

局长唐　转呈

市长吴

　　　　　　　　　　　填报人　三等警士　杨炯

　　　　　　　　　　　三十年六月

38)重庆市警察局第三分局员役空袭被炸私物报告表

物品名称	品质	数量	损毁程度	原价	购买年月	备考
皮箱	皮	1只	全毁	24	29年1月	
衬衣	布绸	1件	全毁	30	29年4月	
毛汗衣	毛	1套	全毁	40	28年7月	
被盖	棉	1床	全毁	60	29年10月	
印花布毯	棉	1床	全毁	20	29年10月	
油布	棉	1床	全毁	12	29年10月	
枕头	棉	1对	全毁	6	29年10月	
皮带	皮	1根	全毁	7	30年5月	
合计				共199		
被炸日期	30年6月14日	被炸地点	林森路第三分局	房屋被炸或震倒	全毁	原支薪俸数目	36元	有无同居眷属	

右〈上〉列物品系因空袭炸毁,谨报告

分局长刘　转呈

局长唐　转呈

市长吴

　　　　　　　　　　　　　　填报人　三等户籍生　王本

　　　　　　　　　　　　　　三十年六月十四日

39)重庆市警察局第三分局员役空袭损失私物报告表

物品名称	品质	数量	损失程度	原价	购买年月	备考
被盖	布棉	1床	全炸毁	60.5	28年11月	
蓝布长衫	布	1件	全炸毁	45	29年10月	
短裤褂	布	1套	全炸毁	50	30年1月	
面巾	棉纱	1条	全炸毁	2.8	30年2月	
合计				158.3		
被炸日期	6月14日	被炸地点	林森路409号	房屋被炸或震倒	完全炸毁	原有薪俸数目	30元	有无同居眷属	无

右〈上〉开物品系因空袭被毁,谨报告

分局长刘　转呈

局长唐　转呈

市长吴

　　　　　　　　　　　　　　填报人　伙伕　廖炳臣

　　　　　　　　　　　　　　三十年六月十六日

40)重庆市警察局第三分局员役空袭损失私物报告表

物品名称	品质	数量	损失程度	原价	购买年月	备考
中山服	蓝色	1套	全部被炸	37	29年元月制	
旅行袋	蓝花	1只	全部被炸	4.7	30年2月制	
冲毛呢鞋	青色	1双	全部被炸	15	30年3月制	
合计				56.7		
被炸日期	6月14日	被炸地点	三分局	房屋被炸或震塌	全毁	原支薪俸数目	30元	有无同居眷属	无

右〈上〉开物品系因空袭被毁,谨报告

分局长刘　转呈

局长唐　转呈

市长吴

　　　　　　　　　　　　　　　填报人　伙伕　江晏清

　　　　　　　　　　　　　　　　　　　　三十年六月

41)重庆市政府警察局第三分局员役空袭损失私物报告表

物品名称	品质	数量	损失程度	原价	购买年月	备考
被盖	棉布	1床	全毁	82	29年10月	
制服	芝麻呢	1套	全毁	64	29年12月	
制服	哔织〔叽〕	1套	全毁	60	29年8月	
皮鞋	皮	1双	全毁	42	30年4月	
合计				248		
被炸日期	6月14日	被炸地点	林森路409号	房屋被炸或震塌	被炸	原支薪俸数目	30元	有无同居眷属	无

右〈上〉开物品,确系因空袭被毁,谨报告

分局长刘　转呈

局长唐　转呈

市长吴

　　　　　　　　　　　　　　　填报人　公差　杜思新

　　　　　　　　　　　　　　　　　　三十年六月十六日

42）重庆市警察局第三分局员役空袭被炸报告表

物品名称	品质	数量	损失程度	原价	购买年月	备考
被盖	棉	1床	全毁	50	28年12月	
洋小衣	棉	2件	全毁	38	30年2月	
毛巾	线	1张	全毁	3	30年3月	
合计				共91元		
被炸日期	30年6月14日	被炸地点	警察三分局	房屋被炸或震倒	全毁	原支薪俸数目	30元	有无同居眷属

右〈上〉列物品系空袭被毁，谨报告

分局长刘　转呈

局长唐　转呈

市长吴

　　　　　　　　　　　　填报人　公差　罗明清
　　　　　　　　　　　　三十年六月十六日

43）重庆市警察局第三分局员役空袭被炸报告表

物品名称	品质	数量	损毁程度	原价	购买年月	备考
被盖	棉	1床	全毁	60	29年8月	
汗衣	棉	2件	全毁	24	30年1月	
中衣	棉	1件	全毁	10	29年7月	
面巾	棉	1张	全毁	2.4	30年4月	
合计				共96.4		
被炸日期	6月14日	被炸地点	警察局第三分局	房屋被炸或震塌	炸毁	原支薪俸数目	30元	有无同居眷属

右〈上〉列物品系空袭被炸毁，谨报告

分局长刘　转呈

局长唐　转呈

市长吴

　　　　　　　　　　　　填报人　罗寿泉
　　　　　　　　　　　　三十年六月十六日

（0061—15—2207—2）

86. 重庆市警察局第三区署为报凌整1941年6月14日空袭损失请予救济呈市警察局文（1941年6月18日）

案据段牌坊镇镇长转干事凌整报告称："窃镇公所于本月十四日被炸，私人财物悉遭炸毁，惟职每月薪俸微薄，且际斯物价飞涨生活异常昂贵，此种灾害殊堪悯怜，恳请速予救济，以示赈恤，实为公便。是否之处，理合备文并附呈空袭损失私物报告表1份，报请鉴核转报。谨呈"。等情。附呈空袭损失私物报告表3份。据此，经派员查勘，确属实情。除指复外，理合检同是项报告表3份，具文赍呈钧局鉴核救济，并候令遵。

谨呈

局长唐

附呈空袭损失私物报告表3份

兼区长　刘磊

重庆市第三区段牌坊镇员役空袭损失私物报告表

物品名称	品质	数量	损失程度	原价	购买年月	备考
被盖	府绸	1床	全毁	100	29年11月	
制服	充毛呢	1套	全毁	80	29年11月	
短裤	黄卡机〔咔叽〕	3条	全毁	42	29年11月	
洗脸盆	洋磁	1个	全毁	23	29年11月	
洗口杯	洋磁	1个	全毁	6	29年10月	
合				251		
被灾日期	6月14日	被灾地点	林森路409号	房屋被炸或震毁	被炸	原支薪俸数目	50元	有无同居眷属	无

右〈上〉开物品，确系因空袭被毁，谨报呈

区长刘　转呈

局长唐　转呈

市长吴

填报人　段牌坊镇干事　凌整
三十年六月十七日

（0061—15—1356）

87. 重庆市警察局消防总队为报李席儒1941年6月14日空袭损失请予救济呈市警察局文(1941年6月20日)

据本总队保管股主任李席儒报称：本年六月十四日敌机袭渝，伊家住本市四贤巷24号，被敌机投弹炸毁衣物等件，列表请予转请救济前来。经查属实，并经本保保甲人员暨骡马店镇公所登记在案，理合检同私人损失表2份具文呈请钧局恳予转请救济，候令祗遵。

谨呈

局长唐

总队长　李贲

重庆市政府警察局消防总队员警差役空袭损失私物报告表

物品名称	品质	数量	损失程度	原价	购买年月	备考
被面	锦缎	1	炸毁	30	29年10月	
包单	洋布	1	炸毁	20	29年10月	
棉絮	棉	1	炸毁	24	29年10月	
长衫	绸	1	炸毁	80	29年5月	
长衫	布	2	炸毁	56	29年11月	
汗衣	洋纱	2	炸毁	20	29年5月	
中衣	洋纱	2	炸毁	20	29年5月	
衣箱	皮	1	炸毁	8	28年1月	
面盆	洋磁	1	炸毁	40	30年3月	
水瓶	玻管锑壳	1	炸毁	32	30年3月	
毯子	斜纹	2	炸毁	80	29年11月	
帐子	罗纹	1	炸毁	20	25年10月	
水锅	铁	1	炸毁	20	30年1月	
大小碗	磁	60件头	炸毁	85	29年12月	
木床	木	2	炸毁	44	29年1月	
方桌	木	1	炸毁	20	29年1月	
合计				599		
被灾日期	6月14日	被灾地点	四贤巷24号	房屋被炸或震毁	被炸	原支薪俸数目	180元	有无同居眷属	1人

续表

右〈上〉开物品,确系因空袭被毁,谨报告
总队长李　转呈
局长唐　核转
市长吴
消防总队保管股主任　李席儒
三十年六月十七日

（0061—15—1356）

88. 重庆市警察局为报员警1941年6月5日、7日、14日空袭损失请予救济呈市政府文稿(1941年6月19日)

案查本局秘书陈树旬等□□□□□□□炸,致私人损失财物,均按照规定,分别填报损失表各□份,经查属实。理合检附原表40份、汇报册1份,具文呈请钧府鉴核拨款救济,藉资激励。

谨呈

市长吴

附呈本局员警私人损失财物报告表40份、汇报册1份

　　　　　　　　　　　重庆市警察局局长　唐○

1)重庆市政府警察局员警差役空袭损失私物报告表

物品名称	品质	数量	损失程度	原价	购买年月	备考
皮箱	皮质	1只	全毁	62	30年□月	
藏青哔叽中山服	毛织品	1套	全毁	200	29年□月	
派力司中山服	毛织品	1套	全毁	300	30年2月	
被条	棉胎	1床	全毁	50	29年9月	
线毯	棉织品	2张	全毁	60	29年5月	
草帽	蒲草	1顶	全毁	30	30年5月	
皮鞋	皮质	1双	全毁	76	30年3月	
合计				778		

续表

| 被灾日期 | 6月7日 | 被灾地点 | 警察局 | 房屋被炸或震毁 | 炸毁 | 原支薪俸数目 | 300元 | 有无同居眷属 | |

右〈上〉开物品,确系因空袭被毁,谨报告

秘书室主任李　转呈

局长唐　核转

市长吴

重庆市警察局秘书　陈树旬

三十年六月九日

2) 重庆市政府警察局侦缉大队员警差役空袭损失私物报告表

物品名称	品质	数量	损失程度	原价	购买年月	备考
□□	□□	□	炸烂	65	28年9月	
□□	花布	1	炸烂	30	29年2月	
女旗棉袍	青绸	1	炸烂	50	28年11月	
女旗单袍	洋布	2	炸毁	40	28年10月	
中山服	青哔叽	1	炸毁	130	28年12月	
线毯	线	1	炸毁	20	27年1月	
衬衫	白绸	2	炸毁	70	29年12月	
锅	铁	1	炸毁	13	29年10月	
碗	瓷	大小21	炸毁	14	29年10月	
木床	木	1	炸毁	30	29年10月	
大桌	木	1	炸毁	20	29年10月	
椅子	木	4	炸毁	40	29年10月	
合计				405		

| 被灾日期 | 6月14日 | 被灾地点 | 百子巷145号 | 房屋被炸或震毁 | 被炸 | 原支薪俸数目 | 75元 | 有无同居眷属 | 有 |

右〈上〉开物品,确系因空袭被毁,谨报告

队长许　转呈

局长唐　核转

市长吴

重庆市警察局侦缉大队办事员　杜东初

三十年六月十四日

3)重庆市政府警察局员警差役空袭损失私物报告表

物品名称	品质	数量	损失程度	原价	购买年月	备考
□□	□□	1	毁	54	30年3月	
皮箱	皮	1	毁	40	30年2月	
被盖	棉布	1	毁	60	29年11月	
卧单	花布	1	烂	35	29年10月	
女棉旗袍	青布	1	烂	45	29年1月	
女长衫	洋布	1	烂	22	29年9月	
大床	木	1	烂	36	29年9月	
大桌	木	1	烂	20	29年9月	
锅	铁	1	烂	12	29年9月	
碗	瓷	大小15	烂	11	29年9月	
茶壶	瓷	5	烂	15	29年9月	
合计				350		
被灾日期	6月14日	被灾地点	百子巷145号	房屋被炸或震毁	被炸	原支薪俸数目	65元	有无同居眷属	有

右〈上〉开物品,确系因空袭被毁,谨报告

队长许　转呈
局长唐　核转
市长吴

看守员　尤少臣
三十年六月十四日

4)重庆市政府警察局员警差役空袭损失私物报告表

物品名称	品质	数量	损失程度	原价	购买年月	备考
大衣	□呢	1件		200	29年8月	
衬衫	府绸	1件		37	30年5月	
合计				237		
被灾日期	30年6月7日	被灾地点	大阳沟菜市场隔壁	房屋被炸或震毁	炸毁	原支薪俸数目	85元	有无同居眷属	有

续表

右〈上〉开物品,确系因空袭被毁,谨报告
大队长许、副队长沈　转呈
局长唐　核转
市长吴
重庆市警察局侦缉大队第一队队附　李樵逸

5)重庆市政府警察局员警差役空袭损失私物报告表

物品名称	品质	数量	损失程度	原价	购买年月	备考
被盖	棉	1床	全部炸毁	60	29年8月	
便鞋	呢	1双	全部炸毁	18	30年3月	
油布		1张	全部炸毁	15	29年7月	
面巾		1张	全部炸毁	3	30年5月	
竹床		1张	全部炸毁	15	30年2月	
合计				111		
被灾日期	30年6月7日	被灾地点	大阳沟菜市场隔壁	房屋被炸或震毁	被炸	原支薪俸数目	30元	有无同居眷属	无

　　右〈上〉开物品,确系因空袭被毁,谨报告
大队长许、副队长沈　转呈
局长唐　核转
市长吴

　　　　　　　　　　　重庆市警察局侦缉大队第一队公差　赵树章

6)重庆市政府警察局员警差役空袭损失私物报告表

物品名称	品质	数量	损失程度	原价	购买年月	备考
皮鞋		□	全部炸毁	60	30年1月	
面盆		1个	全部炸毁	25	29年10月	
面巾		1张	全部炸毁	3	30年5月	
磁钟		1个	全部炸毁	8	30年2月	
合计				96		

续表

| 被灾日期 | 30年6月7日 | 被灾地点 | 大阳沟菜市场隔壁 | 房屋被炸或震毁 | 被炸 | 原支薪俸数目 | 65元 | 有无同居眷属 | 无 |

右〈上〉开物品,确系因空袭被毁,谨报告

大队长许、副队长沈　转呈

局长唐　核转

市长吴

重庆市警察局侦缉大队第一队内勤　杨云

7) 重庆市政府警察局员警差役空袭损失私物报告表

物品名称	品质	数量	损失程度	原价	购买年月	备考
被盖	□	1床	□□地址被炸,泥土堆积甚厚,无法挖出,纵使挖出,均已破滥〔烂〕不能用也,且不能挖出	70	29年8月	
毯子	线	1床		31	30年2月	
枕套	布	1个		7	29年9月	
内衣	线绒	1套		50	29年10月	
中山服	线哔叽面子毛驼绒里子	1套		93	29年10月	
皮鞋	厂皮	1双		50	30年3月	
竹床	竹	1张		12	30年5月	
面巾	线	2张		6	30年5月	
合计				319		

| 被灾日期 | 30年6月5日 | 被灾地点 | 大阳沟菜市场隔壁 | 房屋被炸或震毁 | 被炸 | 原支薪俸数目 | 60元 | 有无同居眷属 | 只4岁女孩1名 |

右〈上〉开物品,确系因空袭被毁,谨报告

大队长许、副队长沈　转呈

局长唐　核转

市长吴

重庆市警察局侦缉大队第一队内勤　张遐明

三十年六月六日

(0061—15—3079下)

89. 重庆市警察局为报1941年6月14日第三分局员役空袭损失请予救济呈市政府文稿(1941年7月9日)

案查第三分局员警遭受空袭损失，所报表式不合规定，业已发还更正。兹据该分局长刘磊呈称："案查本分局前呈报局内及段牌坊分驻所员警私物损失情形，请予转请救济一案，旋奉钧局总庶字第6204号指令内开：呈表均悉。查表内有数人共填一表与各表多未将职级注明，均与规定不合，无法汇转，仰即迅速更正，补呈来局，再行核转。此令。等因。附表2份。奉此，遵经转饬分别更正前来，复核无讹，理合检同原表2份，具文赍请钧局鉴核"等情。附表各2份。据此，经查属实，理合检同原表100份、汇报册1份，具文呈请钧府鉴核示遵。

谨呈

市长吴

附呈第三分局员警损失表100份、汇报册1份

重庆市警察局局长　唐〇

1)重庆市政府警察局第三分局段牌坊分驻所员役空袭损失私物报告表

物品名称	品质	数量	损失程度	原价	购买年月	备考
旧青制服	卡织〔咔叽〕	1套	全毁	50	29年9月	
青皮鞋	皮	1双	全毁	30	29年6月	
胶皮鞋	胶	1双	全毁	20	29年12月	
茶壶	瓷	1把	全毁	8	30年3月	
茶杯	瓷	4个	全毁	4	30年1月	
玻璃钟	玻璃	2个	全毁	4	30年4月	
牙刷	毛骨	1把	全毁	2	30年4月	
漱口钟	瓷	1个	全毁	2	30年4月	
棕床	木棕	1间	全毁	40	29年10月	
藤椅	竹藤	1把	全毁	20	30年1月	
办公桌	木漆	1张	全毁	60		借来的
青制帽	呢	1顶	全毁	4	29年9月	

续表

物品名称	品质	数量	损失程度	原价	购买年月	备考
黄制帽	卡织〔咔叽〕	1顶	全毁	4	29年5月	
雨衣	油布	1件	全毁	24	28年10月	
皮带	皮	1根	全毁	13	29年1月	
玻璃板	玻璃	1块	全毁	22	29年1月	
席子	草	1床	全毁	12	30年5月	
褥子	棉布	1床	全毁	13	29年3月	
帐子	夏布	1床	全毁	24	29年5月	
合计				356		
被炸日期	6月14日	被灾地点	林森路409号	房屋被炸或震塌	被炸	原支薪俸数目	120元	有无同居眷属	无

右〈上〉开物品,确系因空袭被毁,谨报告

分局长刘　转呈

局长唐　转呈

市长吴

填报人　巡官　袁庆坚

三十年六月十五日

2)重庆市政府警察局第三分局段牌坊分驻所员役空袭损失私物报告表

物品名称	品质	数量	损失程度	原价	购买年月	备考
青制服	充毛呢	1套	全毁	120	29年10月	
皮箱	皮	1口	全毁	20	29年9月	
衬衫	府绸	2件	全毁	50	30年2月	
面盆	瓷	1个	全毁	20	29年4月	
牙刷	毛骨	1把	全毁	4	30年4月	
棉絮	棉	1床	全毁	20	29年12月	
漱口钟	瓷	1个	全毁	4	30年4月	
合计				238		
被炸日期	6月14日	被灾地点	林森路409号	房屋被炸或震塌	被炸	原支薪俸数目	80元	有无同居眷属	无

续表

右〈上〉开物品,确系因空袭被毁,谨报告
分局长刘　转呈
局长唐　转呈
市长吴
填报人　雇员　刘杰夫

3)重庆市政府警察局第三分局段牌坊分驻所员役空袭损失私物报告表

物品名称	品质	数量	损失程度	原价	购买年月	备考
被盖	棉布	1床	全毁	35	27年12月	
皮鞋	皮	1双	全毁	55	30年5月	
面盆	瓷	1个	全毁	6	28年9月	
竹箱	竹	1口	全毁	4	28年9月	
衬衫	布	2件	全毁	18	29年6月	
短裤	布	2条	全毁	7	29年7月	
卧单	布	1床	全毁	5	26年3月	
油布	黄布	1张	全毁	20	29年7月	
青制服	卡织〔咔叽〕	1套	全毁	50	29年4月	
合计				200		
被炸日期	6月14日	被炸地点	林森路409号	房屋被炸或震毁	被炸	原支薪俸数目 50元	有无同居眷属	无

　　右〈上〉开物品,确系因空袭被毁,谨报告
分局长刘　转呈
局长唐　转呈
市长吴

　　　　　　　　　　　　　　填报人　一等警长　黄元山

4)重庆市政府警察局第三分局段牌坊分驻所员役空袭损失私物报告表

物品名称	品质	数量	损失程度	原价	购买年月	备考
被盖	丝棉〔绵〕绸缎	1床	全毁	80	29年10月	

续表

物品名称	品质	数量	损失程度	原价	购买年月	备考
毛毡	毛	1床	全毁	40	28年9月	
制服	芝麻呢	1套	全毁	50	29年9月	
制服	青线哗织〔叽〕	1套	全毁	60	29年9月	
黄皮鞋	皮	1双	全毁	50	29年11月	
面盆	瓷	1个	全毁	20	29年11月	
漱口钟	瓷	1个	全毁	20	29年11月	
皮箱	皮	1口	全毁	22	29年10月	
短裤	卡织〔咔叽〕	2件	全毁	40	30年4月	
合计				382		
被炸日期	6月14日	被炸地点	林森路409号	房屋被炸或震塌	被炸	原支薪俸数目	46元	有无同居眷属	无

右〈上〉开物品,确系因空袭被毁,谨报告

分局长刘　转呈

局长唐　转呈

市长吴

　　　　　　　　　　填报人　二等警长　张荣成

　　　　　　　　　　三十年六月十五日

5）重庆市政府警察局第三分局段牌坊分驻所员役空袭损失私物报告表

物品名称	品质	数量	损失程度	原价	购买年月	备考
皮鞋	皮	1双	全毁	40	30年1月	
被盖	棉布	1床	全毁	80	26年7月	
制服	充哗叽	1套	全毁	50	28年1月	
制服	充哗叽	1套	全毁	42	27年2月	
箱子	皮	1口	全毁	24	30年4月	
合计				236		
被炸日期	6月14日	被炸地点	林森路409号	房屋被炸或震塌	被炸	原支薪俸数目	40元	有无同居眷属	无

续表

右〈上〉开物品,确系因空袭被毁,谨报告
分局长刘　转呈
局长唐　转呈
市长吴
填报人　一等警士　王显才
三十年六月十五日

6) 重庆市政府警察局第三分局段牌坊分驻所员警空袭损失私物报告表

物品名称	品质	数量	损失程度	原价	购买年月	备考
制服	芝麻呢	1套	全毁	60	29年10月	
被盖	棉布缎	1床	全毁	120	29年4月	
皮箱	皮	1口	全毁	20	29年4月	
衬衫	府绸	2件	全毁	50	30年4月	
合计				250		
被炸日期	6月14日	被炸地点	林森路409号	房屋被炸或震塌	被炸	原支薪俸数目	40元	有无同居眷属	无

右〈上〉开物品,确系因空袭被毁,谨报告

分局长刘　转呈

局长唐　转呈

市长吴

　　　　　　　　　　　填报人　一等警士　王俊臣

　　　　　　　　　　　　　　　　三十年六月十五日

7) 重庆市政府警察局第三分局段牌坊分驻所员役空袭损失私物报告表

物品名称	品质	数量	损失程度	原价	购买年月	备考
长衫	阴丹士〔土〕布	1件	全毁	28	30年4月	
青夹衫	布呢	1件	全毁	100	30年4月	
下装	布	1条	全毁	20	30年4月	
合计				158		
被炸日期	6月14日	被炸地点	林森路409号	房屋被炸或震塌	被炸	原支薪俸数目	30元	有无同居眷属	无

续表

右〈上〉开物品,确系因空袭被毁,谨报告

分局长刘　转呈

局长唐　转呈

市长吴

填报人　伙伕　唐杨禄

8) 重庆市政府警察局第三分局段牌坊分驻所员役空袭损失私物报告表

物品名称	品质	数量	损失程度	原价	购买年月	备考
被盖	布棉	1床	全毁	50	29年10月	
皮箱	皮	1口	全毁	18	29年8月	
衬衣	布	1件	全毁	14	30年5月	
合计				82		
被炸日期	6月14日	被炸地点	林森路409号	房屋被炸或震塌	被炸	原支薪俸数目	36元	有无同居眷属	无

右〈上〉开物品,确系因空袭被毁,谨报告

分局长刘　转呈

局长唐　转呈

市长吴

填报人　三等警士　龚春华

9) 重庆市政府警察局第三分局段牌坊分驻所员役空袭损失私物报告表

物品名称	品质	数量	损失程度	原价	购买年月	备考
制服	草绿毕机〔哔叽〕	1套	全毁	34	29年7月	
衬衫	布	1件	全毁	10	29年6月	
面盆	瓷	1个	全毁	20	29年10月	
皮鞋	黑	1双	全毁	30	29年10月	
合计				94		
被炸日期	6月14日	被炸地点	林森路409号	房屋被炸或震塌	被炸	原支薪俸数目	38元	有无同居眷属	

续表

右〈上〉开物品,确系因空袭被毁,谨报告
分局长刘　转呈
局长唐　转呈
市长吴
填报人　二等警士　程云风

10）重庆市政府警察局第三分局段牌坊分驻所员役空袭损失私物报告表

物品名称	品质	数量	损失程度	原价	购买年月	备考
衬衣	白洋布	1套	全毁	18	29年冬月	
箱子	竹	1口	全毁	6	30年1月	
面盆	木	1个	全毁	3	29年10月	
帽子	黑毛线	1顶	全毁	10	29年10月	
席子	竹	1铺	全毁	9	30年1月	
鞋子	青哔叽〔叽〕	1双	全毁	15	29年10月	
皮鞋	黑皮	1双	全毁	30	29年10月	
短裤	洋布	1条	全毁	20	29年10月	
牙刷	白色毛骨	1把	全毁	3	29年2月	
合计				114		
被炸日期	6月14日	被炸地点	林森路409号	房屋被炸或震塌	被炸	原支薪俸数目	有无同居眷属

右〈上〉开物品,确系因空袭被毁,谨报告
分局长刘　转呈
局长唐　转呈
市长吴
填报人　二等警士　邹友平

11）重庆市政府警察局第三分局段牌坊分驻所员役空袭损失私物报告表

物品名称	品质	数量	损失程度	原价	购买年月	备考
被盖	绸布棉	1床	全毁	90	29年9月	
衬衫	绸布	2件	全毁	54	30年5月	

续表

物品名称	品质	数量	损失程度	原价	购买年月	备考
制服	毕机卡机〔哔叽咔叽〕	2套	全毁	150	29年8月	
合计				294		
被炸日期	6月14日	被炸地点	林森路409号	房屋被炸或震塌	被炸	原支薪俸数目	36元	有无同居眷属	无

右〈上〉开物品,确系因空袭被毁,谨报告

分局长刘　转呈

局长唐　转呈

市长吴

　　　　　　　　　　　　　填报人　三等警士　罗奎　呈

12) 重庆市政府警察局第三分局段牌坊分驻所员役空袭损失私物报告表

物品名称	品质	数量	损失程度	原价	购买年月	备考
衬衫	府绸	1件	全毁	22	29年4月	
短裤	府绸	1条	全毁	12	30年2月	
绿制服	布	1套	全毁	48	30年2月	
合计				82		
被炸日期	6月14日	被炸地点	林森路409号	房屋被炸或震塌	被炸	原支薪俸数目	40元	有无同居眷属	无

右〈上〉开物品,确系因空袭被毁,谨报告

分局长刘　转呈

局长唐　转呈

市长吴

　　　　　　　　　　　　　填报人　一等警士　齐成儒

13) 重庆市政府警察局第三分局段牌坊分驻所员役空袭损失私物报告表

物品名称	品质	数量	损失程度	原价	购买年月	备考
被盖	棉布	1床	全毁	70	29年10月	
箱子	竹	1口	全毁	6	29年10月	
衬衫	府绸布	2件	全毁	34	30年4月	

续表

物品名称	品质	数量	损失程度	原价	购买年月	备考
制服	布	1套	全毁	40	30年4月	
合计				150		
被炸日期	6月14日	被炸地点	林森路409号	房屋被炸或震塌	被炸	原支薪俸数目	40元	有无同居眷属	无

右〈上〉开物品，确系因空袭被毁，谨报告

分局长刘　转呈

局长唐　转呈

市长吴

　　　　　　　　　　　　　填报人　一等警士　张泽敷

14) 重庆市政府警察局第三分局段牌坊分驻所员役空袭损失私物报告表

物品名称	品质	数量	损失程度	原价	购买年月	备考
衬衫	布	1件	全毁	18	30年2月	
卧单	布	1条	全毁	20	29年10月	
合计				38		
被炸日期	6月14日	被炸地点	林森路409号	房屋被炸或震塌	被炸	原支薪俸数目	40元	有无同居眷属	无

右〈上〉开物品，确系因空袭被毁，谨报告

分局长刘　转呈

局长唐　转呈

市长吴

　　　　　　　　　　　　　填报人　一等警士　况庆伦

15) 重庆市政府警察局第三分局段牌坊分驻所员役空袭损失私物报告表

物品名称	品质	数量	损失程度	原价	购买年月	备考
衬衣	布	1件	全毁	16	30年5月	
被盖	布棉	1床	全毁	50	29年10月	
皮箱	皮	1口	全毁	18	29年10月	
制服	布	1套	全毁	45	29年10月	
合计				129		

续表

物品名称	品质	数量	损失程度	原价	购买年月	备考
被炸日期	6月14日	被炸地点	林森路409号	房屋被炸或震塌	被炸	原支薪俸数目	36元	有无同居眷属

右〈上〉开物品,确系因空袭被毁,谨报告

分局长刘　转呈

局长唐　转呈

市长吴

　　　　　　　　　　　　填报人　一等警士　曾绍林

16) 重庆市政府警察局第三分局段牌坊分驻所员役空袭损失私物报告表

物品名称	品质	数量	损失程度	原价	购买年月	备考
被盖	棉布呢	1床	全毁	70	27年9月	
便衣长衫	绸布	1件	全毁	60	28年8月	
内衣	布	2件	全毁	24	30年5月	
共计				洋154元正		
被炸日期	6月14日	被炸地点	林森路409号	房屋被炸或震塌	被炸	原支薪俸数目	有无同居眷属

右〈上〉开物品,确系因空袭被毁,谨报告

分局长刘　转呈

局长唐　转呈

市长吴

　　　　　　　　　　　　填报人　一等警士　何鹏举

17) 重庆市政府警察局第三分局段牌坊分驻所员役空袭损失私物报告表

物品名称	品质	数量	损失程度	原价	购买年月	备考
被盖	棉贡呢	1床	全毁	92	29年9月	
青皮鞋	皮	1双	全毁	45	30年元月	
衬衣	府绸	2件	全毁	40	30年3月	
制服	毕机〔哔叽〕	1套	全毁	95.8	28年8月	
共计				洋272.8元正		

续表

物品名称	品质	数量	损失程度	原价	购买年月	备考
被炸日期	6月14日	被炸地点	林森路409号	房屋被炸或震塌	被炸	原支薪俸数目	36元	有无同居眷属	无

右〈上〉开物品，确系因空袭被炸毁，谨报告

分局长刘　转呈

局长唐　转呈

市长吴

　　　　　　　　　　　　　填报人　三等警士　陈汉文

18) 重庆市政府警察局第三分局段牌坊分驻所员役空袭损失私物报告表

物品名称	品质	数量	损失程度	原价	购买年月	备考
被盖	棉缎	1床	全毁	80	29年1月	
箱子	皮	1口	全毁	26	28年6月	
制服	哈叽	1套	全毁	80	29年10月	
制服	哈叽	1套	全毁	70	29年10月	
下装	毛哈叽	1件	全毁	60	28年9月	
合计				316		
被炸日期	6月14日	被炸地点	林森路409号	房屋被炸或震毁	被炸	原支薪俸数目	36元	有无同居眷属	

右〈上〉开物品，确系因空袭被毁，谨报告

分局长刘　转呈

局长唐　转呈

市长吴

　　　　　　　　　　　　　填报人　三等警士　龚作良

19) 重庆市政府警察局段牌坊分驻所员役空袭损失私物报告表

物品名称	品质	数量	损失程度	原价	购买年月	备考
被盖	棉哔叽〔叽〕	1床	全毁	75	29年8月	
制服	芝麻呢	1套	全毁	50	29年8月	
面盆	铜	1个	全毁	25	28年9月	
皮箱	皮	1口	全毁	22	29年10月	

续表

物品名称	品质	数量	损失程度	原价	购买年月	备考
合计				172		
被炸日期	6月14日	被炸地点	林森路409号	房屋被炸或震塌	被炸	原支薪俸数目 38元	有无同居眷属	无

右〈上〉开物品,确系因空袭被毁,谨报告

分局长刘　转呈

局长唐　转呈

市长吴

　　　　　　　　　　　　填报人　二等警士　曾光耀

20)重庆市政府警察局第三分局段牌坊分驻所员役空袭损失私物报告表

物品名称	品质	数量	损失程度	原价	购买年月	备考
下装	毛哈叽	1件	全毁	60	28年9月	
皮鞋	皮	1双	全毁	30	29年10月	
面盆	瓷	1个	全毁	16	29年10月	
牙刷	毛骨	1把	全毁	2	29年10月	
毛巾	绵〔棉〕	1条	全毁	4	30年5月	
合计				112		
被炸日期	6月14日	被炸地点	林森路409号	房屋被炸或震塌	被炸	原支薪俸数目 36元	有无同居眷属	无

右〈上〉开物品,确系因空袭被毁,谨报告

分局长刘　转呈

局长唐　转呈

市长吴

　　　　　　　　　　　　填报人　三等警士　李铭

21)重庆市政府警察局第三分局段牌坊分驻所员役空袭损失私物报告表

物品名称	品质	数量	损失程度	原价	购买年月	备考
被盖	布棉	1床	全毁	72	29年8月	
卧单	布	1床	全毁	12	29年8月	
合计				84		

续表

被炸日期	6月14日	被炸地点	林森路409号	房屋被炸或震塌	被炸	原支薪俸数目	37元	有无同居眷属	无

右〈上〉开物品,确系因空袭被毁,谨报告

分局长刘　转呈

局长唐　转呈

市长吴

　　　　　　　　　　　　　　填报人　三等户籍生　陈光烈

22) 重庆市政府警察局第三分局段牌坊分驻所员役空袭损失私物报告表

物品名称	品质	数量	损失程度	原价	购买年月	备考
被盖	棉布	1床	全毁	154	29年12月	
毡子	绒	1床	全毁	32	29年12月	
内衣	绒	1床	全毁	18	29年8月	
合计				204		

被炸日期	6月14日	被炸地点	林森路409号	房屋被炸或震塌	被炸	原支薪俸数目	36元	有无同居眷属	无

右〈上〉开物品,确系因空袭被毁,谨报告

分局长刘　转呈

局长唐　转呈

市长吴

　　　　　　　　　　　　　　填报人　三等警士　李杰

23) 重庆市政府警察局第三分局段牌坊分驻所员役空袭损失私物报告表

物品名称	品质	数量	损失程度	原价	购买年月	备考
被盖	布盖	1床	全毁	65	29年8月	
皮鞋	皮	1双	全毁	25	29年5月	
青制服	哈吱〔叽〕	1套	全毁	40	29年5月	
衬衫	布	2件	全毁	39	30年4月	
合计				169		

续表

| 被炸日期 | 6月14日 | 被炸地点 | 林森路409号 | 房屋被炸或震塌 | 被炸 | 原支薪俸数目 | 37元 | 有无同居眷属 | 无 |

右〈上〉开物品,确系因空袭被毁,谨报告

分局长刘　转呈

局长唐　转呈

市长吴

　　　　　　　　　　　　　　　填报人　三等户籍生　张贤书

24)重庆市政府警察局第三分局段牌坊分驻所员役空袭损失私物报告表

物品名称	品质	数量	损失程度	原价	购买年月	备考
衬衫	布	1件	全毁	14	30年4月	
制服	芝麻呢	1套	全毁	45	29年10月	
合计				59		

| 被炸日期 | 6月14日 | 被炸地点 | 林森路409号 | 房屋被炸或震塌 | 被炸 | 原支薪俸数目 | 36元 | 有无同居眷属 | 无 |

右〈上〉开物品,确系因空袭被毁,谨报告

分局长刘　转呈

局长唐　转呈

市长吴

　　　　　　　　　　　　　　　填报人　三等警士　周云

25)重庆市政府警察局第三分局段牌坊分驻所员役空袭损失私物报告表

物品名称	品质	数量	损失程度	原价	购买年月	备考
被盖	棉布	1床	全毁	26	28年9月	
中山服	哔织〔叽〕	1套	全毁	70	28年10月	
内衣	毛线	1件	全毁	74	29年10月	
皮箱	皮	1口	全毁	24	29年10月	

| 被炸日期 | 6月14日 | 被炸地点 | 林森路409号 | 房屋被炸或震塌 | 被炸 | 原支薪俸数目 | 42元 | 有无同居眷属 | 无 |

续表

右〈上〉开物品,确系因空袭被毁,谨报告
分局长刘　转呈
局长唐　转呈
市长吴
填报人　三等警长　戴海清

26) 重庆市政府警察局第三分局段牌坊分驻所员役空袭损失私物报告表

物品名称	品质	数量	损失程度	原价	购买年月	备考
被盖	布棉	1床	全毁	65	29年5月	
衬衫	布	2件	全毁	32	30年4月	
合计				97		
被炸日期	6月14日	被炸地点	林森路409号	房屋被炸或震塌	被炸	原支薪俸数目 37元	有无同居眷属 无

右〈上〉开物品,确系因空袭被毁,谨报告
分局长刘　转呈
局长唐　转呈
市长吴
填报人　三等警士　邱庹文

27) 重庆市政府警察局第三分局段牌坊分驻所员役空袭损失私物报告表

物品名称	品质	数量	损失程度	原价	购买年月	备考
中山服	芝麻呢	1套	全毁	50	30年4月	
被盖	棉布	1床	全毁	70	29年10月	
礼帽	呢	1顶	全毁	30	28年9月	
合计				150		
被炸日期	6月14日	被炸地点	林森路409号	房屋被炸或震塌	被炸	原支薪俸数目	有无同居眷属

右〈上〉开物品,确系因空袭被毁,谨报告
分局长刘　转呈
局长唐　转呈
市长吴
填报人　三等户籍生　胡键

28）重庆市政府警察局第三分局段牌坊分驻所员役空袭损失私物报告表

物品名称	品质	数量	损失程度	原价	购买年月	备考
被盖	棉布	1床	全毁	70	28年11月	
皮箱	皮	1口	全毁	15	29年11月	
中山服	青哔吱〔叽〕	1套	全毁	70	30年1月	
大衣	青呢	1件	全毁	150	28年11月	
内衣	毛绒	1件	全毁	40	28年11月	
合计				345		
被炸日期	6月14日	被炸地点	林森路409号	房屋被炸或震塌	被炸	原支薪俸数目	42元	有无同居眷属	无

右〈上〉开物品，确系因空袭被毁，谨报告

分局长刘　转呈

局长唐　转呈

市长吴

　　　　　　　　　　　　　填报人　三等警长　李伯韬

29）重庆市政府警察局第三分局段牌坊分驻所员役空袭损失私物报告表

物品名称	品质	数量	损失程度	原价	购买年月	备考
被盖	布棉	1床	全毁	46	29年1月	
毡子	毛	1床	全毁	21	29年1月	
制服	充呢	1套	全毁	45	30年1月	
衬衫	府绸	1件	全毁	26	30年4月	
合计				138		
被炸日期	6月14日	被炸地点	林森路409号	房屋被炸或震塌	被炸	原支薪俸数目	36元	有无同居眷属	无

右〈上〉开物品，确系因空袭被毁，谨报告

分局长刘　转呈

局长唐　转呈

市长吴

　　　　　　　　　　　　　填报人　三等警士　李海廷

（0061—15—2207—2）

90. 重庆市警察局为报1941年6月14日第三区署员役空袭损失请予救济呈市政府文稿(1941年7月18日)

案据第三区署兼区长刘磊呈称:"六月十七日本区署以行保字第102号呈称(略),旋奉钧局总庶字第6625号指令开:呈表均悉。查空袭损失私人财物规定每人呈报损失表2份,该区署员役4人共报3份,每人所损失财物价值究有若干无法核实,碍难照转,仰即转饬分别据实填报为要。此令。等因。附表发还。奉此,遵即转饬该员等另行分别据实填报去后,兹据该员等依式填报前来,经查属实,理合检同是项表各2份,具文赍呈钧局鉴核转报救济"等情。附损失表各2份。据此,经查属实,除各提存1份外,理合检同原表4份、汇报册1份,具文呈请钧府鉴核示遵。

谨呈

市长吴

附第三区署损失表4份、汇报册1份

重庆市警察局局长 唐○

1) 重庆市第三区公役损失私物报告表

物品名称	品质	数量	损失程度	原价	购置年月	备考
毯子	棉织〔质〕	1床	全被炸毁	30	29年冬月	
黑制服	哈叽	2套	全被炸毁	100	29年6月	
袜子	线袜	2双	全被炸毁	10	29年7月	
被盖	棉絮	1床	全被炸毁	40	29年冬月	
短裤	洋布	1条	全被炸毁	12	30年2月	
鞋子	哔叽	1双	全被炸毁	15	30年4月	
合计				207		

被灾日期	被灾地点	房屋被炸或震塌	全被炸毁	原支薪俸数目	有无同居眷属	无
30年6月14日午后2时	林森路段牌坊三分局			30		

续表

右〈上〉开物品,确系因敌机炸毁,谨呈
区长刘　转呈
局长唐　核转
市长吴
填报人　公役　孙光辉
三十年六月十六日

2) 重庆市第三区公役损失私物报告表

物品名称	品质	数量	损失程度	原价	购置年月	备考
被盖	棉絮	2床	全被炸毁	30	29年1月	
毯子	线织	2床	全被炸毁	40	29年1月	
青制服	青洋布	2套	全被炸毁	80	30年1月	
黄制服	哈叽	2套	全被炸毁	30	30年4月	
短裤	标准布	1套	全被炸毁	16	30年4月	
鞋子	直贡呢	2双	全被炸毁	30	29年10月	
合计				226		
被灾日期	30年6月14日午后2时	被灾地点	林森路段牌坊第三分局	房屋被炸或震塌	全被炸毁	原支薪俸数目	30	有无同居眷属	无

右〈上〉开物品,确系因敌机炸毁,谨呈
区长刘　转呈
局长唐　核转
市长吴
填报人　专任公差　陈静海
三十年六月十六日

3) 重庆市第三区专任职员损失私物报告表

物品名称	品质	数量	损失程度	原价	购置年月	备考
被盖	丝棉〔绵〕	2床	全被炸毁	70	29年6月	
毯子	毛织	1床	全被炸毁	30	29年6月	
中山服	毛哔叽	1套	全被炸毁	140	30年1月	
黄制服	哈叽	1套	全被炸毁	65	30年4月	

续表

物品名称	品质	数量	损失程度	原价	购置年月	备考
衬衣	白市布	2件	全被炸毁	44	30年4月	
短裤	黄哈叽	1条	全被炸毁	25	29年6月	
夹衫	驼绒	1件	全被炸毁	30	28年8月	
长衫	蓝洋布	2件	全被炸毁	60	28年2月	
袜子	线织	2双	全被炸毁	8	30年5月	
鞋子	羊皮织贡呢	各1双	全被炸毁	90	29年5月	
箱子	黄革皮	1口	全被炸毁	100	29年8月	
面盆	洋瓷	1口	全被炸毁	30	30年2月	
合计				692		
被灾日期	30年6月14日午后2时	被灾地点	林森路段牌坊三分局	房屋被炸或震塌	全被炸毁	原支薪俸数目	30元	有无同居眷属	无

右〈上〉开物品,确系因敌机炸毁,谨呈

区长刘　转呈

局长唐　核转

市长吴

　　　　　　　　　　　　填报人　专任干事　李械生

　　　　　　　　　　　　三十年六月十六日

4)重庆市第三区专任职员损失私物报告表

物品名称	品质	数量	损失程度	原价	购置年月	备考
中山服	黄哈叽	1套	全被毁去	120	29年5月	
外短裤	黄哔叽	1条	全被毁去	30	29年6月	
衬衣	白府绸	3件	全被毁去	90	30年3月	
被盖	丝棉〔绵〕棉絮	各1床	全被毁去	100	29年冬月	
毯子	毛织	1床	全被毁去	50	29年冬月	
面盆	洋瓷	1口	全被毁去	20	28年正月	
箱子	黄羊皮	1口	全被毁去	60	28年7月	
鞋子	白胶鞋黄黑皮鞋	各1双	全被毁去	30	28年5月 29年冬月	

续表

物品名称	品质	数量	损失程度	原价	购置年月	备考
袜子	麻纱丝织	各2双	全被毁去	40	29年6月 29年3月	
背心	麻纱	2个	全被毁去	40	30年3月	
汗衣	麻纱	1件	全被毁去	25	29年3月	
绒裤	羊毛	1条	全被毁去	30	28年冬月	
背心	毛线	1件	全被毁去	20	27年冬月	
合计				655		
被灾日期	30年6月14日午后2时	被灾地点	林森路段牌坊第三分局	房屋被炸或震塌	全被炸毁	原支薪俸数目	50元	有无同居眷属	无

右〈上〉开物品，确系因敌机被炸，谨呈

区长刘　转呈

局长唐　核转

市长吴

　　　　　　　　　　填报人　专任干事　刘定一

　　　　　　　　　　　　　三十年六月十六日

（0061—15—2440）

91. 重庆市警察局第三分局为报东升楼、王爷庙两所员警1941年6月15日空袭损失请予救济呈市警察局文（1941年6月18日）

窃查本月十五日本分局东升楼、王爷庙两所相继被炸，公私各物损失甚剧，除公物损失业已呈报外，兹据各该所呈报私人损失情形，请予救济前来，复核属实。除各提原表1份留局备查外，理合汇同原表各2份，具文赍请钧局转请救济，实为公德两便。

谨呈

局长唐

附汇呈原表2份

　　　　　　　　　　　　　　　　　分局长　刘磊

1)重庆市政府警察局第三分局员役空袭损失私物报告表

物品名称	品质	数量	损失程度	原价	购买年月	备考
大衣	青呢	1件	被炸片打坏	165元	29年10月	
中山服	青哔叽	1套	被炸片打坏	180元	30年2月	
衬衣	白竹布	1件	被炸片打坏	14元	30年4月	
合计				359元		
被灾日期	6月15日	被灾地点	东升楼分驻所	房屋被炸或震塌	被炸弹震坏	原支薪俸数目 110元	有无同居眷属 妻1

右〈上〉开物品,确系因空袭被炸坏,理合报告

分局长　核转

总局长　转呈

市长吴

　　　　　　　　　　　　　填报人　巡官　桂定国　呈

　　　　　　　　　　　　　三十年六月十五日

2)重庆市政府警察局第三分局员役空袭损失私物报告表

物品名称	品质	数量	损失程度	原价	购买年月	备考
大衣	青呢	1件	被炸弹片打坏	160元	29年11月	
中山服	青哔叽	1套	被炸弹片打坏	140元	29年9月	
衬衣	花条府绸	2件	被炸弹片打坏	64元	30年4月	
被盖	白洋布里花条面子棉花絮	1条	被炸弹片打坏	86元	29年10月	
合计				450元		
被灾日期	6月15日	被灾地点	东升楼分驻所	房屋被炸或震坏	被炸弹片打坏	原支薪俸数目 80元	有无同居眷属 妻1

右〈上〉开物品,确系因空袭被炸坏,理合报告

分局长　核转

总局长　转呈

市长吴

　　　　　　　　　　　　　填报人　一等雇员　赵斌　呈

　　　　　　　　　　　　　三十年六月十五日

3）重庆市政府警察局第三分局员役空袭损失私物报告表

物品名称	品质	数量	损失程度	原价	购买年月	备考
大衣	青呢	1件	被炸片打坏	120元	29年11月	
中山服	青线布	1套	被炸片打坏	75元	30年3月	
衬衣	白府绸	2件	被炸片打坏	54元	30年4月	
被盖	白洋布棉絮	1床	被炸片打坏	78元	29年9月	
合计				327元		
被灾日期	6月15日	被灾地点	东升楼分驻所	房屋被炸或震塌	被炸弹震坏	原支薪俸数目 50元	有无同居眷属	无

右〈上〉开物品，确系因空袭被炸坏，理合报告

分局长　核转

总局长　转呈

市长吴

　　　　　　　　　　　　　　　填报人　一等警长　杨青

　　　　　　　　　　　　　　　三十年六月十五日

4）重庆市政府警察局第三分局员役空袭损失私物报告表

物品名称	品质	数量	损失程度	原价	购买年月	备考
大衣	青呢	1件	被炸片打坏	220元	29年10月	
大衣	青布	1件	被炸片打坏	58元	30年2月	
鞋子	毛呢	1双	被炸片打坏	24元	30年5月	
皮箱	黄牛皮	1口	被炸片打坏	57元	29年11月	
中山服	黄哈叽	1套	被炸片打坏	89元	30年3月	
毯子	天青哈叽呢	1床	被炸片打坏	54元	29年2月	
礼帽	灰色	1顶	被炸片打坏	68元	29年12月	
合计				570元		
被灾日期	6月15日	被灾地点	东升楼分驻所	房屋被炸或震坏	被炸弹片震坏	原支薪俸数目 46元	有无同居眷属	妻1

续表

右〈上〉开物品,确系因空袭被炸坏,理合报告
分局长　核转
总局长　转呈
市长吴
填报人　二等警长　陈钟　呈
三十年六月十五日

5)重庆市警察局第三分局员役空袭损失私物报告表

物品名称	品质	数量	损失程度	原价	购买年月	备考
被盖	白洋布包单棉絮花面子	1床	被炸片炸毁	56元	29年10月5日	
中山服	青呢	1套	被炸片炸毁	88元	24年4月3日	
衬衣	白府绸白洋布	2件	被炸片炸毁	48元	30年4月2日	
皮箱	青皮	1口	被炸片炸毁	32元	30年3月5日	
合计				224元		
被灾日期	6月15日	被灾地点	东升楼分驻所	房屋被炸或震塌	被炸片炸毁	原支薪俸数目	42元	有无同居眷属	无

右〈上〉开物品,确系因空袭被炸,理合报告

分局长刘　核转

总局长唐　转呈

市长吴

填报人　三等警长　庞建周　呈

三十年六月十五日

6)重庆市警察局第三分局员役空袭损失私物报告表

物品名称	品质	数量	损失程度	原价	购买年月	备考
被盖	白洋布包单棉絮缎面	1床	被炸片炸毁	70元	30年3月8日	
中山服	黄哈机〔叽〕	1套	被炸片炸毁	100元	29年3月29日	

续表

物品名称	品质	数量	损失程度	原价	购买年月	备考
皮箱	黄皮	两口	被炸片炸毁	84元	29年1月5日	
花毯	花毯	1床	被炸片炸毁	51元	29年4月10日	
合计				305元		
被灾日期	6月15日	被灾地点	东升楼分驻所	房屋被炸或震塌	炸片炸毁	原支薪俸数目	46元	有无同居眷属

右〈上〉开物品,确系因空袭被炸,理合报告

分局长刘　核转
总局长唐　转呈
市长吴

填报人　二等警长　贾镕
三十年六月十五日

7)重庆市政府警察局第三分局员役空袭损失私物报告表

物品名称	品质	数量	损失程度	原价	购买年月	备考
被服	棉絮白洋布桶子	1床	被炸片打坏	75元	29年10月2日	
制服	青卡〔咔〕机〔叽〕	1套	被炸片打坏	43元	29年10月4日	
衬衣	白卡〔咔〕机〔叽〕	2件	被炸片打坏	25元	29年6月12日	
鞋子	毛呢	1双	被炸片打坏	20元	30年1月10日	
合计				163元		
被灾日期	6月15日	被灾地点	东升楼分驻所	房屋被炸或震坏	被炸弹震坏	原支薪俸数目	40元	有无同居眷属	妻1

右〈上〉开物品,确系因空袭被炸坏,理合报告

分局长刘　核转
总局长唐　转呈
市长吴

填报人　一等警士　李星辉　呈
三十年六月十五日

8)重庆市警察局第三分局员役空袭损失私物报告表

物品名称	品质	数量	损失程度	原价	购买年月	备考
黄色皮箱	药皮	1口	被炸片震破	65元	30年2月5日	
制服	青卡机〔咔叽〕	1套	被炸片震坏	43元	29年11月10日	
衬衣	白市布	2件	被炸片震坏	共21元	29年6月2日	
皮鞋	黑药皮	1双	被炸片震坏	35元	29年12月10日	
被服	棉絮白洋布桶子	1床	被炸片震坏	56元	30年1月12日	
合计				220元		
被灾日期	6月15日	被灾地点	东升楼分驻所	房屋被炸或震塌	被炸弹震坏	原支薪俸数目	40元	有无同居眷属	无

右(上)开物品,确系因空袭被炸坏,理合报告

分局长刘　核转
总局长唐　转呈
市长吴

　　　　　　　　　　　　填报人　一等户籍生　万志镕　呈
　　　　　　　　　　　　三十年六月十五日

9)重庆市政府警察局第三分局员役空袭损失私物报告表

物品名称	品质	数量	损失程度	原价	购买年月	备考
被盖	白市包单花被面	1床	被炸坏	100元	29年2月11日	
中山服	青卡机〔咔叽〕	1套	被炸坏	45元	30年4月8日	
衬衫	白市布花府绸	2件	被炸坏	36元	30年5月12日	
合计				181元		
被灾日期	6月15日	被灾地点	东升楼分驻所	房屋被炸或震坏	被炸弹震坏	原支薪俸数目	36元	有无同居眷属	无

右(上)开物品,确系因空袭被炸坏,理合报告

分局长刘　核转
总局长唐　转呈
市长吴

　　　　　　　　　　　　填报人　三等户籍生　萧丹恒
　　　　　　　　　　　　三十年六月十五日

10)重庆市政府警察局第三分局员役空袭损失私物报告表

物品名称	品质	数量	损失程度	原价	购买年月	备考
黑皮箱	药皮	1只	被破片及石片打坏	30元	29年12月	打锣街买的
青中山服	哈机〔叽〕	2袋	被破片及石片打坏	90元	29年11月	在皮箱内
红毛线汗衣	洋毛线	1件	被破片及石片打坏	60元	28年11月	在皮箱内
衬衫	花府绸子	2件	被破片及石片打坏	51元	30年5月	在皮箱内
被盖	白洋布包单花□布被面棉絮6斤	1床	被破片及石片打坏	120元	29年8月	另外
毯子	红印花	1床	被破片及石片打坏	30元	30年1月	另外
合计				391元		
被灾日期	6月15日	被灾地点	东升楼分驻所	房屋被炸或震坏	被炸弹震坏	原支薪俸数目	38元	有无同居眷属	无

右〈上〉开物品,确系因空袭炸坏,理合报告
分局长刘　核转
总局长唐　转呈
市长吴　鉴核

　　　　　　　　　　　　填报人　二等户籍生　管树良　呈
　　　　　　　　　　　　　　　　　三十年六月十五日

11)重庆市政府警察局第三分局员役空袭损失私物报告表

物品名称	品质	数量	损失程度	原价	购买年月	备考
衬衣	白洋布	2件	被破片炸坏	36元	30年5月3日	
中山服	青线布	1套	被破片炸坏	48元	29年12月4日	
白布坝单	白洋布	1床	被破片炸坏	9.6元	29年8月1日	

续表

物品名称	品质	数量	损失程度	原价	购买年月	备考
毛线衣	毛线	1件	被破片炸坏	56元	29年9月5日	
合计				149.6元		
被灾日期	6月15日	被灾地点	东升楼分驻所	房屋被炸或震毁	被炸弹震坏	原支薪俸数目	38元	有无同居眷属	无

右〈上〉开物品，确系因空袭被炸，理合报告

分局长刘

总局长唐

市长吴

　　　　　　　　　　　填报人　二等警士　李发根　呈

　　　　　　　　　　　三十年六月十五日

12）重庆市政府警察局第三分局员役空袭损失私物报告表

物品名称	品质	数量	损失程度	原价	购买年月	备考
被盖	白洋布包单棉絮花标布面子	1件	被弹片炸坏	58元	29年10月2日	
衬衣	花府绸白洋布	2件	被弹片炸坏	45元	30年4月8日	
中山服	青线布	1套	被弹片炸坏	48元	29年9月16日	
皮鞋	青皮	1双	被弹片炸坏	36元	30年3月1日	
皮箱	青皮	1口	被弹片炸坏	30元	29年11月6日	
合计				217元		
被灾日期	6月15日	被灾地点	东升楼分驻所	房屋被炸或震毁	被炸弹震坏	原支薪俸数目	41元	有无同居眷属	无

右〈上〉开物品，确系因空袭被炸坏，理合报告

分局长刘　核转

总局长唐　转呈

市长吴

　　　　　　　　　　　填报人　一等户籍生　李自清　呈

　　　　　　　　　　　三十年六月十五日

13) 重庆市政府警察局第三分局员役空袭损失私物报告表

物品名称	品质	数量	损失程度	原价	购买年月	备考
被盖	白洋布里花条呢面棉花絮	1床	被炸片打坏	85元	29年10月	
中山服	青洋哔叽	1套	被炸片打坏	64元	30年2月	
衬衣	花条府绸	2件	被炸片打坏	61元	30年4月	
合计				210元		
被灾日期	6月15日	被灾地点	东升楼分驻所	房屋被炸或震毁	被炸弹片打坏	原支薪俸数目 40元	有无同居眷属	妻1

右〈上〉开物品，确系因空袭被炸坏，理合报告

分局长　核转

总局长　转呈

市长吴

　　　　　　　　　　　　　　　填报人　一等警　徐瀛洲　呈

　　　　　　　　　　　　　　　　　　　三十年六月十五日

14) 重庆市政府警察局第三分局东升楼分驻所员役空袭损失私物报告表

物品名称	品质	数量	损失程度	原价	购买年月	备考
青色皮鞋	药皮	1双	被炸坏	45元	30年正月十六日	
黄卡机〔咔叽〕服	黄色	1套	被炸坏	60元	30年2月20日	
脸盆	磁器	1个	被炸坏	15元	29年5月5日	
青布下装	青布	1条	被炸坏	20元	29年6月□日	
合计				140元		
被灾日期	6月15日	被灾地点	东升楼分驻所	房屋被炸或震毁	被炸弹震坏	原支薪俸数目 36元	有无同居眷属	有

右〈上〉开物品，确系因空袭被炸坏，理合报告

分局长刘　核转

总局长唐　转呈

市长吴

　　　　　　　　　　　　　　　填报人　三等警士　罗伯钧　呈

　　　　　　　　　　　　　　　　　　　三十年六月十五日

15) 重庆市警察局第三分局员役空袭损失私物报告表

物品名称	品质	数量	损失程度	原价	购买年月	备考
被盖	白洋布包单棉絮花面子	1床	被炸片炸毁	52元	29年10月8日	
中山服	青线布	1套	被炸片炸毁	43元	30年3月1日	
衬衣	白洋布	2件	被炸片炸毁	26元	30年4月1日	
皮鞋	青皮	1双	被炸片炸毁	30元	30年3月1日	
合计				161元		
被灾日期	6月15日	被灾地点	东升楼分驻所	房屋被炸或震毁	被炸弹炸坏	原支薪俸数目 40元	有无同居眷属	无

右〈上〉开物品，确系因空袭被炸坏，理合报告

分局长刘　核转

总局长唐　转呈

市长吴

　　　　　　　　　　　　　　填报人　一等警士　张清海　呈

　　　　　　　　　　　　　　　　　　　　　三十年六月十五日

16) 重庆市政府警察局第三分局东升楼分驻所员役空袭损失私物报告表

物品名称	品质	数量	损失程度	原价	购买年月	备考
青色皮鞋	药皮	1双		45元正	30年4月	
青卡机〔咔叽〕中服	青色	1套		61元正	29年腊月	
脸盆	磁	1个		25元正	30年2月	
青跑库〔袍裤〕	青色	1条		24元正	29年冬月	
合计				155元		
被灾日期	6月15日	被灾地点	东升楼分驻所	房屋被炸或震毁	被炸弹震坏	原支薪俸数目 36元	有无同居眷属	有

右〈上〉开物品，确系因空袭被炸坏，理合报告

分局长刘　核转

总局长唐　转呈

市长吴

　　　　　　　　　　　　　　填报人　三等警士　陈林　呈

　　　　　　　　　　　　　　　　　　　　　三十年六月十五日

(0061—15—2207—1)

92. 重庆市警察局第三分局为报钟肇卿1941年6月15日空袭损失请予救济呈市警察局文(1941年6月18日)

案据本分局特务巡官钟肇卿报告称:"窃职眷属寓二府衙16号,本月十五日敌机投弹,正中爆炸弹1枚,所有衣物器具悉遭炸毁,理合检同报告表3份,具文赍请钧长鉴核,转请救济"。等情。附表3份。据此。复查属实,除提留原表1份外,理合检同原表2份,具文赍请钧局鉴核令遵。

谨呈

局长唐

附呈原表2份

分局长 刘磊

重庆市政府警察局第三分局员役空袭损失私物报告表

物品名称	品质	数量	损失程度	原价	购买年月	备考
被盖	白洋布灰红府绸	3床	炸毁	215元	29年9月	
□线毯子	纺毯	3床	炸毁	102元	29年7月	
男女皮鞋	厂皮	2双	炸毁	104元	30年2月	
女衫子	灰阴丹士林布	2件	炸毁	76元	30年1月	
男女袜子	麻纱	5双	炸毁	25元	30年4月	
□□厂床	木	2架	炸毁	160元	30年1月	
平床	木	3架	炸毁	15元	28年7月	
写字台	木	2张	炸毁	84元	29年1月	
猪肝色桌子木板凳	木	5张	炸毁	200元	30年2月	
大小锅	铁	2口	炸毁	55元	30年2月	
顶〔鼎〕锅	铁	1口	炸毁	38元	30年3月	
大小水缸子	瓦缸	2口	炸毁	30元	29年8月	
合计				1104元		
被灾日期	5月3日	被灾地点	二府衙16号	房屋被炸或震毁	被炸毁	原支薪俸数目	100元	有无同居眷属	有5人

续表

右〈上〉开物品，系因空袭被炸毁，谨报告 分局长刘　转呈 局长唐　核转 市长吴 　　　　　　　　　　填报人　特务巡官　钟肇卿 　　　　　　　　　　民国三十年六月十七日

（0061—15—2207—1）

93. 重庆市警察局员役为报1941年6月29日空袭损失请予救济的签呈（1941年6月30日—7月3日）

①魏兴置签呈（30年6月29日于总务科人事股）

查六月廿九日敌机弹中本局庶务股，公差置于该处之私有被盖包裹一束悉被炸坏，甚属痛心。公差待遇甚微，无力购置，用特造具空袭损失私物报告表2份，报请钧座准予救济，无任感祷。

谨呈

主任许　转呈

科长刘　核转

局长唐

附空袭损失私物报告表2份

　　　　　　　　　　　　　　　　　　　　　　公差　魏兴置

重庆市政府警察局总务科人事股公差员警差役空袭损失私物报告表

物品名称	品质	数量	损失程度	原价	购买年月	备考
被盖	白洋布面条子花绸心	1床	炸飞	60元	29年10月	
大衣	青哈叽	1件	炸飞	40元	28年11月	
制服	黄哈叽	1套	炸飞	35元	29年8月	
制服	青哈叽	1套	炸飞	30元	28年4月	

续表

物品名称	品质	数量	损失程度	原价	购买年月	备考
衬衣	白洋布	2件	炸飞	30元	30年3月	
短裤	青白洋布	各1条	炸飞	8元	30年5月	
牙刷		1把	炸飞	2元	30年2月	
牙膏	三星牌	1合〔盒〕	炸飞	2元	30年5月	
袜子	黄色	2双	炸飞	8元	29年12月	
皮鞋	黄皮鞋	1双	炸飞	26元	29年9月	
面巾	白面巾	2条	炸飞	5元	29年12月	
手巾	白蓝绸	各1条	炸飞	4元	30年3月	
合计				245元		
被灾日期	6月29日	被灾地点	总局庶务股门前被炸	房屋被炸或震毁	房子炸毁	原支薪俸数目	30元	有无同居眷属	无

右〈上〉开物品,确系因空袭被毁,谨报告
主任许、科长刘　转呈
局长唐　核转
市长吴

魏兴置
三十年六月二十九日

②朱耀遂报告(30年6月29日于督察处)

窃本日敌机来袭,本局中弹,将职放存于办公室前广场中之皮箱、被盖、衣物等件炸毁,现即须购置,以便应用。惟物价昂贵,又无存款,实难购就,为此备文检同空袭损失私物报告表2份,呈请钧长恳予救济,以示体恤。

　　谨呈
督察长罗、郭　转呈
处长东方　转呈
局长唐
附呈空袭损失私物报告表2份

职　朱耀遂

重庆市政府警察局督察处员警差役空袭损失私物报告表

物品名称	品质	数量	损失程度	原价	购买年月	备考
皮箱	皮质	1口	炸毁	60	29年5月	
被盖	□布花缎面棉絮里	1床	炸毁	70	29年10月	
热水瓶	长城牌	1个	炸毁	40	29年5月	
青哔叽中山服	毛哔叽	1套	炸毁	200	29年10月	
线卧毯	花线	1件	炸毁	40	29年4月	
毛线褂	毛绒线	1件	炸毁	85	28年11月	
线裤	绒线	1件	炸毁	40	28年11月	
灰维也纳中山服	毛质	1套	炸毁	130	28年8月	
合计				665		
被灾日期	30年6月29日	被灾地点	本局	房屋被炸或震毁	炸毁	原支薪俸数目 90元	有无同居眷属

右〈上〉开物品，确系因空袭被毁，谨报告

　　　　转呈
局长唐　核转
市长吴

朱耀逵
三十年六月二十九日

③蒋锡麟报告（6月30日于督察处）

　　窃职于六月二十九日下午敌机袭渝拟欲避免损失计，故将放置处内之衣物等，饬公差搬出处外，放在庶务室左侧空地上（本处前面），不料本局庶务室房屋被炸全部倒塌，波及空地，放置地上衣物，均被炸飞不见（损失物品如附表）。惟因本市百物奇昂，收入有限，购置不易，故迫不得已，列开损失数目，报请钧长鉴核示遵。

　　谨呈
督察长罗、郭　转呈
处长东方　转呈
局长唐

附表2份

职　蒋锡麟

重庆市政府警察局督察处员警差役空袭损失私物报告表

物品名称	品质	数量	损失程度	原价	购买年月	备考
老人牌保安理发刀	铜	1把	炸毁不见	25	30年□月	
衣袋	布	1只	炸毁不见	4	30年□月	
剪刀	铁	1把	炸毁不见	6	30年5月	
白衬衣	府绸	1件	炸毁不见	18	30年5月	
毛线衣	毛线	1件	炸毁不见	52	29年11月	
牙刷	骨	1把	炸毁不见	1.5	30年5月	
牙膏	三星牌	1个	炸毁不见	2	30年5月	
毛巾	棉纱	1条	炸毁不见	3.7	30年5月	
合计				损失110余元		
被灾日期	29日下午	被灾地点	本处前面隙地	房屋被炸或震毁	原支薪俸数目　90元	有无同居眷属　无

右〈上〉开物品,确系因空袭被毁,谨报告

处长东方　转呈

局长唐　核转

市长吴

　　　　　　　　　　　　　　　督察处服务员　蒋锡麟
　　　　　　　　　　　　　　　三十年六月三十日

④胡鹤青报告(6月30日于督察处)

窃职于本月二十九日敌机袭渝时,将被盖及应用物件搬放本处空坝与庶务股接近之处,不料庶务股中弹,职之皮鞋炸毁,军毯炸破,谨将被灾情形报请钧座救济,以体职艰。

　　谨呈

督察长罗、郭　转呈

处长东方　转呈

局长唐

附呈损失表2份

服务员　胡鹤青　呈

重庆市政府警察局员警差役空袭损失私物报告表

物品名称	品质	数量	损失程度	原价	购买年月	备考
黑皮鞋	汉皮	1双	全毁	72	30年5月	
军毯	粗线	1床	炸破	12	29年冬月	
合计				84		
被灾日期	6月29日	被灾地点	本局	房屋被炸或震毁	原支薪俸数目	54元	有无同居眷属	有眷

右〈上〉开物品,确系因空袭被毁,谨报告

督察长罗、郭　转呈

处长东方　转呈

局长唐　核转

市长吴

服务员　胡鹤青
三十年六月三十日

⑤涂玉山签呈(30年6月30日于督察处)

　　窃于昨(29)日寇机袭渝,衣物遭受轰炸殆尽,兼之渝市百物昂贵,惟平日又无储蓄,难已〔以〕购置,备文签同空袭损失表2份,呈请钧长体念下情,恳于救济,以示体恤。是否有当,理合报请鉴核示遵。

　　谨呈

督察长罗、郭　转呈

处长东方　转呈

局长唐

附空袭损失表2份

警长　涂玉山　呈

重庆市政府警察局督察处员警差役空袭损失私物报告表

物品名称	品质	数量	损失程度	原价	购买年月	备考
力士鞋	布质	1双	炸毁	22	30年1月	
衬衣	布质	1件	炸毁	8	29年5月	
短裤	布质	2条	炸毁	6	29年7月	
青洋哔叽	布质	1套	炸毁	75	30年4月	
花条子单子	布质	1条	炸毁	12	30年3月	
毛巾	纱质	2条	炸毁	6	30年5月	
袜子	纱质	2双	炸毁	6	30年5月	
绒背心	绒	1件	炸毁	15	29年10月	
合计				150		
被灾日期	6月29日	被灾地点	本局	房屋被炸或震毁	炸毁	原支薪俸数目	42元	有无同居眷属	无

右〈上〉开物品，确系因空袭被毁，谨报告

督察长罗、郭 转呈

处长东方 转呈

局长唐 核转

市长吴

　　　　　　　　　　　　　重庆市警察局督察处警长　涂玉山

　　　　　　　　　　　　　三十年六月三十日

⑥李华琪签呈（30年6月30日于统计股）

　　窃查昨（二十九）日敌机袭渝，局内中弹，职之衣服行李等件悉被炸毁，损失净尽，复查现刻百物高昂，职连续被炸两次，实属无力补充，用特造呈空袭损失私物表2份，呈请钧长体念下情，签请钧座鉴核，俯赐汇转，并恳予先发救济费1月，以示体恤，而便制备服用，不胜德便之至。

　　谨呈

主任程 转呈

科长刘 核转

局长唐

附呈空袭损失表2份

　　　　　　　　　　　　　　　　　　　　　　职　李华琪

重庆市政府警察局统计股员警差役空袭损失私物报告表

物品名称	品质	数量	损失程度	原价	购买年月	备考
棉被	棉	1床	炸毁	24	30年6月	
包单	棉	1床	炸毁	28	30年6月	
被面	棉	1床	炸毁	27	30年6月	
毛巾被	棉	1床	炸毁	42	30年6月	
皮箱	皮	1口	炸毁	58	30年6月	
花麻纱长衫	棉	2件	炸毁	42	30年5月	
标准布	棉	1件	炸毁	15	29年6月	
夏布衫	麻	1件	炸毁	12	29年7月	
汗衣	棉	2件	炸毁	8	30年6月	
皮鞋	皮	1件〔双〕	炸毁	54	30年5月	
丝袜套	丝	2双	炸毁	12	30年6月	
合计				522		
被灾日期	30年6月29日	被灾地点	警察局	房屋被炸或震毁	炸毁	原支薪俸数目	65元	有无同居眷属

右〈上〉开物品,确系因空袭被毁,谨报告

主任程

科长刘　转呈

局长唐　核转

市长吴

统计股雇员　李华琪

三十年六月三十日

⑦李德绪签呈(30年6月30日于总务科统计股)

窃查六月二十九日本局惨遭寇机轰炸,职所有放置庶务股门前之冬暑两季换洗衣物悉被炸毁,理合造具空袭损失私物报告表2份,报请钧座准予发给救济费,以资救济,伏乞鉴核示遵。

谨呈

主任程　转呈

科长刘　核转

局长唐

附呈空袭损失私物报告表2份

科员　李德绪

重庆市政府警察局总务科统计股员警差役空袭损失私物报告表

物品名称	品质	数量	损失程度	原价	购买年月	备考
黄哈叽制服	法国哈叽	1套	炸毁	54	29年4月	
白布毯子	棉	1床	炸毁	15	29年1月	
青制服	棉	1套	炸毁	45	29年3月	
军政部丙种呢中山服	毛呢	1套	炸毁	92	29年1月	
府绸衬衫	绸	2件	炸毁	50	30年5月	
白市布衬衫	白布	2件	炸毁	40	30年6月	
短裤	白布	2条	炸毁	8	30年6月	
毛线衣	毛	1件	炸毁	80	29年元月	
呢帽	呢	1顶	炸毁	50	28年12月	
皮箱	皮	2口	炸毁	38	29年9月	
绒汗衣	绒	1套	炸毁	60	30年2月	
合计				532		
被灾日期	6月29日	被灾地点	警察局	房屋被炸或震毁	被炸	原支薪俸数目 140元	有无同居眷属	有

右（上）开物品，确系因空袭被毁，谨报告

主任程
科长刘　转呈
局长唐　核转
市长吴

科员　李德绪

三十年六月二十九日

⑧赵自立签呈（30年6月30日于文书股）

窃查本年六月二十九日敌机袭渝，本局文书股全部被炸，所有私人物件损失殆尽，理合填具私人损失报告表随文鉴请钧座鉴核，转请救济，不胜沾感矣。

　　谨呈

主任李　转呈

科长刘　核转

局长唐

附私人损失报告表2份

　　　　　　　　　　　　二等雇员　赵自立

重庆市政府警察局总务科文书股员警差役空袭损失私物报告表

物品名称	品质	数量	损失程度	原价	购买年月	备考
油绸	绸	1床	炸毁	70	30年5月	
白包单	士〔土〕布	1床	炸毁	40	30年5月	
白花衬衣	府绸	2件	炸毁	48	30年5月	
黄制服	哈机〔叽〕	1套	炸毁	82	30年5月	
白尧〔摇〕裤	哈机〔叽〕	1条	炸毁	15	30年5月	
磁盆	洋磁	1个	炸毁	36	30年5月	
合计				291		
被灾日期	6月29日	被灾地点	本局文书股	房屋被炸或震毁	炸毁	原支薪俸数目	70元	有无同居眷属

右〈上〉开物品，确系因空袭被毁，谨报告

主任李

科长刘　转呈

局长唐　核转

市长吴

　　　　　　　重庆市警察局总务科文书股二等雇员　赵自立

　　　　　　　　　　　　　　　　三十年六月三十日

⑨赵明学签呈（30年6月30日于文书股）

　　窃查六月二十九日敌机袭渝，本局被炸，所有差之衣物全被炸毁，理合填报私物损失报告表随文签请钧座鉴核，转请救济，实沾德便。

　　谨呈

主任李　转呈

科长刘　核转

局长唐

附表2份

　　　　　　　　　　　　　　　　公差　赵明学

重庆市政府警察局总务科文书股员警差役空袭损失私物报告表

物品名称	品质	数量	损失程度	原价	购买年月	备考
青制服	哈机〔叽〕	1套	炸毁	50	民国30年	
制服	芝麻呢	1套	炸毁	50	民国30年	
衬衣	士〔土〕布	2件	炸毁	34	民国30年	
皮箱	药皮	1口	炸毁	30	民国30年	
皮包	药皮	1个	炸毁	14	民国30年	
合计				178		

被灾日期	6月29日	被灾地点	文书股	房屋被炸或震毁	炸毁	原支薪俸数目	30元	有无同居眷属	无

右〈上〉开物品，确系因空袭被毁，谨报告

主任李

科长刘　转呈

局长唐　核转

市长吴

　　　　　　　　　重庆市警察局总务科文书股公差　赵明学

　　　　　　　　　　　　　　　　　三十年六月三十日

⑩龚锡光签呈（30年6月30日于统计股）

　　窃查六月二十九日本局惨遭敌机肆虐，公差所有放置庶务股门前之换洗衣服悉被炸毁，理合造具私物损失报告表2份报请钧座准予救济，倘蒙俞允，实感戴无涯矣。

　　谨呈

主任程　转呈

科长刘　核转

局长唐

附呈空袭损失私物报告表2份

公差　龚锡光

重庆市政府警察局总务科统计股员警差役空袭损失私物报告表

物品名称	品质	数量	损失程度	原价	购买年月	备考
被盖	包单1床 棉絮在内	1床	完全炸毁	56	30年6月	
白布衬衫	棉	1件	完全炸毁	13	30年4月	
短裤	棉	1条	完全炸毁	5	30年4月	
青布下装	哈叽	1条	完全炸毁	15	30年5月	
面巾	棉	1张	完全炸毁	3	30年5月	
袜子	线	1双	完全炸毁	4	30年2月	
合计						
被灾日期	30年6月29日	被灾地点	警察局	房屋被炸或震毁	被炸	原支薪俸数目	30元	有无同居眷属	无

右〈上〉开物品,确系因空袭被毁,谨报

主任程

科长刘　转呈

局长唐　核转

市长吴

公差　龚锡光

三十年六月三十日

⑪武煌签呈（30年6月30日于行政科）

查本（六）月二十八日空袭后,由公差照例将行李等件搬置于本局庶务股空坝处,不幸该处于是日竟中弹数枚,员之被盖及换洗衣服等件俱罹炸毁,窃员于前次（六月七日）被炸于保安路,本次又被炸于本局,恳请钧座迅予设法救济,俾便从速制办。理合检呈空袭损失报告表两纸,签请鉴核。

谨呈

主任林　转呈

科长梁　转呈

局长唐

行政科科员　武煌

重庆市政府警察局行政科员警差役空袭损失私物报告表

物品名称	品质	数量	损失程度	原价	购买年月	备考
黄制服	卡机〔咔叽〕	1套	完全炸毁	90	29年5月	
白衬衣	布质	1件	完全炸毁	18	30年5月	
白衬裤	布质	1条	完全炸毁	4	30年5月	
汗衣	麻纱	1件	完全炸毁	12	30年5月	
袜子	麻纱	1双	完全炸毁	5	30年5月	
棉被	布质棉质	1床	完全炸毁	40	30年4月	
俄国呢毯	呢毛质	1床	完全炸毁	160	28年8月	
力士鞋		1双	完全炸毁	20	28年3月	
力士皂		1块	完全炸毁	4	30年6月	
牙膏		2盒	完全炸毁	4	30年6月	
面巾		2块	完全炸毁	4	30年6月	
合计				361		
被灾日期	30年6月29日	被灾地点	本局	房屋被炸或震毁	被炸	原支薪俸数目	140元	有无同居眷属	无

右〈上〉开物品,确系因空袭被毁,谨报告

主任林　转呈

科长梁　转呈

局长唐　核转

市长吴

行政科科员　武煌
三十年六月三十日

重庆市政府警察局员警差役空袭损失私物报告表

物品名称	品质	数量	损失程度	原价	购买年月	备考
黑呢中山装	呢质	1套	炸毁	290	29年2月8日	
皮鞋	皮质	1双	炸毁	40	29年9月29日	在合川购
铜笔架	铜质		炸毁	4	29年3月4日	
合计						
被灾日期	30年6月7日	被灾地点	本局二楼义警总队部	房屋被炸或震毁	炸毁	原支薪俸数目	98元	有无同居眷属	无

右〈上〉开物品，确系因空袭被毁，谨报告

主任林

科长梁　转呈

局长唐　核转

市长吴

警察局行政科员　武煌

三十年六月七日

⑫申屠樟签呈（30年7月1日于总务科人事股）

窃查本年六月二十九日敌机袭渝，本局命中数弹，致将职藏局内之衣物等炸毁数件。兹遵章填具报告表2份，赍呈钧座鉴核，请予转呈市府赐予救济，俾便购置各物应用，实为德便。

谨呈

主任许　转呈

科长刘　核转

局长唐

附空袭损失私物报告表2份

职　申屠樟

重庆市政府警察局总务科员警差役空袭损失私物报告表

物品名称	品质	数量	损失程度	原价	购买年月	备考
草绿制服	卡[咔]叽	1套	炸毁	55	29年4月	
青制服	卡[咔]叽	1套	炸毁	80	29年11月	
衬衣	麻纱	1件	炸毁	28	29年7月	
毯子	斜纹布	1条	炸毁	27	28年2月	
短裤	洋布	1条	炸毁	3.5	30年4月	
袜子	线质	1双	炸毁	3.8	30年4月	
凤洲纲鉴	线装	1部(32册)	炸毁	24	30年3月	
比较宪法	洋装	1册	炸毁	12	30年3月	
合计				233.8		
被灾日期	30年6月29日	被灾地点	本局	房屋被炸或震毁	被炸	原支薪俸数目	75元	有无同居眷属	无

右〈上〉开物品,确系因空袭被毁,谨报告

主任许

科长刘　转呈

局长唐　核转

市长吴

　　　　　　　　　　　　　　　　雇员　申屠樟

　　　　　　　　　　　　　　　　三十年七月一日

⑬宋安民报告(30年7月1日于行政科治安处)

　　窃查前日(六月二十九日)本局被炸,职私人交洗衣服及毯子等均置本局空坝右侧,不幸全部被炸散,损失颇重,理合遵照规定缮具损失私物报告表一式二纸,随文赍请钧座鉴核,俯赐转报救济,实为公便。

　　谨呈

主任林　核转

科长梁　核转

局长唐

附呈损失私物报告表2份

　　　　　　　　　　　　　　　　科员　宋安民

重庆市政府警察局员警差役空袭损失私物报告表

物品名称	品质	数量	损失程度	原价	购买年月	备考
黄制服	卡叽〔咔叽〕布	1套	全部炸失	105	30年5月	
衬衣	府绸	1件	全部炸失	25	30年4月	
背心	麻纱	2件	全部炸失	28	30年6月	
短裤	标准布	2条	全部炸失	20	30年6月	
席子	篾竹	1条	全部炸失	10	30年6月	
皂盒	胶质	1个	全部炸失	7	30年6月	
毯子	羊毛	1条	全部炸失	170	30年6月	
总计				355		
被灾日期	6月29日	被灾地点	本局	房屋被炸或震毁	正中炸弹	原支薪俸数目	150元	有无同居眷属	无

右〈上〉开物品，确系因空袭被毁，谨报告

科长梁　转呈

局长唐　核转

市长吴

　　　　　　　　　　　　行政科科员　宋安民

　　　　　　　　　　　　三十年七月一日

⑭尹治中签呈（30年7月1日于庶务股）

　　窃查六月二十九日空袭，本股门前命中1弹，职所有置于该处之衣物完全炸□□填具私物损失报告表2份，签请鉴核，准予救济。

　　谨呈

代主任陆　转呈

科长刘　核转

局长唐

附表2份

　　　　　　　　　　　　　　　职　尹治中

重庆市政府警察局员警差役空袭损失私物报告表

物品名称	品质	数量	损失程度	原价	购买年月	备考
茶花府绸衬衫	府绸	1件	全毁	34	30年6月10日	
白府绸衬衫	府绸	1件	全毁	25	30年6月9日	
黄摇裤	毛哈机〔叽〕	1条	全毁	30	30年6月14日	
摇裤	哈机〔叽〕	1条	全毁	15	30年6月13日	
内裤	绵〔棉〕质	1条	全毁	5	30年6月8日	
袜子	纱质	1双	全毁	6	30年6月9日	
皮箱	皮质	1只	全毁	26	30年6月9日	
麻纱内衣	麻纱	1件	全毁	14	30年6月10日	
麻纱背心	麻纱	1件	全毁	9	30年6月10日	
服装	哈机〔叽〕	1套	全毁	60	30年6月19日	
簟席	竹质	1张	全毁	14	30年6月9日	
毯子	哈机〔叽〕	1张	全毁	45	30年6月10日	
合计				283		
被灾日期	30年6月29日	被灾地点	本局庶务股	房屋被炸或震毁	全毁	原支薪俸数目	100元	有无同居眷属	无

右〈上〉开列物品,确系因空袭被毁,谨报告

　　　　转呈
局长唐　核转
市长吴

　　　　　　　　总务股〔科〕庶务股三等办事员　尹治中
　　　　　　　　三十年七月一日

⑮祝泽照签呈(30年7月1日于秘书室)

窃职居住临江门顺城街4号,于六月二十九日敌机肆虐,尤以临江门内外投弹最多。职宅隔壁中弹全毁而遭震坏,损失颇重,以致门窗家俱衣物损失极重。兹开列职私人(家属损失不在此内)损失物件表,祈钧座准予援例按空袭损失给予救济,则不胜沾感之至。是否有当,伏祈鉴核示遵。

　　谨呈
主任秘书李　转呈

局长唐

职　祝泽照　谨呈

重庆市政府警察局员警差役空袭损失私物报告表

物品名称	品质	数量	损失程度	原价	购买年月	备考
玻砖柜	玻砖	1个	炸破	310元	29年5月	
床	木	1张	破滥〔烂〕	43元	29年5月	
桌椅	木	3个	破滥〔烂〕	58元	29年5月	
床毯	布	1床	破滥〔烂〕	28元	29年6月	
皮箱	皮	2口	破滥〔烂〕	104元	29年6月	
丝棉袄	绸	1件	破滥〔烂〕	110元	29年11月	
毛线衣	毛	1件	破滥〔烂〕	58元	29年11月	
夹衫	布	1件	破滥〔烂〕	62元	29年9月	
布衫	布	5件	破滥〔烂〕	110元	29年 30年	
衬衫短裤	布	3套	破滥〔烂〕	48元	30年2月	
零星用品		若干	破滥〔烂〕	80元	29年 30年	
合计损失				960元正		
被灾日期	30年6月29日	被灾地点	临江顺城街4号	房屋被炸或震毁	震毁	原支薪俸数目	65元	有无同居眷属	有(损失不在此内)

右〈上〉开物品,确系因空袭被毁,谨报告

主任秘书李　转呈

局长唐　核转

市长吴

雇员　祝泽照

三十年七月一日

⑯周冰凝签呈(30年7月1日于总务科统计股)

窃查敌机肆虐,本局曾一再被炸,六月七日职被炸损失私物颇重,业经依法报请救济,尚未奉示在案。六月二十九日又被炸袭时,所有新旧购用物品多遭碎毁。际兹物价高昂,必需之物,皆无力购备,用仍遵章填具空袭损失私物报告表2份,签请钧座俯赐鉴核,准予救济,实为德便。

  谨呈

主任程 转呈

科长刘 核转

局长唐

附呈空袭损失私物报告表2份

雇员 周冰凝

重庆市政府警察局总务科统计股员警差役空袭损失私物报告表

物品名称	品质	数量	损失程度	原价	购买年月	备考
被盖	布	1床	碎毁	85	30年6月	
毯子	布	1床	碎毁	26	30年6月	
棉袄	丝	1件	碎毁	100	29年10月	
夹衫	丝	1件	碎毁	80	29年10月	
汗衫	布	3件	碎毁	32	30年6月	
油布	布	1床	碎毁	20	29年9月	
条子	皮	1口	碎毁	45	29年8月	
袜子	丝	2双	碎毁	27	30年4月	
长衫	布	2件	碎毁	36	29年11月	
短袖长衫	麻纱	2件	碎毁	45	30年6月	
合计				496		
被灾日期	30年6月29日	被灾地点	总局	房屋被炸或震毁	被炸	原支薪俸数目	薪65津贴15元	有无同居眷属	无

右〈上〉开物品,确系因空袭被毁,谨报告

主任程

科长刘 转呈

局长唐 核转

市长吴

总务科统计股雇员 周冰凝
三十年七月一日

⑰钟源贵签呈（30年7月1日于统计股）

窃查六月二十九日敌机袭渝，本局惨遭狂炸，职所有放置庶务股门前衣物等件全部被炸。值兹夏令，骄阳肆虐，职换洗衣物亦感无着，兼职每月收入甚微，百物昂贵，无力购置，特此造呈空袭损失私物报告表2份，恳请钧座俯念下情，准予照章发给空袭损失费，以作购置简单必需物品之用。如何之处，伏乞示遵。

　谨呈

主任程　转呈

科长刘　核转

局长唐

附呈空袭损失私物报告表2份

办事员　钟源贵

重庆市政府警察局总务科统计股员警差役空袭损失私物报告表

物品名称	品质	数量	损失程度	原价	购买年月	备考
被盖		1床	完全炸毁	80	28年11月	冬季用的
箱子	白皮	1口	完全炸毁	30	28年12月	
灰制服	哈吱〔叽〕	1套	完全炸毁	35	29年2月	
青制服	线哗吱〔叽〕	1套	完全炸毁	45	29年3月	
青制服	毛哗吱〔叽〕	1套	完全炸毁	120	29年3月	
白毯子	布	1床	完全炸毁	24	29年7月	
棉絮		1床	完全炸毁	15	28年5月	
下装	统绒	1条	完全炸毁	25	29年11月	
长衫	洋布	1件	完全炸毁	25	29年4月	
汗衫	麻纱	1件	完全炸毁	15	29年6月	
电筒		1只	完全炸毁	12	29年6月	
毛巾		2张	完全炸毁	7	30年5月	
白手套		1付	完全炸毁	4	29年12月	
袜子		2双	完全炸毁	10	30年2月	
麻呢制服		1套	完全炸毁	40	29年12月	

续表

物品名称	品质	数量	损失程度	原价	购买年月	备考
西服上装	发〔法〕蓝〔兰〕绒	1件	完全炸毁	89	29年7月	
衬衣	府绸	2件	完全炸毁	40	30年2月	
合计				607		
被灾日期	30年6月29日	被灾地点	保安路警察局	房屋被炸或震毁	被炸	原支薪俸数目	120元	有无同居眷属	无

右〈上〉开物品,确系因空袭被毁,谨报告

主任程

科长刘　转呈

局长唐　核转

市长吴

　　　　　　　　　总务科统计股办事员　钟源贵
　　　　　　　　　三十年七月一日

⑱程汝玉签呈(7月1日于统计股)

　　窃查六月二十九日敌机袭渝,本局中弹,职存庶务股门外之衣物等件全部炸毁。复查本年职已被炸两次,所有应用衣物损失殆尽。除填具空袭损失私物报告表2份外,拟请钧座鉴核,准予援例暂发救济费1月,以便稍制服用。如蒙俯允,不胜沾感之至。

　　谨呈

科长刘　核转

局长唐

附呈空袭损失私物报告表2份

　　　　　　　　　　　　　　　　主任　程汝玉

重庆市政府警察局统计股员警差役空袭损失私物报告表

物品名称	品质	数量	损失程度	原价	购买年月	备考
棉被	棉	2床	全部炸毁	42	29年10月	
包单	棉	1床	全部炸毁	25	29年10月	
被面	棉	1床	全部炸毁	26	29年10月	

续表

物品名称	品质	数量	损失程度	原价	购买年月	备考
漆皮箱	皮	1口	全部炸毁	38	28年11月	
白哔叽下装	毛	1件	全部炸毁	80	29年6月	
黄卡〔咔〕叽上装	棉	1件	全部炸毁	60	30年5月	
青制服	棉	1套	全部炸毁	24	28年9月	
衬衣	丝	1件	全部炸毁	20.4	28年4月	
衬衣	棉	2件	全部炸毁	52	30年6月	
绸衫裤	丝	1套	全部炸毁	42	28年5月	
绸长衫	丝	1件	全部炸毁	44	28年5月	
线汗衣	棉	3件	全部炸毁	45	30年6月	
雨衣	胶棉	1件	全部炸毁	120	29年5月	
铜锁	铜	1把	全部炸毁	2.5	29年12月	
合计				620.9		
被灾日期	30年6月29日	被灾地点	警察局	房屋被炸或震毁	炸毁	原支薪俸数目	200元	有无同居眷属

右〈上〉开物品，确系因空袭被毁，谨报告

科长刘　转呈
局长唐　核转
市长吴

统计股主任　程汝玉
三十年七月一日

⑲张红飞签呈（7月1日于文书股）

窃查本局于前日（六月二十九日）惨炸〔遭〕敌机轰炸，职有放置于庶务股门前之衣箱1口，当被全部炸飞，箱内衣物损毁无余，理合造具损失报告表2份，备文呈请鉴核备查。

谨呈
主任李、科长刘　核转
局长唐
附呈空袭损失私物报告表2份

职　张红飞

重庆市政府警察局总务科文书股员警差役空袭损失私物报告表

物品名称	品质	数量	损失程度	原价	购买年月	备考
箱子	革	1口	完全炸毁	55	29年12月	
中山服	线呢	1套	完全炸毁	54	29年12月	
中山服	充哗叽	1套	完全炸毁	68	30年4月	
长衫	洋布	2件	完全炸毁	72	29年11月	
衬衣	府绸	2件	完全炸毁	44	30年3月	
衬裤	洋布	2条	完全炸毁	12	30年5月	
背心	毛线	1件	完全炸毁	70	29年10月	
袜子	棉纱	2双	完全炸毁	5	29年12月	
合计				380		
被灾日期	30年6月29日	被灾地点	保安路警察局	房屋被炸或震毁	炸毁	原支薪俸数目	85元	有无同居眷属	无

右〈上〉开物品,确系因空袭被毁,谨报告

主任李

科长刘　转呈

局长唐　核转

市长吴

　　　　　　　　　　　总务科文书股雇员　张红飞

　　　　　　　　　　　三十年七月一日

⑳袁仲韩签呈(30年7月2日于人事股)

　　查六月二十九日本局被炸,职放于庶务股门前之藤箱内一应书籍衣物并被炸坏。兹谨将碎废难用各物造具空袭损失私物报告表2份,签请钧座准予依法救济,实为德便。

　　谨呈

主任许　转呈

科长刘　转呈

局长唐

附空袭损失私物报告表2份

　　　　　　　　　　　办事员　袁仲韩

重庆市政府警察局总务科员警差役空袭损失私物报告表

物品名称	品质	数量	损失程度	原价	购买年月	备考
毯子	布	1床	碎坏	24	29年12月	
汗衣	府绸	2件	碎坏	44	30年4月	
短裤	布	1条	碎坏	5	30年4月	
制服	布	1套	碎坏	65	29年12月	
民刑法概论	精装	上下2册	碎坏	14	28年3月	
六法全书	精装	1册	碎坏	2	28年3月	
新制中国地图	精装	1册	碎坏	2.2	28年3月	
箱子	藤	1口	碎坏	10	29年10月	
合计				166.2		
被灾日期	30年6月29日	被灾地点	总局	房屋被炸或震毁	被炸	原支薪俸数目 120元	有无同居眷属	无

右〈上〉开物品，确系因空袭被毁，谨报告

主任许

科长刘　转呈

局长唐　核转

市长吴

办事员　袁仲韩

三十年七月一日

㉑蒋泽民报告（7月2日于档卷室）

窃职六月二十九日正患痢疾严重昏迷不省人事之际，忽遭敌机袭渝，本局中弹时，职被房屋压倒在地，幸无重伤，然身外各物被炸全无。理合填表2份，备文送请鉴核，伏乞钧座俯恤下情，准予提前救济，以免裸体，不胜感盼。

谨呈

主任李　转呈

科长刘　核转

局长唐

附呈损失表2份

职　蒋泽民

重庆市政府警察局总务科员警差役空袭损失私物报告表

物品名称	品质	数量	损失程度	原价	购买年月	备考
棉袍	绸	1件	炸毁	80	29年10月	
棉被	布	1床	炸毁	82	29年8月	
夹袍	绸	1件	炸毁	60	29年7月	
白衬衣裤	布	2套	炸毁	48	30年6月	
中山服	布	1套	炸毁	50	30年2月	
皮箱	皮	1只	炸毁	46	29年12月	
汗衫	纱	2件	炸毁	40	30年5月	
面盆	磁	1个	炸毁	12	29年9月	
合计				418		
被灾日期	30年6月29日	被灾地点	保安路198号	房屋被炸或震毁	炸毁	原支薪俸数目	110元	有无同居眷属	无

右〈上〉开物品,确系因空袭被毁,谨报告
主任李
科长刘　转呈
局长唐　核转
市长吴

　　　　　　　　　　　文书股档卷室一等雇员　蒋泽民
　　　　　　　　　　　三十年七月二日

㉒袁子荣签呈(30年7月3日于人事股)

　　查六月二十九日敌机袭渝,本局被炸,职放于庶务股门前之衣物1包并被炸毁。理合造具空袭损失私物报告表2份签请钧座准予依法救济,实为德便。

　　谨呈
主任许
科长刘
局长唐
附空袭损失私物报告表2份

　　　　　　　　　　　　　　　雇员　袁子荣

重庆市政府警察局总务科员警差役空袭损失私物报告表

物品名称	品质	数量	损失程度	原价	购买年月	备考
制服	芝麻色布	1套	炸毁	68	本年4月	
白毯	布	1条	炸毁	30	本年3月	
衬衣	白府绸	1件	炸毁	22	本年6月	
力士鞋	帆布	1双	炸毁	19.5	本年4月	
短裤	黄哈叽	1件	炸毁	22	本年6月	
短裤	竹布	1件	炸毁	5.5	本年6月	
合计				167		
被灾日期	6月29日	被灾地点	本局	房屋被炸或震毁	炸毁	原支薪俸数目	75元	有无同居眷属	无

右〈上〉开物品,确系因空袭被毁,谨报告
主任许
科长刘　转呈
局长唐　核转
市长吴

一等雇员　袁子荣
三十年七月三日

㉓谢子钧签呈(30年7月3日于书记股)

窃查六月二十九日敌机袭渝,本局书记室全部被炸,所有私人物品损失甚巨。理合填具私人空袭损失报告表2份,随文签请钧座鉴核,垂念下情,准予救济,不胜沾感。

谨呈

科员黎　转呈

主任李　转呈

科长刘　核转

局长唐

附私人空袭损失报告表2份

书记室雇员　谢子钧

重庆市政府警察局员警差役空袭损失私物报告表

物品名称	品质	数量	损失程度	原价	购买年月	备考
中山服	青哈吱〔叽〕	2套	炸飞	50	30年4月内	
衬衣	府绸	2件	炸飞	18	30年3月内	
短裤	哈吱〔叽〕	1条	炸飞	14	30年5月内	
面盆	洋磁	1个	炸碎	30	29年11月内	
面巾	毛葛	1张	炸碎	3	29年11月内	
漱口盂	洋磁	1个	炸飞	5	29年12月内	
牙刷		1把	炸飞	2	29年12月内	
皮鞋	纹皮	1双	炸飞	50	30年3月内	
袜子	麻纱	1双	炸飞	4	30年6月内	
共计				248		
被灾日期	6月29日	被灾地点	总务科书记室	房屋被炸或震毁	被炸	原支薪俸数目 每月65元	有无同居眷属

右〈上〉开物品,确系因空袭被毁,谨报告

科长刘　转呈

局长唐　核转

市长吴

　　　　　　　　　　　　　　　书记室三等雇员　谢子钧

　　　　　　　　　　　　　　　　　　　三十年七月三日

(0061—15—2440)

94. 重庆市警察局第二分局北坛庙派出所员役1941年6月29日空袭损失报告表(1941年7月3日)

1) 重庆市政府警察局第二分局北坛庙派出所员警差役空袭损失私物报告表

物品名称	品质	数量	损失程度	原价	购买年月	备考
面巾	线质	1张	炸毁	2.5	30年6月	
被灾日期	6月29日	被灾地点	北坛庙街第17号	房屋被炸或震毁	炸毁	原支薪俸数目	有无同居眷属

续表

> 右（上）开物品，确系因空袭被毁，谨报告
>
> 局长唐　转呈
>
> 核转
>
> 市长吴
>
> 　　　　　　　　　　　　　　　　　　警士　薛孝林
>
> 　　　　　　　　　　　　　　　　　　三十年七月三日

2) 重庆市政府警察局第二分局北坛庙派出所员警差役空袭损失私物报告表

物品名称	品质	数量	损失程度	原价	购买年月	备考
面盆	磁质	1个	被炸全毁	8.5元	29年4月	
被灾日期	6月29日	被灾地点	北坛庙街派出所第17号	房屋被炸或震动	炸毁	原支薪俸数目	有无同居眷属

> 右（上）开物品，确系因空袭被毁，谨报告
>
> 局长唐　转呈
>
> 核转
>
> 市长吴
>
> 　　　　　　　　　　　　　　　　　　警士　萧炳辉
>
> 　　　　　　　　　　　　　　　　　　三十年七月三日

3) 重庆市政府警察局第二分局北坛庙派出所员警差役空袭损失私物报告表

物品名称	品质	数量	损失程度	原价	购买年月	备考
青下装	布质	1件	被炸全毁	80	30年2月	
被灾日期	6月29日	被灾地点	北坛庙街17号警察派出所	房屋被炸或震毁	炸毁	原支薪俸数目	有无同居眷属

> 右（上）开物品，确系因空袭被毁，谨报告
>
> 局长唐　转呈
>
> 核转
>
> 市长吴
>
> 　　　　　　　　　　　　　　　　　　警士　陈德远
>
> 　　　　　　　　　　　　　　　　　　三十年七月三日

4)重庆市政府警察局第二分局北坛庙派出所员警差役空袭损失私物报告表

物品名称	品质	数量	损失程度	原价	购买年月	备考
面巾	线质	1张	炸毁	3.5	30年6月	
被灾日期	6月29日	被灾地点	北坛庙街第17号派出所	房屋被炸或震毁	炸毁	原支薪俸数目	有无同居眷属

右〈上〉开物品,确系因空袭被毁,谨报告

局长唐　转呈

核转

市长吴

　　　　　　　　　　　　　　　　　　　　警士　王树云

　　　　　　　　　　　　　　　　　　　　三十年七月三日

5)重庆市政府警察局第二分局北坛庙派出所员警差役空袭损失私物报告表

物品名称	品质	数量	损失程度	原价	购买年月	备考
被盖	布质	1床	被炸全毁	10	27年11月	
皮鞋	厂皮	1双	被炸全毁	30	30年1月	
衬衫	布质	1件	被炸全毁	13	30年6月	
被灾日期	6月29日	被灾地点	北坛庙街第17号	房屋被炸或震毁	炸毁	原支薪俸数目	有无同居眷属

右〈上〉开物品,确系因空袭被毁,谨报告

局长唐　转呈

核转

市长吴

　　　　　　　　　　　　　　　　　　　　警长　毛佐君

　　　　　　　　　　　　　　　　　　　　三十年七月三日

6)重庆市政府警察局第二分局北坛庙派出所员警差役空袭损失私物报告表

物品名称	品质	数量	损失程度	原价	购买年月	备考
蓝布长衫	布质	1件	被炸全毁	15	29年8月	
礼帽	呢质	1顶	被炸全毁	5	26年9月	
衬衫	布质	1件	被炸全毁	13	30年4月	

续表

被灾日期	6月29日	被灾地点	北坛庙街第17号	房屋被炸或震毁	炸毁	原支薪俸数目		有无同居眷属	

右〈上〉开物品,确系因空袭被毁,谨报告

局长唐　转呈

核转

市长吴

　　　　　　　　　　　　　　　　　　　　　警长　刘玉书

　　　　　　　　　　　　　　　　　　　　　三十年七月三日

7) 重庆市政府警察局第二分局北坛庙派出所员警差役空袭损失私物报告表

物品名称	品质	数量	损失程度	原价	购买年月	备考
面盆	磁质	1个	被炸全毁	15	29年3月	
青短服	布质	1套	被炸全毁	14.5	29年2月	
面巾	线质	1张	被炸全毁	3	30年4月	

被灾日期	6月29日	被灾地点	北坛庙街第17号	房屋被炸或震毁	炸毁	原支薪俸数目		有无同居眷属	

右〈上〉开物品,确系因空袭被毁,谨报告

局长唐　转呈

核转

市长吴

　　　　　　　　　　　　　　　　　　　　　警长　黄民希

　　　　　　　　　　　　　　　　　　　　　三十年七月三日

8) 重庆市政府警察局第二分局北坛庙派出所员警差役空袭损失私物报告表

物品名称	品质	数量	损失程度	原价	购买年月	备考
面盆	磁质	1个	被炸全毁	14	29年3月	
面巾	线质	1张	被炸全毁	3.5	30年6月	
衬衫	布质	2件	被炸全毁	10	29年7月	
中山服	布质	1套	被炸全毁	20	29年5月	

续表

被灾日期	6月29日	被灾地点	北坛庙街第17号	房屋被炸或震毁	炸毁	原支薪俸数目		有无同居眷属	

右〈上〉开物品,确系因空袭被毁,谨报告

局长唐　转呈

核转

市长吴

警长　唐杰
三十年七月三日

9)重庆市政府警察局第二分局北坛庙派出所员警差役空袭损失私物报告表

物品名称	品质	数量	损失程度	原价	购买年月	备考
瑞典磁漱口盂	磁质	1个	全毁	1.5	25年7月	
牙刷		1把	全毁	3.5	30年5月	
牙膏	黑人	1盒	全毁	3.2	30年5月	
香皂盒	胶质	1个	全毁	1.3	25年7月	
毡子	布质	1床	全毁	18	28年10月	
白衬衣	布质	1套	全毁	15	30年4月	
礼帽	呢质	1顶	全毁	5	25年9月	
皮鞋	厂皮	1双	全毁	22	29年2月	
□	□质	1双	全毁	10	30年6月	
□□	□质	1双	全毁	7	30年5月	
被灾日期	6月29日	被灾地点	北坛庙街第17号派出所	房屋被炸或震毁	炸毁	原支薪俸数目		有无同居眷属	

右〈上〉开物品,确系因空袭被毁,谨报告

局长唐　转呈

核转

市长吴

雇员　张蜀新
三十年七月三日

10) 重庆市政府警察局第二分局北坛庙派出所员警差役空袭损失私物报告表

物品名称	品质	数量	损失程度	原价	购买年月	备考
自建住房	竹瓦	1间	炸去大半	900	30年1月	
厂床	木质	1间	全毁	80	30年1月	
方桌	木质	1张	全毁	20	30年1月	
方凳	木质	4根	全毁	14	30年1月	
锅	铁质	1口	全毁	15	30年1月	
水缸	瓦质	1口	全毁	8	30年1月	
被灾日期	6月29日	被灾地点	北坛庙街第17号派出所	房屋被炸或震毁	炸毁	原支薪俸数目	有无同居眷属

右〈上〉开物品,确系因空袭被毁,谨报告

局长唐 转呈

核转

市长吴

巡官 杨遂帆

三十年七月三日

11) 重庆市政府警察局第二分局北坛庙派出所员警差役空袭损失私物报告表

物品名称	品质	数量	损失程度	原价	购买年月	备考
青布中式下装	布质	1条	炸毁	2.5	29年3月	
白洋布汗衣	布质	1件	炸毁	3	30年1月	
被灾日期	6月29日	被灾地点	北坛庙街第17号派出所	房屋被炸或震毁	炸毁	原支薪俸数目	有无同居眷属

右〈上〉开物品,确系因空袭被毁,谨报告

局长唐 转呈

核转

市长吴

工役 吴清和

三十年七月三日

12）重庆市政府警察局第二分局北坛庙派出所员警差役空袭损失私物报告表

物品名称	品质	数量	损失程度	原价	购买年月	备考
青马褂	布质	1件	炸毁	2	27年2月	
被灾日期	6月29日	被灾地点	北坛庙街第17号派出所	房屋被炸或震毁	炸毁	原支薪俸数目	有无同居眷属

右〈上〉开物品,确系因空袭被毁,谨报告

局长唐　转呈

核转

市长吴

伕伕　陈海洲

三十年七月三日

13）重庆市政府警察局第二分局北坛庙派出所员警差役空袭损失私物报告表

物品名称	品质	数量	损失程度	原价	购买年月	备考
土洋布长衫	布质	1件	炸毁	5	26年1月	
青布中式下装	布质	1条	炸毁	4	27年4月	
被灾日期	6月29日	被灾地点	北坛庙街第17号派出所	房屋被炸或震毁	炸毁	原支薪俸数目	有无同居眷属

右〈上〉开物品,确系因空袭被毁,谨报告

局长唐　转呈

核转

市长吴

伕伕　杜南春

三十年七月三日

14）重庆市政府警察局第二分局北坛庙派出所员警差役空袭损失私物报告表

物品名称	品质	数量	损失程度	原价	购买年月	备考
蓝布长衫	布质	1件	炸毁	9	29年10月	
被灾日期	6月29日	被灾地点	北坛庙街第17号	房屋被炸或震毁	炸毁	原支薪俸数目	有无同居眷属

续表

右〈上〉开物品,确系因空袭被毁,谨报告 局长唐　转呈 核转 市长吴 　　　　　　　　　　　　　　　　　　工役　杨国成 　　　　　　　　　　　　　　　　　　三十年七月三日

15)重庆市政府警察局第二分局北坛庙派出所员警差役空袭损失私物报告表

物品名称	品质	数量	损失程度	原价	购买年月	备考
中山服	布质	1套	炸毁	15	29年12月	
被灾日期	6月29日	被灾地点	北坛庙街第17号	房屋被炸或震毁	炸毁	原支薪俸数目	有无同居眷属

　　右〈上〉开物品,确系因空袭被毁,谨报告
局长唐　转呈
核转
市长吴

　　　　　　　　　　　　　　　　　警士　邓复初
　　　　　　　　　　　　　　　　　三十年七月三日

16)重庆市政府警察局第二分局北坛庙派出所员警差役空袭损失私物报告表

物品名称	品质	数量	损失程度	原价	购买年月	备考
青制服	布质	1套	炸毁	12	29年3月	
被灾日期	6月29日	被灾地点	北坛庙街第17号	房屋被炸或震毁	炸毁	原支薪俸数目	有无同居眷属

　　右〈上〉开物品,确系因空袭被毁,谨报告
局长唐　转呈
核转
市长吴

　　　　　　　　　　　　　　　　　警士　薛合群
　　　　　　　　　　　　　　　　　三十年七月三日

17)重庆市政府警察局第二分局北坛庙派出所员警差役空袭损失私物报告表

物品名称	品质	数量	损失程度	原价	购买年月	备考
白衬衣	布质	1套	炸毁	15	30年6月	
被灾日期	6月29日	被灾地点	北坛庙街第17号	房屋被炸或震毁	炸毁	原支薪俸数目	有无同居眷属

右〈上〉开物品,确系因空袭被毁,谨报告

局长唐　转呈
核转
市长吴

警士　王仕华
三十年七月三日

18)重庆市政府警察局第二分局北坛庙派出所员警差役空袭损失私物报告表

物品名称	品质	数量	损失程度	原价	购买年月	备考
麻制服	布质	1套	炸毁	12	29年2月	
被灾日期	6月29日	被灾地点	北坛庙街第17号	房屋被炸或震毁	炸毁	原支薪俸数目	有无同居眷属

右〈上〉开物品,确系因空袭被毁,谨报告

局长唐　转呈
核转
市长吴

警士　张福兴
三十年七月三日

19)重庆市政府警察局第二分局北坛庙派出所员警差役空袭损失私物报告表

物品名称	品质	数量	损失程度	原价	购买年月	备考
面巾	线质	1张	炸毁	3.5	30年5月	
被灾日期	6月29日	被灾地点	北坛庙第17号派出所	房屋被炸或震毁	炸毁	原支薪俸数目	有无同居眷属

右〈上〉开物品,确系因空袭被毁,谨报告

局长唐　转呈
核转
市长吴

警士　戴仲渠
三十年七月三日

20)重庆市政府警察局第二分局北坛庙派出所员警差役空袭损失私物报告表

物品名称	品质	数量	损失程度	原价	购买年月	备考
蓝布长衫	布质	1件	炸毁	13	29年9月	
被灾日期	6月29日	被灾地点	北坛庙街第17号	房屋被炸或震毁	炸毁	原支薪俸数目	有无同居眷属

右〈上〉开物品,确系因空袭被毁,谨报告

局长唐　转呈

核转

市长吴

警士　唐有富

三十年七月三日

21)重庆市政府警察局第二分局北坛庙派出所员警差役空袭损失私物报告表

物品名称	品质	数量	损失程度	原价	购买年月	备考
操鞋	布质	1双	炸毁	7	30年5月	
被灾日期	6月29日	被灾地点	北坛庙街第17号派出所	房屋被炸或震毁	炸毁	原支薪俸数目	有无同居眷属

右〈上〉开物品,确系因空袭被毁,谨报告

局长唐　转呈

核转

市长吴

警士　徐国祥

三十年七月三日

22)重庆市政府警察局第二分局北坛庙派出所员警差役空袭损失私物报告表

物品名称	品质	数量	损失程度	原价	购买年月	备考
青下装	布质	1条	炸毁	27	30年6月	
青操鞋	布质	1双	炸毁	5	30年2月	
被灾日期	6月29日	被灾地点	北坛庙街第17号派出所	房屋被炸或震毁	炸毁	原支薪俸数目	有无同居眷属

续表

右〈上〉开物品,确系因空袭被毁,谨报告

局长唐　转呈

核转

市长吴

　　　　　　　　　　　　　　　　　　　　　　警士　江国甫

　　　　　　　　　　　　　　　　　　　　　　三十年七月三日

23)重庆市政府警察局第二分局北坛庙派出所员警差役空袭损失私物报告表

物品名称	品质	数量	损失程度	原价	购买年月	备考
白汗衣	布质	1件	炸毁	4	30年4月	
被灾日期	6月29日	被灾地点	北坛庙街第17号	房屋被炸或震毁	炸毁	原支薪俸数目		有无同居眷属	

右〈上〉开物品,确系因空袭被毁,谨报告

局长唐　转呈

核转

市长吴

　　　　　　　　　　　　　　　　　　　　　　警士　袁合林

　　　　　　　　　　　　　　　　　　　　　　三十年七月三日

24)重庆市政府警察局第二分局北坛庙派出所员警差役空袭损失私物报告表

物品名称	品质	数量	损失程度	原价	购买年月	备考
灰绸军服	绸质	1套	炸毁	50	29年2月	
白府绸衬衣	绸质	1件	炸毁	25	30年4月	
被灾日期	6月29日	被灾地点	北坛庙街第17号派出所	房屋被炸或震毁	炸毁	原支薪俸数目		有无同居眷属	

右〈上〉开物品,确系因空袭被毁,谨报告

局长唐　转呈

核转

市长吴

　　　　　　　　　　　　　　　　　　　　　　警士　杨朝源

　　　　　　　　　　　　　　　　　　　　　　三十年七月三日

25) 重庆市政府警察局第二分局北坛庙派出所员警差役空袭损失私物报告表

物品名称	品质	数量	损失程度	原价	购买年月	备考
青下装	布质	1条	被炸全毁	22	30年2月	
汗衣	布质	1件	被炸全毁	12	30年2月	
被灾日期	6月29日	被灾地点	北坛庙街第17号派出所	房屋被炸或震动炸毁	原支薪俸数目	有无同居眷属

右〈上〉开物品,确系因空袭被毁,谨报告

局长唐　转呈

核转

市长吴

警士　段林云

三十年七月三日

26) 重庆市政府警察局第二分局北坛庙派出所员警差役空袭损失私物报告表

物品名称	品质	数量	损失程度	原价	购买年月	备考
青下装	布质	1条	被炸全毁	23.5	30年6月	
操鞋	布质	1双	被炸全毁	7	30年6月	
衬衫	布质	1件	被炸全毁	13	30年6月	
被灾日期	6月29日	被灾地点	北坛庙街第17号派出所	房屋被炸或震毁	原支薪俸数目	有无同居眷属

右〈上〉开物品,确系因空袭被毁,谨报告

局长唐　转呈

核转

市长吴

警士　薛弼廷

三十年七月三日

27) 重庆市政府警察局第二分局北坛庙派出所员警差役空袭损失私物报告表

物品名称	品质	数量	损失程度	原价	购买年月	备考
白衬衣	布质	1件	被炸全毁	13	30年6月	
布鞋	布质	1双	被炸全毁	7	30年6月	

续表

被灾日期	6月29日	被灾地点	北坛庙街第17号派出所	房屋被炸或震动	炸毁	原支薪俸数目	有无同居眷属	

右〈上〉开物品,确系因空袭被毁,谨报告

局长唐　转呈

核转

市长吴

警士　杨联科

三十年七月三日

28)重庆市政府警察局第二分局北坛庙派出所员警差役空袭损失私物报告表

物品名称	品质	数量	损失程度	原价	购买年月	备考
青府绸学生服	绸质	1套	被炸全毁	60	30年6月	

被灾日期	6月29日	被灾地点	北坛庙街第17号派出所	房屋被炸或震毁	炸毁	原支薪俸数目	有无同居眷属	

右〈上〉开物品,确系因空袭被毁,谨报告

局长唐　转呈

核转

市长吴

警士　唐奠国

三十年七月三日

（0061—15—2366）

95. 重庆市警察局装械股吴家珍1941年6月29日空袭损失报告表(1941年)

重庆市政府警察局装械股员警差役空袭损失私物报告表

物品名称	品质	数量	损失程度	原价	购买年月	备考
白皮箱	士〔土〕皮	1个		25	29年10月	
花旗袍	纶纺	5件		120	30年5月	
夹旗袍	缎	1件		100	29年1月	
被盖	绣面	1床		130	28年11月	

续表

物品名称	品质	数量	损失程度	原价	购买年月	备考
手皮包	纹皮	1个		20	29年8月	
黑皮鞋	纹皮	1双		80	30〔29〕年11月	
丝袜	长桶〔统〕	1双		30	29年4月	
袜子	短桶〔统〕	1双		10	29年5月	
漱口盅	洋磁	1个		4	29年10月	
脸盆	洋磁	1个		20	29年7月	
合计				539		
被灾日期	6月29日	被灾地点	总局坪坝	房屋被炸或震毁	原支薪俸数目	85元	有无同居眷属

右〈上〉开物品,确系因空袭被毁,谨报告

主任罗
科长刘　转呈
局长唐　核转
市长吴

　　　　　　　　　　　　　　　装械股雇员　吴家珍
　　　　　　　　　　　　　　　三十年□月□日

（0061—15—2727）

96. 重庆市警察局军事科赵锡成为报1941年6月29日空袭损失请予救济的签呈(1941年7月5日)

窃差六月二十九日敌机袭渝,所有衣服等物均遭炸毁,理合报请钧座鉴核,准予救济,则感德无涯矣。

谨呈

科长贺　转呈

局长唐　钧鉴

　　　　　　　　　　　　　　　军事科公役　赵锡成

重庆市政府警察局员警差役空袭损失私物报告表

物品名称	品质	数量	损失程度	原价	购买年月	备考
长衣服	阴丹司〔士〕林	1套	全炸成粉	43	29年7月	
中山装	青哈叽	1套	全炸成粉	40	29年7月	
白衬衣	白市布	1件	全炸成粉	16	30年4月	
棉被	花布	1条	全炸成粉	50	30年3月	
合计				149		
被灾日期	6月29日	被灾地点	本局庶务股门前	房屋被炸或震毁	炸毁	原支薪俸数目	有无同居眷属	有

右〈上〉开物品,确系因空袭被毁,谨报告
局长唐　核转
市长吴

军事科公役　赵锡成
三十年七月四日

(0061—15—2727)

97. 重庆市警察局为报1941年6月29日员警空袭损失请予救济呈市政府文稿(1941年7月18日)

案据本局总务科人事股服务员黄朝斌等3名呈报私人财物损失表请予救济前来,经查该员等被炸损失属实,除将原表各提存1份备查外,理合检同损失表3份、汇报册1份,具文呈请钧座鉴核,予以救济。

谨呈

市长吴

附呈本局总务科黄朝斌等3名损失表3份、汇报册1份

全衔　局长　唐○

①黄朝斌签呈(30年7月2日于人事股)

窃查六月二十九日午后敌机袭渝,本局庶务股前天井中弹,适为职一部份衣服、书籍移放于该处,不幸全部炸毁。理合填具损失表2份备文赍呈鉴核,予以救济,以示体恤。

谨呈

主任许　转呈

科长刘　转呈

局长唐

职　黄朝斌

重庆市政府警察局人事股员警差役空袭损失私物报告表

物品名称	品质	数量	损失程度	原价	购置年月	备考
西服裤	线布	1条	炸毁	35元	29年5月	
旅行袋	皮	1个	炸毁	36元	30年4月	
方镜	玻璃	1只	震破	8元	29年11月	
被褥	棉与布	1床	炸毁	25元	29年11月	
英文会话	报纸	1册	炸毁	3元	30年元月	
衬衣	布	2件	炸毁	32元	30年3月	
六法全书	报纸	1部	炸毁	7元	28年9月	
黑制裤	布	1条	炸毁	15元	29年12月	
英文文法	报纸	1册	炸毁	5元	29年15月	
黑毛哔叽制服	毛	1套	炸毁	220元	29年11月	
背心	羊毛	1件	炸毁	35元	29年10月	
合计				421元		
被灾日期	30年6月29日	被灾地点	本局	房屋被炸或震塌	房屋被炸	原支薪俸数目	90元	有无同居眷属	无

右〈上〉开物品，确系因空袭被毁，谨报告

主任许　转呈

科长刘　转呈

局长唐　核转

市长吴

人事股服务员　黄朝斌

三十年七月七日

②江泽签呈(30年7月1日于人事股)

窃查六月廿九日敌机袭渝,本局被中数弹,职之衣服、书籍一部放置局内空场上,不幸悉数被毁。理合填具损失报告表2份备文签呈鉴核,恳予按章给予救济,用〔以〕示体恤。

谨呈

主任许　核转

科长刘　核转

局长唐

职　江泽

重庆市政府警察局总务科员警差役空袭损失私物报告表

物品名称	品质	数量	损失程度	原价	购置年月	备考
黑制服	帆布	1套	炸毁	82	29年11月	
白短裤	布	2条	炸毁	7	29年10月	
皮鞋	厂皮	1双	炸碎	65	30年4月	
面巾	毛	2条	炸碎	6	30年5月	
行政法	洋装	1册	炸碎	18	29年3月	
法学通论	平装	1册	炸碎	6	28年6月	
政治学原理	洋装	1册	炸碎	22	29年3月	
警察法总论	平装	1册	炸碎	5	28年10月	
警察法各论	平装	1册	炸碎	6	28年10月	
地方自治之研究	平装	1册	炸碎	8	28年10月	
犯罪侦查法	平装	1册	炸碎	6.5	28年10月	
刑事警察法	平装	1册	炸碎	8	28年10月	
政治警察	平装	1册	炸碎	4	28年10月	
合计				243.5		
被灾日期	6月29日	被灾地点	局内	房屋被炸或震塌	被炸	原支薪俸数目	150元	有无同居眷属	无

续表

> 右〈上〉开物品,确系因空袭被毁,谨报告
>
> 主任许　转呈
>
> 科长刘　转呈
>
> 局长唐　核转
>
> 市长吴
>
> 　　　　　　　　　　　　　　　　　　总务科科员　江泽
> 　　　　　　　　　　　　　　　　　　三十年七月一日

③刘光秋签呈(30年7月2日于总务科装械股)

窃职本年六月二十九日遭受空袭,随身行李全部炸毁,至为惨痛。理合填具空袭损失私物报告表2份,签请钧座鉴核,俯予救济,实为德便。

谨呈

主任罗　转呈

科长刘　核转

局长唐

　　　　　　　　　　　　　　　装械股办事员　刘光秋

重庆市政府警察局总务科装械股员警差役空袭损失私物报告表

物品名称	品质	数量	损失程度	原价	购置年月	备考
绣花被盖	棉	1	炸毁	150	29年1月	
印花布毯	棉	1	炸毁	30	29年3月	
军毯	棉	1	炸毁	30	29年10月	
条花呢西服	呢	1	炸毁	450	29年5月	
面盆	瓷	1	炸毁	40	30年6月	
磁钟	磁	1	炸毁	15	30年6月	
合计				715		
被灾日期	6月29日	被灾地点	本局	房屋被炸或震塌	原支薪俸数目	120元	有无同居眷属	有

续表

右〈上〉开物品,确系因空袭被毁,谨报告 主任罗　转呈 科长刘　转呈 局长唐　核转 市长吴 　　　　　　　　　　　总务科装械股办事员　刘光秋 　　　　　　　　　　　　　　　　三十年七月七日

（0061—15—2806）

98. 重庆市警察局为报1941年6月29日员役空袭损失请予救济呈市政府文稿(1941年8月4日)

　　案查本局会议室公差赵银田,女工傅叶氏、张汪氏呈报私人遭受空袭损失请予救济前来,经查属实,除将原表各提存1份外,理合检同原表各1份及汇报册1份,具文呈请钧府鉴核示遵。

　　谨呈

　　市长吴

　　附呈本局员役损失表3份、汇报册1份

重庆市警察局局长　唐○

①附赵银田请求救济的呈

　　窃公差于六月二十九日敌机袭渝,不幸局内□□□□□□□□私人物件,运在本局庶务股门前,全被弹中炸毁□□□□□□支薪无已,没法购制,特具呈恳请钧座体恤下情,查核发给救济费,实为公德。

　　谨呈

主任陆　转呈

科长刘　核转

局长唐

附空袭损失表2份

公差　赵银田

重庆市政府警察局会议室公差员警差役空袭损失私物报告表

物品名称	品质	数量	损失程度	原价	购买年月	备考
被盖	白洋布	1床	炸毁	35		
便服	芝麻呢	1套	炸毁	32		
衬衣	白洋布	1件	炸毁	12		
下装	青洋布	2条	炸毁	24		
合计				103		

被灾日期	30年6月29日	被灾地点	本局庶务股	房屋被炸或震毁		原支薪俸数目		有无同居眷属

右〈上〉开物品,确系因空袭被毁,谨报告

主任陆

科长刘　转呈

局长唐　核转

市长吴

　　　　　　　　　　　　　　　公差　赵银田

　　　　　　　　　　　　　　　三十年七月五日

②附傅叶氏、张汪氏请求救济的呈(30年7月5日于本局)

　　窃女工傅叶氏、张汪氏于六月二十九日不幸,敌机袭渝,本局被炸,女工连同多人将所有私人物件放在庶务股门前,一切炸飞无宗。查现时万物飞涨,女工每月支薪无多,难以购买,特具呈恳请钧座体恤下情,查核发给救济费,实为公德。

　　谨呈

主任陆　转呈

科长刘　核转

局长唐

附空袭损失表各2份

　　　　　　　　　　　女工　傅叶氏　张汪氏　同呈

1)重庆市政府警察局女工员警差役空袭损失私物报告表

物品名称	品质	数量	损失程度	原价	购买年月	备考
被盖	白洋布面蓝布花心	1床	炸飞	36	28年10月	
长衫	士林	2件	炸飞	30	29年7月	
下装	青洋布	3条	炸飞	16	29年9月	
夹下装	蓝绸面青布心	1条	炸飞	20	29年10月	
夹衫	青洋布	1件	炸飞	30	29年11月	
合计				132		
被灾日期	30年6月29日	被灾地点	本局庶务股	房屋被炸或震毁	房屋炸飞	原支薪俸数目	30元	有无同居眷属

右〈上〉开物品,确系因空袭被毁,谨报告

主任陈

科长刘　转呈

局长唐　核转

市长吴

　　　　　　　　　　　　　　　　　　女工　傅叶氏

　　　　　　　　　　　　　　　　　　三十年七月五日

2)重庆市政府警察局女工员警差役空袭损失私物报告表

物品名称	品质	数量	损失程度	原价	购买年月	备考
被盖	白洋布面青布心	1床	炸飞	30	28年10月	
夹下装	青士〔土〕布	1件	炸飞	10	29年6月	
单下装	青士〔土〕布	2条	炸飞	19	29年7月	
长衫	士林	2件	炸飞	40	29年9月	
裤子	蓝布	2件	炸飞	29	30年4月	
合计				128		
被灾日期	30年6月29日	被灾地点	本局庶务股	房屋被炸或震毁	房屋炸飞	原支薪俸数目	30元	有无同居眷属

续表

| 右〈上〉开物品，确系因空袭被毁，谨报告 |
| 主任陈 |
| 科长刘　转呈 |
| 局长唐　核转 |
| 市长吴 |
|　　　　　　　　　　　　　　　　女工　张汪氏 |
|　　　　　　　　　　　　　　　　三十年七月五日 |

（0061—15—2440）

99. 重庆市警察局为报1941年6月29日员役空袭损失请予救济呈市政府文稿(1941年8月4日)

案查本局第十二分局呈报该管海棠溪所警长周荣昌遭受空袭损失一案前来，经查所填表格不合，无法转呈，已饬遵式补填去讫。兹据该分局长李德洋复称："案奉钧局三十年七月十一日总装字第6892号指令略开：为本分局呈报海棠溪一带被炸，该分驻所损失公私财物甚多，查私人空袭损失财物表2份与规定不合，检发式样发还更正呈候核转。等因。奉此，经转饬该所饬令警长周荣昌照表汇报前来，理合报请钧局鉴核"。等情。附损失表2份。据此，经[查]该警长被炸遭受损失属实，除原表提存1份外，理合检同原表及汇报册各1份具文呈请钧座鉴核示遵。

谨呈

市长吴

附呈第十二分局警长周荣昌损失表1份、汇报册1份

重庆市警察局局长　唐○

重庆市政府警察局第十二分局海棠溪分驻所员警差役空袭损失私物报告表

物品名称	品质	数量	损失程度	原价	购买年月	备考
被盖	蓝布	2床	全毁	40	24年2月	
中山服	绉纹呢	1套	全毁	50	30年4月	
衬衣	白布	2件	全毁	40	30年4月	

续表

物品名称	品质	数量	损失程度	原价	购买年月	备考
线衣	毛线	2件	全毁	60	21年9月	
夹衣	驼绒	5件	全毁	130	26年4月	
绵〔棉〕袄	哈叽	4件	全毁	160	28年9月	
长衫	蓝布	5件	全毁	90	29年8月	
长衫	青布	5件	全毁	70	27年10月	
女旗袍	花布	5件	全毁	90	30年4月	
衣箱	皮	2口	全毁	80	25年4月	
衣箱	木	2口	全毁	30	27年6月	
卧床	木	2张	全毁	60	28年1月	
合计				900		
被灾日期	6月29日	被灾地点	盐店湾35号	房屋被炸或震毁	震毁	原支薪俸数目	42元	有无同居眷属	5名

右〈上〉开物品,确系因空袭被毁,谨报告

分局长李　转呈

局长唐　核转

市长吴

第十二分局海棠溪分驻所三等警长　周荣昌

三十年七月□日

(0061—15—2440)

100. 重庆市警察局第六分局1941年6月30日员警空袭损失私物报告表(1941年6月30日)

1)重庆市政府警察局第六分局员警差役空袭损失私物报告表

物品名称	品质	数量	损失程度	原价	购买年月	备考
铁锅	广铁	1口	炸毁	18	30年2月18日	
操〔澡〕盆	木板	1个	炸毁	65	30年4月26日	
菜刀	铁	1把	炸毁	4	29年3月1日	
牙刷	白□	1把	炸毁	25	30年3月16日	
饭碗	瓦磁	各8个	炸毁	8	30年1月13日	
脸盆	洋磁	1个	炸毁	40	29年8月7日	

续表

物品名称	品质	数量	损失程度	原价	购买年月	备考
席子	草席	1床	炸毁	7	30年5月19日	
茶碗	洋磁	1个	炸毁	12	30年5月4日	
呢帽	绒	1顶	炸毁	23	27年10月10日	
合计				202		
被灾日期	30年6月30日	被灾地点	张家花园六分局	房屋被炸或震毁	炸毁	原支薪俸数目	每月46元	有无同居眷属	无

右〈上〉开物品,确系因空袭被毁,谨报告

分局长周　转呈

局长唐　核转

市长吴

重庆市警察〔局〕第六分局警长　方千臣

三十年六月三十日

2) 重庆市政府警察局第六分局员警差役空袭损失私物报告表

物品名称	品质	数量	损失程度	原价	购买年月	备考
白洋布衬衣	洋布	1件	炸毁	15	30年2月	
麻衫袜子	麻衫	1双	炸毁	34	30年1月	
毛洋布长衫	洋布	1件	炸毁	35	29年7月	
被盖	白布	1床	炸毁	68	29年5月	
青哔叽制服	哔叽	1套	炸毁	67	29年3月	
灰色洋布长衫	洋布	1件	炸毁	24	28年9月	
黄皮鞋	叽皮	1双	炸毁	18	30年4月	
合计				261		
被灾日期	30年6月30日	被灾地点	张家花园45号	房屋被炸或震毁	炸	原支薪俸数目	36	有无同居眷属	

右〈上〉开物品,确系因空袭被毁,谨报告

分局长周　转呈

局长唐　核转

市长吴

重庆市警察〔局〕第六分局警士　□□□

三十年六月三十日

3)重庆市政府警察局第六分局员警差役空袭损失私物报告表

物品名称	品质	数量	损失程度	原价	购买年月	备考
芝麻呢	布	1套	炸毁	32元	29年5月10日	
毛线毡	毛	1张	炸毁	20元	29年10月1日	
袜子	绵〔棉〕	2双	炸毁	2双5元	30年2月15日	
牙刷		1把	炸毁	2.5元	30年3月15日	
白衬衣	布	1套	炸毁	12元	30年2月13日	
合计				71.5元		
被灾日期	30年6月30日	被灾地点	张家花园六分局	房屋被炸或震毁	炸毁	原支薪俸数目	每月36元	有无同居眷属	无

右〈上〉开物品,确系因空袭被毁,谨报告

分局长周　转呈

局长唐　核转

市长吴

　　　　　　　　　　　　　　　重庆市警察〔局〕第六分局警士　帅伯炎

　　　　　　　　　　　　　　　　　　　　　三十年六月三十日

4)重庆市政府警察局第六分局员警差役空袭损失私物报告表

物品名称	品质	数量	损失程度	原价	购买年月	备考
被盖	棉	1床	炸毁	51	29年4月	
长服单衣	布	2件	炸毁	72	30年2月	
洋汗衣	绵〔棉〕质	1件	炸毁	12	30年5月	
鞋子	布	1双	炸毁	20	30年3月	
袜子	绵〔棉〕	2双	炸毁	6	30年4月	
合计				161		
被灾日期	30年6月30日	被灾地点	张家花园45号	房屋被炸或震毁	炸毁	原支薪俸数目		有无同居眷属	无

右〈上〉开物品,确系因空袭被毁,谨报告

分局长周　转呈

局长唐　核转

市长吴

　　　　　　　　　　　　　　　重庆市警察〔局〕第六分局伙伕　余兴发

　　　　　　　　　　　　　　　　　　　　　三十年六月三十日

5）重庆市政府警察局第六分局员警差役空袭损失私物报告表

物品名称	品质	数量	损失程度	原价	购买年月	备考
被盖	棉	1床	炸毁	56	29年11月	
衣服	棉	1套	炸毁	38	30年2月	
汗衣	棉	1件	炸毁	15	30年2月	
鞋子	布	1双	炸毁	15	30年4月	
合计				124		
被灾日期	30年6月30日	被灾地点	张家花园45号	房屋被炸或震毁	炸毁	原支薪俸数目 76元	有无同居眷属

右〈上〉开物品，确系因空袭被毁，谨报告

分局长周　转呈

局长唐　核转

市长吴

　　　　　　　　　　重庆市警察第六分局公差　孙永贵

　　　　　　　　　　三十年六月三十日

6）重庆市政府警察局第六分局员警差役空袭损失私物报告表

物品名称	品质	数量	损失程度	原价	购买年月	备考
棉被	兰〔蓝〕布包棉絮胎	1床	炸毁	32	28年10月	
棉衣	青布面兰〔蓝〕布李〔里〕	1件	炸毁	28	29年9月	
汗衣	白布兰〔蓝〕布	2件	炸毁	21	30年3月	
小衣	青布白布	2件	炸毁	16	30年4月	
长衫	阴丹安安兰〔蓝〕	2件	炸毁	62	29年8月	
篾席		1床	炸毁	10	30年2月	
合计				169		

续表

被灾日期	30年6月30日	被灾地点	万□慈	房屋被炸或震毁	炸毁	原支薪俸数目	30元	有无同居眷属	无

右〈上〉开物品,确系因空袭被毁,谨报告

分局长周　转呈

局长唐　核转

市长吴

重庆市警察第六分局水伕　刘银洲

三十年六月三十日

7)重庆市政府警察局第六分局员警差役空袭损失私物报告表

物品名称	品质	数量	损失程度	原价	购买年月	备考
青哈叽制服	哈叽	1套	炸毁	34	29年8月	
哈叽衬衫	白哈叽	1件	炸毁	82	29年9月	
黄色皮鞋	叽〔麂〕皮	1双	炸毁	18	30年1月	
灰洋布长衫	洋布	1件	炸毁	24	29年7月	
合计				158		

被灾日期	30年6月30日	被灾地点	张家花园45号	房屋被炸或震毁	炸毁	原支薪俸数目	36元	有无同居眷属	无

右〈上〉开物品,确系因空袭被毁,谨报告

分局长周　转呈

局长唐　核转

市长吴

重庆市警察第六分局二等警士　杜正洪

三十年六月三十日

8)重庆市政府警察局第六分局员警差役空袭损失私物报告表

物品名称	品质	数量	损失程度	原价	购买年月	备考
被盖	花绸	1床	炸毁	90	民国29年10月	
中山服	青喀〔咔〕叽	1套	炸毁	58	民国29年10月	
衬衫	白喀〔咔〕叽	2件	炸毁	40	民国30年6月	
毡毯	毛	1床	炸毁	32	民国29年9月	

续表

物品名称	品质	数量	损失程度	原价	购买年月	备考
大衣	棉	1件	炸毁	40	民国28年10月	
皮鞋	皮	1双	炸毁	34	民国28年10月	
合计				294		
被灾日期	30年6月30日	被灾地点	张家花园45号	房屋被炸或震毁	炸毁	原支薪俸数目	40元	有无同居眷属	

右〈上〉开物品,确系因空袭被炸,谨报告

分局长周　转呈

局长唐　核转

市长吴

重庆市警察第六分局一等警士　王德云

三十年六月三十日

9) 重庆市政府警察局第六分局员警差役空袭损失私物报告表

物品名称	品质	数量	损失程度	原价	购买年月	备考
黄色短裤	棉布	1条	炸毁	12	30年2月	
白洋布衬衫	洋布	2件	炸毁	共32	30年2月	
青麻衫袜子	麻衫	2双	炸毁	共64	30年4月	
黄色皮鞋	叽〔麂〕皮	1双	炸毁	27	29年12月	
三侠布制服	芝麻呢	1套	炸毁	35	29年12月	
青哔叽制服	哔叽	1套	炸毁	53	29年9月	
合计				223		
被灾日期	30年6月30日	被灾地点	张家花园45号	房屋被炸或震毁	炸毁	原支薪俸数目	36元	有无同居眷属	无

右〈上〉开物品,确系因空袭被毁,谨报告

分局长周　转呈

局长唐　核转

市长吴

重庆市警察第六分局户籍生　陈剑

三十年六月三十日

10)重庆市政府警察局第六分局员警差役空袭损失私物报告表

物品名称	品质	数量	损失程度	原价	购买年月	备考
被盖	白布包花布里	1床	炸毁	50	29年9月	
衬衣	府绸	2件	炸毁	36	29年7月	
毛织贡呢鞋	毛	1双	炸毁	24	29年9月	
兰〔蓝〕布长衫	布	1件	炸毁	18	29年10月	
合计				128		
被灾日期	30年6月30日	被灾地点	张家花园45号	房屋被炸或震毁	炸毁	原支薪俸数目	36元	有无同居眷属	有

右〈上〉开物品,确系因空袭被毁,谨报告

分局长周　转呈

局长唐　核转

市长吴

　　　　　　　　　　　　　　　重庆市警察第六分局警士　徐□生

　　　　　　　　　　　　　　　三十年六月三十日

11)重庆市政府警察局第六分局员警差役空袭损失私物报告表

物品名称	品质	数量	损失程度	原价	购买年月	备考
羊毯子	羊	1床	炸毁	45	29年11月	
被盖	棉	1床	炸毁	56	29年10月	
衬衣	布	2件	炸毁	30	30年2月	
青哈机〔叽〕	布	1套	炸毁	60	30年1月	
合计				191		
被灾日期	30年6月30日	被灾地点	张家花园45号	房屋被炸或震毁	炸毁	原支薪俸数目	36元	有无同居眷属	

右〈上〉开物品,确系因空袭被毁,谨报告

分局长周　转呈

局长唐　核转

市长吴

　　　　　　　　　　　　　　　重庆市警察第六分局警士　徐华清

　　　　　　　　　　　　　　　三十年六月三十日

12) 重庆市政府警察局第六分局员警差役空袭损失私物报告表

物品名称	品质	数量	损失程度	原价	购买年月	备考
被盖	花洋布	1床	炸毁	34	30年2月16日	
毯子	花条子	1床	炸毁	23	30年4月20日	
席子	草	1床	炸毁	8	29年4月13日	
脸盆	洋磁	1个	炸毁	26	30年4月8日	
茶碗	洋磁	1个	炸毁	7	29年2月16日	
自备皮鞋	小牛皮	1双	炸毁	30	30年5月1日	
面巾	绒纱	2条	炸毁	52	30年5月23日	
合计				180		
被灾日期	30年6月30日	被灾地点	张家花园六分局	房屋被炸或震毁	炸毁	原支薪俸数目	每月36元	有无同居眷属	无

右〈上〉开物品，确系因空袭被毁，谨报告

分局长周　转呈

局长唐　核转

市长吴

　　　　　　　　　　　　　重庆市警察第六分局警士　□锡川

　　　　　　　　　　　　　三十年六月三十日

13) 重庆市政府警察局第六分局员警差役空袭损失私物报告表

物品名称	品质	数量	损失程度	原价	购买年月	备考
青中衫服	青哈叽	1套	炸毁	42	29年6月	
被盖	白包单青花面子	1床	炸毁	45	30年2月	
布鞋	青布	1双	炸毁	60	30年5月	
毛巾		1条	炸毁	30	30年4月	
白衬衣	布	1件	炸毁	16	29年8月	
青衬衣	哈叽	1件	炸毁	17	29年6月	
合计				210		
被灾日期	6月30日	被灾地点	张家花园45号	房屋被炸或震毁	被炸	原支薪俸数目	40元	有无同居眷属	母亲

续表

右〈上〉开物品,确系因空袭被毁,谨报告
分局长周　转呈
局长唐　核转
市长吴
重庆市警察第六分局警士　钟俊
三十年六月三十日

14) 重庆市政府警察局第六分局员警差役空袭损失私物报告表

物品名称	品质	数量	损失程度	原价	购买年月	备考
被盖	花线布	1床	炸毁	50	30年2月16日	
毯子	花条子	1床	炸毁	23	30年4月21日	
自备皮鞋	小牛皮	1双	炸毁	32	29年5月14日	
制服	芝麻呢	1套	炸毁	70	30年1月9日	
脸盆	洋磁	1个	炸毁	37	29年1月19日	
茶中〔盅〕	洋磁	1个	炸毁	8	30年2月4日	
牙刷	白骨	1把	炸毁	25	30年5月1日	
袜子	线纱	3双	炸毁	12	30年5月26日	
合计				257		
被灾日期	30年6月30日	被灾地点	张家花园六分局	房屋被炸或震毁	被炸	原支薪俸数目	每月36元正	有无同居眷属

右〈上〉开物品,确系因空袭被毁,谨报告
分局长周　转呈
局长唐　核转
市长吴
重庆市警察第六分局警士　胡明清
三十年六月三十日

15) 重庆市政府警察局第六分局员警差役空袭损失私物报告表

物品名称	品质	数量	损失程度	原价	购买年月	备考
被盖	布棉	1床	炸毁	60	29年10月	
卧单	布	1床	炸毁	28	29年	
席子	草	1床	炸毁	10	29年12月	

续表

物品名称	品质	数量	损失程度	原价	购买年月	备考
鞋子	布鞋	1双	炸毁	9	30年5月	
盆子	搪瓷	1只	炸毁	12	30年2月	
箱子	木器	1只	炸毁	16	29年3月	
裾裤	布	2套	炸毁	86	29年12月	
合计				221		
被灾日期	6月30日	被灾地点	张家花园45号	房屋被炸或震毁	炸毁	原支薪俸数目	30元	有无同居眷属

右〈上〉开物品，确系因空袭被毁，谨报告

分局长周　转呈

局长唐　核转

市长吴

　　　　　　　　　　　　重庆市警察第六分局公差　郭玉林

　　　　　　　　　　　　三十年六月三十日

16）重庆市政府警察局第六分局员警差役空袭损失私物报告表

物品名称	品质	数量	损失程度	原价	购买年月	备考
棉被	白布包棉絮胎	1床	炸毁	21	26年7月	
背心	毛线	1件	炸毁	20	26年10月	
中山服	真毛哈叽	1套	炸毁	75	29年5月	
衬衣	花条府绸	2件	炸毁	34	29年5月	
袜子	青线	2双	炸毁	7	29年8月	
皮箱	皮质	1口	炸毁	5	27年10月	
牙刷	牛骨毛	1把	炸毁	2.5	30年3月	
皮鞋	厂皮	1双	炸毁	30	29年8月	
面盆	磁质	1个	炸毁	16	29年7月	
漱口盅	洋铁	1个	炸毁	3	30年2月	
合计				213.5		

续表

被灾日期	6月30日	被灾地点	张家花园45号	房屋被炸或震毁	被炸	原支薪俸数目	46元	有无同居眷属	无

右〈上〉开物品，确系因空袭被毁，谨报告

分局长周　转呈

局长唐　核转

市长吴

　　　　　　　　　　　　　　重庆市警察第六分局警长　淡福禄

　　　　　　　　　　　　　　　　　　　　　三十年六月三十日

17）重庆市政府警察局第六分局员警差役空袭损失私物报告表

物品名称	品质	数量	损失程度	原价	购买年月	备考
被盖	白布	1床	完全炸毁	57	29年11月	
青哈机〔叽〕衣服	青哈机〔叽〕	2套	完全炸毁	60	29年10月	
棉衣	青布	1套	完全炸毁	39	29年8月	
合计				156		

被灾日期	30年6月30日	被灾地点	张家花园45号六分局	房屋被炸或震毁	被炸	原支薪俸数目		有无同居眷属	

右〈上〉开物品，确系因空袭被毁，谨报告

分局长周　转呈

局长唐　核转

市长吴

　　　　　　　　　　　　　　重庆市警察第六分局公差　廖明

　　　　　　　　　　　　　　　　　　　　　三十年六月三十日

18）重庆市政府警察局第六分局员警差役空袭损失私物报告表

物品名称	品质	数量	损失程度	原价	购买年月	备考
羊绒毯子	线	1张	炸毁	35	30年1月	
青哈机〔叽〕	线	1套	炸毁	28	29年10月	
毛贡呢鞋	布	1双	炸毁	32	30年2月	
被盖	布	1床	炸毁	55	29年11月	
白衬衣	布	1件	炸毁	18	30年4月	

续表

物品名称	品质	数量	损失程度	原价	购买年月	备考
合计				168		
被灾日期 30年6月30日	被灾地点 张家花园45号	房屋被炸或震毁	炸毁	原支薪俸数目	38元	有无同居眷属	

右〈上〉开物品,确系因空袭被毁,谨报告

分局长周　转呈

局长唐　核转

市长吴

重庆市警察第六分局户籍生　罗孝康

三十年六月三十日

19) 重庆市政府警察局第六分局员警差役空袭损失私物报告表

物品名称	品质	数量	损失程度	原价	购买年月	备考
被盖	布	1床	炸毁	40	29年9月	
军毯	呢	1床	炸毁	25	29年8月	
白衬衣	布	2套	炸毁	30	30年2月	
鞋子	布	1双	炸毁	13	30年6月	
袜子	纱	2双	炸毁	6	30年3月	
毛巾	毛	1条	炸毁	5	30年4月	
小皮箱	皮	1口	炸毁	15	28年4月	
包裹	布	1条	炸毁	7	28年12月	
合计				141		
被灾日期 30年6月30日	被灾地点 张家花园45号	房屋被炸或震毁	被炸	原支薪俸数目	36元	有无同居眷属	无

右〈上〉开物品,确系因空袭被毁,谨报告

分局长周　转呈

局长唐　核转

市长吴

重庆市警察第六分局警士　陈世梅

三十年六月三十日

20）重庆市政府警察局第六分局员警差役空袭损失私物报告表

物品名称	品质	数量	损失程度	原价	购买年月	备考
被盖	布	1床	炸毁	60	29年11月	
卧单	布	1床	炸毁	28	29年11月	
毛巾	布	1条	炸毁	3	29年8月	
制服	布	1套	炸毁	42	29年6月	
衬衣	布	2件	炸毁	32	30年5月	
合计				165		
被灾日期		被灾地点		房屋被炸或震毁	原支薪俸数目	有无同居眷属

右〈上〉开物品，确系因空袭被毁，谨报告

分局长周　转呈

局长唐　核转

市长吴

重庆市警察第六分局水伕　杨志满

三十年六月三十日

21）重庆市政府警察局第六分局员警差役空袭损失私物报告表

物品名称	品质	数量	损失程度	原价	购买年月	备考
被盖	白市布	1床	炸毁	45	29年9月	
卫生衣	统绒	1套	炸毁	53	29年1月	
党服	芝麻呢	1套	炸毁	28	29年5月	
汗衣	白市布	2件	炸毁	25	30年2月	
短裤	白市布	1条	炸毁	7	30年2月	
合计				158		
被灾日期	6月30日	被灾地点	万口慈	房屋被炸或震毁	炸毁	原支薪俸数目	36元	有无同居眷属	无

右〈上〉开物品，确系因空袭被毁，谨报告

分局长周　转呈

局长唐　核转

市长吴

重庆市警察第六分局警士　彭泽厚

三十年六月三十日

22) 重庆市政府警察局第六分局员警差役空袭损失私物报告表

物品名称	品质	数量	损失程度	原价	购买年月	备考
被盖	棉	1床	炸毁	52	29年1月	
□服	布	1套	炸毁	41	29年11月	
蓝制服	布	1套	炸毁	42	29年12月	
白衬衣	布	2件	炸毁	28	30年1月	
短裤	布	2件	炸毁	5	30年1月	
袜子	线	3双	炸毁	6	30年2月	
合计				174		
被灾日期	30年6月30日	被灾地点	张家花园45号	房屋被炸或震毁	炸毁	原支薪俸数目 36元	有无同居眷属

右〈上〉开物品,确系因空袭被毁,谨报告

分局长周　转呈

局长唐　核转

市长吴

　　　　　　　　　　　　　　重庆市警察第六分局警士　卢月明

　　　　　　　　　　　　　　三十年六月三十日

23) 重庆市政府警察局第六分局员警差役空袭损失私物报告表

物品名称	品质	数量	损失程度	原价	购买年月	备考
被盖	白包单旧条花色面子	1床	炸毁	44	去年10月	
毛线衣上装	紫色	1件	炸毁	28	去年10月	
线下装	哔□色	1件	炸毁	11	去年9月	
芝麻呢中衫服		1套	炸毁	38	去年9月	
漂白布衬衣	白布	2件	炸毁	33	本年1月	
青冲哔叽下装	布	1件	炸毁	19	本年1月	
青袜子		2双	炸毁	2.6	本年3月	
漱口盅		1个	炸毁	1.7	去年8月	
牙刷		1把	炸毁	1	本年4月	
白短裤	布	3条	炸毁	6.4	本年3月	
合计				184.7		

续表

被灾日期	30年6月30日	被灾地点	警察第六分局	房屋被炸或震毁	被炸	原支薪俸数目	每月薪饷30元	有无同居眷属	无

右〈上〉开物品,确系因空袭被毁,谨报告

分局长周　转呈

局长唐　核转

市长吴

　　　　　　　　　　　　　　　　重庆市警察第六分局警士　邱玉刚

　　　　　　　　　　　　　　　　三十年六月三十日

24）重庆市政府警察局第六分局员警差役空袭损失私物报告表

物品名称	品质	数量	损失程度	原价	购买年月	备考
白线毯	纱线	1床	炸毁	30	29年8月	
皮鞋子	皮	1双	炸毁	40	29年8月	
竹席子	竹	1床	炸毁	10	30年4月	
青中山装	假哔叽〔叽〕	2套	炸毁	120	29年11月	
袜子	纱	2双	炸毁	8	30年5月	
白衬衣	虎〔府〕绸	2双	炸毁	40	30年6月	
鞋子	布	2双	炸毁	10	30年5月	
西装	呢	1套	炸毁	90	28年11月	
牙刷	普通	1个	炸毁	3	30年2月	
牙膏	黑人牌	1筒	炸毁	5	30年6月	
面盆	磁	1个	炸毁	10	29年4月	
毛巾	细纱	2条	炸毁	10	30年5月	
合计				376		

被灾日期	30年6月30日	被灾地点	张家花园45号	房屋被炸或震毁	被炸	原支薪俸数目	80元	有无同居眷属	无

右〈上〉开物品,确系因空袭被毁,谨报告

分局长周　转呈

局长唐　核转

市长吴

　　　　　　　　　　　　　　　　重庆市警察第六分局雇员　颜云雷

　　　　　　　　　　　　　　　　三十年六月三十日

25）重庆市政府警察局第六分局员警差役空袭损失私物报告表

物品名称	品质	数量	损失程度	原价	购买年月	备考
棉絮	棉	1床	全部炸毁	28	29年10月	
白被包单	布	1床	全部炸毁	20	29年2月	
花布被面	布	1床	全部炸毁	16	29年2月	
床单	布	1床	全部炸毁	25	29年8月	
枕头	布	2个	全部炸毁	12	27年10月	
席子	竹	1床	全部炸毁	5	29年5月	
皮鞋	皮	1双	全部炸毁	65	30年4月	
衬衣	府绸	1件	全部炸毁	28		
漱口缸	搪瓷	1个	炸毁	5.5	29年11月	
牙刷	牙质	2把	炸毁	4	29年7月	
洗面巾	纱质	2张	炸毁	5	29年12月	
青制服	布	2套	炸毁	90	29年10月	
面盆	铜质	1个	炸毁	35	30年1月	
短裤	布	2件	炸毁	18	29年6月	
呢帽	毡质	1顶	炸毁	35	28年10月	
袜子	纱	3双	炸毁	9	29年9月	
箱子	皮质	1口	炸毁	32	29年8月	
合计				432.5元		
被灾日期	30年6月30日	被灾地点	第六分局	房屋被炸或震毁	被炸	原支薪俸数目	100元	有无同居眷属	无

右〈上〉开物品，确系因空袭被毁，谨报告

分局长周　转呈

局长唐　核转

市长吴

重庆市警察第六分局户籍员　张伯川

三十年六月三十日

（0061—0015—3537）

101. 重庆市警察局第九分局为报1941年6月30日员警空袭损失请予救济呈市警察局文（1941年7月2日）

查本管于六月三十日被炸，本分局及米亭子所被毁，所属员警差役均有损失，经饬分别填具空袭损失私物报告表前来，查核属实，拟请援例予以救济，用〔以〕示体恤。是否有当，理合检表备文呈复钧局鉴核示遵。

谨呈

局长唐

附表2份

第九分局长　毕孔殷

1) 重庆市政府警察局第九分局员警差役空袭损失私物报告表

物品名称	品质	数量	损失程度	原价	购买年月	备考
青制服	哔叽	1套	炸毁无存	360	29年10月	
黑皮鞋	皮	1双	炸毁无存	55	29年10月	
热水瓶	玻璃	1个	炸毁无存	26	29年11月	
黄制服	哈叽	1个	炸毁无存	120	30年5月	
合计				561		
被灾日期	6月30日	被灾地点	九分局	房屋被炸或震毁	被炸	原支薪俸数目	200元	有无同居眷属	无

右〈上〉开物品，确系因空袭被炸，谨报告

局长唐　转呈

市长吴

填报人　重庆市警察局第九分局分局长　毕孔殷
三十年六月三十日

2) 重庆市政府警察局第九分局员警差役空袭损失私物报告表

物品名称	品质	数量	损失程度	原价	购买年月	备考
垫絮	棉	1床	炸毁不堪	18	6月5日	
棉被	布棉	1床	炸毁不堪	79	6月6日	
床单	布	1床	炸毁不堪	40	6月6日	
面盆	搪磁	1个	炸毁不堪	48	6月4日	
漱口盅	搪磁	1个	炸毁不堪	8	6月4日	
牙刷	毛	1把	炸毁不堪	3.5	6月4日	
牙膏	黑人	1盒	炸毁不堪	3.5	6月4日	
面巾	毛	2条	炸毁不堪	6	6月4日	

续表

物品名称	品质	数量	损失程度	原价	购买年月	备考
席子	竹	1张	炸毁不堪	12	6月15日	
制服	毛哈机〔叽〕	1套	炸毁不堪	130	6月10日	
皮鞋	港皮	1双	炸毁不堪	70	6月12日	
衬衣	绸	2件	炸毁不堪	50	29年8月	
短裤	布	2条	炸毁不堪	10	6月12日	
袜子	线	3双	炸毁不堪	12	29年7月	
皮箱	皮	1口	炸毁不堪	55	6月20日	
旅行袋	布	1根	炸毁不堪	5	6月3日	
西装	派力丝	1套	炸毁不堪	300	29年7月	
领带	丝	2条	炸毁不堪	7	29年7月	
布鞋	布	1双	炸毁不堪	18	6月15日	
拖鞋	皮	1双	炸毁不堪	19	6月15日	
铁床	铁	1架	炸毁不堪	190	6月15日	

| 被灾日期 | 6月30日 | 被灾地点 | 九分局 | 房屋被炸或震毁 | 炸 | 原支薪俸数目 | 160元 | 有无同居眷属 | 有 |

右〈上〉开物品,确系因空袭被炸毁,谨报告

分局长毕　转呈

局长唐　核转

市长吴

重庆市警察局第九分局局员　何玉麟

三十年六月三十日

3) 重庆市警察局第九分局员警差役空袭损失私物报告表

物品名称	品质	数量	损失程度	原价	购买年月	备考
衣箱	牛皮	1口	炸毁	56	29年2月	
中山服	青毕〔哔〕叽	1套	炸毁	140	28年9月	
衬衣	花府绸	2件	炸毁	56	30年6月	每件28元,共计56元
元顶蚊帐	棉纱	1床	炸毁	46	29年5月	
皮鞋	牛皮	1双	炸毁	80	30年4月	

续表

物品名称	品质	数量	损失程度	原价	购买年月	备考
大衣	呢面绒底	1件	炸毁	120	29年5月	
冬月	毛线	1件	炸毁	72	29年11月	
合计				570		
被灾日期	6月30日	被灾地点	九分局	房屋被炸或震毁	被炸	原支薪俸数目	150元	有无同居眷属	有

右〈上〉开物品,确系因空袭被炸毁,谨报告

分局长毕　转呈

局长唐　核转

市长吴

重庆市警察局第九分局局员　尹靖宇

三十年六月三十日

4) 重庆市警察局第九分局员警差役空袭损失私物报告表

物品名称	品质	数量	损失程度	原价	购买年月	备考
行李皮箱	牛皮	1只	炸毁	42	28年10月	
中山服	哔叽	1套	炸毁	200	29年9月	
蚊帐	纱	1床	炸毁	45	30年6月	
皮鞋	牛皮	1双	炸毁	50	30年5月	
大衣	呢面绒里	1件	炸毁	120	28年10月	
棉被	布面花胎	1床	炸毁	65	29年11月	
被单	纱	1床	炸毁	40	30年6月	
合计				562		
被灾日期	6月30日	被灾地点	九分局	房屋被炸或震毁	被炸	原支薪俸数目	100元	有无同居眷属	无

右〈上〉开物品,确系因空袭被炸毁,谨报告

分局长毕　转呈

局长唐　核转

市长吴

重庆市警察局第九分局巡官　陈以汉

三十年六月三十日

5) 重庆市政府警察局第九分局员警差役空袭损失私物报告表

物品名称	品质	数量	损失程度	原价	购买年月	备考
毛线毯	毛线	1床	炸毁无存	130	29年5月	
被盖	白市布面锦缎面子湖南花	1床	炸毁无存	130	29年5月	
青哔叽呢制服	哔叽	1套	炸毁无存	270	29年5月	
衬衫	府绸	2件	炸毁无存	54	30年5月	
黄制服	哈叽	1套	炸毁无存	140	30年5月	
磁面盆	磁	1个	炸毁无存	32	30年2月	
胶鞋	胶	1双	炸毁无存	33	30年6月	
皮鞋	皮	1双	炸毁无存	32	29年7月	
枕头	白哈叽	1对	炸毁无存	38	29年12月	
灰哈叽制服	哈叽	1套	炸毁无存	120	30年5月	
合计				979		
被灾日期	6月30日	被灾地点	九分局	房屋被炸或震毁	被炸	原支薪俸数目	100元	有无同居眷属	有

右(上)开物品,确系因空袭被炸毁,谨报告

　谨呈

分局长毕　转呈

局长唐　核转

市长吴

　　　　　　　　　　填报人　重庆市警察局第九分局巡官　彭汉卿

　　　　　　　　　　　　　　　　　　三十年六月三十日

6) 重庆市警察局第九分局员警差役空袭损失私物报告表

物品名称	品质	数量	损失程度	原价	购买年月	备考
棉絮	棉	1床	破烂不堪	36	29年9月	
被单	布	1床	破烂不堪	28	29年9月	
被面	布	1床	破烂不堪	18	29年9月	
卧单	布	1床	破烂不堪	18	29年9月	
凉席	篾	1床	破烂不堪	12	29年6月	
绷子	棕	1床	破烂不堪	28	29年6月	

续表

物品名称	品质	数量	损失程度	原价	购买年月	备考
签牙桌	木	1张	破烂不堪	12	29年7月	
立柜	木	1层	破烂不堪	38	29年2月	
菜碗	磁	12个	破碎	36	30年2月	
饭碗	磁	8个	破碎	9.6	29年3月	
茶壶	磁	1把	破碎	5.6	29年3月	
玻杯	玻璃	6个	破碎	7.2	30年1月	
铁锅	铁	1口	破碎	12	30年1月	
合计				260.4		
被灾日期	6月30日	被灾地点	米亭子街15号	房屋被炸或震毁	震毁	原支薪俸数目	90元	有无同居眷属	妻

右〈上〉开物品,确系因空袭被炸,谨报告

分局长毕　转呈

局长唐　核转

市长吴

　　　　　　　填报人　重庆市警察局第九分局办事员　曾仲甫

　　　　　　　　　　　　　　　　　　三十年六月三十日

7) 重庆市警察局第九分局员警伕役空袭损失私物报告表

物品名称	品质	数量	损失程度	原价	购买年月	备考
棉被胎	棉	1床	被炸损失无存	20	29年10月	
包单	布	1床	被炸损失无存	16	29年10月	
缎被面	丝	1床	被炸损失无存	30	29年10月	
卧单	布	1床	被炸损失无存	30	29年10月	
枕头	布	1个	被炸损失无存	8	29年10月	
皮鞋	皮	1双	被炸损失无存	60	30年5月	
袜子	纱	2双	被炸损失无存	10	30年5月	
青大衣	呢	1件	被炸损失无存	140	28年11月	
青制服	布	1套	被炸损失无存	50	29年10月	
青制服	呢	1套	被炸损失无存	150	28年9月	
呢帽	呢	1顶	被炸损失无存	30	28年10月	
衬衣	绸	2件	被炸损失无存	50	30年4月	
衬衣	布	2件	被炸损失无存	30	29年5月	

续表

物品名称	品质	数量	损失程度	原价	购买年月	备考
短裤	布	2件	被炸损失无存	8	30年4月	
牙刷	骨	1把	被炸损失无存	3	29年6月	
漱口盂	磁	1个	被炸损失无存	3	29年6月	
面盆	磁	2个	被炸损失无存	28	29年6月	
面巾	纱	1条	被炸损失无存	3	30年6月	
电筒	铜	1根	被炸损失无存	16	28年12月	
簾垫	竹	1床	被炸损失无存	8	30年5月	
合计				693		
被灾日期	6月30日	被灾地点	本分局	房屋被炸或震毁	被炸	原支薪俸数目	80元	有无同居眷属	有

右(上)开物品,确系因空袭被炸,谨报告

分局长毕　转呈

局长唐　核转

市长吴

　　　　　　　　填报人　重庆市警察局第九分局录事　黄中一

　　　　　　　　三十年六月三十日

8)重庆市警察局第九分局员警差役空袭损失私物报告表

物品名称	品质	数量	损失程度	原价	购买年月	备考
被盖	布棉	1床	损失无存	60	29年6月	
短裤	布	2件	损失无存	10	29年6月	
衬衣	布	2件	损失无存	40	29年6月	
衬衣	府绸	1件	损失无存	25	30年3月	
皮鞋	皮	1双	损失无存	70	30年3月	
袜子	纱	2双	损失无存	10	30年3月	
牙刷	磁	1个	损失无存	3	30年3月	
漱口盂	磁	1个	损失无存	3	30年3月	
中山服	呢	1套	损失无存	160	28年10月	
大衣	呢	1件	损失无存	160	28年10月	
背心	绒	1件	损失无存	60	28年10月	
帽子	呢	1顶	损失无存	30	28年10月	
制服	布	1套	损失无存	50	29年3月	

续表

物品名称	品质	数量	损失程度	原价	购买年月	备考
电筒	铜	1根	损失无存	20	29年3月	
皮箱	皮	1口	损失无存	30	29年3月	
合计				731		
被灾日期	6月30日	被灾地点	分局	房屋被炸或震毁	炸	原支薪俸数目	80元	有无同居眷属	有

右〈上〉开物品，确系因空袭炸毁，谨报告

谨呈

分局长毕　转呈

局长唐　核转

市长吴

重庆市警察局第九分局三等录事　宋哲文

三十年六月三十日

9) 重庆市政府警察局第九分局员警差役空袭损失私物报告表

物品名称	品质	数量	损失程度	原价	购买年月	备考
被盖	布底绸面	1床	炸毁无存	120	30年4月	
毛毯	棉	1床	炸毁无存	100	30年5月	
青毛哔叽	毛	1套	炸毁无存	270	30年2月	
黄哈叽	哈叽	1套	炸毁无存	140	30年5月	
衬衫	府绸	2件	炸毁无存	58	29年6月	
面盆	磁	1个	炸毁无存	50	29年6月	
面巾	线	2张	炸毁无存	2	29年10月	
皮鞋	皮	1双	炸毁无存	50	30年2月	
合计				790		
被炸日期	6月30日	被灾地点	九分局	房屋被炸或震毁	被炸	原支薪俸数目	90	有无同居眷属	无

右〈上〉开物品，确系因空袭炸毁，谨报告

谨呈

分局长毕　转呈

局长唐　核转

市长吴

填报人　重庆市警察局第九分局服务员　崔思棠

三十年六月三十日

10）重庆市政府警察局第九分局员警差役空袭损失私物报告表

物品名称	品质	数量	损失程度	原价	购买年月	备考
棉被胎	棉	1床	炸毁无存	30	28年12月	
竹布包单	布	1床	炸毁无存	24	28年12月	
绸被面	丝	1床	炸毁无存	38	28年12月	
花卧单	布	1床	炸毁无存	30	29年3月	
十字布枕头	十字布	2个	炸毁无存	21	29年3月	
青哔叽中山服	毛	1套	炸毁无存	300	29年10月	
青哔叽中山装	毛	1套	炸毁无存	140	28年10月	
呢大衣	毛呢	1件	炸毁无存	290	29年1月	
皮鞋	皮	1双	炸毁无存	86	30年1月	
呢帽	呢	1顶	炸毁无存	32	29年9月	
府绸衬衣	纱	2件	炸毁无存	58	30年5月	
背心	棉	1件	炸毁无存	12	29年10月	
白短裤	麻纱	2件	炸毁无存	8	29年8月	
袜子	麻纱	2件	炸毁无存	8	30年4月	
胶皮鞋	胶	1双	炸毁无存	27	29年10月	
面盆	磁	1个	炸毁无存	25	29年10月	
漱口盅	磁	1个	炸毁无存	3	30年2月	
牙刷	骨	1把	炸毁无存	3	30年5月	
合计				1135		

被灾日期	6月30日	被灾地点	九分局	房屋被炸或震毁	被炸	原支薪俸数目	80元	有无同居眷属	无

右〈上〉开物品，确系因空袭被炸毁，谨报告
　谨呈
分局长毕　转呈
局长唐　核转
市长吴

　　　　　　　　填报人　重庆市警察局第九分局办事员　朱勤先
　　　　　　　　　　　　三十年六月三十日

11) 重庆市政府警察局第九分局员警差役空袭损失私物报告表

物品名称	品质	数量	损失程度	原价	购买年月	备考
皮箱	皮	1只	炸毁不堪	50	29年3月	
棉被	丝棉〔绵〕	1床	炸毁不堪	60	29年6月	
篾席	篾	1床	炸毁不堪	18	28年12月	
枕头	白士〔市〕布	2个	炸毁不堪	10	28年6月	
衬衣	白士〔市〕布	2件	炸毁不堪	40	29年7月	
短裤	白士〔市〕布	2件	炸毁不堪	24	29年8月	
青制服	哈叽	2套	炸毁不堪	100	29年10月	
青皮鞋	皮	1双	炸毁不堪	50	29年9月	
青大衣	呢	1件	炸毁不堪	100	29年9月	
黄制服	哈叽	1套	炸毁不堪	110	30年5月	
袜子	青线	2双	炸毁不堪	10	30年2月	
胶鞋	胶	1双	炸毁不堪	20	29年10月	
毛巾	线	1张	炸毁不堪	5	29年6月	
牙刷	骨	1把	炸毁不堪	1	29年8月	
漱口盆〔盅〕	玻璃	1个	炸毁不堪	1	27年12月	
合计				599		

| 被灾日期 | 6月30日 | 被灾地点 | 第九分局 | 房屋被炸或震毁 | 被炸 | 原支薪俸数目 | 100元 | 有无同居眷属 | 有 |

右〈上〉开物品,确系因空袭被炸毁,谨报告

分局长毕　转呈

局长唐　核转

市长吴

　　　　　　　　　　　　　　　重庆市警察局第九分局户籍员　冯精卫

　　　　　　　　　　　　　　　三十年六月三十日

12) 重庆市政府警察局第九分局员警差役空袭损失私物报告表

物品名称	品质	数量	损失程度	原价	购买年月	备考
府绸衬衣	绸	2件	炸毁不堪	30	29年5月	
白布衬衣	布	1件	炸毁不堪	12	29年6月	
牙刷	毛	1把	炸毁不堪	2	30年5月	
漱口盅	磁	1个	炸毁不堪	3	30年5月	

续表

物品名称	品质	数量	损失程度	原价	购买年月	备考
黑箱子	木	1个	炸毁不堪	12	29年8月	
衬裤	布	3条	炸毁不堪	15	30年4月	
黑制服	毛哔叽	1套半	炸毁不堪	90	28年11月	
人字呢大衣	线	1件	炸毁不堪	40	29年2月	
绿色制服	卡机〔咔叽〕	1套	炸毁不堪	40	28年8月份购	
毛线衣	毛	1件	炸毁不堪	31	28年4月	
短黄裤	卡机〔咔叽〕	1件	炸毁不堪	8	28年6月	
背带	丝	1根	炸毁不堪	4	28年10月	
枕头	布	1个	炸毁不堪	5	28年10月	
棉被盖	布棉	1床	炸毁不堪	45	29年8月	
垫絮	棉	1床	炸毁不堪	10	29年8月	
面盆	洋磁	1个	炸毁不堪	20	29年4月	
力士鞋	胶	1个	炸毁不堪	20	30年6月	
袜子	线纱	2双	炸毁不堪	8	30年5月	
草席	草	1床	炸毁无存	8	30年5月	
蚊帐	纱	1顶	炸毁无存	25	29年5月	
呢帽	呢	1顶	炸毁无存	35	29年10月	
合计				463		
被炸日期	6月30日	被灾地点	九分局	房屋被炸〔或〕震毁	被炸	原支薪俸数目	40余元	有无同居眷属	无

右〈上〉开物品,确系因空袭被炸毁,谨报告

谨呈

分局长毕　转呈

局长唐　核转

市长吴

　　　　填报人　重庆市警察局第九分局警长　朱万全

　　　　　　　　　　　　　　　　三十年六月三十日

13)重庆市警察局第九分局员警差役空袭损失私物报告表

物品名称	品质	数量	损失程度	原价	购买年月	备考
中山服	青哔叽	1套	被炸成渣	48	29年7月	
毯子	白市布	1床	被炸成渣	38	29年8月	

续表

物品名称	品质	数量	损失程度	原价	购买年月	备考
短裤	白市布	2条	被炸成渣	24	29年12月	
合计				110		
被炸日期	6月30日	被灾地点	九分局	房屋被炸或震毁	被炸	原支薪俸数目	42元	有无同居眷属	无

右〈上〉开物品,确系因空袭被炸毁,谨报告

分局长毕　转呈

局长唐　核转

市长吴

重庆市警察局第九分局警长　杨济安

三十年六月三十日

14)重庆市政府警察局第九分局员警差役空袭损失私物报告表

物品名称	品质	数量	损失程度	原价	购买年月	备考
被盖	棉质	1床	炸坏不堪	66	29年10月	
被单	白布	1床	炸坏不堪	24	29年7月	
枕头	白十字布挑花	1个	炸坏不堪	11	29年6月	
黄制服	哈哗〔叽〕布	1套	炸坏不堪	80	29年6月	
青制服	哈哗〔叽〕布	1套	炸坏不堪	50	29年9月	
油绿制服	哈哗〔叽〕布	1套	炸坏不堪	38	28年4月	
黄皮鞋	皮	1双	炸坏不堪	40	29年12月	
衬衣	花府绸	2件	炸坏不堪	50	30年6月	
衬衣	白布	2件	炸坏不堪	20	29年7月	
皮箱	皮	1口	炸坏不堪	20	28年1月	
面盆	搪磁	1个	炸毁无存	30	29年1月	
漱口盅	磁	1个	炸毁无存	6	29年3月	
牙刷	骨	1把	炸毁无存	5	30年3月	
牙膏	黑人	1盒	炸毁无存	3.6	30年6月	
毛巾	棉纱	3条	炸毁无存	8.4	30年4月	
鞋子	毛哈哗〔叽〕	1双	炸毁无存	30	30年4月	
鞋油	油	1盒	炸毁无存	3	30年4月	

续表

物品名称	品质	数量	损失程度	原价	购买年月	备考
短裤	黄哈哔〔叽〕	1条	炸毁无存	30	30年5月	
短裤	草绿布	2条	炸毁无存	36	30年5月	
雨衣	油布	1件	炸毁无存	20	27年10月	
书摺〔折〕子	纸质	1个	炸毁无存	12	30年4月	
合计				582		
被灾日期	6月30日	被灾地点	九分局	房屋被炸或震毁	被炸	原支薪俸数目	46元	有无同居眷属	无

右〈上〉开物品,确系因空袭被毁,谨报告

分局长毕　转呈

局长唐　核转

市长吴

重庆市警察局第九分局户籍警长　张振华

三十年六月三十日

15) 重庆市政府警察局员警差役空袭损失私物报告表

物品名称	品质	数量	损失程度	原价	购买年月	备考
被絮	棉	1床	炸坏不堪	51	29年5月	
被单	白布	1床	炸坏不堪	21	29年10月	
被面	印花	1床	炸坏不堪	24	29年10月	
枕头	白哔叽〔叽〕印花	1个	炸坏不堪	7	29年9月	
卧单	哔叽印花	1床	炸坏不堪	28	29年5月	
黄制服	哔机〔叽〕棉	1套	炸坏不堪	51	29年5月	
青制服	哔机〔叽〕棉	1套	炸坏不堪	52	29年6月	
黄皮鞋	皮	1双	炸坏不堪	58		
衬衣	花府绸	2件	炸坏不堪	50	30年5月	
衬衣	白布	1件	炸坏不堪	20	30年5月	
皮箱	皮	1口	炸坏不堪	27	30年4月	
面盆	搪磁	1个	炸坏不堪	31	29年10月	
漱口杯	磁	1个	炸毁无存	30	29年8月	

续表

物品名称	品质	数量	损失程度	原价	购买年月	备考
牙刷	骨	1把	炸毁无存	35	29年10月	
牙膏	黑人	1盒	炸毁无存	20	30年5月	
毛巾	棉	2条	炸毁无存	70	30年6月	
袜子	棉	3双	炸毁无存	11	30年6月	
鞋子	毛哔机〔叽〕	1双	炸毁无存	25	30年6月	
短裤	黄哔机〔叽〕	2条	炸毁无存	30	30年5月	
汗衣	棉	2件	炸毁无存	38	30年5月	
合计				640		
被灾日期	6月30日	被灾地点	九分局	房屋被炸或震毁	被炸	原支薪俸数目	39元	有无同居眷属	有

右〈上〉开物品,确系因空袭被毁,谨报告

分局长毕　转呈

局长唐　核转

市长吴

　　　　　　　　　　　重庆市警察局第九分局户籍生　王成章

　　　　　　　　　　　三十年六月三十日

16)重庆市警察局第九分局员警差役空袭损失私物报告表

物品名称	品质	数量	损失程度	原价	购买年月	备考
被条	□□	2床	炸毁无存	80	28年5月	共计160
毯子	印花	1床	炸毁无存	40	29年1月	
军毯	灰	1床	炸坏	20	30年1月	
衬衣	白哈叽	3件	炸烂	45	30年2月	计135
制服	青布	2套	炸坏	34	30年2月	计68
面盆	磁	1个	炸毁无存	20	30年3月	
皮鞋	青	2双	炸烂	45	30年3月	计90
合计				543		
被灾日期	6月30日	被灾地点	九分局	房屋被炸或震毁	被炸	原支薪俸数目	48元	有无同居眷属	无

续表

> 右〈上〉开物品,确系因空袭被炸毁,谨报告
>
> 分局长毕　转呈
>
> 局长唐　核转
>
> 市长吴
>
> 　　　　　　　　　　　　　重庆市警察局第九分局警士　姚开瑞
> 　　　　　　　　　　　　　　　　　　　　　　　　六月三十日

17) 重庆市政府警察局第九分局员警差役空袭损失私物报告表

物品名称	品质	数量	损失程度	原价	购买年月	备考
被盖	布	1床	破烂不堪	60	29年2月	
白衬衣	布	2件	破烂不堪	30	29年2月	
面盆	磁	1个	被炸无存	30	29年10月	
被单	布	1床	被炸无存	30	29年10月	
皮鞋	皮	1双	被炸无存	40	29年1月	
合计				191		
被灾日期	6月30日	被灾地点	九分局	房屋被炸或震毁	被炸	原支薪俸数目	30余元	有无同居家属	无

> 右〈上〉开物品,确系因空袭炸毁,谨报告
>
> 谨呈
>
> 分局长毕　转呈
>
> 局长唐　核转
>
> 市长吴
>
> 　　　　　　　　填报人　重庆市警察局第九分局警士　李德本
> 　　　　　　　　　　　　　　　　　　　　　　　三十年六月三十日

18) 重庆市政府警察局第九分局员警差役空袭损失私物报告表

物品名称	品质	数量	损失程度	原价	购买年月	备考
被絮	棉	1床	炸毁无存	28	29年10月	
被单	布	1床	炸毁无存	27	29年10月	
被面	花布	1床	炸毁无存	19	29年10月	
卧单	白布印花	1床	炸毁无存	32	29年8月	

续表

物品名称	品质	数量	损失程度	原价	购买年月	备考
枕头	白十字布挑花	1个	炸毁无存	10	28年10月	
芝麻呢中山服	布	1套	炸毁无存	54	30年2月	
灰卡机〔咔叽〕中山服	布	1套	炸毁无存	48	29年11月	
衬衣	府绸	1件	炸毁无存	22	30年1月	
短裤	黄哗机〔叽〕	2条	炸毁无存	24	29年7月	
袜子	棉	2双	炸毁无存	8	30年1月	
黑皮鞋	皮	1双	炸毁无存	42	30年2月	
面盆	搪磁	1个	炸毁无存	24	29年7月	
牙刷	骨	1把	炸毁无存	3	30年1月	
面巾	棉	2根	炸毁无存	6	29年12月	
漱口盂	磁	1个	炸毁无存	5	29年10月	
牙膏		1盒	炸毁无存	4	30年5月	
合计				356		
被灾日期	6月30日	被灾地点	九分局	房屋被炸或震毁	被炸	原支薪俸数目	29元	有无同居眷属	无

右〈上〉开各物品,确系因空袭被毁,谨报告

分局长毕　转呈

局长唐　核转

市长吴

重庆市警察局第九分局二等户籍生　左德辉

三十年六月三十日

19) 重庆市政府警察局第九分局员警差役空袭损失私物报告表

物品名称	品质	数量	损失程度	原价	购买年月	备考
衬衬〔衣〕	府绸	1件	被炸无存	23	本年4月14日	
制服	哈叽	1套	被炸无存	45	本年正月8日	
牙刷		1把	被炸无存	2	本年正月14日	

续表

物品名称	品质	数量	损失程度	原价	购买年月	备考
短裤	哈叽	1条	被炸无存	14	本年正月14日	
合计				83		
被灾日期	6月30日	被灾地点	节孝祠九分局	房屋被炸或震毁	被炸	原支薪俸数目 46元	有无同居眷属

右〈上〉开物品，确系因空袭被炸毁，谨报告

分局长毕　转呈

局长唐　核转

市长吴

　　　　　　　　重庆市警察局第九分局特务警士　文子云

　　　　　　　　三十年六月三十日

20）重庆市政府警察局第九分局员警差役空袭损失私物报告表

物品名称	品质	数量	损失程度	原价	购买年月	备考
被盖	布	1床	炸毁无存	50	29年2月	
白衬衣	布	1件	炸毁无存	20	29年2月	
短裤	布	2件	炸毁无存	8	30年4月	
牙刷	骨	1把	炸毁无存	3	30年5月	
漱口盅	磁	1个	炸毁无存	4	30年4月	
被单	布	1床	炸毁无存	20	29年5月	
合计				105		
被灾日期	6月30日	被灾地点	九分局	房屋被炸[或]震毁	被炸	原支薪俸数目 30余元	有无同居家属 无

右〈上〉开物品，确系因空袭被炸，谨报告

谨呈

分局长毕　转呈

局长唐　核转

市长吴

　　　　　填报人　重庆市警察局第九分局警士　王守元

　　　　　　　　三十年六月三十日

21) 重庆市政府警察局第九分局员警差役空袭损失私物报告表

物品名称	品质	数量	损失程度	原价	购买年月	备考
衬衬〔衣〕	布	1件	被炸不存	14	本年4月	
被盖	白布	1床	被炸不存	35	本年3月	
袜子	线	1双	被炸不存	3	本年5月	
皮鞋	黑	1双	被炸不存	30	本年5月	
合计				82		
被炸日期	6月30日	被灾地点	九分局	房屋被炸或震毁	被炸	原支薪俸数目 36元	有无同居眷属 有

右〈上〉开物品，确系因空袭被毁，谨报告

分局长毕　转呈

局长唐　核转

市长吴

　　　　　　　　　　　　　　　　重庆市警察局第九分局特务警士　刘海云

　　　　　　　　　　　　　　　　　　　　　　　　　三十年六月三十日

22) 重庆市警察局第九分局员警差役空袭损失私物报告表

物品名称	品质	数量	损失程度	原价	购买年月	备考
被盖	白洋布	1床	被炸成渣	65	29年9月	
制服	青哔叽	1套	被炸成渣	60	30年2月	
中山服	青哔叽	1套	被炸成渣	55	30年1月	
衬衣	白市布	1件	被炸成渣	12	30年4月	
合计				192		
被炸日期	6月30日	被炸地点	九分局	房屋被炸或震毁	被炸	原支薪数目 26	有无同居亲属 无

右〈上〉开物品，确系因空袭被炸毁，谨报告

分局长毕　转呈

局长唐　核转

市长吴

　　　　　　　　　　　　　　　　　　重庆市警察局第九分局警士　李廷华

　　　　　　　　　　　　　　　　　　　　　　　　　三十年六月三十日

23) 重庆市政府警察局第九分局员警差役空袭损失私物报告表

物品名称	品质	数量	损失程度	原价	购买年月	备考
被絮	棉	1床	炸毁无存	31	29年9月10日	
被单	布	1床	炸毁无存	26	29年9月	
被面	印花	1床	炸毁无存	24	29年9月	
卧单	白哔叽印花	1床	炸毁无存	30	29年6月	
青哔叽制服	布	1套	炸毁无存	61	29年7月	
白府绸衬衫	布	2件	炸毁无存	54	29年7月	
黄哔叽短裤	布	2根	炸毁无存	38	30年4月	
皮鞋	皮	1双	炸毁无存	56	29年2月	
枕头	白卡〔咔〕机〔叽〕挑花	1个	炸毁无存	12	29年3月	
袜子	棉	2双	炸毁无存	60	30年5月	
面盆	洋磁	1个	炸毁无存	35	29年3月	
毛巾	棉	1条	炸毁无存	6	30年4月	
牙刷	骨	1把	炸毁无存	4	30年4月	
漱口杯	磁	1个	炸毁无存	2	30年1月	
牙膏	黑人	1套	炸毁无存	3	30年5月	
合计				388		

| 被炸日期 | 30年6月30日 | 被炸地点 | | 房屋被炸或震毁 | 被炸 | 原支薪俸数目 | 每月仅支薪38元 | 有无同居眷属 | 有 |

右〈上〉开各物品,确系因空袭被毁,谨报告

分局长毕　转呈

局长唐　核转

市长吴

重庆市警察局第九分局特务警士　王德明

三十年六月三十日

24) 重庆市政府警察局第九分局员警差役空袭损失私物报告表

物品名称	品质	数量	损失程度	原价	购买年月	备考
被盖	布棉	1床	炸毁无存	65	29年8月	
军毯	线	1床	炸毁无存	22	29年10月	

续表

物品名称	品质	数量	损失程度	原价	购买年月	备考
青侠制服	哈叽	1套	炸毁无存	55	29年2月	
白府绸衬衣	绸	1件	炸毁无存	22	30年2月	
面盆	磁	1个	炸毁无存	24.5	29年9月	
白布衬衣	布	1件	炸毁无存	12	30年4月	
面巾	线	1件	炸毁无存	3	30年5月	
皮鞋	皮	1双	炸毁无存	45	29年12月	
蚊帐	棉纱	1顶	炸毁无存	24	29年5月	
草席	草	1床	炸毁无存	8.5	30年6月	
合计				281		
被炸日期	6月30日	被灾地点	九分局	房屋被炸或震毁	被炸	原支薪俸数目	26元	有无同居家属	无

右〈上〉开物品,确系因空袭被炸毁,谨报告

分局长毕　转呈

局长唐　核转

市长吴

　　　　　　　填报人　重庆市警察局第九分局警士　张继泉

　　　　　　　　　　　　　　　　　三十年六月三十日

25) 重庆市警察局第九分局员警差役空袭损失私物报告表

物品名称	品质	数量	损失程度	原价	购买年月	备考
被条	花府绸	1床	炸毁	82	30年2月	
黄制服	哈叽	1套	炸毁	50	30年1月	
中山服	哗叽	1件	炸毁	75	29年8月	
面盆	磁	1个	炸烂	30	30年1月	
皮鞋	青	1双	炸毁	45	30年3月	
面巾	线	1根	炸毁	2.5	30年4月	
合计				284.5		
被炸日期	6月30日	被炸地点	九分局	房屋被炸或震毁	被炸	原支薪俸数目	46元	有无同居亲属	

续表

右〈上〉开物品，确系因空袭被炸毁，谨报告

分局长毕　转呈

局长唐　核转

市长吴

重庆市警察局第九分局警士　雷治安

三十年六月三十日

26）重庆市政府警察局第九分局员警差役空袭损失私物报告表

物品名称	品质	数量	损失程度	原价	购买年月	备考
白衬衣	府绸	1件	炸毁无存	25	30年5月	
短裤	布	2件	炸毁无存	8	30年5月	
被盖	布	1床	炸毁无存	50	29年5月	
合计				85〔83〕		
被灾日期	6月30日	被灾地点	九分局	房屋被炸或震毁	被炸	原支薪俸数目	30余元	有无同居家属	无

右〈上〉开物品，确系因空袭被毁，谨呈

分局长毕　转呈

局长唐　核转

市长吴

填报人　重庆市警察局第九分局警士　刘幼卿

三十年六月三十日

27）重庆市政府警察局第九分局员警差役空袭损失私物报告表

物品名称	品质	数量	损失程度	原价	购买年月	备考
被盖	棉	1床	被炸不存	50	29年3月	
布毯	布	1床	被炸不存	20	29年4月	
制服	哈叽	1套	被炸不存	50	30年5月	
衬衫	布	2件	被炸不存	30	30年5月	
线袜	青	2双	被炸不存	6	30年3月	
毛巾	棉纱	2条	被炸不存	3	30年3月	
合计				159		

续表

被炸日期	6月30日	被灾地点	九分局	房屋被炸或震毁	被炸	原支薪俸数目	38元	有无同居眷属	无
右〈上〉开物品,确系因空袭被炸毁,谨报告									
分局长毕　转呈									
局长唐　核转									
市长吴									
重庆市警察局第九分局特务警士　张福初 三十年六月三十日									

28) 重庆市政府警察局第九分局员警差役空袭损失私物报告表

物品名称	品质	数量	损失程度	原价	购买年月	备考
青制服	哈叽	1套	被炸毁	45	30年2月	
阴丹长衫	棉质	1件	被炸毁	55	29年2月	
被盖	白布	1床	被炸毁	60	29年4月	
衬衣	白士〔市〕布	1件	被炸毁	15	30年5月	
短裤	白士〔市〕布	2条	被炸毁	25	30年5月	
制服	草绿	1套	被炸毁	40	29年7月	
青皮鞋	皮	1双	被炸毁	35	30年6月	
合计				[275]		

被灾日期	6月30日	被灾地点	九分局	房屋被炸或震毁	被炸	原支薪俸数目	36元	有无同居眷属	无
右〈上〉开物品,确系因空袭被炸,谨报告									
分局长毕　转呈									
局长唐　转呈									
市长吴　核转									
重庆市警察局第九分局警士　雷春华 三十年六月三十日									

29) 重庆市警察局第九分局员警差役空袭损失私物报告表

物品名称	品质	数量	损失程度	原价	购买年月	备考
被条	白士〔市〕布	1床	炸毁	50	30年2月	
毡子	线	1床	炸毁	30	30年2月	

续表

物品名称	品质	数量	损失程度	原价	购买年月	备考
衬衣	白土〔市〕布	2件	炸毁	20	30年3月	计40元
青制服	布	1套	炸毁	30	30年4月	
皮鞋	青	1双	炸毁	45	30年1月	
面巾	绵〔棉〕	1条	炸毁	25	30年5月	
合计				220		
被炸日期	6月30日	被炸地点	九分局	房屋被炸或震毁	被炸	原支薪俸数目	39元	有无同居亲属	无

右〈上〉开物品,确实因空袭炸毁,谨报告

分局长毕　转呈

局长唐　核转

市长吴

蒋万新

三十年六月三十日

30) 重庆市政府警察局第九分局员警差役空袭损失私物报告表

物品名称	品质	数量	损失程度	原价	购买年月	备考
白布包单被盖		1床	被炸不存	60	30年正月5日	
衬衫	府绸	2件	被炸不存	48	30年3月10日	
洋磁钟		1个	被炸不存	5	30年3月	
牙刷		1把	被炸不存	2	30年正月	
便下装	青绸	1条	被炸不存	25	29年3月	
灰色制服	哈叽	1套	被炸不存	65	30年正月10日	
合计				205		
被炸日期	6月30日	被炸地点	九分局	房屋被炸或震毁	被炸	原支薪俸数目	36元	有无同居眷属	无

右〈上〉开物品,确系因空袭被炸毁,谨报告

分局长毕　转呈

局长唐　核转

市长吴

重庆市警察局第九分局特务警士　赵祥云

三十年六月三十日

31) 重庆市警察局第九分局员警差役空袭损失私物报告表

物品名称	品质	数量	损失程度	原价	购买年月	备考
制服	草绿哔叽	1套	被炸成渣	50	30年3月	
衬衣	府绸	1件	被炸成渣	18	30年5月	
衬衣	白市布	1件	被炸成渣	15	30年5月	
下装	青哔叽	1条	被炸成渣	25	30年1月	
被盖	白布	1床	被炸成渣	62	29年8月	
合计				170		
被灾日期	6月30日	被灾地点	九分局	房屋被炸或震毁	被炸	原支薪俸数目	36元	有无同居家属	无

右〈上〉开物品,确系因空袭炸毁,谨报告

分局长毕　转呈

局长唐　核转

市长吴

填报人　重庆市警察局第九分局警士　龙杰

三十年六月三十日

32) 重庆市警察局第九分局员警差役空袭损失私物报告表

物品名称	品质	数量	损失程度	原价	购买年月	备考
被条	布	1床	炸毁	50	29年4月	
制服	青哈叽	1套	炸毁	45	29年7月	
草绿制服	布	1套	炸毁	45	29年2月	
毛巾	绵〔棉〕	1根	炸毁	2.5	30年1月	
合计				142.5		
被炸日期	6月30日	被炸地点	九分局	房屋被炸或震毁	被炸	原支薪俸数目	35元	有无同居亲属	有

右〈上〉开物品,确因空袭炸毁,谨报告

分局长毕　转呈

局长唐　核转

市长吴

重庆市警察局第九分局夫役　赖能厚

三十年六月三十日

33) 重庆市政府警察局第九分局员警差役空袭损失私物报告表

物品名称	品质	数量	损失程度	原价	购买年月	备考
被盖	布	1床	被炸不存	40	29年8月10日	
毡子	线呢	1床	被炸不存	20	30年2月8日	
青夹衫	布	1件	被炸不存	50	29年正月6日	
青夹裤	布棉	1条	被炸不存	20	29年正月6日	
青单衫	布	1件	被炸不存	20	30年2月18日	
灰单衫	布	1件	被炸不存	20	30年5月20日	
青布下装	布	2件	被炸不存	30	30年正月1日	
合计				200		
被炸日期	6月30日	被炸地点	九分局	房屋被炸或震毁	被炸	原支薪俸数目	30元	有无同居眷属	无

右〈上〉开物品,确系因空袭损失炸毁,谨报告

分局长毕　转呈

局长唐　核转

市长吴

　　　　　　　　　　　　　重庆市警察局第九分局公差　李士林

　　　　　　　　　　　　　　　　　　　三十年六月三十日

34) 重庆市政府警察局第九分局员警差役空袭损失私物报告表

物品名称	品质	数量	损失程度	原价	购买年月	备考
衬衣	布	1床〔件〕	被炸不存	14	30年5月	
短裤	布	1条	被炸不存	15	30年5月	
被盖	布	1床	被炸不存	38	29年8月	
面巾	线	1张	被炸不存	2	30年5月	
便汗衣	布	1件	被炸不存	10	30年5月	
合计				79		
被炸日期	6月30日	被灾地点	九分局	房屋被炸或震毁	被炸	原支薪俸数目	30元	有无同居眷属	无

右〈上〉开物品,确系因空袭被炸,谨报告

分局长毕　转呈

局长唐　核转

市长吴

　　　　　　　　　　　　　重庆市警察局第九分局公差　董友堂

　　　　　　　　　　　　　　　　　　　三十年六月三十日

35）重庆市政府警察局第九分局员警差役空袭损失私物报告表

物品名称	品质	数量	损失程度	原价	购买年月	备考
被条	布	1床	被炸不存	40	29年10月	
线毡	线	1床	被炸不存	25	30年4月	
夹裤	布	1条	被炸不存	20	30年2月	
青布衫	布	1件	被炸不存	25	30年正月	
青夹衫	布	1件	被炸不存	30	30年正月	
灰布衫	布	1件	被炸不存	22	30年正月	
白衬衣	布	2件	被炸不存	30	30年4月	
合计				192		
被炸日期	6月30日	被炸地点	九分局	房屋被炸或震毁	被炸	原支薪俸数目	36元	有无同居眷属	无

右〈上〉开物品，确系因被炸，谨报告

分局长毕　转呈

局长唐　核转

市长吴

　　　　　　　　　　　重庆市警察局第九分局伙夫　金林□
　　　　　　　　　　　　　　　三十年六月三十日

36）重庆市警察局第九分局米亭子分驻所员役空袭损失私物报告表

物品名称	品质	数量	损失程度	原价	购买年月	备考
华达呢中山服	毛	1套	全毁	480	29年9月	
府绸衬衣	麻	1件	全毁	23.5	30年5月	
丝袜		1双	全毁	5.2	30年5月	
布毯子	布	1床	全毁	25	29年4月	
被灾日期	30年6月30日	被灾地点	江北公园内	房屋被炸或震塌	震塌	原支薪俸数目	120元	有无同居眷属	无

右〈上〉开物品，确系因空袭被毁，谨报告

分局长毕　转呈

局长唐　转呈

市长吴

　　　　　　　　　　　　　　所长　李永平
　　　　　　　　　　　　　三十年六月三十日

37）重庆市警察局第九分局米亭子分驻所员役空袭损失私物报告表

物品名称	品质	数量	损失程度	原价	购买年月	备考
青呢大衣	呢	1件	全毁	120	29年11月	
青呢制服	呢	1套	全毁	180	29年2月	
皮箱	皮	1口	全毁	40	29年12月	
被灾日期	30年6月30日	被灾地点	江北公园	房屋被炸或震塌	震塌	原支薪俸数目	80元	有无同居眷属	无

右〈上〉开物品，确系因空袭被毁，谨报告

分局长毕　转呈

局长唐　转呈

市长吴

　　　　　　　　　　　　　　　　　　　　　雇员　傅浚

　　　　　　　　　　　　　　　　　　　　　三十年六月三十日

38）重庆市警察局第九分局米亭子分驻所员役空袭损失私物报告表

物品名称	品质	数量	损失程度	原价	购置年月	备考
饭锅	铁	1口	全毁	26	29年8月	
中山服	布	3套	全毁	共计75	29年9月	
长衫	布	3件	全毁	共计63	29年7月	
被盖	棉	2床	全毁	共计97	28年12月	
布大衣	布	1件	全毁	52	29年11月	
礼帽	呢	1顶	全毁	20	29年11月	
毛线衣	毛	1件	全毁	63	28年9月	
帐子	布	1床	全毁	54	29年8月	
衬衫	布	1件	全毁	15	30年1月	
被灾日期	30年6月30日	被灾地点	江北公园内	房屋被炸或震毁	震塌	原支薪俸数目	41元	有无同居眷属	无

右〈上〉开物品，确系因空袭被毁，谨报告

分局长毕　转呈

局长唐　转呈

市长吴

　　　　　　　　　　　　　　　　　　　　　一等户籍生　杨杰

　　　　　　　　　　　　　　　　　　　　　三十年六月三十日

39)重庆市政府警察局第九分局米亭子分驻所员役空袭损失私物报告表

物品名称	品质	数量	损失程度	原价	购买年月	备考
青呢西装	呢	1套	全毁	80	27年9月	
棉絮	棉	1床	全毁	20	30年1月	
中山服	布	1套	全毁	40	30年5月	
衬衣	布	1件	全毁	20	30年5月	
被炸日期	30年6月30日	被炸地点	江北公园内	房屋被炸或震塌	震塌	原支薪俸数目	41元	有无同居眷属	无

右〈上〉开物品,确系因空袭被毁,谨报告

分局长毕　转呈

局长唐　转呈

市长吴

　　　　　　　　　　　　　　一等户籍生　杨国考

　　　　　　　　　　　　　　三十年六月三十日

40)重庆市警察局第九分局米亭子分驻所员警空袭损失私物报告表

物品名称	品质	数量	损失程度	原价	购买年月	备考
饭锅	铁	1口	全毁	27	30年元月	
毛葛女棉袍	丝	1件	全毁	28	28年10月	
白绸女裤	丝	2条	全毁	共计62	29年4月	
蓝布女旗袍	布	3件	全毁	60	29年9月	
白衬衫	布	2件	全毁	25	30年4月	
青呢西装	呢	1套	全毁	236	29年8月	
青毛葛□裤	丝	1条	全毁	25	29年8月	
毛线背心	毛	1件	全毁	20	29年9月	
中山服	布	3套	全毁	共计100	29年4月	
被盖	布	2床	全毁	90	29年2月	
被灾日期	30年6月30日	被灾地点	□街19	房屋被炸或震塌	被炸	原支薪俸数目	41元	有无同居眷属	妻1

右〈上〉开物品,确系因空袭被毁,谨报告

分局长毕　转呈

局长唐　转呈

市长吴

　　　　　　　　　　　　　　一等户籍生　秦天蔚

　　　　　　　　　　　　　　三十年六月三十日

41）重庆市警察局第九分局米亭子分驻所员役空袭损失私物报告表

物品名称	品质	数量	损失程度	原价	购买年月	备考
中山服	布	1套	全毁	48	30年4月	
白衬衣	布	1件	全毁	6.5	30年2月	
被灾日期	30年6月30日	被灾地点	江北公园内	房屋被炸或震塌	震塌	原支薪俸数目	36元	有无同居眷属	无

右〈上〉开物品，确系因空袭被毁，谨报告

分局长毕　转呈

局长唐　转呈

市长吴

三等警士　徐炳芝

三十年六月三十日

42）重庆市警察局米亭子分驻所员役空袭损失私物报告表

物品名称	品质	数量	损失程度	原价	购买年月	备考
中山服	布	1套	全毁	30	30年4月	
短裤	布	1条	全毁	5	30年4月	
麻下装	布	1条	全毁	15	30年2月	
被灾日期	30年6月30日	被灾地点	江北公园内	房屋被炸或震塌	震塌	原支薪俸数目	36元	有无同居眷属	无

右〈上〉开物品，确系因空袭被毁，谨报告

分局长毕　转呈

局长唐　转呈

市长吴

三等警士　王叔永

三十年六月三十日

43）重庆市警察局第九分局米亭子分驻所员役损失私物报告表

物品名称	品质	数量	损失程度	原价	购买年月	备考
青中山服	布	1套	全毁	42	30年2月	
白衬衣	布	1件	全毁	15	30年2月	
被灾日期	30年6月30日	被灾地点	江北公园内	房屋被炸或震塌	震塌	原支薪俸数目	36元	有无同居眷属	

续表

右〈上〉开物品,确系因空袭被毁,谨报告
分局长毕　转呈
局长唐　转呈
市长吴
三等警士　王炳林
三十年六月三十日

44)重庆市警察局米亭子分驻所员役空袭损失私物报告表

物品名称	品质	数量	损失程度	原价	购买年月	备考
衬衫	布	1	全毁	16	30年5月	
袜子	线	2	全毁	6	30年6月	
短裤	布	2	全毁	10	30年4月	
便鞋	呢	1	全毁	23	30年5月	
被灾日期	30年6月30日	被灾地点	江北公园内米亭子分驻所	房屋被炸或震塌	震塌	原支薪俸数目	36元	有无同居眷属	无

右〈上〉开物品,确系因空袭被毁,谨报告

分局长毕　转呈

局长唐　转呈

市长吴

　　　　　　　　　　　　　　　　　　三等警士　刘作贤

　　　　　　　　　　　　　　　　　　三十年六月三十日

45)重庆市警察局第九分局米亭子分驻所员役空袭损失私物报告表

物品名称	品质	数量	损失程度	原价	购买年月	备考
皮箱	皮	1口	全毁	30	29年12月	
衬衣	布	2件	全毁	共32	30年4月	
被灾日期	30年6月30日	被灾地点	江北公园	房屋被炸或震塌	震塌	原支薪俸数目	38元	有无同居眷属	无

右〈上〉开物品,确系因空袭被毁,谨报告

分局长毕　转呈

局长唐　转呈

市长吴

　　　　　　　　　　　　　　　　　　二等警士　吴方杰

　　　　　　　　　　　　　　　　　　三十年六月三十日

(0061—15—2733—2)

102. 重庆市警察局火葬场管理员吴文清1941年6月30日空袭损失私物报告表(1941年7月2日)

物品名称	品质	数量	损失程度	原价	购买年月	备考
被盖	布	1床	炸毁	50	29年7月	
大脚盆	木	1个	炸毁	4	29年10月	
温水瓶	瓷	1个	炸毁	20	29年11月	
雨衣	布	1套	炸毁	70	30年2月	
大缸	瓦	1口	炸毁	6	28年5月	
大锅	铁	1口	炸毁	14	29年12月	
床铺	木	1间	炸毁	21	29年9月	
大花瓶	瓷	1个	炸毁	20	29年9月	
痰盂	瓷	1对	炸毁	30	29年2月	
磁盆	洋磁	1个	炸毁	10	29年4月	
大小磁碗	洋磁	16个	炸毁	40	29年7月	
红木墨盘	石	1个	炸毁	10	25年3月	
磁□壶	瓷	1个	炸毁	5	30年2月	
茶碗	瓷	7个	炸毁	14	30年2月	
竹箱		1个	炸毁	6	30年3月	
玻砖镜子		1口	炸毁	16	29年12月	
青绸衫子	丝	1件	炸毁	50	30年1月	
青洋布衫	布	1件	炸毁	15	29年11月	
凳子	木	2个	炸毁	8	30年2月	
蓝布毯子	布	1床	炸毁	32	29年9月	
小花瓶	瓷	1个	炸毁	5	29年7月	
厂床	木	1间	炸毁	60	30年2月	
磁胰子盒	磁	1个	炸毁	3	29年8月	
坐〔座〕钟		1口	炸毁	100	29年12月	
				609		
被灾日期	6月30日	被灾地点	刘家台	房屋被炸或震毁	炸毁	原支薪俸数目	85元	有无同居眷属	有

续表

>　　右〈上〉开物品,确系因空袭被毁,谨报告
> 主任韦　　转呈
> 局长唐　　核转
> 市长吴
>
> 　　　　　　　　　　　　　火葬场管理员　吴文清
> 　　　　　　　　　　　　　三十年七月二日

(0061—15—2682)

103. 重庆市警察局第六区署为报1941年6月30日员役空袭损失请予救济呈市警察局文(1941年7月13日)

案据本署干事陈鲁、录事陈超报告称:窃本年六月三十日敌机分批袭渝,分局被炸,本署亦连遭波及,至私人衣物,因于警报时搬运文件未及带走,以致炸毁。除被盖各物尚能改善外,其余各物经〔均〕损毁无遗,理合表报钧长恳予转请救济,俾便安心工作,是否有当,听候示遵。等情前来。查该员等私物被炸属实,每月薪资有限,何从另制,情殊可怜,拟请设法救济,以示体恤。是否有当,理合检同该员等原报告表4份,随文报请鉴核示遵。

谨呈

局长唐

　　　　　　　　　　　　　　兼区长　周继昌
　　　　　　　　　　　　　　副区长　尹九皋

1)重庆市政府警察局第六区区署员役空袭损失私物报告表

物品名称	品质	数量	损失程度	原价	购买年月	备考
瓷盆	搪瓷	1个	完全损毁	45	29年12月	
青哔机〔叽〕中山装	毛质	1套	完全损毁	280	30年4月	
皮箱	皮质	1口	完全损毁	28	29年8月	
牙刷	牛骨	1把	完全损毁	3	30年1月	
皮鞋	皮质	1双	完全损毁	46	30年1月	
合计				402		

续表

| 被灾日期 | 30年6月30 | 被灾地点 | 张家花园45号六署 | 房屋被炸或震毁 | 被炸 | 原支薪俸数目 | 90元 | 有无同居眷属 | 无 |

右〈上〉开物品,确系因空袭被毁,谨报告

兼区长周　转呈

局长唐　核转

市长吴

重庆市警察局第六区署干事　陈鲁
三十年七月一日

2) 重庆市政府警察局第六区区署员役空袭损失私物报告表

物品名称	品质	数量	损失程度	原价	购买年月	备考
瓷盆	搪瓷	1个	全部被毁	39	29年10月	
皮鞋	皮质	1双	全部被毁	51	29年12月	
布鞋	青哗机〔叽〕	1双	全部被毁	23	30年5月	
青哗机〔叽〕中山装	毛质	1套	全部被毁	130	29年12月	
呢帽	青色	1顶	全部被毁	56	29年12月	
牙刷	牛骨	1把	全部被毁	3	30年1月	
牙膏	三星	1盒	全部被毁	3.2	30年5月	
瓷杯	江西〔瓷〕	1个	全部被毁	5	30年3月	
皮箱	皮质	1口	全部被毁	52	30年2月	
合计				362.2		
被灾日期	30年6月30日	被灾地点	张家花园45号	房屋被炸或震毁	被炸	原支薪俸数目	80元	有无同居眷属	无

右〈上〉开物品,确系因空袭被毁,谨报告

兼区长周　转呈

局长唐　核转

市长吴

重庆市警察局第六区署录事　陈超
三十年七月一日

(0061—16—3936—1)

104. 重庆市警察局行政科员役为报1941年6月初空袭损失请予救济给市警察局的报告(1941年6月13日)

窃职等寄宿之本局忠烈祠2号(即前会府街8号)职员宿舍,不幸于六月一、二、七日敌机袭渝时三度被炸,职等所有未及携带而放存宿舍内衣物行李等件多被炸毁,理合填具空袭损失私物报告表各2份,报恳钧座鉴核,俯准转请市政府从优救济,实深德便。

谨呈

科长梁　核转

局长唐

1)重庆市政府警察局员警差役空袭损失私物报告表

物品名称	品质	数量	损失程度	原价	购买年月	备考
草绿中山服	哔叽	1套	被弹片撕穿不堪服用	150元	29年12月	
中山服下装	哔叽	1件	被弹片撕穿不堪服用	60元	30年2月	
府绸衬衣	府绸	1件	被弹片撕穿不堪服用	25元	30年5月	
面盆	磁	1面〔个〕	炸毁	27元	30年3月	
被单	布	1副〔床〕	炸毁	36元	30年5月	
被褥	布	1床	炸毁	60元	30年1月	
合计				358元		
被灾日期	6月1、2、7三日	被灾地点	忠烈祠2号	房屋被炸或震毁	震毁	原支薪俸数目	90元	有无同居眷属	无

右〈上〉开物品,确系因空袭被毁,谨报告

科长梁　转呈

局长唐　核转

市长吴

重庆市警察局行政科训导员　李大实

三十年六月八日

2)重庆市政府警察局行政科员警差役空袭损失私物报告表

物品名称	品质	数量	损失程度	原价	购买年月	备考
黑呢大衣	呢	1	炸毁	240	29年8月	
哔叽〔叽〕中山服	哔叽〔叽〕	2	炸毁	160	30年1月	
黑文〔纹〕皮皮鞋	文〔纹〕皮	1	炸毁	100	29年10月	
毛线衣	蜜蜂牌羊毛	1	炸毁	80	30年2月	
合计		5		580		
被灾日期 6月7日	被灾地点	本局职员宿舍	房屋被炸或震毁	被炸	原支薪俸数目	140元	有无同居眷属	无

右〈上〉开物品,确系因空袭被毁,谨报告

科长梁　转呈

局长唐　核转

市长吴

　　　　　　　　　　　　　　　训导员　张天甦

　　　　　　　　　　　　　　　三十年六月十日

3)重庆市政府警察局行政科员警差役空袭损失私物报告表

物品名称	品质	数量	损失程度	原价	购买年月	备考
黑呢大衣	黑呢	1件	炸毁	420	29年12月	
卫生衣	棉	1件	炸破	30	30年1月	
玻璃杯	新	2个	炸破	3	30年5月	
合计				453		
被灾日期 6月7日	被灾地点	警局宿舍忠烈祠2号	房屋被炸或震毁	被炸	原支薪俸数目	140	有无同居眷属	无

右〈上〉开物品,确系因空袭被毁,谨报告

科长梁　转呈

局长唐　核转

市长吴

　　　　　　　　　　　　　　　训导员　卞松元

　　　　　　　　　　　　　　　三十年六月八日

4) 重庆市政府警察局行政科员警差役空袭损失私物报告表

物品名称	品质	数量	损失程度	原价	购买年月	备考
胶镜	胶	1	全坏	6	29年12月	
玻杯	玻璃	1	全坏	1.2	29年12月	
面盆	瓷	1	不能使用	18	29年12月	
热水壶	瓷	1	内胎已破	24	30年2月	
毛毯	毛	1	一半已毁	44	29年9月	
被单	布	1	大部已毁	25	29年9月	
合计				118.2		
被灾日期	6月7日	被灾地点	会府街8号	房屋被炸或震毁	震毁	原支薪俸数目	90	有无同居眷属	无

右〈上〉开物品，确系因空袭被毁，谨报告

科长梁　转呈

局长唐　核转

市长吴

　　　　　　　　　　　　　　　服务员　何保鑫

　　　　　　　　　　　　　　　三十年六月八日

5) 重庆市政府警察局行政科员警差役空袭损失私物报告表

物品名称	品质	数量	损失程度	原价	购买年月	备考
垫被	布	1床	炸毁	30	28年11月	
包单	布	1床	炸毁	35	28年10月	
黑制服	卡〔咔〕叽	1套	炸毁	60	29年8月	
包袱皮	布	1件	炸毁	8	28年12月	
坝单	布	1条	炸毁	25	29年8月	
枕头	布	1个	炸毁	12	29年9月	
毛背心	毛线	1件	炸毁	47	28年10月	
洋瓷盆	梯〔锑〕	1口	炸毁	28	29年7月	
洋瓷盆	梯〔锑〕	1个	炸毁	10	29年8月	
衬衫	卡〔咔〕叽	1件	炸毁	22	29年2月	
衬衫	布	1件	炸毁	14	30年2月	

续表

物品名称	品质	数量	损失程度	原价	购买年月	备考
西装内裤	帆布	1条	炸毁	15	29年10月	
内裤	布	2条	炸毁	7	29年9月	
操鞋	毛哔叽	1双	炸毁	15	29年7月	
合计		14件		328		

| 被灾日期 | 6月7日 | 被灾地点 | 本局职员宿舍 | 房屋被炸或震毁 | 炸毁 | 原支薪俸数目 | 100元 | 有无同居眷属 | 无 |

右〈上〉开物品,确系因空袭被毁,谨报告

科长梁　转呈

局长唐　核转

市长吴

　　　　　　　　　　　　行政科办事员　蔡亚森

　　　　　　　　　　　　三十年六月八日

6) 重庆市政府警察局行政科员警差役空袭损失私物报告表

物品名称	品质	数量	损失程度	原价	购买年月	备考
大衣	人字布	1件	炸毁	130元	29年11月	
中山服	华达呢	1套	炸毁	180元	29年10月	
西服	哔叽呢	1套	炸毁	90元	28年10月	
绒裤	蜜蜂牌绒	1件	炸毁	120元	29年9月	
卫生裤	绒线	1件	炸毁	30元	29年8月	
衬衣	府绸	2件	炸毁	40元	29年12月	
合计				590元		

| 被灾日期 | 6月7日 | 被灾地点 | 总局职员宿舍 | 房屋被炸或震毁 | 原支薪俸数目 | 140元 | 有无同居眷属 | 无 |

右〈上〉开物品,确系因空袭被毁,谨报告

科长梁　转呈

局长唐　核转

市长吴

　　　　　　　　　　　　训导员　叶世藩

　　　　　　　　　　　　三十年六月八日

7)重庆市政府警察局行政科员警差役空袭损失私物报告表

物品名称	品质	数量	损失程度	原价	购买年月	备考
被盖	锦缎面	1	半毁	80	29年8月	
毯子	布	1	毁	19	29年8月	
黑制服	布	1	毁	35	29年8月	
衬衫	川绸	1	毁	32	30年1月	
衬衫	布	1	毁	16	30年1月	
哔叽制服	毛	1	毁	380	29年5月	
面镜	玻砖	1	毁	11	30年3月	
漱口缸	瓷	1	毁	9	27年10月	
合计				582		

被灾日期	6月7日	被灾地点	警局宿舍	房屋被炸或震毁	被炸	原支薪俸数目	140元	有无同居眷属	无

右〈上〉开物品,确系因空袭被毁,谨报告

科长梁 转呈

局长唐 核转

市长吴

　　　　　　　　　　　　　　　科员 苏万富

　　　　　　　　　　　　　　　三十年六月九日

8)重庆市政府警察局行政科员警差役空袭损失私物报告表

物品名称	品质	数量	损失程度	原价	购买年月	备考
毯子	羊毛	1条	全毁	80	28年12月	
被盖	丝面布里	1床	全毁	70	28年10月	
垫被	布	1床	全毁	30	28年10月	
被单	布	1条	全毁	20	29年5月	
枕头	布	1对	全毁	10	29年5月	
黑制服	毛哔叽	1套	全毁	120	28年11月	
草绿制服	毛华达呢	1套	全毁	280	29年7月	
毛背心	毛绳	1釿	全毁	50	29年10月	
卫生衣裤	绒布	1套	全毁	28	28年12月	
小板箱	木	1只	全毁	5	29年1月	
合计				693		

续表

| 被灾日期 | 6月7日 | 被灾地点 | 本局职员宿舍 | 房屋被炸或震毁 | 被炸 | 原支薪俸数目 | 150元 | 有无同居眷属 | 无 |

右〈上〉开物品,确系因空袭被毁,谨报告

科长梁　转呈

局长唐　核转

市长吴

行政科科员　黄虎门

三十年六月八日

9) 重庆市政府警察局行政科员警差役空袭损失私物报告表

物品名称	品质	数量	损失程度	原价	购买年月	备考
毛毡	俄国绒	两条	全炸毁	56	28年8月	
中山服	哔叽	1套	全炸毁	250	29年11月	
合计				306		

| 被灾日期 | 6月7日 | 被灾地点 | 忠烈祠2号 | 房屋被炸或震毁 | 震毁 | 原支薪俸数目 | 150元 | 有无同居眷属 | 无 |

右〈上〉开物品,确系因空袭被毁,谨报告

主任罗

科长梁　转呈

局长唐　核转

市长吴

行政科科员　贺美

三十年六月八日

(0061—15—2440)

105. 重庆市警察局员警1941年6月空袭损失私物报告表(1941年6月)

1) 重庆市政府警察局总务科员警差役空袭损失私物报告表

物品名称	品质	数量	损失程度	原价	购买年月	备考
面盆	磁	1个	全毁	14	29年6月	
磁盅		1个	全毁	3	29年6月	

续表

物品名称	品质	数量	损失程度	原价	购买年月	备考
镜子	玻璃	1把	全毁	5	29年5月	
袜子	棉	2双	全毁	12	30年1月	
面巾	棉	1张	全毁	4	30年1月	
樟棉袄	大绸	1件	破片炸毁	95	28年10月	
棉〔樟〕棉裤	大绸	1条	破片炸毁	44	28年10月	
箱子	羊皮	1口	破片炸毁	18	28年3月	
合计				195		
被灾日期	30年6月7日	被灾地点	本局书记室	房屋被炸或震毁	全部震毁	原支薪俸数目	110元	有无同居眷属	

右〈上〉开物品，确系因空袭被毁，谨报告

科员黎　转呈
主任李　转呈
科长刘　转呈
局长唐　核转
市长吴

重庆市警察局总务科书记室二等办事员　李佐农
三十年六月九日

2) 重庆市政府警察局总务科书记室雇员员警差役空袭损失私物报告表

物品名称	品质	数量	损失程度	原价	购买年月	备考
被盖	印花棉质	2床	炸坏	95	29年10月	
箱子	白皮	1口	炸坏	15	29年3月	
青制服	哈叽〔叽〕布	1套	炸坏	48	30年5月	
衬衫	虎〔府〕绸	1件	炸坏	23	30年5月	
毯子	哈叽〔叽〕印花	1床	炸坏	40	29年10月	
绒汗衣	鸭绒	上装1件	炸坏	85	29年9月	
合计				306		
被灾日期	30年6月7日	被灾地点	管家巷27号	房屋被炸或震毁	炸坏	原支薪俸数目	90元	有无同居眷属	有

续表

右〈上〉开物品，确系因空袭被毁，谨报告

主任李

科长刘　转呈

局长唐　核转

市长吴

　　　　　　　　　　　　　　　　　　一等雇员　李亚波
　　　　　　　　　　　　　　　　　　三十年六月九日

3) 重庆市政府警察局总务科员警差役空袭损失私物报告表

物品名称	品质	数量	损失程度	原价	购买年月	备考
白包单	士〔土〕布	1床	炸飞	19	29年10月	
青毡子	线	1床	炸飞	25	29年2月	
油布	布	1床	炸飞	16	29年2月	
灰长衫	布	1件	炸飞	25	30年2月	
白汗衣	布	1套	炸飞	20	30年2月	
青夹衫	布	1件	炸飞	30	30年1月	
呢帽	青呢	1顶	炸飞	20	29年3月	
白衬衣	花府绸	1件	炸飞	10	29年3月	
白衬裤	布	2条	炸飞	10	30年4月	
青制服	充哔叽	1套	炸飞	50	30年5月	
操鞋	毛线呢	1双	炸飞	15	30年5月	
绒汗衣	统绒	1套	炸飞	40	29年10月	
被盖	士〔土〕布	1床	炸飞	70	29年10月	
合计				350		
被灾日期	30年6月7日	被灾地点	书记室后面球场右边	房屋被炸或震毁	震坏	原支薪俸数目	85元	有无同居眷属	无

右〈上〉开物品，确系因空袭被毁，谨报告

主任李

科长刘　转呈

局长唐　核转

市长吴

　　　　　　　　　　　重庆市警察局总务科二等雇员　赵自立
　　　　　　　　　　　　　　　　　　三十年六月九日

4)重庆市政府警察局总务科书记室员警差役空袭损失私物报告表

物品名称	品质	数量	损失程度	原价	购买年月	备考
胶鞋	帆布	1双	炸毁	25	30年3月	
衬衣	府绸	1件		26	30年5月	
面盆	洋磁	1个		23	29年12月	
青袜		1双		4	30年5月	
面巾		1根		3.5	30年5月	
牙刷		1把		2	30年2月	
牙膏	黑人	1盒		3.5	30年5月	
香皂		1个		4.5	30年4月	
洋磁盅		1个		6	30年2月	
合计				97.5		
被灾日期	6月7日	被灾地点	本局	房屋被炸或震毁	被炸	原支薪俸数目	85元	有无同居眷属

右〈上〉开物品,确系因空袭被毁,谨报告

科员黎　转呈

局长唐　核转

市长吴

　　　　　　　　　　　　　　总务科文书股书记室雇员　唐泽源

　　　　　　　　　　　　　　三十年六月九日

5)重庆市政府警察局总务科员警差役空袭损失私物报告表

物品名称	品质	数量	损失程度	原价	购买年月	备考
棉絮	棉花	1床	破烂成渣	10	29年11月	
制服	呢织	1套	破烂成渣	55	28年10月	
毯子	毛织	1床	破烂成渣	15	28年11月	
背心	毛线	1件	破烂成渣	32	29年12月	
卫生衣	甬〔统〕绒	1套	破烂成渣	36	29年9月	
皮箱	黄牛皮	1口	破烂成渣	14	29年3月	
合计				162		
被灾日期	30年6月5日	被灾地点	石板坡	房屋被炸或震毁	被炸	原支薪俸数目	100元	有无同居眷属	无

续表

右〈上〉开物品,确系因空袭被毁,谨报告 主任李 科长刘　转呈 局长唐　核转 市长吴 　　　　　　　　　　　　总务科文书股书记室办事员　姜济舟 　　　　　　　　　　　　　　　　　　三十年六月八日

6) 重庆市政府警察局总务科书记室员警差役空袭损失私物报告表

物品名称	品质	数量	损失程度	原价	购买年月	备考
长衫	蓝布	1件	炸毁	40	30年3月	
衬衣	府绸	2件	炸毁	40	30年4月	
便鞋	冲直贡呢	1双	炸飞	15	30年4月	
面盆	洋磁	1个	炸飞	35	30年5月	
面巾	葛纱	1张	炸飞	3	30年5月	
牙刷		1把	炸飞	3.5	30年5月	
合计				136.5		
被灾日期	6月7日	被灾地点	书记室	房屋被炸或震毁	炸毁	原支薪俸数目	90元	有无同居眷属	有□同居

　　　右〈上〉开物品,确系因空袭被毁,谨报告
科员黎　转呈
局长唐　核转
市长吴

　　　　　　　　　　　　　　　　一等雇员　周志镛
　　　　　　　　　　　　　　　　三十年六月九日

7) 重庆市政府警察局员警差役空袭损失私物报告表

物品名称	品质	数量	损失程度	原价	购买年月	备考
座钟		1架	炸坏	50	29年	
水缺〔缸〕	瓦	1口	炸坏	15	29年	
镜箱	玻璃	2个	炸坏	60	29年	

续表

物品名称	品质	数量	损失程度	原价	购买年月	备考
铁锅	铁	1口	炸坏	14	30年	
大木床	木	2间	炸坏	60	28年	
木方桌	木	1张	炸坏	20	28年	
磁碗	磁	20个	炸坏	50	29年	
麻布帐	麻	1床	炸坏	50	29年	
被盖	棉	2床	炸坏	140	29年	
帽筒	磁	4个	炸坏	100	30年	
青大衣	呢	1件	炸坏	130	30年	
胶鞋	胶	1双	炸坏	15	30年	
合计				704		

被灾日期	6月2日	被灾地点	铜鼓台巷17号	房屋被炸或震毁	炸坏	原支薪俸数目	162元	有无同居眷属	有

右〈上〉开物品,确系因空袭被毁,谨报告

主任李

科长刘　转呈

局长唐　核转

市长吴

　　　　　　　　　　　总务科一等科员　黎英

　　　　　　　　　　　三十年六月四日

8)重庆市政府警察局总务科书记室员警差役空袭损失私物报告表

物品名称	品质	数量	损失程度	原价	购买年月	备考
面盆	洋磁	1个	炸滥〔烂〕	36	30年3月	
漱口杯	洋磁	1个	炸滥〔烂〕	16	30年3月	
皮鞋	黑牛皮	1双	炸失	40	30年2月	
油布毯子	油布	1床	炸破	18	29年6月	
衬衣	府绸市布	各1件	炸毁	37	30年5月	
短外裤	哈吱〔叽〕	2条	炸毁	14	30年6月	

续表

物品名称	品质	数量	损失程度	原价	购买年月	备考
毯子	哈吱〔叽〕	1床	炸破	22	29年11月	
合计				183		

| 被灾日期 | 30年6月7日 | 被灾地点 | 本局 | 房屋被炸或震毁 | 被炸 | 原支薪俸数目 | 80元 | 有无同居眷属 | |

右〈上〉开物品,确系因空袭被毁,谨报告

科员黎　转呈

局长唐　核转

市长吴

　　　　　　　　　　　　　　　书记室三等雇员　袁子琴
　　　　　　　　　　　　　　　三十年六月□日

9) 重庆市政府警察局总务科员警差役空袭损失私物报告表

物品名称	品质	数量	损失程度	原价	购买年月	备考
黄制服	哈叽	1套	破烂不堪用	46	30年2月	
衬衣	白市布	1件	破烂不堪用	18	30年5月	
胶鞋	青帆布	1双	破烂不堪用	20	30年1月	
脸盆	胶底	1个	破烂不堪用	25	29年10月	
长衫	洋磁	1件	破烂不堪用	34	29年9月	
面巾	安安兰〔蓝〕布	1条	破烂不堪用	2.5	30年5月	
合计				145.5		

| 被灾日期 | 6月7日 | 被灾地点 | 警总局 | 房屋被炸或震毁 | 被炸 | 原支薪俸数目 | 30 | 有无同居眷属 | 无 |

右〈上〉开物品,确系因空袭被毁,谨报告

科长梁　转呈

局长唐　核转

市长吴

　　　　　　　　　　　　　　　文书股书记室公差　刘泽
　　　　　　　　　　　　　　　三十年六月九日

10)重庆市政府警察局员警差役空袭损失私物报告表

物品名称	品质	数量	损失程度	原价	购买年月	备考
麻制服	芝麻布	1套	炸飞	32	29年12月	
白汗衣	白漂布	1套	炸飞	20	29年10月	
白包帕	白漂布	1根	炸飞	10	29年10月	
面盆	洋磁	1个	炸飞	20	29年10月	
合计				82		
被灾日期	30年6月7日	被灾地点	书记室坝子	房屋被炸或震毁	震坏	原支薪俸数目	30元	有无同居眷属	无

右〈上〉开物品,确系因空袭被毁,谨报告

科员蔡

主任李

科长刘　转呈

局长唐　核转

市长吴

公差　赵清云

三十年六月八日

11)重庆市政府警察局总务科书记室员警差役空袭损失私物报告表

物品名称	品质	数量	损失程度	原价	购买年月	备考
呢帽	呢	1顶	炸滥〔烂〕	50	29年10月	
府绸衬衫	布	1件	炸滥〔烂〕	25	30年5月	
白胶鞋	布	1双	炸飞	35	30年5月	
面巾	线	1根	炸失	3	30年3月	
牙刷	线	1把	炸失	1.5	30年5月	
牙缸	磁	1个	炸破〔烂〕	3.5	30年3月	
棉絮	棉	1床	炸滥〔烂〕	10	29年12月	
被单	布	1床	炸滥〔烂〕	20	29年12月	
被面	丝	1床	炸滥〔烂〕	42	29年12月	
卧单	布	1床	炸滥〔烂〕	35	29年11月	
合计				225		

续表

被灾日期	6月7日	被灾地点	本局	房屋被炸或震毁	房屋炸毁	原支薪俸数目	90元	有无同居眷属	有眷属4人

右〈上〉开物品,确系因空袭被毁,谨报告

主任李　转呈
科长刘　转呈
局长唐　核转
市长吴

重庆市警察局总务科文书股记室一等雇员　吴懋先
三十年六月九日

12）重庆市政府警察局总务科员警差役空袭损失私物报告表

物品名称	品质	数量	损失程度	原价	购买年月	备考
黄哈叽短裤		2条	炸乱	29	30年6月	
洋磁漱口杯		1个	炸乱	9	30年5月	
牙刷		1把	炸乱	3	30年5月	
白府绸衬衣		2件	炸乱	44	30年6月	
黑皮鞋		1双	炸乱	73	30年5月	
黄哈叽制服		1套	炸乱	85	30年5月	
洋磁面盆		1个	炸乱	42	30年6月	
丝光袜		2双	炸乱	16	30年5月	
合计				301		

被灾日期	6月7日	被灾地点	收发室	房屋被炸或震毁		原支薪俸数目	140元	有无同居眷属	

右〈上〉开物品,确系因空袭被毁,谨报告

科长刘　转呈
局长唐　核转
市长吴

科员　顾明远
三十年六月□日

13) 重庆市政府警察局总务科书记室员警差役空袭损失私物报告表

物品名称	品质	数量	损失程度	原价	购买年月	备考
中山服	芝麻〔呢〕	1套	炸毁	50	29年7月	
面盆	洋磁	1个	炸毁	24	29年8月	
衬衣	府绸	1件	炸毁	30	30年5月	
漱口杯	洋磁	1个	炸毁	8	30年4月	
胶鞋	白帆布	1双	炸毁	32	30年5月	
长衣	安安蓝	1件	炸毁	30	30年1月	
合计				174		
被灾日期	6月7日	被灾地点	本局	房屋被炸或震毁	被炸	原支薪俸数目	90元	有无同居眷属

右〈上〉开物品,确系因空袭被毁,谨报告

科员黎　转呈

局长唐　核转

市长吴

　　　　　　　　　　　总务科文书股书记室雇员　胡良

　　　　　　　　　　　三十年六月九日

14) 重庆市政府警察局总务科员警差役空袭损失私物报告表

物品名称	品质	数量	损失程度	原价	购买年月	备考
棉被	棉絮	1床	焚毁	32	29年9月	
被面	锦缎	1床	焚毁	46	29年9月	
被单	线布	1床	焚毁	24	29年9月	
毯子	线布	1床	焚毁	24	29年9月	
油布	布	1床	焚毁	18	29年9月	
大衣	线布	1件	焚毁	64	29年9月	
雨衣	胶布	1件	焚毁	22	29年9月	
蚊帐	纱	1顶	炸毁	38	30年4月	已不堪用
礼帽	呢	1顶	炸毁	30	29年元月	已不堪用
套鞋	胶	1双	炸毁	34	30年元月	已不堪用
脸盆	搪磁	1个	炸毁	30	29年9月	已不堪用
茶壶	磁器	1把	炸毁	8	29年9月	已不堪用
茶盅	玻璃	1个	炸毁	3.2	29年9月	已不堪用

续表

物品名称	品质	数量	损失程度	原价	购买年月	备考
漱口盂	磁器	1个	炸毁	5.6	29年9月	已不堪用
圆镜	玻璃	1面	炸毁	5	29年9月	已不堪用
合计				383.8		

被灾日期	6月7日	被灾地点	本局	房屋被炸或震毁	炸毁	原支薪俸数目	85元	有无同居眷属	无

右〈上〉开物品,确系因空袭被毁,谨报告

主任李

科长刘 转呈

局长唐 核转

市长吴

　　　　　　　　　　　　　总务科文书股书记室二等雇员　刘子平

　　　　　　　　　　　　　　　　　　　　　三十年六月七日

15)重庆市政府警察局员警差役空袭损失私物报告表

物品名称	品质	数量	损失程度	原价	购买年月	备考
制衣	芝麻呢	1套	被炸	260	29年10月	
内裤	白布	2根	被炸	120	30年4月	
长衫	毛兰〔蓝〕布	1件	被炸	220	29年8月	
合计				600		

被灾日期	6月7日	被灾地点	本局	房屋被炸或震毁		原支薪俸数目	30元	有无同居眷属	

右〈上〉开物品,确系因空袭被毁,谨报告

　　转呈

局长唐 核转

市长吴

　　　　　　　　　　　　　　　　　　　　　夫役　邓万盛

16)重庆市政府警察局员警差役空袭损失私物报告表

物品名称	品质	数量	损失程度	原价	购买年月	备考
汗衣	蓝布	1套	被炸	20	29年10月	
衬衣	白布	1件	被炸	12	30年4月	

续表

物品名称	品质	数量	损失程度	原价	购买年月	备考
遥〔摇〕裤	绿哈叽	2根	被炸	14	30年4月	
合计				46		

被灾日期	6月7日	被灾地点	本局	房屋被炸或震毁		原支薪俸数目	40元	有无同居眷属	

右〈上〉开物品,确系因空袭被毁,谨报告
　　　　转呈
局长唐　核转
市长吴
　　　　　　　　　　　　　　　　　　　厨工　唐立结

17) 重庆市政府警察局员警差役空袭损失私物报告表

物品名称	品质	数量	损失程度	原价	购买年月	备考
长衫	毛兰〔蓝〕布	1件	炸毁	30	29年10月	
汗衣	白市布	1套	炸毁	25	30年4月	
制服	草绿色	1套	炸毁	30	30年5月	
合计				85		

被灾日期	6月7日	被灾地点	本局机车队	房屋被炸或震毁		原支薪俸数目	30元	有无同居眷属	

右〈上〉开物品,确系因空袭被毁,谨报告
　　　　转呈
局长唐　核转
市长吴
　　　　　　　　　　　　　　　　　　　夫役　朱吉臣

18) 重庆市政府警察局员警差役空袭损失私物报告表

物品名称	品质	数量	损失程度	原价	购买年月	备考
工人服	兰〔蓝〕布	1套	被炸	38	29年10月	
汗衣	花布	1套	被炸	20	30年4月	
制服	青斜纹	1套	被炸	32	30年正月	
合计				90		

被灾日期	6月7日	被灾地点	本局机车队	房屋被炸或震毁		原支薪俸数目	42元	有无同居眷属	

续表

右〈上〉开物品,确系因空袭被毁,谨报告
转呈
局长唐　核转
市长吴
厨工　张明星

(0061—15—3079下)

106. 重庆市警察局第五分局熊道志1941年7月5日空袭损失报告表(1941年7月9日)

重庆市政府警察局第五区金马寺镇专任员役空袭损失私物报告表

物品名称	品质	数量	损失程度	原价	购买年月	备考
被卧	布絮	1床	炸毁	36元	29年3月	
毡子	线	1床	炸毁	18元	28年9月	
卧单	花绵〔棉〕布	1床	炸毁	32元	29年12月	
席子	篾	1床	炸毁	8元	30年6月	
中山服	自由布	1套	炸毁	54元	30年3月	
中山服	哔叽	1套	炸毁	85元	29年1月	
中山服	青布	1套	炸毁	42元	30年2月	
衬衫	府绸	2件	炸毁	44元	30年3月	
短裤	布	2件	炸毁	21元	30年5月	
合计				340元		
被灾日期	7月5日	被灾地点	厚慈街91号	房屋被炸或震毁	被炸	原支薪俸数目	80元	有无同居眷属	有

　　右〈上〉开物品,确系因空袭被炸毁,谨报告
局长唐
市长吴

　　　　　　　　第五区金马寺镇公所　熊道志
　　　　　　　　三十年七月九日

(0061—15—2733—2)

107. 重庆市警察局为报1941年7月18日消防总队员警空袭损失请予救济呈市政府文稿(1941年7月25日)

案据本局消防总队呈报：该队总务主任刘清燮、保管股一等股员汪北□2名空袭损失财物报告表各2份前来，经查属实。除将原表各提存1份备查外，理合检同原表各1份、汇报册1份，具文呈请钧府鉴核，俯予救济。

谨呈

市长吴

附呈消防总队员警损失财物报告表2份、汇报册1份

重庆市警察局局长　唐○

重庆市政府警察局消防总队员警差役空袭损失私物报告表

物品名称	品质	数量	损失程度	原价	购置年月	备考
被盖	棉质	2	炸坏	100	28年冬月	
玻砖写字台	木质	1	炸滥〔烂〕	120	29年3月	
罩子	麻质	2	炸滥〔烂〕	100	28年4月	
棉袄	棉质	2	炸滥〔烂〕	100	29年10月	
厂床	木质	1	炸滥〔烂〕	50	25年3月	
小床	木质	1	炸滥〔烂〕	10	21年冬月	
立柜	木质	2	炸滥〔烂〕	40	28年5月	
木柜	木质	2	炸滥〔烂〕	20	24年2月	
棉絮	棉质	3	炸滥〔烂〕	60	28年10月	
方桌	木质	3	炸滥〔烂〕	60	29年正月	
木板凳	木质	8	炸滥〔烂〕	32	27年2月	
方凳	木质	8	炸滥〔烂〕	40	28年8月	
线毯	棉质	2	炸滥〔烂〕	60		
水缸	瓦质	2	炸滥〔烂〕	24	27年3月	
铁锅	铁质	1	炸滥〔烂〕	26	28年正月	
爨具	铁质	2	炸滥〔烂〕	80	27年5月	
凉床	竹质	1	炸滥〔烂〕	□		
皮箱	皮质	2	炸滥〔烂〕	□		
香□	木质	1	炸滥〔烂〕	50	21年9月	

续表

物品名称	品质	数量	损失程度	原价	购置年月	备考
玻砖镜屏	木质	1	炸滥〔烂〕	60	27年全月	
锡香炉	锡质	1	炸滥〔烂〕	30	27年全月	
锡蜡台	锡质	1	炸滥〔烂〕	20	27年全月	
签牙桌	木质	2	炸滥〔烂〕	40	25年3月	
瓷茶壶	瓷质	1	炸滥〔烂〕	20	29年8月	
茶杯	瓷质	8	炸滥〔烂〕	16	28年2月	
布衣服	棉质	8	炸滥〔烂〕	240	29年8月	
棉裤	棉质	2	炸滥〔烂〕	50	29年9月	
汗衣	棉质	4	炸滥〔烂〕	80	29年10月	
合计				1623		
被灾日期	7月18日	被灾地点	滥〔烂〕泥湾56号	房屋被炸或震毁	被毁7间	原支薪俸数目	180元	有无同居眷属	妻媳女孙子孙女9人

右〈上〉开物品,确系因空袭被毁,谨呈

局长唐　核转
市长吴

总务股主任　刘清燮
三十年七月十九日

（0061—15—2733—1）

108. 重庆市警察局消防总队为报1941年7月29日员警空袭损失请予救济呈市警察局文（1941年8月2日）

本月二日据第一常备大队核转消防第四队队长郑焕章呈称："窃职家住纯阳洞街31号,于七月二十九日被敌机投弹,致家中所有各物全部炸毁,损失殆尽。又司机程慎起住通远门外普林寺22号,同口全部被炸,无家可归,惨不可言。理合连同空袭损失报告表4份一并呈请钧队转请发给补助费,以示体恤。是否之处,候令祗遵"。等情。核转前来。据此,查属实情,理合连同附件并案呈请钧局查核令遵。

谨呈

局长唐

总队长　李贲

1) 重庆市政府警察局员警差役空袭损失私物报告表

物品名称	品质	数量	损失程度	原价	购买年月	备考
食米		5斗	完全炸毁	120	30年5月	
铁锅	铁	1口	完全炸毁	20	30年5月	
饭碗	磁	5个	完全炸毁	5	30年5月	
木床	木	1张	完全炸毁	40	30年5月	
木桌	木	1张	完全炸毁	10	30年5月	
女长衫	布	1件	完全炸毁	30	30年5月	
草绿制服	布	1套	完全炸毁	40	30年5月	
洋磁脸盆	磁	1个	完全炸毁	30	30年5月	
被单		1床	完全炸毁	40	30年5月	
合计				335		
被灾日期	7月29日	被灾地点	通远门普林寺街22号	房屋被炸或震毁	被炸	原支薪俸数目	有无同居眷属

右〈上〉列物品,确系因空袭被毁,谨报告

总队长李　转呈

局长唐　转呈

市长吴

　　　　　　　填报人　司机　程慎起

　　　　　　　三十年七月三十日

2) 重庆市政府警察局员警差役空袭损失私物报告表

物品名称	品质	数量	损失程度	原价	购买年月	备考
棉被	绸面1 布面2	3条	本表所列衣物完全破烂不堪应用	200		
白被单	条布	2条		30		
大衣	呢	1件		160		
黑制服	哔叽〔叽〕	1套		190		

续表

物品名称	品质	数量	损失程度	原价	购买年月	备考
黄布制服	布	2套		50		
草绿布制服	布	1套		25		
女长棉袍	绸1 布2	3件		50 45		
女夹袍	绸2 布1	3件		100		
女长衫	布	4件		80		
皮鞋		1双		50		
线毯		1条		30		
西装背心		1件		30		
绸棉衣裤		1套		80		
羊皮袍	绸面	1件		180		
木床		2张		80		
竹床		1张		16		
木桌		3张		90		
洋磁面盆		2个		60		
铁锅		2口		50		
铁铲铁钓〔勺〕		2个		5		
大碗		8个		32		
小碗		15个		20		
大磁茶壶		1把		15		
小磁茶壶		1把		7		
茶杯		6个		12		
水缸		1只		30		
白铁水壶		2把		30		
白铁锅		1套		28		
食米		8斗		52		
热水瓶		1个		40		
钟		1架		50		
合计				1917		
被灾日期	7月29日	被灾地点	纯阳洞街31号	房屋被炸或震塌	全部炸毁	原支薪俸数目	180元	有无同居眷属	有

续表

> 右〈上〉列物品,确系因空袭被毁,谨报告
>
> 总队长李 转呈
>
> 局长唐 转呈
>
> 市长吴
>
> 　　　　　　　　填报人 消防第四队队长 郑焕章
>
> 　　　　　　　　三十年七月□日

（0061—15—3075）

109. 重庆市警察局第六分局为报1941年7月29日、30日员警空袭损失请予救济呈市警察局文（1941年7月31日）

窃查本分局及各所员官长警之眷属住宅本月二十九日及三十日等日间有被炸者,兹据员警胡建勋等4员名先后表报损失,请予转请救济前来,经查被炸属实,理合检附私物损失报告表8份,具文呈请钧局鉴核救济令遵。

谨呈

局长唐

附呈空袭损失报告表8份

分局长 周继昌

1）重庆市政府警察局第六分局员警差役空袭损失私物报告表

物品名称	品质	数量	损失程度	原价	购买年月	备考
写字台	木质	1张	炸毁	85		
方桌	木质	1张	炸毁	28	30年4月	
综〔棕〕绷床	木质	1张	炸毁	60	30年元月	
皮衣箱	皮质	1个	炸毁	700	29年至30年	内有各种应用衣物□□
铁锅	铁质	1口	炸毁	15	30年元月	
饭桶	木质	1个	炸毁	13	30年元月	
椅子	木质	4把	炸毁	24	30年元月	
藤椅	藤质	1把	炸毁	36	30年元月	

续表

物品名称	品质	数量	损失程度	原价	购买年月	备考
菜碗	磁质	10个	炸毁	17	30年元月	
饭碗	磁质	15个	炸毁	24	30年元月	
水桶	木质	1挑	炸毁	10	30年元月	
食米	米	20	炸毁	49	30年7月	
茶杯	磁质	12个	炸毁	16	30年元月	
茶壶	磁质	1把	炸毁	13	30年元月	
铺盖	棉质	全套	炸毁	130	30年元月	被物□子蚊帐全套
黑哔叽	丝质	1套	炸毁	45	29年10月	
被灾日期	30年7月30日	被灾地点	张家花园40号	房屋被炸或震毁	被炸	原支薪俸数目	110元	有无同居眷属	振委会蒋大风

右〈上〉开物品，确系因空袭被毁，谨报告

分局长周　转呈
局长唐　核转
市长吴

重庆市警察局第六分局巡官　胡建勋

三十年七月三十日

2）重庆市政府警察局六分局张家花园分驻所员警差役空袭损失私物报告表

物品名称	品质	数量	损失程度	原价	购买年月	备考
藤床	木	1间	全毁	28	29年7月	
饭碗	瓷	20个	全毁	20	29年7月	
木桌	木	1张	全毁	18	29年7月	
饭锅	铁	1口	全毁	20	29年7月	
水缸	瓦	1口	全毁	12	29年7月	
灯炮〔泡〕	玻	2个	全毁	10	不一	
被灾日期	30年7月30日	被灾地点	人和街32号	房屋被炸或震毁	被炸	原支薪俸数目	80元	有无同居眷属	

续表

右〈上〉开物品,确系因空袭被毁,谨报告 巡官　转呈 分局长周　核转 局长唐　核转 市长吴 　　　　　　　　警察六分局张家花园分驻所三等雇员　刘坦 　　　　　　　　　　　　　　　三十年七月三十日

3) 重庆市政府警察局六分局张家花园分驻所员警差役空袭损失私物报告表

物品名称	品质	数量	损失程度	原价	购买年月	备考
敞床	木	1间	全毁	32	29年6月	
饭锅	铁	1口	全毁	13	29年6月	
饭碗	瓷	10个	全毁	25	29年6月	
水缸	瓦	1口	全毁	15	29年6月	
被灾日期	30年7月30日	被灾地点	人和街47号	房屋被炸或震毁	被炸	原支薪俸数目	42元	有无同居眷属	有

　　右〈上〉开物品,确系因空袭被毁,谨报告
巡官　转呈
分局长周　核转
局长唐　核转
市长吴
　　　　　　　警察六分局张家花园分驻所三等行政警长　倪楚材
　　　　　　　　　　　　　　　三十年七月三十日

4) 重庆市政府警察局六分局张家花园分驻所员警差役空袭损失私物报告表

物品名称	品质	数量	损失程度	原价	购买年月	备考
耳锅	铁	1口	破滥〔烂〕	12	本年7月	
单被	布	1床	破滥〔烂〕	35	本年7月	
女衫	布	2件	炸失	48	本年7月	
被灾日期	7月29日	被灾地点	临华后街12号	房屋被炸或震毁	被炸	原支薪俸数目	40元	有无同居眷属	有

续表

> 右〈上〉开物品,确系因空袭被毁,谨报告
>
> 巡官郑　　转呈
>
> 分局长周　　转呈
>
> 局长唐　　核转
>
> 市长吴
>
> 　　　　　　　　　　　　张家花园分所一等警士　　高万雄
> 　　　　　　　　　　　　三十年七月二十九日

（0061—15—3075）

110. 重庆市警察局警察训练所为报1941年7月30日员警空袭损失请予救济呈市警察局文（1941年8月1日）

查本所于七月三十日空袭房舍被炸,职员私人衣物等件多被炸坏,生活维艰,灾后急待救济,理合填具员官空袭损失报告表4份,备文报请鉴核,迅予救济,以利工作。

谨呈

局长唐

附呈空袭损失报告表各4份,共12份

　　　　　　　　　　　　　　　　兼所长　唐　□
　　　　　　　　　　　　　　　　教育长　李□□

1）重庆市政府警察局警察训练所员警差役空袭损失私物报告表

物品名称	品质	数量	损失程度	原价	购买年月	备考
棉被	棉	1床	炸毁	43.8	28年4月12日	
黑卡祺〔咔叽〕中山服	棉纱线	1套	炸毁	20	27年9月6日	
军毯	毯	1条	炸毁	12	28年4月12日	
白衬衣	布	2件	炸毁	30	30年4月22日	
被灾日期	30年7月30日	被灾地点	民生路236号	房屋被炸或震毁	被炸	原支薪俸数目	80元	有无同居眷属

续表

> 右〈上〉开物品,确系因空袭被毁,谨报告
>
> 兼所长唐　转呈
>
> 局长唐　核转
>
> 市长吴
>
> 　　　　　　　　　　　　　　　　雇员　王光载
>
> 　　　　　　　　　　　　　　　三十年七月三十日

2) 重庆市政府警察局警察训练所员警差役空袭损失私物报告表

物品名称	品质	数量	损失程度	原价	购买年月	备考
面盆	磁	1个	毁	25	29年12月	
枕头	布	2个	毁	24	30年1月	
衬衣	布	2件	毁	40	30年1月	
竹席	竹	1床	毁	20	30年1月	
布鞋	布	1双	毁	14	30年1月	
短裤	布	2件	毁	10	30年2月	
共计				133		
被灾日期	7月30日	被灾地点	民生路236	房屋被炸或震毁	被炸	原支薪俸数目	100	有无同居眷属	有

> 右〈上〉开物品,确系因空袭被毁,谨报告
>
> 兼所长唐　转呈
>
> 局长唐　核转
>
> 市长吴
>
> 　　　　　　　　　　　　　　　　办事员　曹良卿
>
> 　　　　　　　　　　　　　　　三十年七月三十日

3) 重庆市政府警察局警察训练所员警差役空袭损失私物报告表

物品名称	品质	数量	损失程度	原价	购买年月	备考
夹被	绸面布里	1条	炸毁	89	30年4月	
花毯	布	1条	炸毁	36	29年11月	
竹席	竹	1床	炸毁	20	30年6月	

续表

物品名称	品质	数量	损失程度	原价	购买年月	备考
皮鞋	皮	1双	炸毁	78	30年2月	
衬衣	绸	2件	炸毁	32	30年1月	
磁盆	瓷	1只	炸坏	19	30年2月	
漱口杯	瓷	1只	炸坏	8.5	□□□□	
被灾日期	7月30日	被灾地点	民生路236号	房屋被炸或震毁	被炸	原支薪俸数目	160元	有无同居眷属

右〈上〉开物品,确系因空袭被毁,谨报告

兼所长唐　转呈

局长唐　核转

市长吴

　　　　　　　　　　　　　　　　　　　教官　俞美荪

　　　　　　　　　　　　　　　　　　　三十年七月三十日

4) 重庆市政府警察局警察训练所员警差役空袭损失私物报告表

物品名称	品质	数量	损失程度	原价	购买年月	备考
条花衬衫	府绸		毁	36	28年10月	
被单	哈叽		毁	32	28年10月	
枕头	布		毁	8	28年10月	
棉被	棉		毁	8.5	28年10月	
被面	缎		毁	15	28年10月	
中山服	哔叽	1套	毁	115	29年3月	
皮鞋		1双	毁	45		
内裤	布	1条	毁	2		
被灾日期	7月30日	被灾地点	民生路236号	房屋被炸或震毁	被炸	原支薪俸数目	110元	有无同居眷属

右〈上〉开物品,确系因空袭被毁,谨报告

兼所长唐　转呈

局长唐　核转

市长吴

　　　　　　　　　　　　　　　　　　　办事员　杨忠之

　　　　　　　　　　　　　　　　　　　三十年七月三十日

（0061—15—3075）

111. 重庆市警察局第五区署为报郑世臣1941年7月30日空袭损失请予救济呈市警察局文(1941年8月2日)

案据本区菜园坝镇兼镇长陈志恭呈称："窃查职镇新建镇公所址于七月三十日被敌机炸毁,本所干事郑世臣私有一切物品完全损失,理合造具损失表3份,随文送呈钧署转请给振救济。谨呈"。等情。附损失私物表3份。据此,理合检同原表2份随文呈送钧局鉴核,转请给振,俾资救济。可否之外,指令祗遵。

谨呈

局长唐

兼区长　杨遇春
副区长　丁森荣

重庆市政府第五区员役空袭损失私物报告表

物品名称	品质	数量	损失程度	原价	购买年月	备考
黑木箱	木制	1口	全毁	15元	28年11月	
黄皮箱	皮质	1口	全毁	60元	29年10月	
青皮鞋	皮质	1双	全毁	50元	29年12月	
中山服	冲哔叽	1套	全毁	85元	30年1月	
鼻烟色中山服	毛哔叽	1套	全毁	280元	29年10月	
青大衣	毛哔叽	1件	全毁	120元	29年7月	
木床	木制	1个	全毁	40元	30年2月	
油毯	布质	1床	全毁	25元	30年5月	
线毯	棉质	1床	全毁	85元	30年4月	
被盖	布质	1床	全毁	150元	30年元月	
条布衬衣	布质	2套	全毁	46元	30年4月	
白布门帘	布质	1根	全毁	11元	30年1月	
合计				967元		
被炸日期	7月30日	被灾地点	菜园坝镇公所	房屋被炸或震毁	被炸毁	原支薪俸数目	80元	有无同居眷属

续表

右〈上〉开物品,确系因空袭被毁,谨报告
局长唐　转呈 市长吴 　　　　　　　　　　重庆市第五区菜园坝镇公所干事　郑世臣 　　　　　　　　　　　　　　　三十年七月三十日

（0061—16—3936）

112. 重庆市警察局警察训练所为1941年员役空袭损失救济费变通发放办法的签呈(1942年1月22日)

案奉市府三十年十二月三十日市会一字第57号训令,为抄发三十年度本所应领空袭损失救济费人员名册及清单,饬即行承领转发等因。附名册及清单各1份。奉此,查附发名单内,尚有数度遭受空袭损失呈报有案而未予列发救济费者,查各该员于去岁空袭频繁期间,服务本所,忠尽职守,虽数度遭受空袭损失,仍本坚毅之精神,努力工作,深堪嘉许,兹为求分配公允并激发各职员服务情绪起见,拟将已领之救济费稍予变通转发,其去岁空袭期间遭受损失呈报有案现仍在本所服务者,每人发给一个月薪额之救济费,已离职所人员按例不予发给,共计需款2070元,除市府已拨发救济费1825元外,不敷之245元,拟请准在本所三十年度经费总结余项下流支。可否之处,理合备文抄同本所三十年度职员列次遭受空袭损失日期及数目单1份,拟发遭受损失之现职人员名单1份,签请鉴核示遵。

　　谨呈
局长兼所长唐
附名单2份

　　　　　　　　　　　　　　　　　　　　职　李知章

重庆市警察局警察训练所三十年度遭受空袭损失呈报有案职员损失清单

职别	姓名	被灾日期	损失数目	备考
教育长	李知章	6月29日	517.5	
		7月5日	670.6	
教务主任	饶用法	6月2日	520	
		6月29日	430	
教官	俞美荪	7月30日	286.1	
	张震中	6月29日	135	
中队长	许同庆	6月2日	286	
	邱庆麟	6月2日	165	
		6月29日	375	
分队长	林鑫	6月2日	540	
		6月29日	650	
	马宝山	6月2日	707	
	白文斌	6月2日	490	
		6月29日	622	
	刘炎武	6月29日	373	
办事员	杨忠之	6月2日	301.5	
	沈辅仁	6月29日	329	
	刁白光	6月29日	301	
雇员	黄秀生	6月29日	313.3	
	王光载	7月30日	115.8	
合计			8137.8	

（0061—15—2616）